罗 臻 主编

药品经营与管理

清华大学出版社
北京

内 容 提 要

本教材以习近平新时代中国特色社会主义思想为指导，深入贯彻党的二十大精神，全面落实立德树人的根本任务。本教材共12章，主要内容包括绪论、药品管理立法、药物研究开发与药品注册管理、药品生产管理、药品流通管理、医疗机构药事管理、中药经营与管理、药品经营环境分析、药品市场竞争战略、药品市场细分与市场定位、药品营销策略、药品品牌经营策略等。本教材力求反映国内外药品经营与管理领域的新理论、新法规、新知识和新进展，全书共编写32个典型案例，是一部全面系统论述我国药品经营管理理论与实践的面向研究生和高水平研究型大学本科生的优秀教材。

版权所有，侵权必究。举报：010-62782989，beiqinquan@tup.tsinghua.edu.cn。

图书在版编目（CIP）数据

药品经营与管理/罗臻主编. —北京：清华大学出版社，2024.6
ISBN 978-7-302-65315-8

Ⅰ.①药… Ⅱ.①罗… Ⅲ.①药品—商业经营②药品管理 Ⅳ.①F724.73②R954

中国国家版本馆CIP数据核字（2024）第038799号

责任编辑：罗　健
封面设计：刘艳芝
责任校对：李建庄
责任印制：刘海龙

出版发行：清华大学出版社
　　网　　址：https://www.tup.com.cn，https://www.wqxuetang.com
　　地　　址：北京清华大学学研大厦A座　　　　邮　　编：100084
　　社 总 机：010-83470000　　　　　　　　　　邮　　购：010-62786544
　　投稿与读者服务：010-62776969，c-service@tup.tsinghua.edu.cn
　　质量反馈：010-62772015，zhiliang@tup.tsinghua.edu.cn
印 装 者：三河市东方印刷有限公司
经　　销：全国新华书店
开　　本：185mm×260mm　　　印　张：21.25　　　字　数：524千字
版　　次：2024年7月第1版　　　　　　　　　　　印　次：2024年7月第1次印刷
定　　价：79.80元

产品编号：096756-01

前言

本书旨在总结药品经营与管理活动的特点和规律，进一步指导药品经营实践活动。由于药品是关系国计民生和社会稳定的战略物资产品，在生产经营、质量管理、流通使用等方面具有特殊性。本课程的根本任务是使学生掌握从事药品经营管理工作所必需的基本知识、基本理论和基本技能；使学生熟悉和掌握药品管理经营的理论体系、基本规律和基本程序；让学生能综合运用药品经营管理理论指导相关实践活动。

本教材以习近平新时代中国特色社会主义思想为指导，深入贯彻党的二十大精神，推进健康中国建设，深化医药卫生体制改革，把促进医保、医疗、医药协同发展和治理的最新成果融入教材。本教材共 12 章，主要内容包括三部分：第一部分为绪论（第一章），主要介绍药品、药品监督管理、药品经营的概念，药品监督管理、药品经营的主要内容，药品经营与管理研究的特征和方法、类型等内容；第二部分为药品管理法律（第二章至第七章），包括药品研发、生产、经营、使用及中药生产经营监督管理等；第三部分为药品经营管理（第八章至第十二章），包括药品经营环境分析、战略选择、市场定位和品牌管理等。

本教材具有"新、专、实、精"的特点。"新"是本教材深入贯彻党的二十大精神，体现国内外药品经营管理领域的新理论、新法规、新知识和新进展，力求全面反映《中华人民共和国药品管理法》（2019 年修订）和国家组织药品价格谈判、药品集中招标采购等最新政策对医药行业的深刻影响及医药企业的应对策略。"专"是本教材密切结合药品经营管理的特点，专业性、政策性、特色性突出。"实"是本教材贴近教学、贴近学生、贴近实践，理论与实践有机结合，如每章后面都安排了"案例分析和思考题"，全书共编写 32 个典型案例，能够有效帮助学生理解理论，了解药品经营实践活动。"精" 是本教材内容力求精练、精简。

本教材可供全国高等院校药学类专业研究生及高水平研究型大学本科生学习和使用，也可作为相关专业人员从事药学教学、科研、生产经营管理等的参考用书。

不妥之处，恳请广大师生和读者批评指正。

罗 臻
2024 年 2 月

目 录

第一章 绪论 1

第一节 药品及相关概念 ———————————————— 1
第二节 药品监督管理的概念及主要内容 ———————— 5
第三节 药品经营的概念及主要内容 —————————— 8
第四节 药品经营与管理研究 ————————————— 10
案例分析与思考题 ——————————————————— 12

第二章 药品管理立法 16

第一节 药品管理立法概述 —————————————— 16
第二节 《药品管理法》 ——————————————— 22
第三节 《疫苗管理法》 ——————————————— 38
案例分析与思考题 ——————————————————— 46

第三章 药物研究开发与药品注册管理 50

第一节 药物研究开发概述 —————————————— 50
第二节 药品注册管理概述 —————————————— 56
第三节 我国药品注册管理 —————————————— 58
第四节 药物发现及其临床前研究 ——————————— 66
第五节 药物临床研究 ———————————————— 71
第六节 药品注册的审评审批 ————————————— 74
第七节 药品知识产权保护 —————————————— 81
案例分析与思考题 ——————————————————— 86

第四章 药品生产管理 92

第一节 药品生产管理概述 —————————————— 92
第二节 药品生产监督管理 —————————————— 94
第三节 药品生产质量管理规范 ———————————— 100
案例分析与思考题 ——————————————————— 116

第五章　药品流通管理　119

第一节　药品流通管理概述 —— 119
第二节　药品经营质量监督管理 —— 121
第三节　药品经营质量管理规范 —— 128
第四节　药品网络销售监督管理 —— 133
第五节　药品物流管理 —— 137
第六节　我国药品流通行业的现状和发展趋势 —— 140
案例分析与思考题 —— 144

第六章　医疗机构药事管理　148

第一节　医疗机构药事管理概述 —— 148
第二节　药事管理组织和药学部门 —— 151
第三节　药剂管理 —— 156
第四节　药物临床应用管理 —— 164
案例分析与思考题 —— 173

第七章　中药经营与管理　175

第一节　概述 —— 175
第二节　中药管理法律及政策 —— 177
第三节　中药材生产质量管理 —— 187
第四节　野生药材资源保护管理 —— 195
第五节　中药品种保护 —— 197
第六节　中药材和中药饮片经营策略 —— 200
案例分析与思考题 —— 205

第八章　药品经营环境分析　211

第一节　药品经营环境概述 —— 211
第二节　药品经营宏观环境分析 —— 214
第三节　药品经营微观环境分析 —— 219
第四节　国家医药政策变化对药品经营的影响 —— 223
第五节　药品经营环境对决策的影响 —— 230
案例分析与思考题 —— 232

第九章　药品市场竞争战略　235

第一节　竞争者分析 —— 235
第二节　药品市场基本竞争战略 —— 241
第三节　药品生产经营企业公司层战略 —— 243
第四节　不同竞争地位药品企业的竞争战略 —— 245
案例分析与思考题 —— 249

第十章　药品市场细分与市场定位　　252

第一节　药品市场细分 —— 252
第二节　药品目标市场选择 —— 258
第三节　药品市场定位 —— 262
案例分析与思考题 —— 268

第十一章　药品营销策略　　271

第一节　产品策略 —— 271
第二节　药品价格策略 —— 281
第三节　药品营销渠道策略 —— 294
第四节　药品促销策略 —— 303
案例分析与思考题 —— 315

第十二章　药品品牌经营策略　　318

第一节　品牌概述 —— 318
第二节　药品品牌经营策略 —— 320
第三节　药品品牌管理 —— 323
案例分析与思考题 —— 326

参考文献　　329

第一章 绪论

药品经营与管理这门课程综合运用药学、管理学、经济学、法学、社会学、心理学和行为科学等多学科的理论，研究和探讨药品经营与管理活动的过程、规律、策略和方法。它是药学科学与药学实践的重要组成部分，其研究内容贯穿药品研制、生产、经营、使用和监督管理全过程，是一门很重要的药学实践课程，是药学专业的重点课程之一。本章主要介绍药品、药品监督管理、药品经营的概念，药品质量特征及其特殊性，药品监督管理、药品经营的主要内容，药品经营与管理研究的特征与方法类型等。

第一节 药品及相关概念

一、药品的法定定义

《中华人民共和国药品管理法》（2019年修订）（以下简称《药品管理法》）规定：药品是指用于预防、治疗、诊断人的疾病，有目的地调节人的生理机能并规定有适应证或者功能主治、用法和用量的物质，包括中药、化学药和生物制品等。这个定义包含以下要点：

第一，使用目的和使用方法是区别药品与食品（含保健食品）、毒品等其他物质的基本点。只有当人们为了预防、治疗、诊断人的疾病或者有目的地调节人的生理机能，按照规定的用法和用量使用该物质，才称其为药品。而食品或毒品的使用为非医疗目的，使用的量与方式也不同。

第二，我国法律上明确规定传统药（中药材、中药饮片、中成药）和现代药（化学药品、生物制品）均是药品，这和一些西方国家的药品概念不完全相同。这一规定能够充分发挥传统药和现代药在预防、医疗和保健中的作用。

第三，我国《药品管理法》明确了该法管理的药品是人用药品。这与其他一些国家药品所包括的内容不同，有些国家的药品定义既包括人用药，也包括兽用药等。

二、药品的分类

药品的分类方法很多，根据药品经营与管理的特点，将药品分为以下几类：

（一）传统药和现代药

1. 传统药（traditional medicines）

传统药是指在传统医学的经验和理论指导下发现、生产、应用的，由各国、各地区、各民族传承下来的药物，包括植物药、动物药和矿物药。我国的传统药包括中药和民族药（如藏药、蒙药、维吾尔药、傣药等），是各民族医药经典著作收载的防治疾病的天然药材及其制成品。

2. 现代药（modern medicines）

现代药是指基于现代医学的理论和方法筛选确定其药效，用以防治疾病的药品。包括化学药品（化学原料药及其制剂、抗生素、生化药品、放射性药品等）和生物制品（血清、疫苗、血液制品和诊断药品等）。

（二）处方药和非处方药

根据药品安全有效、使用方便的原则，依其品种、规格、适应证、剂量及给药途径的不同，将药品按处方药和非处方药进行管理。

1. 处方药（prescription drugs）

处方药是指凭执业医师和执业助理医师处方方可购买、调配和使用的药品。

2. 非处方药（over the counter drugs，OTC drugs）

非处方药是指由国家药品监督管理部门公布的，不需要凭执业医师和执业助理医师处方，消费者可以自行判断、购买和使用的药品。根据药品的安全性，非处方药分为甲类非处方药、乙类非处方药。

（三）新药、仿制药、医疗机构制剂

1. 新药（new drugs）

根据《国务院关于改革药品医疗器械审评审批制度的意见》（国发〔2015〕44号）规定，新药是指未在中国境内外上市销售的药品。根据物质基础的原创性和新颖性，将新药分为创新药和改良型新药。

2. 仿制药（generic drugs）

仿制药又称为非专利药。广义的仿制药包括对已上市的化学药品的仿制、研制已上市生物制品（含生物类似药）和已上市同名同方中药。狭义的仿制药是指研制与已上市的原研药质量和疗效一致的化学药品。

3. 医疗机构制剂（pharmaceutical preparations）

医疗机构制剂是指医疗机构根据本单位临床需要经批准而配制、自用的固定处方制剂。

《药品管理法》规定，医疗机构配制的制剂应当是本单位临床需要而市场上没有供应的品种。医疗机构配制的制剂不得在市场上销售。

（四）特殊管理的药品

特殊管理的药品（the drugs of special control） 是指国家制定法律制度，实行比其他药品更加严格管制的药品。《药品管理法》规定，国家对麻醉药品（narcotic drugs）、精神药品（psychotropic substances）、医疗用毒性药品（medicinal toxic drugs）、放射性药品

(radioactive pharmaceuticals) 实行特殊管理。

此外，国家对药品类易制毒化学品、含特殊药品的复方制剂、兴奋剂、预防性生物制品等也实行特殊管理。

（五）国家基本药物、基本医疗保险用药

1. 国家基本药物（national essential drugs）

国家基本药物是指适应基本医疗卫生需求，剂型适宜，价格合理，能够保障供应，公众可公平获得的药品。

国家基本药物遴选按照"突出基本、防治必需、保障供应、优先使用、保证质量、降低负担"的功能定位，坚持中西药并重、临床首选的原则，参照国际经验合理确定。《国家基本药物目录管理办法》规定："《国家基本药物目录》中的药品包括化学药品、生物制品、中成药和中药饮片。"

2. 基本医疗保险用药

基本医疗保险用药是指为了保障城镇职工基本医疗保险用药，合理控制药品费用，国务院医疗保障行政部门按照国家基本医疗保险制度要求，根据临床必需、安全有效、价格合理、使用方便等基本原则，从国家目前临床应用的各类药品中，经过专家科学评审、遴选并纳入《基本医疗保险药品目录》（以下简称《药品目录》）的药品。

《药品目录》中的西药和中成药分为"甲类药品"和"乙类药品"。"甲类药品"是临床治疗必需、使用广泛、疗效确切、同类药品中价格或治疗费用较低的药品。"乙类药品"是可供临床治疗选择使用、疗效确切、同类药品中比"甲类药品"价格或治疗费用略高的药品。国务院医疗保障行政部门建立完善动态调整机制，《药品目录》原则上每年调整一次。

三、药品的质量特性

（一）药品质量的概念

药品质量是指药品满足规定要求和需要的特征总和，即药品的物理学、化学、生物学等指标符合规定标准的程度。

（二）药品质量特性

药品质量特性包括安全性、有效性、稳定性、均一性。

1. 安全性（safety）

安全性是指按规定的适应证或功能主治和用法、用量使用药品后，人体产生毒副反应的程度。大多数药品均有不同程度的毒副反应，只有在衡量有效性大于毒副反应或可解除、缓解毒副作用的情况下才使用某种药品。假如某物质对防治疾病有效，但对人体有致癌、致畸、致突变等严重损害，甚至致人死亡，则不能作为药品使用。安全性是药品的基本特征。

2. 有效性（effectiveness）

有效性是指在规定的适应证或功能主治、用法和用量条件下，药品能满足预防、治疗、诊断人的疾病，有目的地调节人的生理机能的要求。有效性是药品的基本特征，也是药品的固有特性，若对防治疾病无效，则不能成为药品。药品必须在一定前提条件下，即按照规定

的适应证或者功能主治和用法、用量使用。有效程度的表示方法，我国用"痊愈""显效""有效"等来区别。

3. 稳定性（stability）

稳定性是指药品在规定的条件下保持其有效性和安全性的能力。这里所指的规定条件一般指规定的有效期内，以及满足生产、贮存、运输和使用的要求。假如某物质不稳定，极易变质，即使其具有防治、诊断疾病的安全性和有效性，也不能作为药品。稳定性是药品的重要特征。

4. 均一性（uniformity）

均一性是指药品制剂的每一单位产品都符合安全性、有效性的规定要求。药品制剂的单位产品，如一粒药、一支注射剂、一瓶口服液等；原料药品的单位产品，如一箱药、一袋药、一桶药。由于人们用药剂量一般与药品的单位产品有密切关系，特别是有效成分在单位产品中含量很少的药品，若含量不均一，就可能造成患者用药量不足或用药量过大的情况。均一性是在制药过程中形成的固有特性，也是药品的重要特征。

四、药品的特殊性

药品具有商品的一般属性，药品的研制、生产、流通和使用等活动遵循基本经济规律。同时，药品又是特殊商品，必须对药品全生命周期的关键环节实施严格管控，才能保证药品的安全、有效、质量可控以及合理使用。药品作为特殊商品，其特殊性主要表现在以下几个方面：

（一）生命健康关联性

与其他消费品相比，药品最重要的特点是它与人的生命健康紧密相连，是人防治疾病和维护生命健康不可或缺的重要物质。另外，药品又具有双重作用，它在防治人疾病的过程中，可能会产生不同程度的毒副作用或不良反应。管理有方、用之得当可以治病救人，失之管理、用之不当可能会造成严重的后果，甚至危及人的生命和健康。

（二）质量的重要性

药品与人的生命健康密切相关，确保药品质量尤为重要。药品只有合格品与不合格品的区分，而没有顶级品、优质品与等外品的划分。法定的国家药品标准是判断和保证药品质量的唯一标准。由于药品的重要性，国家对药品的研制、生产、流通、使用等全过程实行严格的质量监督管理，制定和实施一系列法律、法规和规章，以确保药品质量安全和合理用药。

（三）公共福利性

药品防治疾病、维护人类生命健康的商品使用价值，具有社会福利性质。药品价格太高或者产量太少会严重影响药品的可及性，药品的使用价值也就难以发挥。世界上绝大多数国家都对药品价格进行适度干预，同时通过制定实施国家基本医疗保险制度等政策，将防治疾病必需的药品纳入医疗保险报销范围，以减轻国民的经济负担，提高药品的可及性，维护国民用药的合法权益，体现惠及民生的社会福利。

（四）作用的二重性

对于绝大多数药品而言，其作用具有二重性：一方面，药品具有防治疾病的积极作用，另一方面，药品具有不可避免的不良反应和毒副作用。我们必须重视科学用药、合理用药，努力做到用药有效、安全、经济、合理。药品滥用会造成中毒或产生"药源性疾病"。

（五）高度的专业性

药品是高技术产品，在其研制、生产、流通、使用和监督管理等过程中，必须依靠专业技术人员和专业技术设备，专业性特别突出。例如，处方药必须凭执业医师或助理执业医师的处方才能使用，药品生产制造必须有依法经过资格认定的药学技术人员、工程技术人员及相应的技术工人参与，必须有与药品生产相适应的厂房、设施和卫生环境。

（六）时限性

药品的时限性表现在两个方面：一是药品是防治疾病必需的物质保障，一旦需要，必须及时保证供应，尤其在解毒、急救、灾情、疫情、战争等紧急情况下，药品能否及时供应和使用，关系到一个人甚至成千上万人的生命和健康。所以，药品也是国家战略储备物资，必须适量储备，保证供应。二是药品都有有效期，超过有效期的药品为劣药，必须报废销毁。

（七）消费者的低选择性

药品消费环节涉及疾病的科学诊断和药品的合理使用，必须由医师或药师指导，患者才能正确选择和使用药品。对于住院患者来说，基本上是由医生决定药品的使用；在药店销售药品，主要由执业药师指导消费者购买药品。总的来说，药品属于消费者选择性较低的商品，且消费者获取药品有关信息的能力有限，消费者是弱势群体。

（八）需求价格弹性较小

对于患病人群来说，药品属于必需品，使用药品是刚性需求。为了治疗疾病，减轻或消除病痛，恢复健康，维持生命，患者一般不会因为药品价格的高低而影响其购买、使用药品，同时绝大多数治疗性药品能够报销。因此，药品的需求价格弹性较小，即药品价格的变化不会明显地影响公众对药品的需求量。某药品在一定地域的需求量主要取决于与其相关的疾病的发病率和该药品的可替代程度。

第二节　药品监督管理的概念及主要内容

一、药品监督管理的概念

药品监督管理（drug administration）是指国家授权的行政机关，依法对药品、药事组织、药事活动、药品信息进行监督和管理。药品监督管理的实质是药品质量的监督管理，是我国行政监督体系中的一个组成部分。其目的是保证药品质量和维护国民用药的合法权益。

二、药品监督管理的性质

药品监督管理的性质属于国家行政，是国家药品行政监督管理的重要组成部分。

（一）行政性

药品监督管理是政府职能部门运用法律授予的行政权力来履行法律、法规赋予的行政职责，是一种完全意义上的行政执法行为。

（二）法律性

在药品研发、生产、流通、使用和监督管理全过程，具有一系列法律、法规和规章，药品监督管理必须依法行政，按章办事。

（三）专业性

药品监督管理是一项专业性很强的工作，特别是药品注册管理、药品生产管理以及假劣药品的判定等，必须依托专业技术机构和专业技术团队。

三、药品监督管理的主要内容

药品监督管理是各级药品监督管理部门依据法律、法规授予的权限，对药品的研制、生产、流通、使用全过程进行检查、督促，以保证药事管理法律、法规的贯彻实施，保证药品质量，保障人民群众用药的安全性、有效性、合理性和可及性。

（一）药品研发注册环节实行审批和许可制度

1. 分类注册审批制度

中药注册按照中药创新药、中药改良型新药、古代经典名方中药复方制剂、同名同方药等进行分类管理；化学药注册按照化学药创新药、化学药改良型新药、仿制药等进行分类管理；生物制品注册按照生物制品创新药、生物制品改良型新药、已上市生物制品等进行分类管理。境外生产药品的注册申请，按照药品的细化分类和相应的申报资料要求进行管理。国家药品监督管理部门负责药品的注册审批。审批通过后，颁发新药证书或进口药品注册证及药品批准文号。

2. 优化临床试验制度

将临床试验由批准制调整为到期默示许可制，将临床试验机构由认证管理调整为备案管理，进一步提高临床试验机构的审评审批效率。

3. 药品上市许可持有人制度

药品上市许可持有人是指取得药品注册证书的企业或者药品研制机构等。药品上市许可持有人应当依照《药品管理法》的规定，对药品的非临床研究、临床试验、生产经营、上市后研究、不良反应监测及报告与处理等承担责任。

4. 关联审评审批制度

国务院药品监督管理部门在审批药品时，对化学原料药一并审评审批，对相关辅料、直接接触药品的包装材料和容器一并审评，对药品的质量标准、生产工艺、标签和说明书一并核准。

5. 药品加快上市注册程序

药品加快上市注册程序包括突破性治疗药物程序、附条件批准程序、优先审评审批程序、特别审批程序。

（二）生产、经营药品和配制医疗机构制剂实行许可及监管

1. 许可证制度

药品生产许可证、药品经营许可证、医疗机构制剂许可证是控制生产、经营药品和配制

医疗机构制剂的基本条件,是确保生产、经营药品质量与医疗机构制剂质量的关键环节。

2. 药品追溯制度

药品追溯制度是用信息化的手段保障药品生产、经营、使用的质量安全,能够有效实现药品风险控制。药品上市许可持有人、药品生产和经营企业及医疗机构都要建立和实施药品追溯制度,并且按照规定提供相关追溯信息,从而保证药品能够实现可追溯。

(三)药品使用环节实施药物警戒制度和药品再评价

1. 药物警戒制度

药物警戒制度关注药品在人体的使用风险,包括药品不良反应、药品质量问题、药物相互作用以及药物误用、滥用、错用等。药物警戒手段包括被动监测、主动监测、观察性研究等,目的就是通过开展药物警戒活动及时发现和识别风险信号,以便监管部门采取具体的可操作、有针对性的预防和控制措施,如修改药品说明书、向社会发布用药安全警示信息、药品的撤市等。药物警戒的主体是药品上市许可持有人。

2. 药品再评价和药品品种整顿

国家药品监督管理部门对已经批准上市的药品将组织专家进行再评价。对疗效不确切、不良反应大或者因其他原因危害人体健康的药品,应当撤销批准文号或者进口药品注册证书。

四、药品监督管理的主要手段

(一)监督检查

药品监督管理部门有权按照法律、法规的规定,对药品的研制、生产、流通、使用进行全过程的监督检查,接受监督检查的单位不得拒绝和隐瞒,应当主动配合药品监督管理部门,提供真实情况,如研制资料、生产记录、购销记录等。

药品监督管理部门对监督检查中发现的违反药事管理法律、法规的行为,依法实施行政处罚,违法行为构成犯罪的,应当及时移交司法部门,依法追究刑事责任。

(二)药品飞行检查

药品飞行检查是指药品监督管理部门针对药品生产、经营等环节开展的不预先告知的突击检查或者暗访调查。药品飞行检查采取事先不通知、不透露检查信息、不听取一般性汇报、不安排接待、直奔现场的方式,更加有利于调查核实被检查单位执行药品监管法律、法规的真实情况。

1. 药品飞行检查的原则

应当遵循及时、有序、公开、公正的原则,坚持问题导向,做到严格检查、严厉查处、严肃问责。

2. 药品飞行检查的内容

药品监督管理部门对下列事项可以启动药品飞行检查:
①核查投诉举报问题;②调查药品质量风险;③调查药品严重不良反应或者群体不良事件;④调查违法违规行为;⑤随机监督抽查;⑥其他有必要进行药品飞行检查的情况。

3. 药品飞行检查结果的处理

根据药品飞行检查结果，药品监督管理部门可以作出限期整改，发告诫信，约谈，召回涉事产品，收回药品生产许可证、经营许可证或者暂停药品生产、经营、使用等处理决定。

（三）药品质量抽查检验与质量公告

药品质量抽查检验与质量公告是药品监督管理的重要手段。

抽查检验（简称抽验）是国家药品监督管理局设置或确定的药品检验机构，根据抽验计划和监督管理需要，按照法定的药品标准，对抽查的药品进行检验，以了解药品质量动态变化情况，掌握药品的生产、流通、使用情况。药品监督抽查检验不得向被监督对象收取检验费。

药品质量公告是药品质量抽验的结果公示。国家定期向公众发布有关质量抽验结果的公告。药品质量抽检结果公告包括药品名称、检品来源、检品标示生产企业、生产批号、药品规格、检验机构、检验依据、检验结果、不合格项目。

第三节 药品经营的概念及主要内容

一、药品经营的概念

药品经营是指药品生产经营组织与其他组织交换药品以满足双方需求的社会管理过程，包括为实现自己的目标而进行的以满足消费者用药需求为中心的一系列生产经营活动，如制定企业发展战略、市场调研、产品开发、制定经营策略等。药品经营活动以创造最佳经济效益和社会效益为目标，通过对药品经营活动规律的研究和探索，更加有效地指导药品生产经营实践，提高企业的核心竞争力，促进企业可持续发展。全面理解该定义，需要准确把握以下内涵：

1. 药品经营的主体为药品生产和流通企业

药品是特殊商品，其经营主体主要包括制药企业、药品批发企业、医疗机构药房和社会药房。

2. 药品经营的客体是药品及其价值

药品包括有形产品和药学服务，价值包括药品本身的价值和药学服务价值。

3. 药品经营的核心是创新和营销

药品经营的主要任务是不断研发创新产品，并持续做好市场营销，实现药品的市场价值。

4. 药品经营的最终目的是满足药品供需双方的需求

满足医药企业获取经济效益的需求和消费者对药品的需求。

二、药品经营的影响因素

药品经营的影响因素复杂多变，既有企业内部的因素，又有企业外部环境的因素，有些因素企业可以控制，有些因素企业无法控制，只能积极主动地去适应。

（一）人口因素

人口因素是影响药品经营的第一要素，也是决定性因素。人口数量直接决定药品市场的规模，人口特征（如性别、年龄、文化水平、风俗习惯等）决定药品市场的消费结构。人口因素对药品市场的影响主要体现在人口的数量和年龄上。

（二）消费者的需求和购买力

药品经营本质是满足消费者现实的需求和挖掘潜在的需求。消费者购买力的高低也是影响购买行为的重要因素。消费者的需求主要受其健康观念的影响。

（三）国家的法律、法规

国家的法律、法规对药品经营的影响是宏观的，国家的法律、法规（如《药品管理法》《疫苗管理法》《中医药法》等）对药品经营会产生广泛而深远的影响，国家政策（如国家基本药物制度、基本医疗保险制度、药品集中招标采购等）对药品经营产生直接而现实的影响。药品生产经营企业必须密切关注国家法律、法规和相关政策的变化，及时调整和优化经营策略，积极主动地把握机遇，规避风险。

（四）国家的产业政策

国家的产业政策对药品经营的影响是宏观的。习近平总书记在中国共产党第二十次全国代表大会上的报告中提出："建设现代化产业体系。坚持把发展经济的着力点放在实体经济上，推进新型工业化，加快建设制造强国、质量强国、航天强国、交通强国、网络强国、数字中国。实施产业基础再造工程和重大技术装备攻关工程，支持专精特新企业发展，推动制造业高端化、智能化、绿色化发展。巩固优势产业领先地位，在关系安全发展的领域加快补齐短板，提升战略性资源供应保障能力。推动战略性新兴产业融合集群发展，构建新一代信息技术、人工智能、生物技术、新能源、新材料、高端装备、绿色环保等一批新的增长引擎。构建优质高效的服务业新体系，推动现代服务业同先进制造业、现代农业深度融合。加快发展物联网，建设高效顺畅的流通体系，降低物流成本。加快发展数字经济，促进数字经济和实体经济深度融合，打造具有国际竞争力的数字产业集群。优化基础设施布局、结构、功能和系统集成，构建现代化基础设施体系。"

上述关于建设现代化产业体系的重要论述为药品经营管理指明了方向，具有普遍的指导意义，必须深刻领会，深入贯彻落实。

（五）科技发展水平

科技发展水平对药品经营的影响主要体现在药品的升级换代、质量提升、成本控制以及营销模式创新等方面。科技发展给药品生产经营企业的经营活动既创造了机会，也带来了威胁，关键在企业如何应对。

（六）企业自身因素

药品生产经营企业自身的因素直接影响其经营活动。不同风格类型的企业领导对药品市场发展趋势的把握、认知、预测不同，必然会制定不同的经营战略与策略；组织结构、企业文化、内部管理、财务状况、产品组合等因素都会影响企业的经营活动。

三、药品经营的主要内容

药品经营的主要内容包括五部分：第一部分为药品经营环境分析，包括药品经营宏观环境分析、药品经营微观环境分析、国家医药政策变化对药品经营的影响、药品经营环境对企业决策的影响；第二部分为药品市场竞争战略，包括竞争者分析、药品市场基本竞争战略、不同竞争地位医药企业的竞争策略；第三部分为药品市场细分与市场定位，包括药品经营市场细分、药品目标市场选择、药品市场定位；第四部分为药品营销策略组合，主要包括产品、价格、渠道、促销、公共关系等营销策略及其组合；第五部分为药品品牌管理，包括药品品牌策略、药品品牌创建与管理等。

第四节　药品经营与管理研究

一、药品经营与管理研究的性质

药品经营与管理研究属于应用性、实践性较强的社会科学，是以药品生产经营活动的整个系统作为研究对象，以药品全生命周期的实践活动作为研究的基础，用现代科学，如管理学、经济学、统计学对药品活动进行综合分析，其研究具有客观性、系统性、社会性等特征，但因其研究对象以"社会"为主，与其他研究对象以"自然"为主的自然科学研究相比，其研究结论重复性较差，且影响因素复杂。

二、药品经营与管理研究的特点

（一）政策性

由于药品具有社会福利性质，部分药品还是公共卫生产品，其研制、生产、流通、使用等环节都受到国家法律、法规和政策约束。例如，国家对疫苗实行最严格的管理制度，坚持安全第一、风险管理、全程管控、科学监管、社会共治，国家坚持疫苗产品的战略性和公益性，将预防、控制重大疾病的疫苗研制、生产和储备纳入国家战略。

（二）综合性

药品经营与管理的对象既包括药品，也包括人和社会环境，其研究范围有药学学科的内容，也有以管理学为主的社会科学内容，研究者必须同时具有药学和相关社会科学理论知识基础。药品经营与管理研究属于跨学科研究。

（三）规范性

药品经营与管理研究的目的在于探索药品经营与管理活动规律，为制定药品经营与管理规范提供理论依据，包括法律的、伦理道德的、管理的规范等。

（四）应用性

药品经营与管理源于实践活动，其研究的结果又服务于实践活动，通过研究提出政策建议、标准和规范、可行性研究报告、市场调查报告、现状分析等，推动药品经营与管理活动可持续发展。

三、药品经营与管理的研究方法

药品经营与管理与药剂学、药物化学、药理学和药物分析等药学其他自然分支学科的主要基础理论存在较大差异,研究方法亦不相同。药品经营与管理的研究对象兼顾"人""物"及"社会"等方面,其研究方法、研究结果的表现形式等均与单纯以"物"为研究对象的自然科学研究有所不同。常用的研究方法很多,概括归纳为现场调研、实验研究、定性与定量分析相结合等几类。

(一)现场调研

现场调研也称为社会调查(social survey),是人们深入现场进行考察,以探求客观事物的真相、性质和发展规律的活动。现场调研以特定群体为对象,应用问卷调研或其他工具向研究对象进行询问,收集有关群体的资料及信息,以研究对象回答问题的数据为基础,了解该群体的普遍特征。问卷是收集调查数据的重要方法,包括自填式问卷和访问调研问卷。问卷格式、答案格式、后续性问题、问题矩阵、提问顺序、问答指南等,是设计问卷时应充分考虑的几个方面。邮寄(包括电子邮件)的自填式问卷的回收率对样本的代表性有直接影响,一般来说,50%的回收率是最低要求。

调查研究有两种基本类型,即普查和样本调查。药品经营与管理研究常用的是样本调查。样本调查中抽样是其基本步骤,抽样设计对研究结果影响很大。样本大小、抽样方法和判断标准是抽样设计的关键环节。药品经营与管理现场调查可分为确定主题、查阅文献、形成研究假设、确定研究变量、选取研究对象、选择研究方法、现场收集资料、分析资料、撰写研究报告等步骤。其中研究报告内容包括调查目的、调查对象及其一般情况、调查方式、调查时间、调查内容、调查结论等。

(二)实验研究

实验研究是针对某一问题,根据一定的理论或假设进行有计划的研究,从而得出一定的科学结论的方法。

实验研究的目的是研究原因和结果的关系,即研究分析"为什么"。它通过实验组与对照组的比较分析,研究因果关系。实验研究就是对各种变量的操纵、控制、观察和比较等的过程,变量是实验研究最基本的问题。

实验研究的优点在于研究者可以按照自己提出的假设来决定研究变量,通过实验设计排除自然状态下的干扰因素,使得实验结果清晰、可靠,具有一定的可验证性和可重复性。

(三)定性与定量研究相结合

1. 定性研究

定性研究是指根据社会现象或事物所具有的属性和在运动中的矛盾变化,从事物的内在规定性来研究事物的一种方法。进行定性研究,要根据一定的理论和经验,直接抓住事物特征的主要方面。定性研究具有探索性、诊断性和预测性等特点,它并不追求精确的结论,而只是了解问题之所在,摸清情况,得出感性认识。定性研究一般包括提出科学问题、形成定性概念、作出科学判断并进行论证和检验等基本程序。

药品经营与管理定性研究就是"说明事物是什么",即不对不同单位的特征做数量上的比较和统计分析,它主要是对观察资料进行归纳、分类、比较,进而对某个或某类现象的性质和特征作出概括。药品经营与管理中的定性研究,主要包括对各种现象的"属性认定""类别归并"和"价值判断"等基本方面。

2. 定量研究

定量研究一般是为了对特定研究对象的总体得出统计结果而进行的。在定量研究中,信息都是用某种数字来表示的。通常采用数据或图表的形式对社会现象进行说明,通过演绎的方法来提出理论假设,然后通过收集资料和证据来评估或验证在研究之前预想的模型、假设或理论。

药品经营与管理研究的定量方法,主要是指从社会事物数量变化方面去研究药品经营与管理活动的方法,说明事物在数量方面的特征,具有普遍性、客观性、可检验性等优点。

科学地对调查数据进行统计分析是定量研究的重要环节。统计分析主要对统计调查所获得的资料进行整理、加工、说明和阐释。有了充分的材料,能否得出科学的结论,取决于统计分析推论的科学性和合理性。统计分析将这些分散的、零碎的材料中所蕴含的社会意义抽取和分析出来,并将它们综合为一个整体,按照它的本来面目再现出来,从而得出合理的结论。

药品经营与管理研究中的定量研究和定性研究应该是统一的、相互补充的。定性研究是定量研究的基础和前提,定量研究必须在定性研究的基础上开展,没有定性的定量研究是盲目的、无价值的。定量研究使定性研究更加科学、准确、可靠,它可以促使定性研究得出广泛而深入的结论。

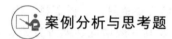

案例分析与思考题

一、案例分析题

1. 国家医保药品谈判制度创新及其成效

【案例内容】

随着我国医疗保障体系的不断完善和人口老龄化程度的日趋加深,我国总体医疗卫生费用与医疗保险(简称医保)基金支出也逐年攀升。如何在提升创新医疗技术与药品可及性的同时,保证医疗卫生费用与医保基金的可持续发展,是我国现阶段实施"健康中国战略"面临的重要任务之一。国家医保药品谈判聚焦于合理地降低药品价格,通过与制药企业谈判、协商,将临床价值高但价格较为昂贵的药品纳入医保目录,既满足参保患者的迫切需求,切实降低其用药负担,又保证制药企业通过"以价换量"获得经济效益,提升医疗卫生费用与医保基金的使用效率,已成为我国医疗卫生费用控制与医保药品管理的必然选择。

2015年2月,国务院办公厅印发《关于完善公立医院药品集中采购工作的指导意见》,首次提出了药品集中分类采购的总体思路。2015年10月,由国家卫生与计划生育委员会等16个单位、部门协调组织实施了首批国家医保药品价格谈判试点。2017年,国家人力资源社会保障部牵头组织实施了第二轮国家医保药品谈判。该轮谈判扩大了谈判药品的范围和品种,成为真正意义上的"国家医保药品谈判"。2018年,国家医疗保障局(以下简称国家医保局)成立,当年即组织实施了抗癌用药专项谈判。2019年起,国家医保药品谈判趋于常态化,每年进行一次。截至2022年,已完成了七轮谈判。

国家医保药品谈判通过试点探索和不断优化,已取得了显著成效。从近五年来看,医保药品谈判主要成效包括:①谈判准入成功率较高,除2018年肿瘤药专项谈判外,各年度谈判准入的成功率约为80%;②谈判准入药品的降价幅度较大且较为稳定,2018—2022年,谈判准入药品的价格降幅约为60%;③谈判准入药品覆盖的疾病治疗领域不断拓展,包括癌症、罕见病、慢性疾病等;④谈判准入药品从上市到准入医保的时间较短,近五年药品从上市到准入医保的时间为1~2年，多数药品上市当年即准入；⑤医保基金的使用效率逐年提高，每年度支出与结余的结构趋于合理。具体如表1-1所示。

总之，国家医保药品谈判机制将临床价值高但价格较为昂贵的药品及时纳入医保目录，实现了患者、制药企业和医保基金三方共赢，成为近年来我国医药卫生领域"医保、医疗、医药"三医联动改革的典型案例。

表1-1 2018—2022年间国家医保药品谈判实施成效

项目	谈判轮次				
	三	四	五	六	七
年份	2018	2019	2020	2021	2022
谈判药品数/个	18	150	162	117	147
准入药品数/个	17	97	119	94	121
准入成功率/%	94.4	64.7	73.5	80.3	82.3
准入药品平均价格降幅/%	56.7	60.7	50.6	61.7	60.1
准入药品平均上市到准入时间/年	1.4	2.0	1.3	1.1	1.5
医保基金支出/亿元	17607.7	19945.7	20949.3	24043.1	24431.7
医保基金结余/亿元	3482.5	3389.1	3689.4	4684.5	6266.0

数据来源：国家医疗保障局官方网站。

以近两年引人瞩目的高价脊髓性肌萎缩症罕见病药物——诺西那生纳为例，诺西那生纳在国内初上市时每针70万元，省级挂网销售降至45万元左右。该药经过9轮谈判，每针价格从53680元最终下降至33800元。如以第一年注射6针，以后每年注射3针计算，第一年的治疗费用为20万元左右，以70%~80%的报销额度计算，患者只需自付4~6万元。如以上市原价计算，诺西那生纳降价率为73%；如按医保谈判初期企业申报意愿价格计算，则最终累计降价率为37%。根据国家医保局追踪数据，企业谈判成功后，诺西那生纳的销售额一年可达到4.7亿元，同比增长约1.6倍，治疗患儿人数同比增长9.5倍，药品销量同比增长40.5倍，人均年注射次数已达到5针，接近标准所需剂量。具体如表1-2所示。

通过谈判，诺西那生纳纳入《国家医保目录》，这样不仅提高了脊髓性肌萎缩症患儿治疗的可及性，满足了未满足的临床需求，且明显提高了企业收益。

表1-2 诺西那生纳进入医保目录前后销量变化

项目	2021年(谈判前)	2022年(谈判后)	同比增长/倍
销售金额	1.8亿元	4.7亿元	1.6
治疗患儿人数	267	2812	9.5
销售总针数	342	14216	40.5
人均注射针次数	1.28	5.0	2.9

资料来源：胡善联. 让基金支付力追上创新翅膀[N]. 医药经济报, 2023-04-20(4).

【问题与启示】

(1) 分析国家医保药品谈判制度的重要意义、实施机制和主要成效。

(2) 分析国家医保药品谈判常态化对制药企业的药品经营与管理产生的影响，制药企业如何更好地应对？

2. 泽布替尼研发的"速度制胜"和"零的突破"

【案例内容】

2019年11月15日，百济神州公司宣布其自主研发的BTK抑制剂泽布替尼（英文商品名：Brukinsatm，英文通用名：Zanubrutinib）获得美国FDA的加速批准，该药用于既往接受过至少一项疗法的套细胞淋巴瘤患者的治疗。泽布替尼是迄今为止第一款完全由我国企业自主研发、在美国获准上市的抗癌新药。

1) 泽布替尼的研发体现了"速度制胜"

泽布替尼从立项研发到美国FDA审批通过仅用了7年时间。

2012年7月，BTK抑制剂开发项目在百济神州实验室立项；研究团队从最初合成的500多个化合物中筛选出了最终候选分子。

2013年4月，百济神州公司递交了专利申请。

2014年8月，泽布替尼在海外启动临床试验。

2016年7月，泽布替尼在中国进入临床试验。

2017年1月，全球3期注册性临床试验启动。

2018年8月、10月，国家药品监督管理局受理泽布替尼两个适应证的新药上市申请。

2019年1月，泽布替尼获得FDA授予"突破性疗法认定"。

2019年8月，美国FDA受理泽布替尼新药上市申请，并优先审评。

2019年11月，泽布替尼通过了美国FDA的加速批准。

2020年6月，泽布替尼（商品名：百悦泽）在中国大陆获批两个适应证。

泽布替尼快速上市的主要原因：一是百济神州公司的研发团队使用了更快捷高效的新技术和新方法；二是泽布替尼获得了美国FDA的快速审评审批。

2) 泽布替尼先后拿到了FDA的四张通行证

孤儿药认定：2016年，先后获得FDA 3项孤儿药资格认定，分别用于治疗套细胞淋巴瘤、华氏巨球蛋白血症和慢性淋巴细胞白血病。

快速通道：2018年7月，FDA授予泽布替尼快速通道资格，用于治疗华氏巨球蛋白血症。

突破性疗法：2019年1月，FDA获得泽布替尼突破性疗法认定，用于治疗复发难治性套细胞淋巴瘤。

优先审评：2019年8月，FDA受理泽布替尼治疗复发难治性套细胞淋巴瘤的新药上市申请，并授予其优先审评资格。

长期以来，我国上市的抗癌原研药主要依赖进口，而从本土出口海外的药品则多为原料药或仿制药，我国对全球医药创新体系的贡献相对较小。近年来，随着改革开放的深化与综合国力的提升，我国医药行业加快转型升级，尤其在各项利好政策驱动下，制药业兴起创新浪潮，大批科学家归国投入新药研发工作，为医药产业从仿制转向创新、从本土走向世界，注入了可持续发展的活力。

北京大学肿瘤医院朱军教授表示：本土生物医药公司自主研发的创新抗癌药泽布替尼首次获得FDA批准，这一历史突破是我国本土生物医药行业和临床肿瘤研究的一个重要里程碑，标志着我们不仅能为中国患者研发新药，也能让更多国家的患者受益，为世界提供中国方案，贡献中国智慧。

泽布替尼创造了中国制药工业历史上的多个"零的突破"

泽布替尼获 FDA 突破性疗法认定，成为第一款获得该认定的本土研发的抗癌新药。

泽布替尼是第一款 FDA 批准在美国上市的由中国创新药企业自主研发的抗癌新药。

泽布替尼是第一款主要基于中国的临床研究数据并获得 FDA 批准上市的抗癌药物。

资料来源：成琳．我国原研抗癌新药泽布替尼获 FDA 批准［N］．中国医药报，2019-11-21（4）．

【问题与启示】

（1）分析泽布替尼从立项研发到美国 FDA 审批通过仅用了 7 年时间的原因。

（2）我国企业自主研发的创新抗癌药泽布替尼首次获得 FDA 批准，对我国医药企业有何启示？

二、思考题

1. 解释药品的法定定义。
2. 简述药品的质量特征。
3. 论述药品的特殊性。
4. 简述药品经营的影响因素。
5. 简述药品监督管理的主要手段。
6. 简述药品经营与管理研究的特点与方法。

课件　　　　　视频讲解

第二章

药品管理立法

药品是关系人民生命和健康的特殊商品，依法对药品实施严格的监督管理是世界上大多数国家普遍的做法。通过对药品的研制、生产、流通、使用及监督管理等重点环节实施法制化管理，旨在保证药品质量，保障公众用药安全和合法权益，保护和促进公众健康。本章主要介绍药品管理立法、《中华人民共和国药品管理法》（以下简称《药品管理法》）和《中华人民共和国疫苗管理法》（以下简称《疫苗管理法》）的主要内容。

第一节　药品管理立法概述

一、药品管理立法的概念

药品管理立法是指由特定的国家机关，依据法定的权限和程序，制定、认可、修订、补充和废除药品管理法律规范的活动。

药品管理立法有广义和狭义之分。狭义的药品管理立法，专指全国人民代表大会及其常务委员会（简称全国人大常委会）制定有关药品法律的活动。广义的药品管理立法，不仅包括全国人大常委会制定药品法律的活动，还包括国家行政机关、地方权力机关等制定药品法规、规章和其他相关规范性文件的活动。

二、我国药品管理立法的特征

（一）以人民健康为中心

药品与用药者的健康和生命安全直接关系，药品管理法律体系对药品的研制、生产、流通、使用、监管全过程进行严格管理，目的是保证药品质量，保障公众用药安全和合法权益，将保护公众健康和促进公众健康统筹安排，充分体现了大卫生、大健康、大安全的理念，彰显着立法思想的与时俱进。

（二）以坚持风险管理、全程管控、社会共治为原则

药品由于其自身特点，存在固有的风险，没有绝对安全的药品，只能不断地防控各种风险。风险管理原则贯穿于药品生命全周期，包括风险暴露、风险识别、风险警示、风险控制、风险沟通等具体内容。全程管控是围绕药品研制和注册、药品生产、药品经营、医疗机

构药事管理、药品上市后管理等构建框架结构,从实验室到医院对药品实行全过程严格管控。社会共治强调多元主体参与药品领域管理,构建企业主责、政府监管、行业自律、社会协同、公众参与、媒体监督、法制保障的药品安全社会共治格局。

(三)以建立科学、严格的监督管理制度为基础

科学监管强调药品监管工作要尊重科学规律、坚守科学精神、树立科学态度、讲究科学方法。药品的研制、生产、经营、使用是技术性、专业性很强的领域,这就要求运用科学管理论,适应药品管理的内在规律,建立科学的管理制度,采取科学的措施和方法,实施有效监管。科学、严格的监督管理制度贯穿于药品管理制度设计的全过程,例如规范药品研制、生产、经营、使用全过程管理;在药物临床试验中强调保护受试者合法权益;支持以临床价值为导向的药物创新;要求申请药品注册时提供真实、充分可靠的数据、资料和样品,证明药品的安全性、有效性和质量可控性;严惩、重处违法行为等。

(四)以全面提升药品质量,保障药品的安全有效、可及为目的

药品是治病救人的特殊商品,不合格的药品不仅无法有效治疗疾病,还可能延误治疗,危害公众健康,影响政府公信力和人民群众获得感。"有药用""用好药""用得起药"是人民对美好生活向往的重要内容。加强药品管理,保证药品质量,目的是保障公众用药安全和合法权益。

(五)以县级以上人民政府为责任主体

县级以上地方人民政府对本行政区域内的药品监督管理工作负责,统一领导、组织、协调本行政区域内的药品监督管理工作以及药品安全突发事件应对工作,建立健全药品监督管理工作机制和信息共享机制。县级以上人民政府应当将药品安全工作纳入本级国民经济和社会发展规划,将药品安全工作经费列入本级政府预算,加强药品监督管理能力建设,为药品安全工作提供保障。

三、我国药品管理法的渊源

药品管理法的渊源是指药品管理法律规范的具体表现形式。我国药品管理法的渊源主要有以下几种形式。

(一)宪法

宪法是国家的根本大法,规定国家的根本制度和根本任务,具有最高的法律效力,是其他法律规范的基础。宪法由我国最高权力机关全国人民代表大会制定和修改。

习近平总书记在中国共产党第二十次全国代表大会上的报告中提出:"完善以宪法为核心的中国特色社会主义法律体系。坚持依法治国首先要坚持依宪治国,坚持依法执政首先要坚持依宪执政,坚持宪法确定的中国共产党领导地位不动摇,坚持宪法确定的人民民主专政的国体和人民代表大会制度的政体不动摇。加强宪法实施和监督,健全保证宪法全面实施的制度体系,更好发挥宪法在治国理政中的重要作用,维护宪法权威。"

我国《宪法》第二十一条规定:"国家发展医疗卫生事业,发展现代医药和我国传统医药,鼓励和支持农村集体经济组织、国家企业事业组织和街道组织举办各种医疗卫生设施,开展群众性的卫生活动,保护人民健康。"

（二）药品管理法律

药品管理法律是指由全国人大及其常委会制定的药品管理法律文件，其地位和效力仅次于宪法。

我国专门的药品管理法律有《药品管理法》和《疫苗管理法》，与药事管理有关的法律有《刑法》《民法典》《行政处罚法》《行政诉讼法》《行政复议法》《标准化法》《计量法》《广告法》《价格法》《消费者权益保护法》《反不正当竞争法》《专利法》《中医药法》等。

（三）药品管理行政法规

药品管理行政法规是由国家最高行政机关国务院依法制定、修改并发布的药品管理规范性文件，一般以"条例""规定""办法"三种名称发布，其效力低于宪法、法律。

由国务院制定、发布的药事管理行政法规有《中华人民共和国药品管理法实施条例》《麻醉药品和精神药品管理条例》《医疗用毒性药品管理办法》《放射性药品管理办法》《中药品种保护条例》《野生药材资源保护管理条例》等。

（四）药品管理地方性法规

药品管理地方性法规是由各省、自治区、直辖市人大及其常委会制定的药事管理法规，效力低于宪法、法律及行政法规且不超出本行政区域。一般较少见。例如，2021年7月30日广东省第十三届人民代表大会常务委员会第三十三次会议通过的《广东省中医药条例》。

（五）药事管理规章

药事管理规章分为部门规章和地方政府规章两种。

部门规章是由国务院所属各部委和直属机构在本部门权限内发布的药品管理规范性法律文件，其地位低于宪法、法律、行政法规。药事管理规章主要是国务院药品监督部门制定、修订并发布的行政规章。例如，《药品注册管理办法》《处方药与非处方药分类管理办法（试行）》《药品生产监督管理办法》《药品不良反应报告和监测管理办法》《药品召回管理办法》《药品流通监督管理办法》等。

地方政府规章是指有权制定地方性法规的地方人民政府制定的规范性文件，其效力低于宪法、法律、行政法规、上级和同级地方性法规。药事管理地方政府规章比较少见。例如，2014年11月12日广西壮族自治区第十二届人民政府第三十九次常务会议审议通过的《广西壮族自治区药用野生植物资源保护办法》。

（六）中国政府承认或加入的药事管理国际条约

国际条约一般属于国际法范畴，但经中国政府缔结的双边、多边协议、条约和公约等，在我国也具有约束力。例如，1985年我国加入《1961年麻醉药品单一公约》和《1971年精神药物公约》。

四、我国药品管理立法的发展和历史沿革

我国是世界上最早采用行政和法律手段进行药事管理的国家之一。公元659年，我国唐代政府组织编撰的《新修本草》是世界上第一部由政府颁布的具有药典性质的药品标准。我国北宋史书《册府元龟》中记载："北齐门下省尚药局，有典御药2人，侍御药2人，尚药

监 4 人，总御药之事。"

我国现代意义上的药事管理立法始于 1911 年辛亥革命之后，大体上经历了四个发展时期。

（一）药品管理立法的萌芽期

辛亥革命之后至新中国成立前是我国药品管理立法的萌芽期。辛亥革命胜利后，1912 年成立的中华民国南京临时政府，在内务部下设卫生司（1928 年改设卫生部），主管全国卫生工作，其下属第四科主持药政工作，开始早期药品管理的立法工作。中华民国政府先后发布《药师暂行条例》（1929 年 1 月）、《管理药商规则》（1929 年 8 月）、《麻醉药品管理条例》（1929 年 11 月）、《购用麻醉药品暂行办法》（1935 年 8 月）、《管理成药规则》（1930 年 4 月）和《药师法》（1943 年 9 月）等药品管理法规，形成了我国最早的药品管理立法框架。这些药品管理法规立法水平较低，加之当时政治、经济因素的影响，未能在实践中有效施行。

（二）药品管理立法的初创期

中华人民共和国成立后至改革开放前是我国药品管理立法的初创期。中华人民共和国成立后，一方面，为配合戒烟禁毒工作和清理旧社会遗留下来的假劣药品等问题，卫生部制定了《关于严禁鸦片烟毒的通令》《关于管理麻醉药品暂行条例的公布令》《关于麻醉药品临时登记处理办法的通令》《关于抗疲劳素药品管理的通知》《关于由资本主义国家进口西药检验管理问题的指示》等一系列行政规范性文件；另一方面，1958—1965 年，随着我国制药工业的发展，国家有关部委制定了《关于综合医院药剂科工作制度和各级人员职责》《食用合成染料管理暂行办法》《关于加强药政管理的若干规定》《管理毒药限制性剧药暂行规定》《关于药品宣传工作的几点意见》《管理中药的暂行管理办法》等一系列加强药品生产、经营和使用管理的规章，奠定了我国药品管理法的基础，并在实践中取得了一定的成效。

（三）药品管理立法的发展期

改革开放以来至党的十八大前是我国药事管理立法的发展期。1978 年十一届三中全会后，国家提出建设社会主义法治国家的目标。在药事管理立法领域，1978 年国务院颁布了新时期第一个纲领性药品管理文件——《药政管理条例（试行）》，卫生部和其他有关部门也颁布了一系列配套行政法规和部门规章，包括《麻醉药品管理条例》《新药管理办法（试行）》《卫生部关于医疗用毒药、限制性剧药管理规定》等。这些法规和规章对保证药品质量、维护人体用药安全有效发挥了极大的作用，但同时也存在着执法主体、法律责任不明确等问题，其法律效力受到限制。

1984 年 9 月 20 日，第六届全国人大常委会第七次会议审议通过《中华人民共和国药品管理法》，自 1985 年 7 月 1 日起施行。《药品管理法》是我国第一部全面的、综合性的药品管理法律，是我国药品管理立法历史上的一个里程碑，标志着我国药品管理进入法制化管理新阶段。

2001 年 2 月 28 日，第九届全国人大常委会第二十次会议审议通过修订后的《药品管理法》，自 2001 年 12 月 1 日起施行。2002 年 8 月 4 日，国务院颁布《中华人民共和国药品管理法实施条例》，自 2002 年 9 月 15 日起施行。《药品管理法》的修订和《药品管理法实施条例》的颁布，是我国药品管理立法的又一重大进展，也奠定了我国加入世界贸易组织后医药产业发展的法律基础。

为保证《药品管理法》的有效实施，国务院又先后制定颁布了《医疗用毒性药品管理办法》《放射性药品管理办法》《麻醉药品和精神药品管理条例》等行政法规，卫生部和国家药品监督管理部门也先后发布《药品生产质量管理规范》《药品经营质量管理规范》《药品注册管理办法》等部门规章。同时，各省、自治区、直辖市也相应制定了一系列有关药品管理的地方性法规和规章，逐渐形成了具有中国特色的药品管理法律体系。

（四）药品管理立法的成熟期

党的十八大以来，在以习近平同志为核心的党中央坚强领导下，我国药品管理立法进入了新的发展时期。针对药品管理出现的新情况、新问题，全国人大常委会 2013 年、2015 年分别两次修正《药品管理法》，国务院 2016 年、2019 年两次修改《药品管理法实施条例》。同时，积极推进药品上市许可持有人制度试点、稳步推进药品审评审批制度改革试点，为进一步完善药品管理立法奠定基础。

2016 年 12 月 25 日，第十二届全国人民代表大会常务委员会第二十五次会议通过《中华人民共和国中医药法》，自 2017 年 7 月 1 日起施行。

2019 年 6 月 29 日，第十三届全国人民代表大会常务委员会第十一次会议通过《中华人民共和国疫苗管理法》，自 2019 年 12 月 1 日起施行。

2019 年 8 月 26 日，第十三届全国人民代表大会常务委员会第十二次会议通过第二次修订的《中华人民共和国药品管理法》，2019 年 12 月 1 日起施行。标志着新时期我国药品管理立法进入成熟期。

同时，为了推进《药品管理法》和《疫苗管理法》的实施，国家市场监督管理总局、国家药品监督管理局先后新颁布、新修订一批药品管理规章和规范性文件。

五、我国药品管理法律体系

药品管理法律体系是以宪法为依据，以《药品管理法》为基本法，由《中医药法》《疫苗管理法》等药品管理法律、法规、规章及其他规范性文件，按照一定的原则和结构组成的相互协调与制约的法律规范体系。

（一）药品管理法律

由全国人民代表大会常务委员会制定、颁布的药品管理法律主要有《药品管理法》（2019 年修订）等法律。详见表 2-1。

表 2-1 我国药品管理法律

序号	法律名称	颁布机关	施行日期
1	《药品管理法》	全国人民代表大会常务委员会	2019 年 12 月 1 日
2	《疫苗管理法》	全国人民代表大会常务委员会	2019 年 12 月 1 日
3	《中医药法》	全国人民代表大会常务委员会	2017 年 7 月 1 日

（二）药品管理行政法规

由国务院制定、颁布的药品管理行政法规主要有《中华人民共和国药品管理法实施条例》等，详见表 2-2。

表 2-2　我国药品管理行政法规

序号	法规名称	颁布机关	施行日期
1	《野生药材资源保护管理条例》	国务院	1987 年 12 月 1 日
2	《医疗用毒性药品管理办法》	国务院	1988 年 12 月 27 日
3	《中药品种保护条例》(2018 年修订)	国务院	1993 年 1 月 1 日
4	《中华人民共和国药品管理法实施条例》(2019 年修订)	国务院	2002 年 9 月 15 日
5	《反兴奋剂条例》(2018 年修订)	国务院	2004 年 3 月 1 日
6	《麻醉药品和精神药品管理条例》(2016 年修订)	国务院	2005 年 11 月 1 日
7	《戒毒条例》(2018 年修订)	国务院	2011 年 6 月 26 日

（三）药品管理行政规章

由国务院的各有关部委、各直属机构制定、发布的部门规章主要有《药品注册管理办法》《药品生产质量管理规范》《药品经营质量管理规范》等，这部分是我国药品管理法律体系的重要组成部分。我国现行的药品管理行政规章如表 2-3 所示。

表 2-3　我国现行药品管理行政规章

序号	规章名称	颁布部门	施行日期
1	《处方药与非处方药分类管理办法(试行)》	国家药品监督管理局	2000 年 1 月 1 日
2	《医疗机构制剂配制质量管理规范(试行)》	国家药品监督管理局	2001 年 3 月 13 日
3	《药品进口管理办法》(2012 年修订)	国家食品药品监督管理局、海关总署	2004 年 1 月 1 日
4	《药品经营许可证管理办法》(2017 年修正)	国家食品药品监督管理局	2004 年 4 月 1 日
5	《医疗机构制剂配制监督管理办法(试行)》	国家食品药品监督管理局	2005 年 6 月 1 日
6	《医疗机构制剂注册管理办法(试行)》	国家食品药品监督管理局	2005 年 8 月 1 日
7	《药品特别审批程序》	国家食品药品监督管理局	2005 年 11 月 18 日
8	《药品说明书和标签管理规定》	国家食品药品监督管理局	2006 年 6 月 1 日
9	《药品流通监督管理办法》	国家食品药品监督管理局	2007 年 5 月 1 日
10	《药品类易制毒化学品管理办法》	卫生部	2010 年 5 月 1 日
11	《药品生产质量管理规范》(2010 年修订)	卫生部	2011 年 3 月 1 日
12	《药品不良反应报告和监测管理办法》	卫生部	2011 年 7 月 1 日
13	《国家食品药品监督管理总局行政复议办法》	国家食品药品监督管理总局	2014 年 1 月 1 日
14	《蛋白同化制剂和肽类激素进出口管理办法》(2017 年修订)	国家食品药品监督管理总局	2014 年 12 月 1 日
15	《药品医疗器械飞行检查办法》	国家食品药品监督管理总局	2015 年 9 月 1 日
16	《药品经营质量管理规范》(2016 年修正)	国家食品药品监督管理总局	2016 年 6 月 30 日
17	《国家食品药品监督管理总局关于调整部分药品行政审批事项审批程序的决定》	国家食品药品监督管理总局	2017 年 5 月 1 日
18	《药物非临床研究质量管理规范》	国家食品药品监督管理总局	2017 年 9 月 1 日
19	《国家食品药品监督管理总局关于调整进口药品注册管理有关事项的决定》	国家食品药品监督管理总局	2017 年 10 月 10 日
20	《互联网药品信息服务管理办法》(2017 年修正)	国家食品药品监督管理总局	2017 年 11 月 7 日

续表

序号	规章名称	颁布部门	施行日期
21	《进口药材管理办法》	国家市场监督管理总局	2020年1月1日
22	《药品生产监督管理办法》	国家市场监督管理总局	2020年7月1日
23	《药品注册管理办法》	国家市场监督管理总局	2020年7月1日
24	《药物临床试验质量管理规范》	国家药品监督管理局、国家卫生健康委员会	2020年7月1日
25	《生物制品批签发管理办法》	国家市场监督管理总局	2021年3月1日
26	《药物警戒质量管理规范》	国家药品监督管理局	2021年12月1日
27	《药品网络销售监督管理办法》	国家市场监督管理总局	2022年12月1日

第二节 《药品管理法》

《药品管理法》于1984年9月20日第六届全国人民代表大会常务委员会第七次会议通过；2001年2月28日第九届全国人民代表大会常务委员会第二十次会议第一次修订；根据2013年12月28日第十二届全国人民代表大会常务委员会第六次会议《关于修改〈中华人民共和国海洋环境保护法〉等七部法律的决定》第一次修正；根据2015年4月24日第十二届全国人民代表大会常务委员会第十四次会议《关于修改〈中华人民共和国药品管理法〉的决定》第二次修正；2019年8月26日第十三届全国人民代表大会常务委员会第十二次会议第二次修订。

《药品管理法》是我国药品管理领域的基本法，贯穿于我国药品研制、生产、流通、使用和监督管理全过程。《药品管理法》共12章155条。

一、总则

（一）立法宗旨

《药品管理法》的立法宗旨是：加强药品管理，保证药品质量，保障公众用药安全和合法权益，保护和促进公众健康。保护和促进公众健康是药品管理立法最根本的目的。

（二）适用范围

在中华人民共和国境内从事药品研制、生产、经营、使用和监督管理活动，适用本法。

本法所称药品，是指用于预防、治疗、诊断人的疾病，有目的地调节人的生理机能并规定有适应证或者功能主治、用法和用量的物质，包括中药、化学药和生物制品等。

这是《药品管理法》明确规定的药品定义，即法定定义。

（三）药品管理的基本原则

药品管理应当以人民健康为中心，坚持风险管理、全程管控、社会共治的原则，建立科学、严格的监督管理制度，全面提升药品质量，保障药品的安全、有效、可及。

（四）国家发展药品的方针

1. 发展现代药和传统药

国家发展现代药和传统药，充分发挥其在预防、医疗和保健中的作用。

国家保护野生药材资源和中药品种，鼓励培育道地中药材。

2. 鼓励研究和创制新药

国家鼓励研究和创制新药，保护公民、法人和其他组织研究、开发新药的合法权益。

（五）药品全周期管理制度

1. 药品上市许可持有人制度

国家对药品管理实行药品上市许可持有人制度。

药品上市许可持有人依法对药品研制、生产、经营、使用全过程中药品的安全性、有效性和质量可控性负责。

2. 药品追溯制度

从事药品研制、生产、经营、使用活动，应当遵守法律、法规、规章、标准和规范，保证全过程信息真实、准确、完整和可追溯。

（六）药品监督管理体制及职能划分

国务院药品监督管理部门主管全国药品监督管理工作。

国务院有关部门在各自职责范围内负责与药品有关的监督管理工作。

国务院药品监督管理部门配合国务院有关部门，执行国家药品行业发展规划和产业政策。

省、自治区、直辖市人民政府药品监督管理部门负责本行政区域内的药品监督管理工作。设区的市级、县级人民政府承担药品监督管理职责的部门负责本行政区域内的药品监督管理工作。县级以上地方人民政府有关部门在各自职责范围内负责与药品有关的监督管理工作。

县级以上地方人民政府对本行政区域内的药品监督管理工作负责，统一领导、组织、协调本行政区域内的药品监督管理工作以及药品安全突发事件应对工作，建立健全药品监督管理工作机制和信息共享机制。

县级以上人民政府应当将药品安全工作纳入本级国民经济和社会发展规划，将药品安全工作经费列入本级政府预算，加强药品监督管理能力建设，为药品安全工作提供保障。

（七）药品专业技术机构的设置及其职责

药品监督管理部门设置或者指定的药品专业技术机构，承担依法实施药品监督管理所需的审评、检验、核查、监测与评价等工作。

（八）国家建立健全药品追溯制度

国家建立健全药品追溯制度。国务院药品监督管理部门应当制定统一的药品追溯标准和规范，推进药品追溯信息互通互享，实现药品可追溯。

（九）国家建立药物警戒制度

国家建立药物警戒制度，对药品不良反应及其他与用药有关的有害反应进行监测、识别、评估和控制。

（十）鼓励全社会参与药品监督

各级人民政府及其有关部门、药品行业协会等应当加强药品安全宣传教育，开展药品安全法律、法规等知识的普及工作。

新闻媒体应当开展药品安全法律、法规等知识的公益宣传，并对药品违法行为进行舆论监督。有关药品的宣传报道应当全面、科学、客观、公正。

药品行业协会应当加强行业自律，建立健全行业规范，推动行业诚信体系建设，引导和督促会员依法开展药品生产经营等活动。

县级以上人民政府及其有关部门对在药品研制、生产、经营、使用和监督管理工作中做出突出贡献的单位和个人，按照国家有关规定给予表彰、奖励。

二、药品研制和注册

（一）药品研制的政策导向

1. 以临床价值为导向

国家支持以临床价值为导向、对人的疾病具有明确或者特殊疗效的药物创新，鼓励具有新的治疗机理、治疗严重危及生命的疾病或者罕见病、对人体具有多靶向系统性调节干预功能等的新药研制，推动药品技术进步。

2. 促进中药传承创新

国家鼓励运用现代科学技术和传统中药研究方法开展中药科学技术研究和药物开发，建立和完善符合中药特点的技术评价体系，促进中药传承创新。

3. 鼓励儿童用药品的研制和创新

国家采取有效措施，鼓励儿童用药品的研制和创新，支持开发符合儿童生理特征的儿童用药品新品种、剂型和规格，对儿童用药品予以优先审评审批。

（二）药物非临床研究管理

从事药品研制活动，应当遵守药物非临床研究质量管理规范、药物临床试验质量管理规范，保证药品研制全过程持续符合法定要求。药物非临床研究质量管理规范、药物临床试验质量管理规范由国务院药品监督管理部门会同国务院有关部门制定。

开展药物非临床研究，应当符合国家有关规定，有与研究项目相适应的人员、场地、设备、仪器和管理制度，保证有关数据、资料和样品的真实性。

（三）药物临床试验管理

1. 药物临床试验的申报和审批

开展药物临床试验，应当按照国务院药品监督管理部门的规定如实报送研制方法、质量指标、药理及毒理试验结果等有关数据、资料和样品，经国务院药品监督管理部门批准。国务院药品监督管理部门应当自受理临床试验申请之日起六十个工作日内决定是否同意并通知临床试验申办者，逾期未通知，视为同意。其中，开展生物等效性试验的，报国务院药品监督管理部门备案。

2. 药物临床试验机构实行备案管理

开展药物临床试验，应当在具备相应条件的临床试验机构进行。药物临床试验机构实行备案管理，具体办法由国务院药品监督管理部门、国务院卫生健康主管部门共同制定。

3. 药物临床试验管理

（1）伦理审查：开展药物临床试验，应当符合伦理原则，制定临床试验方案，经伦理委员会审查同意。伦理委员会应当建立伦理审查工作制度，保证伦理审查过程独立、客观、公正,监督规范开展药物临床试验,保障受试者合法权益,维护社会公共利益。

(2) 知情同意:实施药物临床试验,应当向受试者或者其监护人如实说明和解释临床试验的目的和风险等详细情况,取得受试者或者其监护人自愿签署的知情同意书,并采取有效措施保护受试者合法权益。

(3) 临床试验风险管理:药物临床试验期间,发现存在安全性问题或者其他风险的,临床试验申办者应当及时调整临床试验方案、暂停或者终止临床试验,并向国务院药品监督管理部门报告。必要时,国务院药品监督管理部门可以责令调整临床试验方案、暂停或者终止临床试验。

(4) 临床试验获益许可管理:对正在开展临床试验的用于治疗严重危及生命且尚无有效治疗手段的疾病的药物,经医学观察可能获益,并且符合伦理原则的,经审查、知情同意后可以在开展临床试验的机构内用于其他病情相同的患者。

(四)药品注册管理

1. 药品注册申请

在中国境内上市的药品,应当经国务院药品监督管理部门批准,取得药品注册证书;但是,未实施审批管理的中药材和中药饮片除外。实施审批管理的中药材、中药饮片品种目录由国务院药品监督管理部门会同国务院中医药主管部门制定。

申请药品注册,应当提供真实、充分、可靠的数据、资料和样品,证明药品的安全性、有效性和质量可控性。

2. 药品审评审批

对申请注册的药品,国务院药品监督管理部门应当组织药学、医学和其他技术人员进行审评,对药品的安全性、有效性和质量可控性以及申请人的质量管理、风险防控和责任赔偿等能力进行审查;符合条件的,颁发药品注册证书。

国务院药品监督管理部门在审批药品时,对化学原料药一并审评审批,对相关辅料、直接接触药品的包装材料和容器一并审评,对药品的质量标准、生产工艺、标签和说明书一并核准。

3. 药品附条件审批

对治疗严重危及生命且尚无有效治疗手段的疾病以及公共卫生方面急需的药品,药物临床试验已有数据显示疗效并能预测其临床价值的,可以附条件批准,并在药品注册证书中载明相关事项。

4. 完善药品审评审批制度

国务院药品监督管理部门应当完善药品审评审批工作制度,加强能力建设,建立健全沟通交流、专家咨询等机制,优化审评审批流程,提高审评审批效率。

批准上市药品的审评结论和依据应当依法公开,接受社会监督。对审评审批中知悉的商业秘密应当保密。

5. 国家药品标准的管理

药品应当符合国家药品标准。经国务院药品监督管理部门核准的药品质量标准高于国家药品标准的,按照经核准的药品质量标准执行;没有国家药品标准的,应当符合经核准的药品质量标准。

国务院药品监督管理部门颁布的《中华人民共和国药典》和药品标准为国家药品标准。

国务院药品监督管理部门会同国务院卫生健康主管部门组织药典委员会，负责国家药品标准的制定和修订。

国务院药品监督管理部门设置或者指定的药品检验机构负责标定国家药品标准品、对照品。

列入国家药品标准的药品名称为药品通用名称。已经作为药品通用名称的，该名称不得作为药品商标使用。

三、药品上市许可持有人

（一）药品上市许可持有人的定义

药品上市许可持有人是指取得药品注册证书的企业或者药品研制机构等。

（二）药品上市许可持有人应承担的责任

药品上市许可持有人应当对药品的非临床研究、临床试验、生产经营、上市后研究、不良反应监测及报告与处理等承担责任。其他从事药品研制、生产、经营、储存、运输、使用等活动的单位和个人依法承担相应责任。药品上市许可持有人的法定代表人、主要负责人对药品质量全面负责。药品上市许可持有人应当建立药品质量保证体系，配备专门人员独立负责药品质量管理。

药品上市许可持有人应当对受托药品生产企业、药品经营企业的质量管理体系进行定期审核，监督其持续具备质量保证和控制能力。

（三）药品上市许可持有人的权利与义务

1. 药品生产的权利与义务

药品上市许可持有人可以自行生产药品，也可以委托药品生产企业生产。

药品上市许可持有人自行生产药品的，应当取得药品生产许可证；委托生产的，应当委托符合条件的药品生产企业。药品上市许可持有人和受托生产企业应当签订委托协议和质量协议，并严格履行协议约定的义务。

国务院药品监督管理部门制定药品委托生产质量协议指南，指导、监督药品上市许可持有人和受托生产企业履行药品质量保证义务。

血液制品、麻醉药品、精神药品、医疗用毒性药品、药品类易制毒化学品不得委托生产；但是，国务院药品监督管理部门另有规定的除外。

药品上市许可持有人应当建立药品上市放行规程，对药品生产企业出厂放行的药品进行审核，经质量受权人签字后方可放行。不符合国家药品标准的，不得放行。

2. 药品经营的权利与义务

药品上市许可持有人可以自行销售其取得药品注册证书的药品，也可以委托药品经营企业销售。药品上市许可持有人从事药品零售活动的，应当取得药品经营许可证。药品上市许可持有人自行销售药品的，应当具备《药品管理法》规定的条件；委托销售的，应当委托符合条件的药品经营企业。药品上市许可持有人和受托经营企业应当签订委托协议，并严格履行协议约定的义务。

3. 药品储存、运输的权利与义务

药品上市许可持有人、药品生产企业、药品经营企业委托储存、运输药品的，应当对受托方的质量保证能力和风险管理能力进行评估，与其签订委托协议，约定药品质量责任、操作规程等内容，并对受托方进行监督。

（四）药品上市许可持有人的其他权利与义务

药品上市许可持有人、药品生产企业、药品经营企业和医疗机构应当建立并实施药品追溯制度，按照规定提供追溯信息，保证药品可追溯。

药品上市许可持有人应当建立年度报告制度，每年将药品生产销售、上市后研究、风险管理等情况按照规定向省、自治区、直辖市人民政府药品监督管理部门报告。

药品上市许可持有人为境外企业的，应当由其指定的在中国境内的企业法人履行药品上市许可持有人义务，与药品上市许可持有人承担连带责任。

中药饮片生产企业履行药品上市许可持有人的相关义务，对中药饮片生产、销售实行全过程管理，建立中药饮片追溯体系，保证中药饮片安全、有效、可追溯。

经国务院药品监督管理部门批准，药品上市许可持有人可以转让药品上市许可。受让方应当具备保障药品安全性、有效性和质量可控性的质量管理、风险防控和责任赔偿等能力，履行药品上市许可持有人义务。

四、药品生产

（一）药品生产许可制度

从事药品生产活动，应当经所在地省、自治区、直辖市人民政府药品监督管理部门批准，取得药品生产许可证。无药品生产许可证的，不得生产药品。

药品生产许可证应当标明有效期和生产范围，到期重新审查发证。

（二）药品生产应当具备的条件

从事药品生产活动，应当具备以下条件：
(1) 有依法经过资格认定的药学技术人员、工程技术人员及相应的技术工人。
(2) 有与药品生产相适应的厂房、设施和卫生环境。
(3) 有能对所生产药品进行质量管理和质量检验的机构、人员及必要的仪器设备。
(4) 有保证药品质量的规章制度，并符合国务院药品监督管理部门依据本法制定的药品生产质量管理规范要求。

（三）药品生产质量管理规范

从事药品生产活动，应当遵守药品生产质量管理规范，建立健全药品生产质量管理体系，保证药品生产全过程持续符合法定要求。

药品生产企业的法定代表人、主要负责人对本企业的药品生产活动全面负责。

（四）药品生产应当遵守的规定

药品应当按照国家药品标准和经药品监督管理部门核准的生产工艺进行生产。生产、检验记录应当完整准确，不得编造。

中药饮片应当按照国家药品标准炮制；国家药品标准没有规定的，应当按照省、自治区、直辖市人民政府药品监督管理部门制定的炮制规范炮制。省、自治区、直辖市人民政府药品监督管理部门制定的炮制规范应当报国务院药品监督管理部门备案。不符合国家药品标准或者不按照省、自治区、直辖市人民政府药品监督管理部门制定的炮制规范炮制的，不得出厂、销售。

生产药品所需的原料、辅料，应当符合药用要求、药品生产质量管理规范的有关要求。

生产药品，应当按照规定对供应原料、辅料等的供应商进行审核，保证购进、使用的原料、辅料等符合前款规定要求。

直接接触药品的包装材料和容器，应当符合药用要求，符合保障人体健康、安全的标准。

对不合格的直接接触药品的包装材料和容器，由药品监督管理部门责令停止使用。

药品生产企业应当对药品进行质量检验。不符合国家药品标准的，不得出厂。

药品生产企业应当建立药品出厂放行规程，明确出厂放行的标准、条件。符合标准、条件的，经质量受权人签字后方可放行。

（五）药品包装、标签和说明书的管理

药品包装应当适合药品质量的要求，方便储存、运输和医疗使用。

发运中药材应当有包装。在每件包装上，应当注明品名、产地、日期、供货单位，并附有质量合格的标志。

药品包装应当按照规定印有或者贴有标签并附有说明书。

标签或者说明书应当注明药品的通用名称、成分、规格、上市许可持有人及其地址、生产企业及其地址、批准文号、产品批号、生产日期、有效期、适应证或者功能主治、用法、用量、禁忌、不良反应和注意事项。标签、说明书中的文字应当清晰，生产日期、有效期等事项应当显著标注，容易辨识。

麻醉药品、精神药品、医疗用毒性药品、放射性药品、外用药品和非处方药的标签、说明书，应当印有规定的标志。

（六）直接接触药品的从业人员的健康管理

药品上市许可持有人、药品生产企业、药品经营企业和医疗机构中直接接触药品的工作人员，应当每年进行健康检查。患有传染病或者其他可能污染药品的疾病的，不得从事直接接触药品的工作。

五、药品经营

（一）药品经营许可制度

从事药品批发活动，应当经所在地省、自治区、直辖市人民政府药品监督管理部门批准，取得药品经营许可证。从事药品零售活动，应当经所在地县级以上地方人民政府药品监督管理部门批准，取得药品经营许可证。无药品经营许可证的，不得经营药品。

药品经营许可证应当标明有效期和经营范围，到期重新审查发证。

药品监督管理部门实施药品经营许可，除依据《药品管理法》规定的条件外，应当遵循方便群众购药的原则。

（二）药品经营应当具备的条件

从事药品经营活动应当具备以下条件：

(1) 有依法经过资格认定的药师或者其他药学技术人员。
(2) 有与所经营药品相适应的营业场所、设备、仓储设施和卫生环境。
(3) 有与所经营药品相适应的质量管理机构或者人员。
(4) 有保证药品质量的规章制度,并符合药品经营质量管理规范要求。

(三)药品经营质量管理规范

从事药品经营活动,应当遵守药品经营质量管理规范,建立健全药品经营质量管理体系,保证药品经营全过程持续符合法定要求。

(四)药品经营应遵守的规定

国家鼓励、引导药品零售连锁经营。从事药品零售连锁经营活动的企业总部,应当建立统一的质量管理制度,对所属零售企业的经营活动履行管理责任。

药品经营企业的法定代表人、主要负责人对本企业的药品经营活动全面负责。

国家对药品实行处方药与非处方药分类管理制度。具体办法由国务院药品监督管理部门会同国务院卫生健康主管部门制定。

药品上市许可持有人、药品生产企业、药品经营企业和医疗机构应当从药品上市许可持有人或者具有药品生产、经营资格的企业购进药品;但是,购进未实施审批管理的中药材除外。

药品经营企业购进药品,应当建立并执行进货检查验收制度,验明药品合格证明和其他标识;不符合规定要求的,不得购进和销售。

药品经营企业购销药品,应当有真实、完整的购销记录。购销记录应当注明药品的通用名称、剂型、规格、产品批号、有效期、上市许可持有人、生产企业、购销单位、购销数量、购销价格、购销日期及国务院药品监督管理部门规定的其他内容。

药品经营企业零售药品应当准确无误,并正确说明用法、用量和注意事项;调配处方应当经过核对,对处方所列药品不得擅自更改或者代用。对有配伍禁忌或者超剂量的处方,应当拒绝调配;必要时,经处方医师更正或者重新签字,方可调配。

药品经营企业销售中药材,应当标明产地。

依法经过资格认定的药师或者其他药学技术人员负责本企业的药品管理、处方审核和调配、合理用药指导等工作。

药品经营企业应当制定和执行药品保管制度,采取必要的冷藏、防冻、防潮、防虫、防鼠等措施,保证药品质量。

药品入库和出库应当执行检查制度。

城乡集市贸易市场可以出售中药材,国务院另有规定的除外。

(五)药品网络销售的规定

药品上市许可持有人、药品经营企业通过网络销售药品,应当遵守药品经营的有关规定。具体管理办法由国务院药品监督管理部门会同国务院卫生健康主管部门等部门制定。

疫苗、血液制品、麻醉药品、精神药品、医疗用毒性药品、放射性药品、药品类易制毒化学品等国家实行特殊管理的药品不得在网络上销售。

药品网络交易第三方平台提供者应当按照国务院药品监督管理部门的规定,向所在地省、自治区、直辖市人民政府药品监督管理部门备案。

第三方平台提供者应当依法对申请进入平台经营的药品上市许可持有人、药品经营企业的资质等进行审核，保证其符合法定要求，并对发生在平台的药品经营行为进行管理。

第三方平台提供者发现进入平台经营的药品上市许可持有人、药品经营企业有违反《药品管理法》规定行为的，应当及时制止并立即报告所在地县级人民政府药品监督管理部门；发现严重违法行为的，应当立即停止提供网络交易平台服务。

（六）新发现和从境外引种的药材管理

新发现和从境外引种的药材，经国务院药品监督管理部门批准后，方可销售。

（七）药品进口管理

药品应当从允许药品进口的口岸进口，并由进口药品的企业向口岸所在地药品监督管理部门备案。海关凭药品监督管理部门出具的进口药品通关单办理通关手续。无进口药品通关单的，海关不得放行。

口岸所在地药品监督管理部门应当通知药品检验机构按照国务院药品监督管理部门的规定对进口药品进行抽查检验。

允许药品进口的口岸由国务院药品监督管理部门会同海关总署提出，报国务院批准。

医疗机构因临床急需进口少量药品的，经国务院药品监督管理部门或者国务院授权的省、自治区、直辖市人民政府批准，可以进口。进口的药品应当在指定医疗机构内用于特定医疗目的。

个人自用携带入境少量药品，按照国家有关规定办理。

进口、出口麻醉药品和国家规定范围内的精神药品，应当持有国务院药品监督管理部门颁发的进口准许证、出口准许证。

禁止进口疗效不确切、不良反应大或者因其他原因危害人体健康的药品。

（八）药品检验管理

国务院药品监督管理部门对下列药品在销售前或者进口时，应当指定药品检验机构进行检验；未经检验或者检验不合格的，不得销售或者进口：

（1）首次在中国境内销售的药品。

（2）国务院药品监督管理部门规定的生物制品。

（3）国务院规定的其他药品。

六、医疗机构药事管理

（一）医疗机构药学技术人员的规定

医疗机构应当配备依法经过资格认定的药师或者其他药学技术人员，负责本单位的药品管理、处方审核和调配、合理用药指导等工作。非药学技术人员不得直接从事药剂技术工作。

（二）医疗机构购进、保管药品及调配处方的规定

医疗机构购进药品，应当建立并执行进货检查验收制度，验明药品合格证明和其他标识；不符合规定要求的，不得购进和使用。

医疗机构应当有与所使用药品相适应的场所、设备、仓储设施和卫生环境，制定和执行药品保管制度，采取必要的冷藏、防冻、防潮、防虫、防鼠等措施，保证药品质量。

医疗机构应当坚持安全有效、经济合理的用药原则，遵循药品临床应用指导原则、临床

诊疗指南和药品说明书等合理用药，对医师处方、用药医嘱的适宜性进行审核。

医疗机构以外的其他药品使用单位，应当遵守《药品管理法》有关医疗机构使用药品的规定。

依法经过资格认定的药师或者其他药学技术人员调配处方，应当进行核对，对处方所列药品不得擅自更改或者代用。对有配伍禁忌或者超剂量的处方，应当拒绝调配；必要时，经处方医师更正或者重新签字，方可调配。

（三）医疗机构配制制剂管理规定

医疗机构配制制剂，应当经所在地省、自治区、直辖市人民政府药品监督管理部门批准，取得医疗机构制剂许可证。无医疗机构制剂许可证的，不得配制制剂。

医疗机构制剂许可证应当标明有效期，到期重新审查发证。

医疗机构配制制剂，应当有能够保证制剂质量的设施、管理制度、检验仪器和卫生环境。

医疗机构配制制剂，应当按照经核准的工艺进行，所需的原料、辅料和包装材料等应当符合药用要求。

医疗机构配制的制剂，应当是本单位临床需要而市场上没有供应的品种，并应当经所在地省、自治区、直辖市人民政府药品监督管理部门批准；但是，法律对配制中药制剂另有规定的除外。

医疗机构配制的制剂应当按照规定进行质量检验；合格的，凭医师处方在本单位使用。经国务院药品监督管理部门或者省、自治区、直辖市人民政府药品监督管理部门批准，医疗机构配制的制剂可以在指定的医疗机构之间调剂使用。

医疗机构配制的制剂不得在市场上销售。

七、药品上市后管理

（一）药品上市后研究及风险管理

药品上市许可持有人应当制定药品上市后风险管理计划，主动开展药品上市后研究，对药品的安全性、有效性和质量可控性进行进一步确证，加强对已上市药品的持续管理。

对附条件批准的药品，药品上市许可持有人应当采取相应风险管理措施，并在规定期限内按照要求完成相关研究；逾期未按照要求完成研究或者不能证明其获益大于风险的，国务院药品监督管理部门应当依法处理，直至注销药品注册证书。

（二）药品上市后变更的管理

对药品生产过程中的变更，按照其对药品安全性、有效性和质量可控性的风险和产生影响的程度，实行分类管理。属于重大变更的，应当经国务院药品监督管理部门批准，其他变更应当按照国务院药品监督管理部门的规定备案或者报告。

药品上市许可持有人应当按照国务院药品监督管理部门的规定，全面评估、验证变更事项对药品安全性、有效性和质量可控性的影响。

（三）药品上市后不良反应监测管理

药品上市许可持有人应当开展药品上市后不良反应监测，主动收集、跟踪分析疑似药品不良反应信息，对已识别风险的药品及时采取风险控制措施。

药品上市许可持有人、药品生产企业、药品经营企业和医疗机构应当经常考察本单位所生产、经营、使用的药品质量、疗效和不良反应。发现疑似不良反应的，应当及时向药品监督管理部门和卫生健康主管部门报告。具体办法由国务院药品监督管理部门会同国务院卫生健康主管部门制定。

对已确认发生严重不良反应的药品，由国务院药品监督管理部门或者省、自治区、直辖市人民政府药品监督管理部门根据实际情况采取停止生产、销售、使用等紧急控制措施，并应当在五日内组织鉴定，自鉴定结论作出之日起十五日内依法作出行政处理决定。

（四）药品召回管理

药品存在质量问题或者其他安全隐患的，药品上市许可持有人应当立即停止销售，告知相关药品经营企业和医疗机构停止销售和使用，召回已销售的药品，及时公开召回信息，必要时应当立即停止生产，并将药品召回和处理情况向省、自治区、直辖市人民政府药品监督管理部门和卫生健康主管部门报告。药品生产企业、药品经营企业和医疗机构应当配合。

药品上市许可持有人依法应当召回药品而未召回的，省、自治区、直辖市人民政府药品监督管理部门应当责令其召回。

（五）药品上市后评价管理

药品上市许可持有人应当对已上市药品的安全性、有效性和质量可控性定期开展上市后评价。必要时，国务院药品监督管理部门可以责令药品上市许可持有人开展上市后评价或者直接组织开展上市后评价。

经评价，对疗效不确切、不良反应大或者因其他原因危害人体健康的药品，应当注销药品注册证书。

已被注销药品注册证书的药品，不得生产或者进口、销售和使用。

已被注销药品注册证书、超过有效期等的药品，应当由药品监督管理部门监督销毁或者依法采取其他无害化处理等措施。

八、药品价格和广告

（一）药品价格管理

国家完善药品采购管理制度，对药品价格进行监测，开展成本价格调查，加强药品价格监督检查，依法查处价格垄断、哄抬价格等药品价格违法行为，维护药品价格秩序。

依法实行市场调节价的药品，药品上市许可持有人、药品生产企业、药品经营企业和医疗机构应当按照公平、合理和诚实信用、质价相符的原则制定价格，为用药者提供价格合理的药品。

药品上市许可持有人、药品生产企业、药品经营企业和医疗机构应当遵守国务院药品价格主管部门关于药品价格管理的规定，制定和标明药品零售价格，禁止暴利、价格垄断和价格欺诈等行为。

药品上市许可持有人、药品生产企业、药品经营企业和医疗机构应当依法向药品价格主管部门提供其药品的实际购销价格和购销数量等资料。

医疗机构应当向患者提供所用药品的价格清单，按照规定如实公布其常用药品的价格，加强合理用药管理。具体办法由国务院卫生健康主管部门制定。

（二）禁止药品购销中给予、收受回扣或者其他不正当利益

禁止药品上市许可持有人、药品生产企业、药品经营企业和医疗机构在药品购销中给

予、收受回扣或者其他不正当利益。

禁止药品上市许可持有人、药品生产企业、药品经营企业或者代理人以任何名义给予使用其药品的医疗机构的负责人、药品采购人员、医师、药师等有关人员财物或者其他不正当利益。禁止医疗机构的负责人、药品采购人员、医师、药师等有关人员以任何名义收受药品上市许可持有人、药品生产企业、药品经营企业或者代理人给予的财物或者其他不正当利益。

（三）药品广告管理

1. 药品广告的审批

药品广告应当经广告主所在地省、自治区、直辖市人民政府确定的广告审查机关批准；未经批准的，不得发布。

2. 药品广告的内容要求

药品广告的内容应当真实、合法，以国务院药品监督管理部门核准的药品说明书为准，不得含有虚假的内容。

药品广告不得含有表示功效、安全性的断言或者保证；不得利用国家机关、科研单位、学术机构、行业协会或者专家、学者、医师、药师、患者等的名义或者形象作推荐、证明。

非药品广告不得有涉及药品的宣传。

九、药品储备和供应

（一）药品储备制度

国家实行药品储备制度，建立中央和地方两级药品储备。

发生重大灾情、疫情或者其他突发事件时，依照《中华人民共和国突发事件应对法》的规定，可以紧急调用药品。

（二）基本药物制度

国家实行基本药物制度，遴选适当数量的基本药物品种，加强组织生产和储备，提高基本药物的供给能力，满足疾病防治基本用药需求。

（三）短缺药品管理制度

国家建立药品供求监测体系，及时收集和汇总分析短缺药品供求信息，对短缺药品实行预警，采取应对措施。

国家实行短缺药品清单管理制度。具体办法由国务院卫生健康主管部门会同国务院药品监督管理部门等部门制定。

药品上市许可持有人停止生产短缺药品的，应当按照规定向国务院药品监督管理部门或者省、自治区、直辖市人民政府药品监督管理部门报告。

国家鼓励短缺药品的研制和生产，对临床急需的短缺药品、防治重大传染病和罕见病等疾病的新药予以优先审评审批。

对短缺药品，国务院可以限制或者禁止出口。必要时，国务院有关部门可以采取组织生产、价格干预和扩大进口等措施，保障药品供应。

药品上市许可持有人、药品生产企业、药品经营企业应当按照规定保障药品的生产和供应。

十、监督管理

（一）假药、劣药的判定

禁止生产（包括配制，下同）、销售、使用假药、劣药。

1. 有下列情形之一的，为假药

（1）药品所含成分与国家药品标准规定的成分不符。
（2）以非药品冒充药品或者以他种药品冒充此种药品。
（3）变质的药品。
（4）药品所标明的适应证或者功能主治超出规定范围。

2. 有下列情形之一的，为劣药

（1）药品成份的含量不符合国家药品标准。
（2）被污染的药品。
（3）未标明或者更改有效期的药品。
（4）未注明或者更改产品批号的药品。
（5）超过有效期的药品。
（6）擅自添加防腐剂、辅料的药品。
（7）其他不符合药品标准的药品。

（二）禁止生产、进口的药品

禁止未取得药品批准证明文件生产、进口药品；禁止使用未按照规定审评、审批的原料药、包装材料和容器生产药品。

（三）药品监督检查

1. 药品监管部门在药品监督检查中的职责

药品监督管理部门应当依照法律、法规的规定对药品研制、生产、经营和药品使用单位使用药品等活动进行监督检查，必要时可以对为药品研制、生产、经营、使用提供产品或者服务的单位和个人进行延伸检查，有关单位和个人应当予以配合，不得拒绝和隐瞒。

药品监督管理部门应当对高风险的药品实施重点监督检查。

对有证据证明可能存在安全隐患的，药品监督管理部门根据监督检查情况，应当采取告诫、约谈、限期整改以及暂停生产、销售、使用、进口等措施，并及时公布检查处理结果。

药品监督管理部门进行监督检查时，应当出示证明文件，对监督检查中知悉的商业秘密应当保密。

2. 药品质量监督检验

药品监督管理部门根据监督管理的需要，可以对药品质量进行抽查检验。抽查检验应当按照规定抽样，并不得收取任何费用；抽样应当购买样品。所需费用按照国务院规定列支。

对有证据证明可能危害人体健康的药品及其有关材料，药品监督管理部门可以查封、扣押，并在七日内作出行政处理决定；药品需要检验的，应当自检验报告书发出之日起十五日内作出行政处理决定。

国务院和省、自治区、直辖市人民政府的药品监督管理部门应当定期公告药品质量抽查检验结果；公告不当的，应当在原公告范围内予以更正。

当事人对药品检验结果有异议的，可以自收到药品检验结果之日起七日内向原药品检验机构或者上一级药品监督管理部门设置或者指定的药品检验机构申请复验，也可以直接向国务院药品监督管理部门设置或者指定的药品检验机构申请复验。受理复验的药品检验机构应当在国务院药品监督管理部门规定的时间内作出复验结论。

（四）对药品有关机构的监督检查

药品监督管理部门应当对药品上市许可持有人、药品生产企业、药品经营企业和药物非临床安全性评价研究机构、药物临床试验机构等遵守药品生产质量管理规范、药品经营质量管理规范、药物非临床研究质量管理规范、药物临床试验质量管理规范等情况进行检查，监督其持续符合法定要求。

国家建立职业化、专业化药品检查员队伍。检查员应当熟悉药品法律法规，具备药品专业知识。

药品监督管理部门建立药品上市许可持有人、药品生产企业、药品经营企业、药物非临床安全性评价研究机构、药物临床试验机构和医疗机构药品安全信用档案，记录许可颁发、日常监督检查结果、违法行为查处等情况，依法向社会公布并及时更新；对有不良信用记录的，增加监督检查频次，并可以按照国家规定实施联合惩戒。

药品监督管理部门应当公布本部门的电子邮件地址、电话，接受咨询、投诉、举报，并依法及时答复、核实、处理。对查证属实的举报，按照有关规定给予举报人奖励。

药品监督管理部门应当对举报人的信息予以保密，保护举报人的合法权益。举报人举报所在单位的，该单位不得以解除、变更劳动合同或者其他方式对举报人进行打击报复。

（五）药品安全管理

国家实行药品安全信息统一公布制度。国家药品安全总体情况、药品安全风险警示信息、重大药品安全事件及其调查处理信息和国务院确定需要统一公布的其他信息由国务院药品监督管理部门统一公布。药品安全风险警示信息和重大药品安全事件及其调查处理信息的影响限于特定区域的，也可以由有关省、自治区、直辖市人民政府药品监督管理部门公布。未经授权不得发布上述信息。

公布药品安全信息，应当及时、准确、全面，并进行必要的说明，避免误导。

任何单位和个人不得编造、散布虚假药品安全信息。

县级以上人民政府应当制定药品安全事件应急预案。药品上市许可持有人、药品生产企业、药品经营企业和医疗机构等应当制定本单位的药品安全事件处置方案，并组织开展培训和应急演练。

发生药品安全事件，县级以上人民政府应当按照应急预案立即组织开展应对工作；有关单位应当立即采取有效措施进行处置，防止危害扩大。

药品监督管理部门未及时发现药品安全系统性风险，未及时消除监督管理区域内药品安全隐患的，本级人民政府或者上级人民政府药品监督管理部门应当对其主要负责人进行约谈。

地方人民政府未履行药品安全职责，未及时消除区域性重大药品安全隐患的，上级人民政府或者上级人民政府药品监督管理部门应当对其主要负责人进行约谈。

被约谈的部门和地方人民政府应当立即采取措施，对药品监督管理工作进行整改。

约谈情况和整改情况应当纳入有关部门和地方人民政府药品监督管理工作评议、考核记录。

（六）对地方政府、药品监督管理及相关部门的履职要求

地方人民政府及其药品监督管理部门不得以要求实施药品检验、审批等手段限制或者排斥非本地区药品上市许可持有人、药品生产企业生产的药品进入本地区。

药品监督管理部门及其设置或者指定的药品专业技术机构不得参与药品生产经营活动，不得以其名义推荐或者监制、监销药品。

药品监督管理部门及其设置或者指定的药品专业技术机构的工作人员不得参与药品生产经营活动。

药品监督管理部门发现药品违法行为涉嫌犯罪的，应当及时将案件移送公安机关。

对依法不需要追究刑事责任或者免予刑事处罚，但应当追究行政责任的，公安机关、人民检察院、人民法院应当及时将案件移送药品监督管理部门。

公安机关、人民检察院、人民法院商请药品监督管理部门、生态环境主管部门等部门提供检验结论、认定意见以及对涉案药品进行无害化处理等协助的，有关部门应当及时提供，予以协助。

（七）特殊管理药品

国务院对麻醉药品、精神药品、医疗用毒性药品、放射性药品、药品类易制毒化学品等有其他特殊管理规定的，依照其规定。

十一、法律责任

（一）对违反《药品管理法》且构成犯罪行为的处罚

违反《药品管理法》规定，构成犯罪的，依法追究刑事责任。

《中华人民共和国刑法修正案（十一）》（2020年12月26日第十三届全国人民代表大会常务委员会第二十四次会议通过）对违反《药品管理法》，构成犯罪行为的作出如下规定：

第一百四十一条规定：生产、销售假药的，处三年以下有期徒刑或者拘役，并处罚金；对人体健康造成严重危害或者有其他严重情节的，处三年以上十年以下有期徒刑，并处罚金；致人死亡或者有其他特别严重情节的，处十年以上有期徒刑、无期徒刑或者死刑，并处罚金或者没收财产。

药品使用单位的人员明知是假药而提供给他人使用的，依照前款的规定处罚。

第一百四十二条规定：生产、销售劣药，对人体健康造成严重危害的，处三年以上十年以下有期徒刑，并处罚金；后果特别严重的，处十年以上有期徒刑或者无期徒刑，并处罚金或者没收财产。

药品使用单位的人员明知是劣药而提供给他人使用的，依照前款的规定处罚。

第一百四十二条之一规定：违反药品管理法规，有下列情形之一，足以严重危害人体健康的，处三年以下有期徒刑或者拘役，并处或者单处罚金；对人体健康造成严重危害或者有其他严重情节的，处三年以上七年以下有期徒刑，并处罚金：

（1）生产、销售国务院药品监督管理部门禁止使用的药品的；

（2）未取得药品相关批准证明文件生产、进口药品或者明知是上述药品而销售的；

（3）药品申请注册中提供虚假的证明、数据、资料、样品或者采取其他欺骗手段的；

（4）编造生产、检验记录的。

有前款行为，同时又构成本法第一百四十一条、第一百四十二条规定之罪或者其他犯罪的，依照处罚较重的规定定罪处罚。

（二）对无证生产经营药品的处罚

未取得药品生产许可证、药品经营许可证或者医疗机构制剂许可证生产、销售药品的，责令关闭，没收违法生产、销售的药品和违法所得，并处违法生产、销售的药品（包括已售出和未售出的药品，下同）货值金额十五倍以上三十倍以下的罚款；货值金额不足十万元的，按十万元计算。

（三）对生产、销售和使用假药、劣药的处罚

生产、销售假药的，没收违法生产、销售的药品和违法所得，责令停产停业整顿，吊销药品批准证明文件，并处违法生产、销售的药品货值金额十五倍以上三十倍以下的罚款；货值金额不足十万元的，按十万元计算；情节严重的，吊销药品生产许可证、药品经营许可证或者医疗机构制剂许可证，十年内不受理其相应申请；药品上市许可持有人为境外企业的，十年内禁止其药品进口。

生产、销售劣药的，没收违法生产、销售的药品和违法所得，并处违法生产、销售的药品货值金额十倍以上二十倍以下的罚款；违法生产、批发的药品货值金额不足十万元的，按十万元计算，违法零售的药品货值金额不足一万元的，按一万元计算；情节严重的，责令停产停业整顿直至吊销药品批准证明文件、药品生产许可证、药品经营许可证或者医疗机构制剂许可证。

生产、销售的中药饮片不符合药品标准，尚不影响安全性、有效性的，责令限期改正，给予警告；可以处十万元以上五十万元以下的罚款。

生产、销售假药，或者生产、销售劣药且情节严重的，对法定代表人、主要负责人、直接负责的主管人员和其他责任人员，没收违法行为发生期间自本单位所获收入，并处所获收入百分之三十以上三倍以下的罚款，终身禁止从事药品生产经营活动，并可以由公安机关处五日以上十五日以下的拘留。

对生产者专门用于生产假药、劣药的原料、辅料、包装材料、生产设备予以没收。

药品使用单位使用假药、劣药的，按照销售假药、零售劣药的规定处罚；情节严重的，法定代表人、主要负责人、直接负责的主管人员和其他责任人员有医疗卫生人员执业证书的，还应当吊销执业证书。

知道或者应当知道属于假药、劣药或者《药品管理法》第一百二十四条第一款第一项至第五项规定的药品，而为其提供储存、运输等便利条件的，没收全部储存、运输收入，并处违法收入一倍以上五倍以下的罚款；情节严重的，并处违法收入五倍以上十五倍以下的罚款；违法收入不足五万元的，按五万元计算。

对假药、劣药的处罚决定，应当依法载明药品检验机构的质量检验结论。

（四）对违反许可证和药品批准证明文件有关规定的处罚

伪造、变造、出租、出借、非法买卖许可证或者药品批准证明文件的，没收违法所得，并处违法所得一倍以上五倍以下的罚款；情节严重的，并处违法所得五倍以上十五倍以下的罚款，吊销药品生产许可证、药品经营许可证、医疗机构制剂许可证或者药品批准证明文件，对法定代表人、主要负责人、直接负责的主管人员和其他责任人员，处二万元以上二十

万元以下的罚款，十年内禁止从事药品生产经营活动，并可以由公安机关处五日以上十五日以下的拘留；违法所得不足十万元的，按十万元计算。

提供虚假的证明、数据、资料、样品或者采取其他手段骗取临床试验许可、药品生产许可、药品经营许可、医疗机构制剂许可或者药品注册等许可的，撤销相关许可，十年内不受理其相应申请，并处五十万元以上五百万元以下的罚款；情节严重的，对法定代表人、主要负责人、直接负责的主管人员和其他责任人员，处二万元以上二十万元以下的罚款，十年内禁止从事药品生产经营活动，并可以由公安机关处五日以上十五日以下的拘留。

（五）违反《药品管理法》从重处罚的行为

有下列行为之一的，在《药品管理法》规定的处罚幅度内从重处罚：
（1）以麻醉药品、精神药品、医疗用毒性药品、放射性药品、药品类易制毒化学品冒充其他药品，或者以其他药品冒充上述药品。
（2）生产、销售以孕产妇、儿童为主要使用对象的假药、劣药。
（3）生产、销售的生物制品属于假药、劣药。
（4）生产、销售假药、劣药，造成人身伤害后果。
（5）生产、销售假药、劣药，经处理后再犯。
（6）拒绝、逃避监督检查，伪造、销毁、隐匿有关证据材料，或者擅自动用查封、扣押物品。

十二、附则

《药品管理法》自 2019 年 12 月 1 日起施行。

第三节　《疫苗管理法》

为了加强疫苗管理，保证疫苗质量和供应，规范预防接种，促进疫苗行业发展，保障公众健康，维护公共卫生安全，2019 年 6 月 29 日，第十三届全国人大常委会第十一次会议通过了《疫苗管理法》，自 2019 年 12 月 1 日起施行。《疫苗管理法》共 11 章 100 条。

一、总则

（一）立法宗旨

《疫苗管理法》的宗旨是：加强疫苗管理，保证疫苗质量和供应，规范预防接种，促进疫苗行业发展，保障公众健康，维护公共卫生安全。

（二）适用范围

在中华人民共和国境内从事疫苗研制、生产、流通和预防接种及其监督管理活动，适用《疫苗管理法》。《疫苗管理法》未作规定的，适用《中华人民共和国药品管理法》《中华人民共和国传染病防治法》等法律、行政法规的规定。

《疫苗管理法》所称疫苗，是指为预防、控制疾病的发生、流行，用于人体免疫接种的预防性生物制品，包括免疫规划疫苗和非免疫规划疫苗。

（三）国家对疫苗管理的指导思想和基本原则

国家对疫苗实行最严格的管理制度，坚持安全第一、风险管理、全程管控、科学监管、社会共治。

国家坚持疫苗产品的战略性和公益性。

国家支持疫苗基础研究和应用研究，促进疫苗研制和创新，将预防、控制重大疾病的疫苗研制、生产和储备纳入国家战略。

国家制定疫苗行业发展规划和产业政策，支持疫苗产业发展和结构优化，鼓励疫苗生产规模化、集约化，不断提升疫苗生产工艺和质量水平。

疫苗上市许可持有人应当加强疫苗全生命周期质量管理，对疫苗的安全性、有效性和质量可控性负责。

国家实行免疫规划制度。

（四）疫苗监督管理体制和机制

国务院药品监督管理部门负责全国疫苗监督管理工作。国务院卫生健康主管部门负责全国预防接种监督管理工作。国务院其他有关部门在各自职责范围内负责与疫苗有关的监督管理工作。

省、自治区、直辖市人民政府药品监督管理部门负责本行政区域疫苗监督管理工作。设区的市级、县级人民政府承担药品监督管理职责的部门（以下称药品监督管理部门）负责本行政区域疫苗监督管理工作。县级以上地方人民政府卫生健康主管部门负责本行政区域预防接种监督管理工作。县级以上地方人民政府其他有关部门在各自职责范围内负责与疫苗有关的监督管理工作。

国务院和省、自治区、直辖市人民政府建立部门协调机制，统筹协调疫苗监督管理有关工作，定期分析疫苗安全形势，加强疫苗监督管理，保障疫苗供应。

（五）疫苗全程电子追溯制度

国务院药品监督管理部门会同国务院卫生健康主管部门制定统一的疫苗追溯标准和规范，建立全国疫苗电子追溯协同平台，整合疫苗生产、流通和预防接种全过程追溯信息，实现疫苗可追溯。

疫苗上市许可持有人应当建立疫苗电子追溯系统，与全国疫苗电子追溯协同平台相衔接，实现生产、流通和预防接种全过程最小包装单位疫苗可追溯、可核查。

疾病预防控制机构、接种单位应当依法如实记录疫苗流通、预防接种等情况，并按照规定向全国疫苗电子追溯协同平台提供追溯信息。

（六）生物安全管理

疫苗研制、生产、检验等过程中应当建立健全生物安全管理制度，严格控制生物安全风险，加强菌毒株等病原微生物的生物安全管理，保护操作人员和公众的健康，保证菌毒株等病原微生物用途合法、正当。

疫苗研制、生产、检验等使用的菌毒株和细胞株，应当明确历史、生物学特征、代次，建立详细档案，保证来源合法、清晰、可追溯；来源不明的，不得使用。

二、疫苗研制和注册

（一）国家鼓励疫苗的研制

国家根据疾病流行情况、人群免疫状况等因素，制定相关研制规划，安排必要资金，支持多联多价等新型疫苗的研制。

国家组织疫苗上市许可持有人、科研单位、医疗卫生机构联合攻关，研制疾病预防、控制急需的疫苗。

国家鼓励疫苗上市许可持有人加大研制和创新资金投入，优化生产工艺，提升质量控制水平，推动疫苗技术进步。

（二）疫苗临床试验管理

国家鼓励符合条件的医疗机构、疾病预防控制机构等依法开展疫苗临床试验。

疫苗临床试验申办者应当制订临床试验方案，建立临床试验安全监测与评价制度，审慎选择受试者，合理设置受试者群体和年龄组，并根据风险程度采取有效措施，保护受试者合法权益。

开展疫苗临床试验，应当取得受试者的书面知情同意；受试者为无民事行为能力人的，应当取得其监护人的书面知情同意；受试者为限制民事行为能力人的，应当取得本人及其监护人的书面知情同意。

（三）疫苗优先审评审批管理

对疾病预防、控制急需的疫苗和创新疫苗，国务院药品监督管理部门应当予以优先审评审批。

应对重大突发公共卫生事件急需的疫苗或者国务院卫生健康主管部门认定急需的其他疫苗，经评估获益大于风险的，国务院药品监督管理部门可以附条件批准疫苗注册申请。

出现特别重大突发公共卫生事件或者其他严重威胁公众健康的紧急事件，国务院卫生健康主管部门根据传染病预防、控制需要提出紧急使用疫苗的建议，经国务院药品监督管理部门组织论证同意后可以在一定范围和期限内紧急使用。

三、疫苗生产和批签发

（一）疫苗生产实行严格准入制度

从事疫苗生产活动，应当经省级以上人民政府药品监督管理部门批准，取得药品生产许可证。

从事疫苗生产活动，除符合《药品管理法》规定的从事药品生产活动的条件外，还应当具备下列条件：

(1) 具备适度规模和足够的产能储备。
(2) 具有保证生物安全的制度和设施、设备。
(3) 符合疾病预防、控制需要。

（二）疫苗质量管理

疫苗应当按照经核准的生产工艺和质量控制标准进行生产和检验，生产全过程应当符合药品生产质量管理规范的要求。

疫苗上市许可持有人应当按照规定对疫苗生产全过程和疫苗质量进行审核、检验。

疫苗上市许可持有人应当建立完整的生产质量管理体系，持续加强偏差管理，采用信息化手段如实记录生产、检验过程中形成的所有数据，确保生产全过程持续符合法定要求。

（三）疫苗批签发制度

每批疫苗销售前或者进口时，应当经国务院药品监督管理部门指定的批签发机构按照相关技术要求进行审核、检验。符合要求的，发给批签发证明；不符合要求的，发给不予批签发通知书。

不予批签发的疫苗不得销售，并应当由省、自治区、直辖市人民政府药品监督管理部门监督销毁；不予批签发的进口疫苗应当由口岸所在地药品监督管理部门监督销毁或者依法进行其他处理。

国务院药品监督管理部门、批签发机构应当及时公布上市疫苗批签发结果，供公众查询。

预防、控制传染病疫情或者应对突发事件急需的疫苗，经国务院药品监督管理部门批准，免予批签发。

四、疫苗流通

（一）疫苗采购、供应和价格管理

国家免疫规划疫苗由国务院卫生健康主管部门会同国务院财政部门等组织集中招标或者统一谈判，形成并公布中标价格或者成交价格，各省、自治区、直辖市实行统一采购。

国家免疫规划疫苗以外的其他免疫规划疫苗、非免疫规划疫苗由各省、自治区、直辖市通过省级公共资源交易平台组织采购。

疫苗的价格由疫苗上市许可持有人依法自主合理制定。疫苗的价格水平、差价率、利润率应当保持在合理幅度。

省级疾病预防控制机构应当根据国家免疫规划和本行政区域疾病预防、控制需要，制订本行政区域免疫规划疫苗使用计划，并按照国家有关规定向组织采购疫苗的部门报告，同时报省、自治区、直辖市人民政府卫生健康主管部门备案。

疫苗上市许可持有人应当按照采购合同约定，向疾病预防控制机构供应疫苗。

疾病预防控制机构应当按照规定向接种单位供应疫苗。

疾病预防控制机构以外的单位和个人不得向接种单位供应疫苗，接种单位不得接收该疫苗。

疫苗上市许可持有人应当按照采购合同约定，向疾病预防控制机构或者疾病预防控制机构指定的接种单位配送疫苗。

（二）疫苗储存、运输管理

疫苗上市许可持有人、疾病预防控制机构自行配送疫苗应当具备疫苗冷链储存、运输条件，也可以委托符合条件的疫苗配送单位配送疫苗。

疾病预防控制机构配送非免疫规划疫苗可以收取储存、运输费用，具体办法由国务院财政部门会同国务院价格主管部门制定，收费标准由省、自治区、直辖市人民政府价格主管部门会同财政部门制定。

疾病预防控制机构、接种单位、疫苗上市许可持有人、疫苗配送单位应当遵守疫苗储存、运输管理规范，保证疫苗质量。

疫苗在储存、运输全过程中应当处于规定的温度环境，冷链储存、运输应当符合要求，并定时监测、记录温度。

疫苗储存、运输管理规范由国务院药品监督管理部门、国务院卫生健康主管部门共同制定。

（三）疫苗销售管理

疫苗上市许可持有人在销售疫苗时，应当提供加盖其印章的批签发证明复印件或者电子文件；销售进口疫苗的，还应当提供加盖其印章的进口药品通关单复印件或者电子文件。

疾病预防控制机构、接种单位在接收或者购进疫苗时，应当索取前款规定的证明文件，并保存至疫苗有效期满后不少于五年备查。

疫苗上市许可持有人应当按照规定，建立真实、准确、完整的销售记录，并保存至疫苗有效期满后不少于五年备查。

疾病预防控制机构、接种单位、疫苗配送单位应当按照规定，建立真实、准确、完整的接收、购进、储存、配送、供应记录，并保存至疫苗有效期满后不少于五年备查。

五、预防接种

国务院卫生健康主管部门制定国家免疫规划；国家免疫规划疫苗种类由国务院卫生健康主管部门会同国务院财政部门拟订，报国务院批准后公布。

国务院卫生健康主管部门建立国家免疫规划专家咨询委员会，并会同国务院财政部门建立国家免疫规划疫苗种类动态调整机制。

省、自治区、直辖市人民政府在执行国家免疫规划时，可以根据本行政区域疾病预防、控制需要，增加免疫规划疫苗种类，报国务院卫生健康主管部门备案并公布。

国务院卫生健康主管部门应当制定、公布预防接种工作规范，强化预防接种规范化管理。

国务院卫生健康主管部门应当制定、公布国家免疫规划疫苗的免疫程序和非免疫规划疫苗的使用指导原则。

省、自治区、直辖市人民政府卫生健康主管部门应当结合本行政区域实际情况制定接种方案，并报国务院卫生健康主管部门备案。

各级疾病预防控制机构应当按照各自职责，开展与预防接种相关的宣传、培训、技术指导、监测、评价、流行病学调查、应急处置等工作。

六、异常反应监测和处理

（一）预防接种异常反应

预防接种异常反应，是指合格的疫苗在实施规范接种过程中或者实施规范接种后造成受种者机体组织器官、功能损害，相关各方均无过错的药品不良反应。

下列情形不属于预防接种异常反应：

(1) 因疫苗本身特性引起的接种后一般反应。

(2) 因疫苗质量问题给受种者造成的损害。

（3）因接种单位违反预防接种工作规范、免疫程序、疫苗使用指导原则、接种方案给受种者造成的损害。

（4）受种者在接种时正处于某种疾病的潜伏期或者前驱期，接种后偶合发病。

（5）受种者有疫苗说明书规定的接种禁忌，在接种前受种者或者其监护人未如实提供受种者的健康状况和接种禁忌等情况，接种后受种者原有疾病急性复发或者病情加重。

（6）因心理因素发生的个体或者群体的心因性反应。

（二）预防接种异常反应监测

国家加强预防接种异常反应监测。预防接种异常反应监测方案由国务院卫生健康主管部门会同国务院药品监督管理部门制定。

接种单位、医疗机构等发现疑似预防接种异常反应的，应当按照规定向疾病预防控制机构报告。

疫苗上市许可持有人应当设立专门机构，配备专职人员，主动收集、跟踪分析疑似预防接种异常反应，及时采取风险控制措施，将疑似预防接种异常反应向疾病预防控制机构报告，将质量分析报告提交省、自治区、直辖市人民政府药品监督管理部门。

（三）预防接种异常反应补偿

国家实行预防接种异常反应补偿制度。实施接种过程中或者实施接种后出现受种者死亡、严重残疾、器官组织损伤等损害，属于预防接种异常反应或者不能排除的，应当给予补偿。补偿范围实行目录管理，并根据实际情况进行动态调整。

接种免疫规划疫苗所需的补偿费用，由省、自治区、直辖市人民政府财政部门在预防接种经费中安排；接种非免疫规划疫苗所需的补偿费用，由相关疫苗上市许可持有人承担。国家鼓励通过商业保险等多种形式对预防接种异常反应受种者予以补偿。

预防接种异常反应补偿应当及时、便民、合理。预防接种异常反应补偿范围、标准、程序由国务院规定，省、自治区、直辖市制定具体实施办法。

七、疫苗上市后管理

（一）疫苗上市后研究和风险管理

疫苗上市许可持有人应当建立健全疫苗全生命周期质量管理体系，制订并实施疫苗上市后风险管理计划，开展疫苗上市后研究，对疫苗的安全性、有效性和质量可控性进行进一步确证。

对批准疫苗注册申请时提出进一步研究要求的疫苗，疫苗上市许可持有人应当在规定期限内完成研究；逾期未完成研究或者不能证明其获益大于风险的，国务院药品监督管理部门应当依法处理，直至注销该疫苗的药品注册证书。

（二）疫苗上市后质量管理

疫苗上市许可持有人应当对疫苗进行质量跟踪分析，持续提升质量控制标准，改进生产工艺，提高生产工艺稳定性。

生产工艺、生产场地、关键设备等发生变更的，应当进行评估、验证，按照国务院药品监督管理部门有关变更管理的规定备案或者报告；变更可能影响疫苗安全性、有效性和质量可控性的，应当经国务院药品监督管理部门批准。

疫苗上市许可持有人应当建立疫苗质量回顾分析和风险报告制度，每年将疫苗生产流通、上市后研究、风险管理等情况按照规定如实向国务院药品监督管理部门报告。

（三）疫苗上市后评价

国务院药品监督管理部门可以根据实际情况，责令疫苗上市许可持有人开展上市后评价或者直接组织开展上市后评价。

对预防接种异常反应严重或者其他原因危害人体健康的疫苗，国务院药品监督管理部门应当注销该疫苗的药品注册证书。

国务院药品监督管理部门可以根据疾病预防、控制需要和疫苗行业发展情况，组织对疫苗品种开展上市后评价，发现该疫苗品种的产品设计、生产工艺、安全性、有效性或者质量可控性明显劣于预防、控制同种疾病的其他疫苗品种的，应当注销该品种所有疫苗的药品注册证书并废止相应的国家药品标准。

八、保障措施

（一）保障疫苗生产、供应

县级以上人民政府应当将疫苗安全工作、购买免疫规划疫苗和预防接种工作以及信息化建设等所需经费纳入本级政府预算，保证免疫规划制度的实施。

县级人民政府按照国家有关规定对从事预防接种工作的乡村医生和其他基层医疗卫生人员给予补助。

国务院卫生健康主管部门根据各省、自治区、直辖市国家免疫规划疫苗使用计划，向疫苗上市许可持有人提供国家免疫规划疫苗需求信息，疫苗上市许可持有人根据疫苗需求信息合理安排生产。

疫苗存在供应短缺风险时，国务院卫生健康主管部门、国务院药品监督管理部门提出建议，国务院工业和信息化主管部门、国务院财政部门应当采取有效措施，保障疫苗生产、供应。

疫苗上市许可持有人应当依法组织生产，保障疫苗供应；疫苗上市许可持有人停止疫苗生产的，应当及时向国务院药品监督管理部门或者省、自治区、直辖市人民政府药品监督管理部门报告。

传染病暴发、流行时，相关疫苗上市许可持有人应当及时生产和供应预防、控制传染病的疫苗。交通运输单位应当优先运输预防、控制传染病的疫苗。县级以上人民政府及其有关部门应当做好组织、协调、保障工作。

（二）疫苗储备

国家将疫苗纳入战略物资储备，实行中央和省级两级储备。

国务院工业和信息化主管部门、财政部门会同国务院卫生健康主管部门、公安部门、市场监督管理部门和药品监督管理部门，根据疾病预防、控制和公共卫生应急准备的需要，加强储备疫苗的产能、产品管理，建立动态调整机制。

各级财政安排用于预防接种的经费应当专款专用，任何单位和个人不得挪用、挤占。

（三）疫苗责任强制保险制度

疫苗上市许可持有人应当按照规定投保疫苗责任强制保险。因疫苗质量问题造成受种者损害的，保险公司在承保的责任限额内予以赔付。

疫苗责任强制保险制度的具体实施办法，由国务院药品监督管理部门会同国务院卫生健康主管部门、保险监督管理机构等制定。

九、监督管理

药品监督管理部门、卫生健康主管部门按照各自职责对疫苗研制、生产、流通和预防接种全过程进行监督管理，监督疫苗上市许可持有人、疾病预防控制机构、接种单位等依法履行义务。

药品监督管理部门依法对疫苗研制、生产、储存、运输以及预防接种中的疫苗质量进行监督检查。卫生健康主管部门依法对免疫规划制度的实施、预防接种活动进行监督检查。

药品监督管理部门应当加强对疫苗上市许可持有人的现场检查；必要时，可以对为疫苗研制、生产、流通等活动提供产品或者服务的单位和个人进行延伸检查；有关单位和个人应当予以配合，不得拒绝和隐瞒。

省、自治区、直辖市人民政府药品监督管理部门选派检查员入驻疫苗上市许可持有人。检查员负责监督检查药品生产质量管理规范执行情况，收集疫苗质量风险和违法违规线索，向省、自治区、直辖市人民政府药品监督管理部门报告情况并提出建议，对派驻期间的行为负责。

国家实行疫苗安全信息统一公布制度。

十、法律责任

违反《疫苗管理法》规定，构成犯罪的，依法从重追究刑事责任。

生产、销售的疫苗属于假药的，由省级以上人民政府药品监督管理部门没收违法所得和违法生产、销售的疫苗以及专门用于违法生产疫苗的原料、辅料、包装材料、设备等物品，责令停产停业整顿，吊销药品注册证书，直至吊销药品生产许可证等，并处违法生产、销售疫苗货值金额十五倍以上五十倍以下的罚款，货值金额不足五十万元的，按五十万元计算。

生产、销售的疫苗属于劣药的，由省级以上人民政府药品监督管理部门没收违法所得和违法生产、销售的疫苗以及专门用于违法生产疫苗的原料、辅料、包装材料、设备等物品，责令停产停业整顿，并处违法生产、销售疫苗货值金额十倍以上三十倍以下的罚款，货值金额不足五十万元的，按五十万元计算；情节严重的，吊销药品注册证书，直至吊销药品生产许可证等。

生产、销售的疫苗属于假药，或者生产、销售的疫苗属于劣药且情节严重的，由省级以上人民政府药品监督管理部门对法定代表人、主要负责人、直接负责的主管人员和关键岗位人员以及其他责任人员，没收违法行为发生期间自本单位所获收入，并处所获收入一倍以上十倍以下的罚款，终身禁止从事药品生产经营活动，由公安机关处五日以上十五日以下拘留。

十一、附则

《疫苗管理法》自2019年12月1日起施行。

案例分析与思考题

一、案例分析题

1. "亮菌甲素注射液"事件

【案例内容】

某年某月,广东省某医院住院的重症肝炎患者中多例先后出现急性肾功能衰竭症状,经调查证实是由于患者使用某制药有限公司生产的"亮菌甲素注射液"引起的。广东省食品药品监督管理局药品稽查人员紧急行动,封存该院在该批患者治疗过程中使用的和药品供应商库存的"亮菌甲素注射液",并抽样送检,同时下发文件通知全省药品经营单位、医疗卫生机构停止销售和使用某制药有限公司生产的"亮菌甲素注射液"。

国家食品药品监管局在接到广东省食品药品监管局报告后,当即采取紧急措施,责成黑龙江省食品药品监督管理局暂停某制药有限公司"亮菌甲素注射液"的生产,封存库存药品,在全国范围内停止销售和使用某制药有限公司生产的所有药品,同时要求各地药监部门在本辖区范围内就地查封、扣押该药。

经广东省药品检验所检测发现,该"亮菌甲素注射液"中含有该药品标准规定成分之外的"二甘醇"。"二甘醇"是造成患者出现急性肾功能衰竭和死亡的主要原因。

调查结果显示,某制药有限公司违反有关规定,采购的辅料"丙二醇"是假冒产品,实际上是"二甘醇"。某制药有限公司管理混乱,但是假冒的辅料通过采购、验收、检验等环节,并用于"亮菌甲素注射液"生产。该企业的质量管理和质量检验部门形同虚设,从而使含有"二甘醇"的"亮菌甲素注射液"流向市场,发生重大药害事件,造成多人出现急性肾功能衰竭,并导致11人死亡。

资料来源:张立明,罗臻. 药事管理学 [M]. 2版. 北京:清华大学出版社,2021.

【问题与启示】

(1)结合本案件违法事实,根据《药品管理法》的有关规定分析确定本案件的性质,并提出行政处罚意见。

(2)分析本案件对药品监督管理部门和制药企业的启示。

2. 长春长生生物科技有限责任公司疫苗事件

【案例内容】

(1)事件过程:2018年7月5日,根据举报提供的线索,国家药品监督管理局会同吉林省药品监督管理局对吉林长春长生生物科技有限责任公司(以下简称"长春长生公司")进行飞行检查。

2018年7月15日,国家药品监督管理局会同吉林省药品监督管理局组成调查组,进驻企业,全面开展调查。

2018年7月15日,国家药品监督管理局发布了《关于长春长生生物科技有限责任公司违法违规生产冻干人用狂犬病疫苗的通告》。

2018年7月23日,习近平总书记对长春长生公司疫苗案件作出重要指示,强调要一查到底,严肃问责,始终把人民群众的身体健康放在首位,坚决守住安全底线。国务院调查组赶赴吉林,开展长春长生公司违法违规生产狂犬病疫苗案件调查工作。

2018年7月23日,李克强主持召开国务院常务会议,听取长春长生公司违法违规生产狂犬病疫苗案件调查进展汇报，要求坚决严查重处并建立保障用药安全长效机制。

2018年8月16日，中共中央政治局常务委员会召开会议，听取关于吉林长春长生公司问题疫苗案件调查及有关问责情况的汇报。中共中央总书记习近平主持会议并发表重要讲话。

会议指出，这起问题疫苗案件发生以来，习近平总书记高度重视，多次作出重要指示，要求立即查清事实真相，严肃问责，依法从严处理，坚决守住安全底线，全力保障群众切身利益和社会稳定大局。在党中央坚强领导下，国务院多次召开会议研究，派出调查组进行调查，目前已基本查清案件情况和有关部门及干部履行职责情况。

会议强调，疫苗关系人民群众健康，关系公共卫生安全和国家安全。这起问题疫苗案件是一起疫苗生产者逐利枉法、违反国家药品标准和药品生产质量管理规范、编造虚假生产检验记录、地方政府和监管部门失职失察、个别工作人员渎职的严重违规违法生产疫苗的重大案件，情节严重，性质恶劣，造成严重不良影响，既暴露出监管不到位等诸多漏洞，也反映出疫苗生产、流通、使用等方面存在的制度缺陷。要深刻汲取教训，举一反三，重典治乱，去疴除弊，加快完善疫苗药品监管长效机制，坚决守住公共安全底线，坚决维护最广大人民身体健康。

会议强调，要完善法律、法规和制度规则，明晰和落实监管责任，加强生产过程现场检查，督促企业履行主体责任义务，建立质量安全追溯体系，落实产品风险报告制度。对风险高、专业性强的疫苗药品，要明确监管事权，在地方属地管理的基础上，要派出机构进行检查。要加强监管队伍能力建设，尽快建立健全疫苗药品的职业化、专业化检查队伍。要提高违法成本，对那些利欲熏心、无视规则的不法企业，对那些敢于挑战道德和良知底线的人，要严厉打击，从严重判，决不姑息。对涉及疫苗药品等危害公共安全的违法犯罪人员，要依法严厉处罚，实行巨额处罚、终身禁业。要加强干部队伍建设，激励担当作为，切实履行职责，对失职渎职行为严肃问责。

会议要求，各级党委和政府要落实习近平总书记的重要指示精神，深刻认识药品安全的敏感性和重要性，深刻汲取教训，落实监管责任，坚持疫苗质量安全底线。要健全问题疫苗处置后续工作机制，做好疫苗续种、补种工作，稳妥有序开展赔偿工作，完善疫苗管理长效机制。

2018年8月16日，李克强主持召开国务院常务会议，听取长春长生公司问题疫苗案件调查情况汇报并作出相关处置决定。会议指出，按照党中央、国务院部署，国务院调查组已查明长春长生公司违法、违规生产狂犬病疫苗案件和生产不合格百白破疫苗的主要事实，涉案企业唯利是图、逐利枉法，情节严重，性质恶劣。这一案件也暴露出相关地方在落实药品安全地方政府负总责、国家和地方监管部门在依法履行监管职责方面严重缺位，特别是存在重大风险隐患信息不报告、应急处置不力等问题，属严重失职失察和不作为。

（2）违法事实：2018年10月16日，国家药品监督管理局和吉林省药品监督管理局依法从严对长春长生公司违法违规生产狂犬病疫苗作出行政处罚。行政处罚决定书载明，长春长生公司存在以下八项违法事实：

一是将不同批次的原液进行勾兑配制，再对勾兑合批后的原液重新编造生产批号。

二是更改部分批次涉案产品的生产批号或实际生产日期。

三是使用过期原液生产部分涉案产品。

四是未按规定方法对成品制剂进行效价测定。

五是生产药品使用的离心机变更未按规定备案。

六是销毁生产原始记录，编造虚假的批生产记录。

七是通过提交虚假资料骗取生物制品批签发合格证。

八是为掩盖违法事实而销毁硬盘等证据。

（3）行政处罚：行政处罚决定书认定，上述行为违反了《药品管理法》及其实施条例，以及《药品生产质量管理规范》《药品生产监督管理办法》《生物制品批签发管理办法》等法律、法规和规章。

依据行政处罚有关规定，国家药品监督管理局和吉林省药品监督管理局分别对长春长生公司作出多项行政处罚。

（4）刑事处罚：涉嫌犯罪的，由司法机关依法追究刑事责任。

资料来源：张立明，罗臻. 药事管理学［M］.2版. 北京：清华大学出版社，2021.

【问题与启示】

（1）结合本案件的八项违法事实，根据《药品管理法》和《疫苗管理法》的有关规定分析确定本案件的性质，并提出行政处罚意见。

（2）分析本案件对药品监督管理部门和制药企业的启示。

3. 以临床价值为导向的紫杉醇注射液的制剂改良

紫杉醇是从红豆杉中提取的天然产物，通过作用于微管蛋白抑制肿瘤细胞有丝分裂起效，自1992年上市以来，紫杉醇注射液在抗肿瘤治疗中发挥重要的作用，是目前最有效的抗肿瘤药物之一，在乳腺癌、卵巢癌、非小细胞肺癌、胃癌、食管癌等肿瘤中都有很好的临床疗效。

紫杉醇最大的缺点是难溶于水及多种药用溶媒，美国原研的紫杉醇注射液是将紫杉醇溶于聚氧乙基代蓖麻油与无水乙醇的复合溶媒中，以增加其溶解性。但是，该溶媒进入人体后会引发组胺释放，产生不同程度的过敏反应和危及生命的超过敏反应。为预防这些不良反应，临床用药前需使用大剂量糖皮质激素和抗组胺药以及专门的输液设备，且滴注时间通常需维持3小时以上，给药方案复杂，尽管如此，仍无法完全阻止过敏反应及超过敏反应的发生。

为了克服紫杉醇难溶于水及多种药用溶媒这一缺陷，药学家做了各种尝试和改良，其中注射用紫杉醇脂质体和注射用紫杉醇（白蛋白结合型）是其典型代表。

（1）注射用紫杉醇脂质体：针对紫杉醇注射液存在的问题，绿叶制药集团南京绿叶思科药业有限公司早在1996年就瞄准了脂质体这一新剂型，与江苏省药物研究所开展合作研究，选用脂质体作为药物载体，针对紫杉醇的理化性质，创新设计了独特的处方组成和制备方法，彻底攻克了紫杉醇难溶性问题，且不再使用复合溶媒，从源头上解决了紫杉醇注射液因溶媒引起的不良反应。临床应用程序也得以简化，避免了大剂量糖皮质激素的使用，使伴有糖尿病、高血压和溃疡病的肿瘤患者重新获得了使用紫杉醇化疗的机会。临床研究结果也证实了注射用紫杉醇脂质体的安全性和有效性。

自2003年注射用紫杉醇脂质体（力扑素）上市以来，它在中国医学科学院肿瘤医院、复旦大学肿瘤医院、中山大学肿瘤医院等全国300多家三甲医院中获得广泛应用，多家研究单位共发表学术论文80多篇，以其独特的技术优势和性能优势，逐渐显现出自主创新的竞争实力。2008年，其市场份额首次超过了美国原研公司的紫杉醇注射液，打破了国外产品垄断十年的局面。连续多年一直保持国内紫杉醇制剂市场份额第一，并成为国内销售额最大的五个抗肿瘤药物之一,且在全国医院脂质体药物市场的销量排名中位居第一。据米内网数据,2018 年中国公立医疗机构终端紫杉醇注射剂(包括紫杉醇注射液、紫杉醇脂质体、白蛋白型紫杉醇)销售额为 55.84 亿元,同比增长 12.85%。从竞争格局看,注射用紫杉醇脂质体(力扑素)占据近一半的市场份额,2018 年销售额达到 26.49 亿元。

(2)注射用紫杉醇(白蛋白结合型):由美国 Abraxis BioScience 公司开发,2005 年被 FDA 批准上市,该药可治疗乳腺癌(商品名 Abraxane),随后又获批治疗肺癌、胰腺癌。2010 年新基公司收购 Abraxis BioScience 公司。2018 年以来,国内齐鲁制药(海南)有限公司等数家公司仿制的注射用紫杉醇(白蛋白结合型)先后上市。

注射用紫杉醇(白蛋白结合型)采用纳米技术将紫杉醇与人血白蛋白结合,形成粒径为 130nm 左右的纳米颗粒,大大地提高了药物的溶解度,避免了聚氧乙基代蓖麻油的使用,最大程度地减少了过敏反应发生,且输注时间缩短为 30 分钟。

同时,独特的纳米剂型使其可靶向至肿瘤部位,从而提高肿瘤部位的药物浓度,减少对其他组织系统的毒副作用。白蛋白又可与肿瘤细胞高表达的蛋白受体结合,使药物在肿瘤组织中浓度更高,使得注射用紫杉醇(白蛋白结合型)具有更好的临床疗效。

根据米内网数据,2019 年紫杉醇注射剂(包括紫杉醇注射液、注射用紫杉醇脂质体、注射用白蛋白结合型紫杉醇)在中国公立医疗机构终端达到近 80 亿元的销售规模,2020 年略有回落,但市场规模仍超过 70 亿元,在抗肿瘤药排名中稳居首位。从细分产品看,紫杉醇注射液、注射用紫杉醇脂质体销售额呈下滑趋势,但注射用白蛋白结合型紫杉醇持续放量,在紫杉醇市场占比由 2016 年的 9.84% 提升至 2021 年上半年的 53.13%。

资料来源:闻晓光. 赢在迭代创新:中国改良型新药活力探源[M]. 北京:中国医药科技出版社,2023.

【问题与启示】

(1)结合本案例学习理解《药品管理法》中有关以临床价值为导向的新药研发政策的意义。

(2)结合本案例论述以未被满足的临床需求为出发点创制改良型新药的意义。

二、思考题

1. 简述我国药品管理立法的特征。
2. 举例说明我国药品管理法的渊源。
3. 简述开办药品生产企业与开办药品经营企业的基本条件。
4. 什么是假药、劣药?生产、销售、使用假药、劣药应承担什么法律责任?
5. 简述我国疫苗管理的指导思想和基本原则。
6. 从事疫苗生产活动,除符合《药品管理法》规定的从事药品生产活动的条件外,还应当具备哪些条件?

课件

视频讲解

第三章

药物研究开发与药品注册管理

药物研究开发与药品注册管理是药事管理的重要内容之一,是保障公众用药安全和合法权益的有效手段,也是保护和促进公众健康的重要途径。本章主要介绍药物研究开发和药品注册管理概述、药物临床前研究、药物临床试验研究、药品注册的申报与审批、药品注册检验以及药品知识产权保护等重点内容。

第一节 药物研究开发概述

一个国家的新药创制能力和水平代表着其制药工业的竞争力和国际影响力。创新药物的研发和生产能从根本上改变某种疾病的治疗状况。如青霉素的诞生,使严重细菌感染疾病的治疗发生了根本性的变化;链霉素、异烟肼等抗结核药的相继发现,揭开了结核病治疗的新篇章;胰岛素的应用,使糖尿病得到了有效控制;吉利德公司开发的索磷布韦及其复方产品开启了"丙肝彻底治愈"时代。因此,药物研究开发既是制药工业发展的核心动力,也是人类战胜疾病的重要手段,其经济效益和社会效益都十分突出。

习近平总书记在中国共产党第二十次全国代表大会上的报告中提出:加快实施创新驱动发展战略。坚持面向世界科技前沿、面向经济主战场、面向国家重大需求、面向人民生命健康,加快实现高水平科技自立自强。以国家战略需求为导向,集聚力量进行原创性、引领性科技攻关,坚决打赢关键核心技术攻坚战。加快实施一批具有战略性、全局性、前瞻性的国家重大科技项目,增强自主创新能力。加强基础研究,突出原创,鼓励自由探索。提升科技投入效能,深化财政科技经费分配使用机制改革,激发创新活力。加强企业主导的产学研深度融合,强化目标导向,提高科技成果转化和产业化水平。强化企业科技创新主体地位,发挥科技型骨干企业引领支撑作用,营造有利于科技型中小微企业成长的良好环境,推动创新链、产业链、资金链、人才链深度融合。

上述关于加快实施创新驱动发展战略的重要论述对我国的药物研究开发具有很强的指导意义,我们必须深刻领会,深入贯彻落实,推进我国创新药物研发事业,使我国从制药大国迈向制药强国。

一、新药的定义

根据《国务院关于改革药品医疗器械审评审批制度的意见》(国发〔2015〕44号)规

定,新药是指未在中国境内外上市销售的药品。根据物质基础的原创性和新颖性,将新药分为创新药和改良型新药。对已上市药品改变剂型、改变给药途径、增加新适应证的药品注册按照新药申请的程序申报。

从事药物研制和药品注册活动应当遵守有关法律、法规、规章、标准和规范;应参照相关技术指导原则,采用其他评价方法和技术的,应当证明其科学性、适用性;应当保证全过程信息真实、准确、完整和可追溯。

二、药物研究开发的类型

药物研究开发（research and development，R&D）是具有探索性、创新性、应用性的复杂的科学系统工程。

（一）突破性新药研发

突破性新药（first-in-class）是指在一定的医学理论和科学设想指导下,通过反复的设计、合成和药理、生理或生物筛选,创制出新型结构并具有生物活性的药物,即创新药。它包括新化学实体（new chemical entities，NCEs）、新分子实体（new molecular entities，NMEs）或新活性物质（new active substances，NASs）,其来源有化学合成新药、天然药物的单一有效成份、采用重组等生物技术制得的生物技术药品。突破性新药是世界制药公司药物研究开发的重点。

（二）模仿性新药研发

模仿性新药也称为"me-better",它是在不侵犯他人专利权的情况下,根据新上市的突破性新药的相关信息资料,通过对其分子结构改造或修饰,寻找作用机制相同或相似并在治疗应用上具有某些优势的新药物实体。

（三）延伸性新药研发

延伸性新药是指通过对上市已久的药物进行修饰或者改造,开发出专属性更强,疗效更高或安全性更好的"me-too"新药。如拆分已知化合物的光学异构体,开发已知药品的新适应证,开发控释、缓释、靶向等药物新剂型或新给药途径,设计新的复方制剂等。

（四）仿制药物研发

仿制药又称为非专利药。广义的仿制药研发包括对已上市的化学药品的仿制、研制已上市生物制品（含生物类似药）和已上市同名同方中药。狭义的仿制药研发是指研制与已上市的原研药质量和疗效一致的化学药品。

（五）研究开发创新中药

创新中药主要包括新药材及其制剂、中药材人工制成品、新的中药及天然药物复方制剂、经典名方等。

（六）新工艺、新材料（原辅料）的研究开发

新工艺、新材料的研究开发的主要目的是提高药品质量（提高药品的有效性、安全性、稳定性）和降低药品成本,从而进一步提升药品的市场竞争力和经济效益。

三、药物研究开发的特点

现代新药创制涉及人才、技术、资金、市场、政策、管理、环境等诸多因素,是一项多

学科相互渗透、相互合作的知识和资金密集型工程。其特点主要体现为多学科、长周期、高投入、高风险、高效益。

（一）多学科

药物研究开发需要化学、生物学、医学、药学、统计学、管理学等多学科科学家、技术人员协作，研究团队中高学历的科技人员占比较高。一个国家新药研究开发水平与该国整体科学技术水平密切相关。

（二）长周期

药物研制涉及人的生命和健康，药品注册管理越来越严格，研究开发的周期越来越长。20世纪30～50年代，一个新药的研发周期仅需2～3年时间，到60年代需要8年左右，70年代平均需要11年，80年代就需要14年。20世纪90年代以后，由于高通量筛选（HTS）、计算机药物辅助设计等新技术的应用，药品注册管理手段进步，新药研发速度也加快，但新药的研制周期一般都在10～15年，有的新药研制时间甚至超过20年。例如，2019年11月，中国原研的全球首个糖类多靶抗阿尔茨海默病创新药甘露寡糖二酸（GV-971）附条件批准上市，研制周期历经22年；2020年9月，中国原研的国内首个植物有效组分降血糖原创天然药物桑枝生物碱获批上市，从立项到获批历经21年。

（三）高投入

由于新药研发过程复杂而漫长，加之对新药的技术要求不断提高，新药研究开发的资金投入不断升高。世界各国大型制药公司投入新药研发的费用每年占销售额的15%～20%。2019年，全球排名前10的制药公司研发费用共计投入了820亿美元，其中罗氏公司以120.6亿美元位居首位，企业研发费用占总收入的19%；强生公司以113.6亿美元位居第二，企业研发费用占总收入的13.8%；默沙东公司以99亿美元位居第三，企业研发费用占总收入的21.1%。目前美国研制一个创新药需要8～10亿美元，我国研制一个创新药需要2～3亿元人民币，与国外的新药研发费用相差较大。由于新药研发成本高，大型制药公司药物研发效率相对较低，灵活、高效的小型科技公司逐渐成为全球创新药研发的主角，与科技公司合作或直接收购科技公司成为大型制药公司打造产品线的主要方式。

（四）高风险

在药物研究开发过程中，仅有约1/5000的化合物最终成为新药；动物实验结果不能完全预测临床结果，致使许多临床前研究投入被浪费；Ⅱ期临床试验失败率约为40%；进行Ⅲ期临床研究的各治疗领域的新制剂成功率平均仅为11%；抗肿瘤药最后只有5%能够进入市场。新药研究开发的难度越来越大，成功率降低，风险增大。

（五）高效益

研究开发成功的创新药在给人类防治疾病带来新手段的同时，也给新药创制的企业带来巨额利润。新药一般受专利保护，研究开发企业在专利期内享有市场独占权，新药一旦获得上市批准，赢得市场的认可，将很快获得高额利润回报。如美国辉瑞公司研发生产的抗高血脂药"立普妥"（Lipitor）于1997年上市，2002年全球销售额为80亿美元，2005年为122亿美元，2010年为118亿美元，为企业创造了巨额利润；美国艾伯维公司的修美乐（阿达木单抗）于2002年在美国获批上市，先后获批包括类风湿性、强直性脊柱炎、斑块状银屑病、克罗恩病等10多项适应证，单品种销售额连续七年排名全球第一，2022年全球销售收入达到212.37亿美元，为公司贡献超过60%的销售收入，成为称霸全球的"药王"。

四、药物研究开发的步骤

从药物研究开发的全过程、全生命周期来看，药物研究开发可划分为药物发现、药物临床前研究、药物临床研究、药品上市后研究四个阶段。通常讲，药物发现阶段称为研究，药物临床前研究和药物临床研究阶段称为开发，区分两个阶段的标志是候选药物的确定，即在确定候选药物之前为研究阶段，确定之后的工作为开发阶段，这两个阶段是相继发生又互相联系的。针对每个阶段的研究内容和特点，需要实施不同的管理策略。

药品研究开发的步骤可以简单概括为药物发现→药物临床前研究→药物临床试验研究→新药申请→批准上市→药品上市后研究。如图3-1所示。

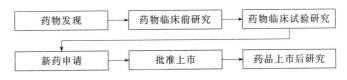

图3-1 药品研究开发的步骤

五、我国药物研制状况与"重大新药创制"专项实施情况

（一）我国新药研制状况

中华人民共和国成立以后，特别是改革开放以来，随着经济与科技的快速发展，我国新药研发水平有了较大的提高。新药研发的硬件和软件水平都得到了很大的改善，制药企业的创新意识有所提高，研发投入有所增加，大型制药企业都建立了具有一定实力的研究机构，新药筛选、计算机辅助药物设计、现代生物技术等新技术不断被应用于新药研发。我国药品研发领域从以传统中药为主的研究，逐步走向现代药物与传统中药并行的研究之路，研发出一系列如青蒿素、双环醇（百赛诺）、丁苯酞、泽布替尼等在国际上领先和首创的新药。特别是近年来，在创新政策的带动下，我国药品监管政策与国际接轨步伐不断加快，2017年6月，国家食品药品监督管理总局正式加入国际人用药品注册技术要求协调理事会，我国医药行业进入高质量发展的新阶段，新药研制的速度和质量大幅跃升。2008—2018年，我国共批准了36个国产创新药，涵盖贝那鲁肽注射液、盐酸安罗替尼胶囊、罗沙司他胶囊、特瑞普利单抗注射液等多个重磅药物。2022年我国批准上市新药65个，其中中药新药5个，化学药新药41个（含创新药10个，改良型新药31个），治疗用生物制品19个（含创新型生物制品1类新药6个，改良型生物制品2类新药13个）。另外，我国制药企业的技术水平与生产工艺也有了大幅度改进，首创了一批新工艺、新技术、新方法，如维生素C二步发酵、黄连素合成、高纯度尿激酶生产方法和装置等。青霉素孢子高单位菌种选育和相应发酵、头孢菌素C发酵等新工艺达到了世界先进水平。但是，与美国、欧盟、日本等新药研发实力较强的国家和地区相比，我国新药研发的能力和水平还有一定的差距，主要表现在制药企业研发投入不足、高层次研发人员缺乏、高新技术应用不足、研发资源浪费严重、低水平重复研发过多等问题。

（二）"重大新药创制"科技重大专项

2006年，国务院发布《国家中长期科学和技术发展规划纲要（2006—2020年）》，"重大新药创制"被列入科技重大专项，包括创新药物研究开发、药物大品种技术改造、创新药物研究开发技术平台建设、企业创新药物孵化基地建设、新药研究开发关键技术研究等主要任务。

"十一五"期间，"重大新药创制"专项取得了丰硕的成果。截至2010年9月底，在"重大新药创制"专项支持下，全国有16个品种获得新药证书，20个品种提交新药注册申请，10多个自主研发的新药在发达国家进行临床试验，18个品种完成全部研究工作，36个品种处于Ⅲ期临床研究阶段，96个品种处于Ⅰ、Ⅱ期临床研究阶段，还有近200个品种处于临床前研究阶段，近500个候选药物正在研究之中。部分新药研发的创新性和质量明显提升，已接近国际先进水平，其中近2/3的新药是我国在世界上首次确定化学结构和作用靶点的一类新药。

"十二五"期间，"重大新药创制"专项认真贯彻落实创新驱动发展的国家战略，坚持培育重大产品、满足重要需求、解决重点问题的"三重"原则，以聚焦式发展为整体策略，创新组织机制，落实重点任务，取得了优异的成绩。针对重大疾病，围绕产业链部署研发链，获批24个1类新药，为中华人民共和国成立后50年的近5倍；建成各类平台近300个，突破核心关键技术50余项，获得国家科技奖一、二等奖51项，支持产业创新孵化基地60余个；国家拨款经费投入71.9亿元，产生经济效益1600亿元，出口产值37亿美元。生物疫苗研发水平位居世界前列，化学药物创新研究实现与国际同步，中药产业形成全球化发展趋势。促进我国医药科技由仿制向创制、医药产业由大国向强国的转变。

"十三五"期间，"重大新药创制"专项以重大需求为导向、以产品和技术为主线、以协同创新为动力、以完善体制机制为支撑、以取得标志性成就为目标，重点针对恶性肿瘤、心脑血管疾病、神经退行性疾病、糖尿病、精神性疾病、自身免疫性疾病、耐药性病原菌感染、乙型肝炎、艾滋病和人感染禽流感10类重大疾病临床用药急需，通过仿创结合、技术改造等方式，研制临床急需药品、提高药品质量，满足临床用药要求。在国家药物创新体系建设方面，依托已建立的各类技术平台、产学研联盟、生物医药科技创新园区等载体，进一步加强新药研发、关键技术以及新技术研究以及先进性、规范化建设，强化功能互补和技术环节有机连接。据统计，2016年至2020年5月，国家药品监督管理部门共批准28个1类创新药上市，包括16个化学药、8个治疗用生物制品和4个预防用生物制品，涵盖贝那鲁肽注射液、盐酸安罗替尼胶囊、罗沙司他胶囊、特瑞普利单抗注射液等多个重磅药物。

六、国际药物研究开发趋势

（一）新药研发关键共性技术不断突破

科技型公司的大量出现，从不同角度和方向共同推动了技术进步。随着人工智能辅助药物设计、现代化药物表型筛选和核酸修饰与递送技术的逐渐成熟，全球创新药的发展有望步入一个新的历史阶段，全球每年获批上市的新药数量也会随之增长。人工智能辅助药物设计和现代化药物表型筛选技术的应用与普及，必将大幅提高小分子药物的筛选效率，且在传统模型筛选中被淘汰的成千上万个化合物分子有望被二次开发，小分子创新药的研发瓶颈有望被突破，研发成本也有可能相应下降。

在人工智能辅助药物设计和现代化药物表型筛选之外，核酸的修饰与递送技术将会为创新药研发带来巨大的技术变革，因为核酸所能调控的疾病靶点数量远超过小分子化合物和蛋白质，但碍于跨膜递送技术的限制，核酸药物的发展持续多年止步不前。然而，随着近年来脂质包裹技术、N-乙酰化的半乳糖胺（GalNAc）修饰技术的成熟，核酸药物研发有可能进入快速发展的新阶段。2015 年以来，全球已经有 10 个核酸药物被批准上市，Inclisiran 的获批，代表着核酸药物开始从罕见领域迈向了常见病治疗领域。专家预测，随着核酸药物研发关键共性技术的成熟，代谢性疾病、感染性疾病、肿瘤、疫苗等领域将会有大量的核酸药物出现。

（二）新药的重点发展领域持续拓展

从治疗领域方面讲，癌症依然是人们最亟待攻克的疾病。为了有效地治疗癌症，人类已经相继成功开发了放疗、化疗、靶向治疗、免疫疗法等诸多疗法，晚期癌症患者的总生存期已经有了显著性提高，其中最具代表的是间变性淋巴瘤激酶阳性的非小细胞肺癌，无进展生存期从几个月延长到 2 年以上。尽管癌症治疗已经取得巨大进展，但距离完全攻克癌症，人类还有漫长的路要走。在攻克癌症以前，抗肿瘤治疗市场将持续引领全球制药市场的发展。在过去的几年里，抗体药物偶联物、双特异性抗体、嵌合抗原受体 T 细胞免疫疗法（CAR-T）和溶瘤病毒技术逐渐成熟，未来几年里将会陆续有大量的新药获批上市，在不断提高患者生存期的同时，治疗成本也会大幅下降。除此以外，多肽药物偶联物、蛋白降解靶向嵌合体、肿瘤疫苗、光免疫疗法、硼中子疗法和抗肿瘤核酸等新概念都是创新药的重要发展方向。

得益于美国的罕见病药物优惠政策，在过去的 10 年里，美国每年批准的治疗罕见病的药物数量持续上涨，罕见病药物的研发也成为热点。目前人们已知的罕见病已有几千种，且数量还在持续增加。这些罕见病大多无药可治，即便是少数病种有药品可以治疗，治疗满足度也非常低，因此研发罕见病药物的成功率远高于研发常见病药物。一方面是研发成功率高、开发速度快，另一方面是世界大多数国家对罕见病药物实施优惠政策，所以罕见病药物研发成为小型科技公司的首选目标。从免疫、代谢类罕见病到小患者群体肿瘤，再到罕见精神疾病都是创新药研发的热点领域。

除了肿瘤与罕见病，神经退行性疾病、非酒精性脂肪性肝炎、慢性乙型肝炎、耐药菌感染、衰老、肥胖也都是各大制药公司布局的方向。阿尔茨海默病、非酒精性脂肪性肝炎、慢性乙型肝炎和耐药菌感染领域的药物研发有待于理论和技术的实质性突破。

（三）新药研发呈现新特性

目前国际新药研发中出现许多显著的新特性。①更有效：新药开发技术的发展，特别是药靶发现和基因数据技术的应用，可以更快地检出和确认靶点，发现先导化合物；应用代谢途径和基因差异剔除候选化合物，可使新药的研发更具准确性。②更安全：利用药物和基因配对技术发现最合适的治疗对象，这样可以不断提高药物安全水平。③更具预测性：生物标志物的发现，大大提高了新药创制的预测性。④更快捷：使用超级计算机支持的网络药理学以及采用虚拟实验室快速实现新药开发的设计。

第二节 药品注册管理概述

一、国际药品注册管理发展概述

(一)国际药品注册管理发展历程

20世纪初,随着磺胺、青霉素先后问世,世界范围内出现了研究开发化学治疗药物的热潮。但是,在20世纪前,各国的药品管理立法还很薄弱,药品管理的法律、法规多侧重于假劣药、毒药的处罚和销售控制。20世纪初,大量化学药品问世后,新药品种大大增加,"药害"事件也随之增多。如20世纪20年代广泛使用含砷化合物治疗梅毒导致很多人死亡;1937年美国发生了磺胺酏剂事件,造成107人死亡;20世纪50年代初,法国上市有机锡的胶囊剂Stalinon,造成217人中毒,102人死亡;20世纪60年代,发生了震惊世界的"反应停(沙利度胺)药害"事件,造成1万名畸形儿,其中有5千名成活,1600名婴儿需安装人工肢体。

日益增多的"药害"事件促进了药品注册管理法制化的进程,如1937年美国发生磺胺酏剂事件后,美国国会于1938年通过了《联邦食品、药品和化妆品法》修正案,明确规定新药上市前,必须有充分的材料证明其安全性。所以,20世纪60年代初西欧国家发生反应停事件时,美国基本上未受到影响。尽管如此,美国仍于1962年修订了《联邦食品、药品和化妆品法》,要求新药在保证其安全性的同时要确证其有效性,明确规定了新药临床评价原则,以及新药(包括首次在美国上市的进口药)的审批手续和项目。1979年美国国会通过了新药研制要符合《非临床安全性实验研究规范》(GLP)的规定,研究新药的实验室若未经FDA认证,其实验研究结果不予承认。1980年美国国会再次通过了《联邦食品、药品和化妆品法》修正案,更加明确了新药申请所需的资料和审批程序。在加强对新药研制立法的同时,FDA对新药的审批管理更加完善和严格。

(二)国际新药审批注册法律、法规主要内容

世界各国新药审批注册管理的具体技术和指标有差别,但新药审批注册的法律、法规内容大体一致,主要内容有以下方面:①明确新药定义和药品注册范围;②明确新药注册管理机构;③规定新药申请和审批程序以及上市后的监测期;④规定申请者必须提交的研究资料;⑤制定各项试验研究技术指南;⑥实行GLP(Good Laboratory Practice)和GCP(Good Clinical Laboratory);⑦明确进口药品注册管理规定。

(三)澳大利亚、加拿大等国家将药物经济学研究列入注册规定范围

由于新药研究开发的投入高、周期长、风险日益增加,上市新药价格越来越贵,人民群众和医疗保险机构的负担越来越重,一些价格昂贵的新药效果不佳。为此,澳大利亚、加拿大等国家将药物经济学研究列为新药申报必须提交的资料。目前,药物经济学研究已被广泛用于新药研发、药物评价、合理用药及药品市场开发等领域。

(四)国际人用药品注册技术协调会

随着制药工业的国际化,各国药品注册的技术要求和管理程序不同,致使一个新药要在国际市场销售,需要长时间和昂贵的多次重复试验和重复申报,导致新药研究和开发的费用

逐年增高，医疗费用也逐年上升。为了降低药价并使新药能早日用于临床，各国政府纷纷将"新药申报技术要求的合理化和一致化的问题"提到议事日程上来了。在此背景下，美国、欧盟和日本的政府药品注册部门和制药行业于1990年发起成立了国际人用药物注册技术要求协调会（The International Conference on Harmonization of Technical Requirements for Registration of Pharmaceuticals for Human Use，ICH）。ICH最初是由美国、欧盟和日本的药品注册部门和生产部门组成，即美国食品药品监督管理局、美国药物研究和生产联合会、欧盟、欧洲制药工业协会联合会、日本厚生省、日本制药工业协会组织。ICH总部设在瑞士日内瓦国际制药工业协会联合会，每两年召开一次大会。现在世界各国均以ICH提出的技术要求作为人用药物注册技术要求的指导原则。1990—2015年的25年间，ICH致力于推动药品注册技术要求的合理化和一致化，在药品质量、安全性、有效性和相关方面制订了50多项技术指南。ICH发布的技术指南不仅在其成员间运用，也被其他许多国家药品监管机构接受和转化，成为药品注册领域重要的国际规则制订机制。

随着世界经济全球化的快速发展，ICH于2012年启动改革，由美国、欧盟、日本三方的封闭机制转换为更具代表性和包容性的国际性机制。2015年10月23日，新的ICH按照瑞士民法正式注册成为一个法律实体，由原来的松散型国际会议转型为一个非营利的、非政府的国际性组织，制订了章程和工作程序。其名称由国际人用药品注册技术要求协调会修改为国际人用药品技术要求协调理事会（The International Council for Harmonization of Technical Requirements for Pharmaceuticals for Human Use），简称仍然是ICH，其愿景目标也没有变。2015年改革后，ICH的组织机构包括：ICH大会和ICH管理委员会。另外，ICH秘书处负责该组织的日常性事务，具体业务工作以组织相应领域的工作组方式展开。截至2018年，ICH共有16个成员。其中，ICH最初的发起者——美国、日本、欧盟的监管机构和企业协会，共6个成员，是ICH的永久成员；加拿大卫生部和瑞士治疗产品管理局是ICH的2个常任监管机构成员；此外还有5个监管机构成员和3个企业协会成员。目前，ICH已成为药品注册领域的核心国际规则制订组织，在全球范围内通过各个专家组工作协调制订关于药品质量、安全性和有效性的国际技术标准和规范，以推动各成员药品注册技术要求的一致性和科学性，减少药品研发和上市成本，推动创新药品及早用于临床。

加入ICH是我国药品监管部门一直以来的愿望，也是多年努力的结果。2017年6月19日，中国国家食品药品监督管理总局和ICH总部同时发布消息：中国国家食品药品监督管理总局成为ICH正式成员。加入ICH表明我国药品监管国际化迈出重要步伐，将促进我国药品研发和监管水平的提高，以及我国监管部门和国外监管部门的沟通与合作，让中国在世界药品监管领域发挥应有作用。2018年6月7日，在日本神户举行的2018年ICH第一次大会上，中国国家药品监督管理局当选为ICH管理委员会成员，任期3年。2021年6月3日，在2021年ICH第一次大会上，中国国家药品监督管理局再次当选为ICH管理委员会成员。

二、我国药品注册管理的发展

中华人民共和国成立以来，我国先后制定了一系列药品注册管理规定和办法，特别是1985年7月1日实施《药品管理法》以来，国家更加重视对新药注册的管理，完善了新药注册管理的法律、法规，制定了新药研究的技术标准。1998年国家药品监督管理局成立，2001年修订《药品管理法》，我国更加强化了政府对药品的监督管理，取消了药品的地方标准，统一了新药的审批程序，并逐步纳入与国际接轨的法制化管理轨道。我国的药品注册管理也逐步从分散管理转变为集中统一管理,从粗放式行政管理过渡到科学化、法制化管理。

国家药品监督管理局于2002年颁布了《药品注册管理办法(试行)》,2005年修订并颁布《药品注册管理办法》,2007年再次修订颁布了《药品注册管理办法》。其后,又连续发布了《中药注册管理补充规定》《药品注册现场核查管理规定》《新药注册特殊审批管理规定》《药品技术转让注册管理规定》四个配套文件。

2015年以来,我国药品审评审批制度改革取得了重大进展。药品审评审批工作的理念和具体审评工作流程都进行了重大调整。药品审评审批工作中鼓励创新、突出申请人和上市许可持有人责任主体地位、优化审评审批程序、问题和风险导向、加快"好药""新药"上市的特征进一步明确。《疫苗管理法》颁布和《药品管理法》修订后,为进一步固化改革成果,依法建立科学、严格的药品监督管理制度,推进药品审评审批改革向纵深发展,2020年3月30日,国家市场监督管理总局正式发布新修订的《药品注册管理办法》,并于2020年7月1日实施。

这次修订《药品注册管理办法》,在药品监管理念方面进行创新,引入药品全生命周期管理理念,进行系统设计,加强各环节(从药品研制上市、上市后管理到药品注册证书注销等)、全过程、全链条的监管:①增加GLP机构、GCP机构监督检查相关内容,强化省级药品监督管理部门的日常监管事权,充分发挥省级药品监督管理部门监管作用,保障GLP、GCP持续合规和工作质量。②明确附条件批准药品上市后必须完成相应工作的时限要求,对未按时限要求完成的,明确相应处理措施,直至撤销药品注册证书。③增设药品上市后变更和再注册一章,充分体现新修订《药品管理法》的要求,强化药品上市后研究和变更管理相关要求,要求持有人主动开展药品上市后研究,对药品的安全性、有效性和质量可控性进行进一步确证,加强对已上市药品的持续管理,明确药品上市后变更分类及申报、备案和报告途径,体现药品全生命周期管理。④采用信息化手段强化药品注册管理,建立药品品种档案,为实现药品全生命周期的日常监管和各监管环节信息无缝衔接奠定基础。增加对GLP机构、GCP机构的监管以及药品安全信用档案的相关要求。增加信息公开内容,公开审评结论和依据,接受社会监督,促进社会共治;将药品说明书列为信息公开内容并适时更新,为公众查询使用提供方便。⑤根据规章权限,对法律规定应予处罚情形予以适当细化,强化对监管人员的责任追究,严厉打击研制环节数据造假等违法违规行为,营造鼓励创新的良好环境。⑥药品上市许可申请人(持有人)的质量管理、风险防控和责任赔偿等能力的建立和完善,贯穿于药品全生命周期各环节。申请人(持有人)应当持续加强对药品全生命周期的管理,并依法承担主体责任。

第三节 我国药品注册管理

一、药品注册的相关概念

(一)药品注册

《药品注册管理办法》规定:药品注册是指药品注册申请人依照法定程序和相关要求提出药物临床试验、药品上市许可、再注册等申请以及补充申请,药品监督管理部门基于法律、法规和现有科学认知进行安全性、有效性和质量可控性等审查，决定是否同意其申请的活动。

（二）药品上市许可持有人

《药品管理法》规定：药品上市许可持有人是指取得药品注册证书的企业或者药品研制机构等。

药品上市许可持有人应当依照《药品管理法》规定，对药品的非临床研究、临床试验、生产经营、上市后研究、不良反应监测及报告与处理等承担责任。其他从事药品研制、生产、经营、储存、运输、使用等活动的单位和个人依法承担相应责任。

药品上市许可持有人的法定代表人、主要负责人对药品质量全面负责。

（三）药品注册申请人

《药品注册管理办法》规定：药品注册申请人（简称申请人）是指提出药品注册申请并承担相应法律责任的企业或者药品研制机构等。

办理药品注册申请事务的人员应当具有相应的专业知识，熟悉药品注册的法律、法规及技术要求。

（四）药品注册申请

《药品注册管理办法》规定：

（1）新药申请，是指未曾在中国境内外上市销售的药品的注册申请。对已上市药品改变剂型、改变给药途径、增加新适应证的药品注册按照新药申请的程序申报。

（2）已有国家标准药品的注册申请，是指生产国家药品监督管理局已经颁布的正式标准上收载的药品的注册申请。

（3）进口药品申请，是指境外生产的药品在中国境内上市销售的注册申请。

（4）补充申请，是指已经获得批准的新药申请、已有国家标准药品申请或者进口药品申请，需改变、增加或取消原批准事项或者内容的注册申请。

（5）再注册申请，是指药品批准证明文件有效期满后，申请人拟继续生产或者进口该药品的注册申请。

二、药品注册的管理机构

《药品注册管理办法》规定：

1.国家药品监督管理局主管全国药品注册管理工作，负责建立药品注册管理工作体系和制度，制定药品注册管理规范，依法组织药品注册审评审批以及相关的监督管理工作。

2.国家药品监督管理局药品审评中心负责药物临床试验申请、药品上市许可申请、补充申请和境外生产药品再注册申请等的审评。

3.中国食品药品检定研究院、国家药典委员会、国家药品监督管理局食品药品审核查验中心、国家药品监督管理局药品评价中心、国家药品监督管理局行政事项受理服务和投诉举报中心、国家药品监督管理局信息中心等药品专业技术机构，承担依法实施药品注册管理所需的药品注册检验、通用名称核准、核查、监测与评价、制证送达以及相应的信息化建设与管理等相关工作。

4.省、自治区、直辖市药品监督管理部门负责本行政区域内以下药品注册相关管理工作：

(1) 境内生产药品再注册申请的受理、审查和审批。
(2) 药品上市后变更的备案、报告事项管理。
(3) 组织对药物非临床安全性评价研究机构、药物临床试验机构的日常监管及违法行为的查处。
(4) 参与国家药品监督管理局组织的药品注册核查、检验等工作。
(5) 国家药品监督管理局委托实施的药品注册相关事项。

5. 省、自治区、直辖市药品监督管理部门设置或者指定的药品专业技术机构，承担依法实施药品监督管理所需的审评、检验、核查、监测与评价等工作。

三、药品注册分类

根据《药品注册管理办法》，药品注册按照中药、化学药和生物制品等进行分类注册管理。

（一）中药注册分类

中药是指在我国中医药理论指导下使用的药用物质及其制剂。天然药物是指在现代医药理论指导下使用的天然药用物质及其制剂。天然药物参照中药注册分类。

根据国家药品监督管理局发布的《中药注册分类及申报资料要求》（2020年第68号）规定，中药注册按照中药创新药、中药改良型新药、古代经典名方中药复方制剂、同名同方药等进行分类，前三类均属于中药新药。

中药注册分类不代表药物研制水平及药物疗效的高低，仅表明不同注册分类的注册申报资料要求不同。

1. 中药创新药

中药创新药是指处方未在国家药品标准、药品注册标准及国家中医药主管部门发布的《古代经典名方目录》中收载，具有临床价值，且未在境外上市的中药新处方制剂。一般包含以下情形：①中药复方制剂，是指由多味饮片、提取物等在中医药理论指导下组方而成的制剂。②从单一植物、动物、矿物等物质中提取得到的提取物及其制剂。③新药材及其制剂，即未被国家药品标准、药品注册标准以及省、自治区、直辖市药材标准收载的药材及其制剂，以及具有上述标准药材的原动物、植物新的药用部位及其制剂。

2. 中药改良型新药

中药改良型新药是指改变已上市中药的给药途径、剂型，且具有临床应用优势和特点，或增加功能主治等的制剂。一般包含以下情形：①改变已上市中药给药途径的制剂，即不同给药途径或不同吸收部位之间相互改变的制剂。②改变已上市中药剂型的制剂，即在给药途径不变的情况下改变剂型的制剂。③中药增加功能主治。④已上市中药生产工艺或辅料等改变引起药用物质基础或药物吸收、利用明显改变的。

3. 古代经典名方中药复方制剂

古代经典名方是指符合《中医药法》规定的，至今仍广泛应用、疗效确切、具有明显特色与优势的古代中医典籍所记载的方剂。古代经典名方中药复方制剂是指来源于古代经典名方的中药复方制剂。包含以下情形：①按《古代经典名方目录》管理的中药复方制剂。②其他来源于古代经典名方的中药复方制剂，包括未按《古代经典名方目录》管理的古代经典名方中药复方制剂和基于古代经典名方加减化裁的中药复方制剂。

4. 同名同方药

同名同方药是指通用名称、处方、剂型、功能主治、用法及日用饮片量与已上市中药相同，且在安全性、有效性、质量可控性方面不低于该已上市中药的制剂。

（二）化学药注册分类

《化学药品注册分类及申报资料要求》（2020年第44号）规定，化学药注册按照化学药创新药、化学药改良型新药、仿制药等进行分类。

1类：境内外均未上市的创新药，是指含有新的结构明确的、具有药理作用的化合物，且具有临床价值的药品。

2类：境内外均未上市的改良型新药，是指在已知活性成分的基础上，对其结构、剂型、处方工艺、给药途径、适应证等进行优化，且具有明显临床优势的药品。包含以下情形：①含有用拆分或者合成等方法制得的已知活性成分的光学异构体，或者对已知活性成分成酯，或者对已知活性成份成盐（包括含有氢键或配位键的盐），或者改变已知盐类活性成分的酸根、碱基或金属元素，或者形成其他非共价键衍生物（如络合物、螯合物或包合物），且具有明显临床优势的药品。②含有已知活性成分的新剂型（包括新的给药系统）、新处方工艺、新给药途径，且具有明显临床优势的药品。③含有已知活性成分的新复方制剂，且具有明显临床优势。④含有已知活性成分的新适应证的药品。

3类：境内申请人仿制境外上市但境内未上市原研药品的药品。该类药品应与参比制剂的质量和疗效一致。

4类：境内申请人仿制已在境内上市原研药品的药品。该类药品应与参比制剂的质量和疗效一致。

5类：境外上市的药品申请在境内上市。包含以下情形：①境外上市的原研药品和改良型药品申请在境内上市。改良型药品应具有明显临床优势。②境外上市的仿制药申请在境内上市。

原研药品是指境内外首个获准上市，且具有完整和充分的安全性、有效性数据作为上市依据的药品。

参比制剂是指经国家药品监管部门评估确认的仿制药研制使用的对照药品。参比制剂的遴选与公布按照国家药品监管部门相关规定执行。

（三）生物制品注册分类

生物制品是指以微生物、细胞、动物或人源组织和体液等为起始原材料，用生物学技术制成，用于预防、治疗和诊断人类疾病的制剂。

《生物制品注册分类及申报资料要求》（2020年第43号）规定，生物制品注册按照生物制品创新药、生物制品改良型新药、已上市生物制品（含生物类似药）等进行分类。同时为规范生物制品注册申报和管理，将生物制品分为预防用生物制品、治疗用生物制品和按生物制品管理的体外诊断试剂。

1. 预防用生物制品

预防用生物制品是指为预防、控制疾病的发生、流行，用于人体免疫接种的疫苗类生物制品，包括免疫规划疫苗和非免疫规划疫苗。

预防用生物制品的注册分类如下：

1 类：创新型疫苗，是指境内外均未上市的疫苗。包含以下情形：①无有效预防手段疾病的疫苗。②在已上市疫苗基础上开发的新抗原形式，如新基因重组疫苗、新核酸疫苗、已上市多糖疫苗基础上制备的新的结合疫苗等。③含新佐剂或新佐剂系统的疫苗。④含新抗原或新抗原形式的多联/多价疫苗。

2 类：改良型疫苗，是指对境内或境外已上市疫苗产品进行改良，使新产品的安全性、有效性、质量可控性有改进，且具有明显优势的疫苗。包含以下情形：①在境内或境外已上市产品基础上改变抗原谱或型别，且具有明显临床优势的疫苗。②具有重大技术改进的疫苗，包括对疫苗菌毒种、细胞基质、生产工艺、剂型等的改进（如更换为其他表达体系或细胞基质的疫苗；更换菌毒株或对已上市菌毒株进行改造；对已上市细胞基质或目的基因进行改造；非纯化疫苗改进为纯化疫苗；全细胞疫苗改进为组分疫苗等）。③已有同类产品上市的疫苗组成的新的多联/多价疫苗。④改变给药途径，且具有明显临床优势的疫苗。⑤改变免疫剂量或免疫程序，且新免疫剂量或免疫程序具有明显临床优势的疫苗。⑥改变适用人群的疫苗。

3 类：境内或境外已上市的疫苗。包含以下情形：①境外生产的境外已上市、境内未上市的疫苗申报上市。②境外已上市、境内未上市的疫苗申报在境内生产上市。③境内已上市疫苗。

2. 治疗用生物制品

治疗用生物制品是指用于人类疾病治疗的生物制品，如采用不同表达系统的工程细胞（如细菌、酵母、昆虫、植物和哺乳动物细胞）所制备的蛋白质、多肽及其衍生物；细胞治疗和基因治疗产品；变态反应原制品；微生态制品；人或者动物组织或者体液提取或者通过发酵制备的具有生物活性的制品等。生物制品类体内诊断试剂按照治疗用生物制品管理。

治疗用生物制品的注册分类如下：

1 类：创新型生物制品，是指境内外均未上市的治疗用生物制品。

2 类：改良型生物制品，是指对境内或境外已上市制品进行改良，使新产品的安全性、有效性、质量可控性有改进，且具有明显优势的治疗用生物制品。包含以下情形：①在已上市制品基础上，对其剂型、给药途径等进行优化，且具有明显临床优势的生物制品。②增加境内外均未获批的新适应证和/或改变用药人群。③已有同类制品上市的生物制品组成新的复方制品。④在已上市制品基础上，具有重大技术改进的生物制品，如重组技术替代生物组织提取技术；较已上市制品改变氨基酸位点或表达系统、宿主细胞后具有明显临床优势等。

3 类：境内或境外已上市生物制品。包含以下情形：①境外生产的境外已上市、境内未上市的生物制品申报上市。②境外已上市、境内未上市的生物制品申报在境内生产上市。③生物类似药。④其他生物制品。

3. 按生物制品管理的体外诊断试剂

按照生物制品管理的体外诊断试剂包括用于血源筛查的体外诊断试剂、采用放射性同位素标记的体外诊断试剂等。治疗用生物制品的注册分类如下：

1 类：创新型体外诊断试剂。

2 类：境内外已上市的体外诊断试剂。

四、药品注册申报资料要求

中药、化学药和生物制品等药品的细化分类和相应的申报资料要求,由国家药品监督管理局根据注册药品的产品特性、创新程度和审评管理需要组织制定,并向社会公布。

境外生产药品的注册申请,按照药品的细化分类和相应的申报资料要求执行。

(一)中药注册申报资料要求

1. 行政文件和药品信息

包括:主要对于本次申请关键信息的概括与说明;按照不同章节分别提交申报资料目录;申请表,主要包括产品名称、剂型、规格、注册类别、申请事项等产品基本信息;产品信息相关材料;申请状态(如适用);加快上市注册程序申请(如适用);沟通交流会议(如适用);临床试验过程管理信息(如适用);药物警戒与风险管理(如适用);上市后研究(如适用);申请人/生产企业证明性文件;小微企业证明文件(如适用)。

2. 概要

包括以下内容:

(1)品种概况:简述药品名称和注册分类,申请阶段。

(2)药学研究资料总结报告:药学研究资料总结报告是申请人对所进行的药学研究结果的总结、分析与评价,各项内容和数据应与相应的药学研究资料保持一致,并基于不同申报阶段撰写相应的药学研究资料总结报告。

(3)药理毒理研究资料总结报告:药理毒理研究资料总结报告应是对药理学、药代动力学、毒理学研究的综合性和关键性评价;应对药理毒理试验策略进行讨论并说明理由;应说明所提交试验的 GLP 依从性。

(4)临床研究资料总结报告:主要包括中医药理论或研究背景、人用经验、临床试验资料综述、临床价值评估、参考文献等内容。

(5)综合分析与评价:根据研究结果,结合立题依据,对安全性、有效性、质量可控性及研究工作的科学性、规范性和完整性进行综合分析与评价。

3. 药学研究资料

包括以下内容:

(1)处方药味及药材资源评估:中药处方药味包括饮片、提取物等;药材资源评估内容及其评估结论的有关要求见相关技术指导原则;提供有关的参考文献,必要时应提供全文。

(2)饮片炮制:明确饮片炮制方法,提供饮片炮制加工依据及详细工艺参数。按《古代经典名方目录》管理的中药复方制剂所用饮片的炮制方法应与国家发布的古代经典名方关键信息一致。申请上市许可时,应说明药物研发各阶段饮片炮制方法的一致性,必要时提供相关研究资料。提供有关的参考文献,必要时应提供全文。

(3)制备工艺:剂型及原辅料情况;制备工艺研究资料;中试和生产工艺验证;试验用样品制备情况;生产工艺资料(适用于上市许可申请);提供有关的参考文献,必要时应提供全文。

(4)制剂质量与质量标准研究:化学成分研究的文献资料或试验资料;质量研究工作的试验资料及文献资料;药品质量标准草案及起草说明,并提供药品标准物质及有关资料。境外生产药品提供的质量标准的中文本须按照中国国家药品标准或药品注册标准的格式整理报送；样品检验报告；提供有关的参考文献，必要时应提供全文。

（5）稳定性：总结稳定性研究的样品情况、考察条件、考察指标和考察结果，并拟定贮存条件和有效期；稳定性研究数据及图谱；直接接触药品的包装材料和容器的选择；药品上市后的稳定性研究方案及承诺（适用于上市许可申请）；后续稳定性研究方案。

4. 药理毒理研究资料

申请人应基于不同申报阶段的要求提供相应药理学、毒理学研究资料。非临床安全性评价研究应当在经过 GLP 认证的机构开展。

包括以下内容：

（1）药理学研究资料：药理学研究是通过动物或体外、离体试验来获得非临床有效性信息，包括药效学作用及其特点、药物作用机制等。药理学申报资料应列出试验设计思路、试验实施过程、试验结果及评价。

（2）药代动力学研究资料：非临床药代动力学研究是通过体外和动物体内的研究方法，揭示药物在体内的动态变化规律，获得药物的基本药代动力学参数，阐明药物的吸收、分布、代谢和排泄的过程和特征。

（3）毒理学研究资料：毒理学研究包括单次给药毒性试验，重复给药毒性试验，遗传毒性试验，生殖毒性试验，致癌性试验，依赖性试验，刺激性、过敏性、溶血性等与局部、全身给药相关的制剂安全性试验，其他毒性试验等。

5. 临床研究资料

包括以下内容：

（1）中药创新药临床研究资料：中药创新药分为处方组成符合中医药理论、具有人用经验的创新药和其他来源的创新药两种情况，临床研究资料要求不同。

处方组成符合中医药理论、具有人用经验的创新药临床研究资料主要包括中医药理论资料、临床试验和人用经验资料。

其他来源的创新药临床研究资料主要包括研究背景资料和临床试验资料。

（2）中药改良型新药临床研究资料：包括研究背景、临床试验、临床价值评估等资料。

（3）古代经典名方中药复方制剂临床研究资料：按《古代经典名方目录》管理的中药复方制剂，提供药品说明书起草说明及依据，说明药品说明书中临床相关项草拟的内容及其依据。

其他来源于古代经典名方的中药复方制剂，提供古代经典名方的处方来源及历史沿革、处方组成、功能主治、用法用量、中医药理论论述；基于古代经典名方加减化裁的中药复方制剂，还应提供加减化裁的理由及依据、处方合理性评价、处方安全性分析；人用经验；临床价值评估；药品说明书起草说明及依据。

（4）同名同方药临床研究资料：包括研究背景，提供对照同名同方药选择的合理性依据；临床试验资料；临床试验期间的变更资料。

（二）化学药品注册申报资料要求

（1）申请人提出药物临床试验、药品上市注册及化学原料药申请，应按照国家药品监管部门公布的相关技术指导原则的有关要求开展研究，并按照现行版《M4：人用药物注册申请通用技术文档（common technical document，CTD）》格式编号及项目顺序整理并提交申报资料。不适用的项目可合理缺项，但应标明不适用并说明理由。

（2）申请人在完成临床试验提出药品上市注册申请时，应在CTD基础上提交电子临床试验数据库。数据库格式以及相关文件等具体要求见临床试验数据递交相关指导原则。

（3）国家药品监督管理局药品审评中心将根据药品审评工作需要，结合ICH技术指导原则修订情况，及时更新CTD文件并在中心网站发布。

（三）生物制品注册申报资料要求

对生物制品临床试验申请及上市注册申请，申请人应当按照《M4：人用药物注册申请通用技术文档》撰写申报资料。

申报资料具体内容除应符合CTD格式要求外，还应符合不断更新的相关法规及技术指导原则的要求。根据药品的研发规律，在申报的不同阶段，药学研究，包括工艺和质量控制是逐步递进和完善的过程。不同生物制品也各有其药学特点。如果申请人认为不必提交申报资料要求的某项或某些研究，应标明不适用，并提出充分依据。

五、《药品注册管理办法》的主要内容简介

我国现行的《药品注册管理办法》是国家市场监督管理总局2020年1月22日颁布的，共10章126条，自2020年7月1日起施行。

第一章总则。明确了药品注册的定义；规定了药品分类注册管理要求；明确了主管全国药品审评审批、注册检验和监督管理工作的执法主体和本办法的适用范围；明确了研制新药的导向；强调了药品注册管理遵循公开、公平、公正原则，以临床价值为导向，鼓励研究和创制新药，积极推动仿制药发展；特别提出了药品注册审评审批制度的改革与优化。

第二章基本制度和要求。明确了以下事项：①从事药物研制和药品注册活动，应当遵守有关法律、法规、规章、标准和规范；参照相关技术指导原则，采用其他评价方法和技术的，应当证明其科学性、适用性；应当保证全过程信息真实、准确、完整和可追溯。②申请人在申请药品上市注册前，应当完成药学、药理毒理学和药物临床试验等相关研究工作。③变更原药品注册批准证明文件及其附件所载明的事项或者内容的，申请人应当按照规定，参照相关技术指导原则，对药品变更进行充分研究和验证，充分评估变更可能对药品安全性、有效性和质量可控性的影响，按照变更程序提出补充申请、备案或者报告。④药品注册证书有效期为五年，药品注册证书有效期内持有人应当持续保证上市药品的安全性、有效性和质量可控性，并在有效期届满前六个月申请药品再注册。⑤建立药品加快上市注册制度，支持以临床价值为导向的药物创新。⑥建立化学原料药、辅料及直接接触药品的包装材料和容器关联审评审批制度。⑦处方药和非处方药实行分类注册和转换管理。⑧药品审评中心等专业技术机构根据工作需要建立专家咨询制度，成立专家咨询委员会，在审评、核查、检验、通用名称核准等过程中就重大问题听取专家意见，充分发挥专家的技术支撑作用。⑨建立收载新批准上市以及通过仿制药质量和疗效一致性评价的化学药品目录集。⑩支持中药传承和创新，建立和完善符合中药特点的注册管理制度和技术评价体系，鼓励运用现代科学技术和传统研究方法研制中药。

第三章药物上市注册。明确了药物临床试验、药品上市许可、关联审评审批、药品注册核查、药品注册检验的相关规定。

第四章药品加快上市注册程序。规定了突破性治疗药物程序、附条件批准程序、优先审评审批程序和特别审评审批程序，并明确了各程序适用的条件和相关的政策支持。

第五章药品上市后变更和再注册。明确了以下事项：①药品上市后研究的相关规定；②药品上市后变更的分类管理；③药品上市后变更的适用范围和相关规定；④药品再注册的相关规定和不予以再注册的情形。

第六章受理、撤回申请、审批决定和争议解决。规定了以下事项：①决定是否受理的几种情况；②药品注册申请受理后补充材料的相关规定；③提出撤回申请的相关规定；④药品注册申请予以批准和不予批准的几种情形。

第七章工作时限。规定了药品注册的受理、审评、核查、检验、审批等工作的最长时间。

第八章监督管理。规定了国家药品监督管理局各部门及相关机构药品注册监督管理的工作内容与职责。

第九章法律责任。明确了各种违法行为的处理办法。

第十章附则。对特殊管理规定药品的注册申请、出口疫苗的标准、拟申报注册的药械组合产品、药品批准文号格式作出了规定。

第四节　药物发现及其临床前研究

一、药物发现

（一）药物发现的含义

药物发现环节是药物研发活动的开始，具有探索性和创新性的性质，旨在找到并确定针对某一疾病具有活性的先导化合物。药物发现包括疾病选择、靶点选择、苗头化合物识别、先导化合物的确定及优化、候选药物选择等主要内容。药物发现过程涉及临床医学、生物学、化学、药学、计算机等学科。

（二）药物发现的步骤及其内容

药物发现的步骤可以简单概括为疾病选择→靶点选择→苗头化合物识别→先导化合物的确定及优化→候选药物选择。

1. 疾病选择

疾病的选择是药物发现的导向，通常要做疾病研究和临床调查，确定针对哪一类疾病设计药物可以带来良好的经济效益和社会效益。

2. 靶点选择

需要攻克的疾病被确定下来之后，就要研究该疾病的发生机理，最后确定靶点。简单地理解，靶点就是那些可以被药物识别的生化结构，通常是蛋白质（包括离子通道）、核酸等。靶点选择是一个很关键的过程，需要考虑选择的靶点是否可以干预疾病的发展、是否安全、是否具备成药性。

3. 苗头化合物识别

苗头化合物是指对特定靶点或作用环节具有一定活性的化合物。苗头化合物的发现需要通过高通量筛选、人工智能筛选、从头药物设计等方法得到具有全新骨架和初步生物活性的化合物，以用于进一步的改造和修饰。

4. 先导化合物的确定及优化

从苗头化合物寻找先导化合物是药物发现中的关键一步。通过高通量筛选后的小分子苗头化合物被评估并初步优化，得到一系列先导化合物。先导化合物是一种具有药理学或生物学活性的化合物，其化学结构可被进一步优化，以提高药力、选择性，改善药物动力学性质。当初步的先导化合物被确定之后，就要在此基础上开始设计候选药物，即先导化合物优化。

5. 候选药物选择

候选药物是一个从先导化合物系列中优选的可以进行系统的临床前研究并进入临床试验的活性化合物。当候选药物被发现之后，就可以将候选药物送去进行临床试验了。在经过临床前动物试验和Ⅲ期临床试验之后，还要等待漫长的管理部门的批复和注册，一款新药才能最终量产上市。

（三）药物发现的管理策略

药物发现处于新药研发早期，是一项创新程度、偶然性极高的科研活动，失败率很高，需要多学科的高水平科研团队参与，资金投入巨大，通常由高等院校或科研院所进行大量的基础性研究，研发经费来源主要依靠政府资助或制药公司的资金投入。

药物发现的管理策略主要在于应用新技术和新方法，提高药物发现效率和精准性。

随着分子生物学、结构生物学、化学合成、人工智能等相关学科的快速发展，小分子药物发现进入基于靶点的药物设计时代。科研人员能够基于某个靶点进行高通量筛选，获得小分子和靶蛋白的复合晶体结构，在计算机辅助下进行合理优化，使得药物的研发变得清晰明了。而高通量筛选（high throughput screening，HTS）、虚拟筛选（virtual screening）、基于结构的药物设计（structure-based drug design，SBDD）以及基于片段的药物设计（fragment-based drug discovery，FBDD）逐渐成为小分子药物研发的常见技术，这些技术取得了很大的成功，至今仍然在不断丰富和发展中。此外，DNA编码化合物库技术、基因编码技术和人工智能技术等新技术的运用，都将在小分子药物发现中发挥重要作用，提高小分子药物研发效率、成功率与竞争力。

药物研发是一个复杂的系统工程，任何一个药物的最终成功都经历了多轮的"试错"过程，先进的药物设计技术和策略只能为创新药物的研发提供有力的工具。在实际应用过程中，针对不同的药物靶标特点采用与其相匹配的设计策略，并在设计过程中尽可能兼顾分子的多种属性将会在提高药物研发成功率中起到更加关键的作用。

二、药物临床前研究

为申请药品注册而进行的药物临床前研究，包括药物的合成工艺、提取方法、理化性质及纯度、剂型选择、处方筛选、制备工艺、检验方法、质量指标、稳定性、药理学、毒理学、动物药代动力学研究等。中药制剂还包括原药材的来源、加工及炮制等的研究；生物制品还包括菌毒种、细胞株、生物组织等起始原材料的来源、质量标准、保存条件、生物学特征、遗传稳定性及免疫学的研究等。

药物临床前研究中的安全性评价研究必须执行《药物非临床研究质量管理规范》。

（一）文献研究

通过充分的文献研究以保证研究计划的创新性，避免劳而无功的重复性研究。新药研发选题应是在国内外用药需求的社会调研与有关文献及信息调研的基础上，参照下列原则选择新药品种：①市场前景好，在新药疗效、安全性或使用方法及用药覆盖面等方面有独特之处，并具备开发前景。②所用原料及化学试剂国内均能自给，临床用药剂量小，合成技术水平高；中药制剂还要考虑中药材资源的可持续利用。③专利或行政保护即将到期，或是未在我国申请专利保护，不侵犯知识产权者。④适合企业产品结构，能够形成系列产品结构，发挥合力。

（二）药学研究

药学研究包括候选药物的合成工艺、提取方法、理化性质及纯度、剂型选择、处方筛选、制备工艺、检验方法、质量指标、稳定性考察等。中药制剂包括原药材的来源、加工及炮制等；生物制品包括菌毒种、细胞株、生物组织等起始材料的质量标准、保存条件、遗传稳定的研究等。

1. 新药的药物化学研究

药物化学研究是新药研究的首要任务，包括药物的理化性质、工艺流程等项研究。

（1）理化性质研究：①性状，包括药物的色、味、嗅、外观等；②分子式、结构式、或组分的确定；③理化常数，包括溶解度、解离度、pH等。

（2）工艺流程研究：新药的制备工艺流程应尽可能选择工艺简单、原材料易得、设备要求不高且经济实用、产品安全性和有效性好、获利较大；尽可能避免使用有毒物质和高温高压的工艺操作流程。改变生产工艺时，必须重新报批，并提供确切的理由和实验数据。

2. 新药质量标准的研究

药品标准应力求确保药品安全有效，结合实验研究、临床实践和生产实际制定。要从生产流程中摸清影响质量的因素，当生产工艺路线改变，所用试剂、原辅材料改变时，药品质量标准要重新修订。

3. 新药的剂型研究

药物效用不仅取决于其化学结构，药物的剂型是影响药物的安全性、有效性的重要因素。新药剂型选择取决于其作用部位、药物性质、生物利用度、药物作用和持续时间、给药途径等因素。

4. 新药的稳定性试验研究

药物的稳定性是指在一定的储存条件下（温度、湿度、光线等）其保持安全性和有效性的能力。稳定性试验包括影响因素试验、加速试验、长期试验及药品上市后的稳定性研究。药物稳定性试验研究的主要目的是确定药物的有效期。

如果药物的稳定性差，其质量容易发生变化，不仅有可能使药效降低，还有可能增加毒副作用。

稳定性试验研究是药品质量控制研究的基本内容，与药品标准的建立紧密相关。稳定性试验研究具有阶段性特点，贯穿药品研究开发的全过程。

（三）药理学、毒理学研究

药理学、毒理学研究包括药效学研究、作用机制研究、药代动力学研究，还包括一般药理学、急性毒性、长期毒性及特殊毒理研究等。研究的目的是系统评价新的候选药物，确定其是否符合进入临床试验的要求。

1. 新药的药理学研究

新药的药理学研究包括药效学研究和药代动力学研究。

（1）药效学研究主要内容是指对该新药基本药理作用的观测和对其作用机理的探讨。它包括主要药效研究、一般药理研究和有关复方制剂的研究3个方面。

（2）药物代谢动力学研究主要研究机体（病原体）对药物的反作用，即药物在体内的量变规律，包括机体对药物的吸收速率、吸收程度，药物在体内重要器官的分布、维持情况以及代谢、排泄的速率和程度、血药浓度等。药代动力学研究的目的在于为临床药代动力学研究提供药品的生物利用度、体内半衰期、血药浓度、特殊亲和作用、蓄积作用等资料。

2. 新药的毒理学研究

新药的毒理学研究主要包括以下内容：

（1）全身用药的毒性试验包括：①急性毒性试验；②长期毒性试验。

（2）局部用药的毒性试验包括：①皮肤用药；②滴鼻剂和吸入剂；③滴眼剂；④局部作用于直肠、阴道的制剂。

（3）特殊毒理研究包括：①致突变试验；②生殖毒性试验；③致癌试验。

（4）药物依赖性试验。需要做药物依赖性试验情况：①与已知人体对其有依赖性作用的药物的化学结构有关的新药；②作用于中枢神经系统的新药如镇痛药、抑制药、兴奋药。

3. 新药评价

主要是对新药的安全性和有效性进行评价，是新药审批的基础和依据。

三、《药物非临床研究质量管理规范》

《药物非临床研究质量管理规范》(Good Laboratory Practice for Non-clinical Laboratory Studies，GLP)。GLP已成为国与国之间互认新药的一种规范，是申请药品注册而进行的药物非临床安全性评价研究必须遵守的规则。

我国现行的《药物非临床研究质量管理规范》是国家食品药品监督管理总局2017年6月20日颁布，共12章50条，自2017年9月1日起施行。

（一）主要内容

第一章总则。明确了制定《药物非临床研究质量管理规范》目的、依据和适用范围，阐明了药物非临床安全性评价研究的重要性，强调了药物非临床安全性评价研究是药物研发的基础性工作，应当确保行为规范、数据真实、准确、完整。

第二章术语及其定义。对规范中出现的重要术语给出了定义。

第三章组织机构和人员。规定了研究机构的工作人员应当符合的要求、机构负责人应当履行的职责、质量保证人员的职责、专题负责人的职责。

第四章设施。研究机构应当根据所从事的非临床安全性评价研究的需要建立相应的设施，并确保设施的环境条件满足工作需要。规定了以下事项：①研究机构应具备能够满足研究需要的动物设施；②动物设施、与受试物和对照品相关的设施应当符合的要求。

第五章仪器设备和实验材料。具体内容包括：①要求研究机构应配备相应的仪器设备，并有完善的管理制度，确保其性能稳定可靠；②对实验用的受试物和对照品的使用和管理作了具体明确的要求；③对实验室的试剂和溶液作了要求。

第六章实验系统。具体内容包括：①对实验动物的管理提出了要求；②对实验动物以外的其他试验系统的各项信息的记录、保存、操作和使用等作了要求。

第七章标准操作规程。具体内容包括：①列举出了各项需要制定的标准操作规程；②对标准操作规程的制定等作了相关规定。

第八章研究工作的实施。规定了以下事项：①研究过程中的相关要求；②实验方案的主要内容；③进行病理学同行评议工作的要求；④总结报告的要求和主要内容。

第九章质量保证。具体内容包括：①对质量保证部门及其工作人员提出了要求；②质量保证检查的三种类型；③质量保证声明相关规定。

第十章资料档案。规定了以下事项：①资料档案保管相关要求；②档案保存期限相关要求。

第十一章委托方。规定了委托方应当承担的责任。

第十二章附则。明确了本规范自2017年9月1日起施行。

（二）相关术语及其定义

（1）非临床研究质量管理规范，指有关非临床安全性评价研究机构运行管理和非临床安全性评价研究项目试验方案设计、组织实施、执行、检查、记录、存档和报告等全过程的质量管理要求。

（2）非临床安全性评价研究，指为评价药物安全性，在实验室条件下用实验系统进行的试验，包括安全药理学试验、单次给药毒性试验、重复给药毒性试验、生殖毒性试验、遗传毒性试验、致癌性试验、局部毒性试验、免疫原性试验、依赖性试验、毒物代谢动力学试验以及与评价药物安全性有关的其他试验。

（3）多场所研究，指在不同研究机构或者同一研究机构中不同场所内共同实施完成的研究项目。该类研究项目只有一个试验方案、专题负责人，形成一个总结报告，专题负责人和实验系统所处的研究机构或者场所为"主研究场所"，其他负责实施研究工作的研究机构或者场所为"分研究场所"。

（4）标准操作规程，指描述研究机构运行管理以及试验操作的程序性文件。

（5）实验系统，指用于非临床安全性评价研究的动物、植物、微生物以及器官、组织、细胞、基因等。

（6）原始数据，指在第一时间获得的，记载研究工作的原始记录和有关文书或者材料，或者经核实的副本，包括工作记录、各种照片、缩微胶片、计算机打印资料、磁性载体、仪器设备记录的数据等。

（7）电子数据，指任何以电子形式表现的文本、图表、数据、声音、图像等信息，由计算机化系统来完成其建立、修改、备份、维护、归档、检索或者分发。

（8）稽查轨迹，指按照时间顺序对系统活动进行连续记录，该记录足以重建、回顾、检查系统活动的过程，以便于掌握可能影响最终结果的活动及操作环境的改变。

(9) 同行评议，指为保证数据质量而采用的一种复核程序，由同一领域的其他专家学者对研究者的研究计划或者结果进行评审。

第五节 药物临床研究

一、药物临床研究内容

药物临床试验是药物研究开发的重要内容和关键环节，受试者的权益和安全是考虑的首要因素，必须经国家药品监督管理局批准，且必须执行《药物临床试验质量管理规范》。

（一）药物临床试验分期

《药品注册管理办法》中将药物临床试验分为Ⅰ期临床试验、Ⅱ期临床试验、Ⅲ期临床试验、Ⅳ期临床试验以及生物等效性试验。根据药物特点和研究目的，研究内容包括临床药理学研究、探索性临床试验、确证性临床试验和上市后研究。同时受试病例数，国家已不做具体规定，需要根据具体研究开发的药品的情况以及根据国家药品监督管理局药品审评中心的相关指导原则确定。

1. Ⅰ期临床试验

Ⅰ期临床试验主要是研究人对新药的耐受性，提出初步的、安全有效的给药方案，以指导下一阶段的临床试验。具体包括：新药在一定剂量范围内的药物代谢动力学和生物利用度数据，新药在动物实验中显示的药理作用是否与人相同，确定人体对新药的局部或全身耐受情况。其原则是在最大限度地保持受试者安全的前提下，进行足够的和适当的实验室和体格检查，以取得有关该药的数据。

2. Ⅱ期临床试验

Ⅱ期临床试验是药物治疗作用初步评价阶段。其目的是初步评价药物对目标适应证患者的治疗作用和安全性，也包括为Ⅲ期临床试验研究设计和给药剂量方案的确定提供依据。此阶段的研究设计可以根据具体的研究目的，采用多种形式，包括随机盲法对照临床试验。

3. Ⅲ期临床试验

Ⅲ期临床试验是药物治疗作用确证阶段。其目的是进一步验证药物对目标适应证患者的治疗作用和安全性，评价利益与风险关系，分为多中心研究，在多个地方进行。最终为药物注册申请的审查提供充分的依据。试验一般应为具有足够样本量的随机盲法对照试验。

4. Ⅳ期临床试验

Ⅳ期临床试验为新药上市后由申请人进行的应用研究阶段。其目的是考察在广泛使用条件下的药物的疗效和不良反应、评价在普通或者特殊人群中使用的利益与风险关系以及改进给药剂量等。Ⅳ期临床试验虽为开放试验，但有关病例入选标准、排除标准、退出标准、疗效评价标准、不良反应评价标准、判定疗效与不良反应的各项观察指标等都可参考Ⅱ期临床试验的设计要求。

5. 生物等效性试验

生物等效性试验是指用生物利用度研究的方法，以药代动力学参数为指标，比较同一种药物的相同或者不同剂型的制剂,在相同的试验条件下,其活性成份吸收程度和速度有无统计学差异的人体试验,试验对象为健康志愿者,一般要求18～24例。根据药物特点和研究目的,研究内容包括临床药理学研究、探索性临床试验、确证性临床试验和上市后研究。生物等效性试验应当在药品审评中心备案,并依照备案的申请流程与工作开展。

(二)药物临床试验的基本要求

(1) 开展药物临床试验,应当按照国务院药品监督管理部门的规定如实报送研制方法、质量指标、药理及毒理试验结果等有关数据、资料和样品,经国务院药品监督管理部门批准。国务院药品监督管理部门应当自受理临床试验申请之日起六十个工作日内决定是否同意并通知临床试验申办者,逾期未通知的,视为同意。其中,开展生物等效性试验的,报国务院药品监督管理部门备案。

(2) 开展药物临床试验,应当在具备相应条件的临床试验机构进行。药物临床试验机构实行备案管理。

(3) 开展药物临床试验,应当符合伦理原则,制定临床试验方案,经伦理委员会审查同意。伦理委员会应当建立伦理审查工作制度,保证伦理审查过程独立、客观、公正,监督规范开展药物临床试验,保障受试者合法权益,维护社会公共利益。

(4) 实施药物临床试验,应当向受试者或者其监护人如实说明和解释临床试验的目的和风险等详细情况,取得受试者或者其监护人自愿签署的知情同意书,并采取有效措施保护受试者合法权益。

(5) 药物临床试验期间,发现存在安全性问题或者其他风险的,临床试验申办者应当及时调整临床试验方案、暂停或者终止临床试验,并向国务院药品监督管理部门报告。必要时,国务院药品监督管理部门可以责令调整临床试验方案、暂停或者终止临床试验。

(6) 对正在开展临床试验的用于治疗严重危及生命且尚无有效治疗手段的疾病的药物,经医学观察可能获益,并且符合伦理原则的,经审查、知情同意后可以在开展临床试验的机构内用于其他病情相同的患者。

二、《药物临床试验质量管理规范》

《药物临床试验质量管理规范》(Good Clinical Practice,GCP)是药物临床试验必须遵守的管理规范,是国际公认的临床试验的标准。

我国现行的《药物临床试验质量管理规范》是国家药品监督管理局和国家卫生健康委员会2020年4月27日颁布的,共9章83条,自2020年7月1日起施行。

(一)主要内容

第一章总则。明确了制定该规范的目的、依据和该规范的适应范围以及包括的内容。药物临床试验必须符合《世界医学大会赫尔辛基宣言》原则及相关伦理要求,受试者的权益和安全是考虑的首要因素,优先于对科学和社会的获益。伦理审查与知情同意是保障受试者权益的重要措施。规定了临床试验的相关要求。

第二章术语及其定义。对规范中出现的重要术语给出了定义。

第三章伦理委员会。规定了以下事项:①伦理委员会的职责;②伦理委员会组成和运行应当符合的要求;③伦理委员会应当建立并执行的书面文件;④伦理委员会应当保留伦理审查的全部记录。

第四章研究者。规定了负责临床试验的研究者和临床研究机构应具备的条件、职责和工作程序。

第五章申办者。规定了申办者和监查员的职责；对临床试验的稽查作了要求。

第六章试验方案。规定了试验方案通常包括基本信息、研究背景资料、试验目的、试验设计、实施方式等内容及相关要求。

第七章研究者手册。规定了研究者手册的定义、目的和应当包含的内容。

第八章必备文件管理。规定了以下事项：①必备文件的定义；②保存临床必备文件的设备条件；③必备文件的保存时限等。

第九章附则。明确了该规范自 2020 年 7 月 1 日施行。

（二）相关术语及其定义

（1）临床试验，是指以人体（患者或健康受试者）为对象的试验，意在发现或验证某种试验药物的临床医学、药理学以及其他药效学作用、不良反应，或者试验药物的吸收、分布、代谢和排泄，以确定药物的疗效与安全性的系统性试验。

（2）独立的数据监查委员会，指由申办者设立的独立的数据监查委员会，定期对临床试验的进展、安全性数据和重要的有效性终点进行评估，并向申办者建议是否继续、调整或者停止试验。

（3）伦理委员会，是指由医学、药学及其他背景人员组成的委员会，其职责是通过独立地审查、同意、跟踪审查试验方案及相关文件、获得和记录受试者知情同意所用的方法和材料等，确保受试者的权益、安全受到保护。

（4）合同研究组织，是指通过签订合同授权，执行申办者或者研究者在临床试验中的某些职责和任务的单位。

（5）知情同意，是指受试者被告知可影响其做出参加临床试验决定的各方面情况后，确认同意自愿参加临床试验的过程。该过程应当以书面的、签署姓名和日期的知情同意书作为文件证明。

（6）稽查，是指对临床试验相关活动和文件进行系统的、独立的检查，以评估确定临床试验相关活动的实施、试验数据的记录、分析和报告是否符合试验方案、标准操作规程和相关法律、法规的要求。

（7）试验方案，是指说明临床试验目的、设计、方法学、统计学考虑和组织实施的文件。试验方案通常还应当包括临床试验的背景和理论基础，该内容也可以在其他参考文件中给出。试验方案包括方案及其修订版。

（8）不良事件，是指受试者接受试验用药品后出现的所有不良医学事件，可以表现为症状体征、疾病或者实验室检查异常，但不一定与试验用药品有因果关系。

（9）严重不良事件，是指受试者接受试验用药品后出现死亡、危及生命、永久或者严重的残疾或者功能丧失、受试者需要住院治疗或者延长住院时间，以及先天性异常或者出生缺陷等不良医学事件。

（10）药物不良反应，是指临床试验中发生的任何与试验用药品可能有关的对人体有害或者非期望的反应。试验用药品与不良事件之间的因果关系至少有一个合理的可能性，即不能排除相关性。

（11）可疑且非预期严重不良反应，是指临床表现的性质和严重程度超出了试验药物研究者手册、已上市药品的说明书或者产品特性摘要等已有资料信息的可疑并且非预期的严重不良反应。

(12) 源文件，是指临床试验中产生的原始记录、文件和数据，如医院病历、医学图像、实验室记录、备忘录、受试者日记或者评估表、发药记录、仪器自动记录的数据、缩微胶片、照相底片、磁介质、X线片、受试者文件，药房、实验室和医技部门保存的临床试验相关的文件和记录，包括核证副本等。源文件包括源数据，可以以纸质或者电子等形式的载体存在。

(13) 源数据，是指临床试验中的原始记录或者核证副本上记载的所有信息，包括临床发现、观测结果以及用于重建和评价临床试验所需要的其他相关活动记录。

(14) 设盲，是指临床试验中使一方或者多方不知道受试者治疗分配的程序。单盲一般指受试者不知道，双盲一般指受试者、研究者、监查员以及数据分析人员均不知道治疗分配。

第六节　药品注册的审评审批

一、新药研制和注册的政策导向

（一）强调临床价值

国家支持以临床价值为导向、对人的疾病具有明确或者特殊疗效的药物创新，鼓励具有新的治疗机理、治疗严重危及生命的疾病或者罕见病、对人体具有多靶向系统性调节干预功能等的新药研制，推动药品技术进步。

（二）鼓励中药传承创新

国家鼓励运用现代科学技术和传统中药研究方法开展中药科学技术研究和药物开发，建立和完善符合中药特点的技术评价体系，促进中药传承创新。

（三）鼓励儿童用药品的研制和创新

国家采取有效措施，鼓励儿童用药品的研制和创新，支持开发符合儿童生理特征的儿童用药品新品种、剂型和规格，对儿童用药品予以优先审评审批。

（四）保证全过程规范合法

从事药品研制活动，应当遵守《药物非临床研究质量管理规范》《药物临床试验质量管理规范》，保证药品研制全过程持续符合法定要求。

二、药品加快上市注册制度

国家药品监督管理局建立药品加快上市注册制度，支持以临床价值为导向的药物创新。对符合条件的药品注册申请，申请人可以申请适用突破性治疗药物、附条件批准、优先审评审批及特别审批程序。在药品研制和注册过程中，药品监督管理部门及其专业技术机构给予必要的技术指导、沟通交流、优先配置资源、缩短审评时限等政策和技术支持。

（一）突破性治疗药物程序

药物临床试验期间，用于防治严重危及生命或者严重影响生存质量的疾病，且尚无有效防治手段或者与现有治疗手段相比有足够证据表明具有明显临床优势的创新药或者改良型新药等,申请人可以申请适用突破性治疗药物程序。

申请适用突破性治疗药物程序的,申请人应当向药品审评中心提出申请。符合条件的,药品审评中心按照程序公示后纳入突破性治疗药物程序。

对纳入突破性治疗药物程序的药物临床试验,给予两方面政策支持:一是申请人可以在药物临床试验的关键阶段向药品审评中心提出沟通交流申请,药品审评中心安排审评人员进行沟通交流;二是申请人可以将阶段性研究资料提交药品审评中心,药品审评中心基于已有研究资料,对下一步研究方案提出意见或者建议,并反馈给申请人。

对纳入突破性治疗药物程序的药物临床试验,申请人发现不再符合纳入条件时,应当及时向药品审评中心提出终止突破性治疗药物程序。药品审评中心发现不再符合纳入条件的,应当及时终止该品种的突破性治疗药物程序,并告知申请人。

(二)附条件批准程序

药物临床试验期间,符合以下情形的药品,可以申请附条件批准:

(1)治疗严重危及生命且尚无有效治疗手段的疾病的药品,药物临床试验已有数据证实疗效并能预测其临床价值的。

(2)公共卫生方面急需的药品,药物临床试验已有数据显示疗效并能预测其临床价值的。

(3)应对重大突发公共卫生事件急需的疫苗或者国家卫生健康委员会认定急需的其他疫苗,经评估获益大于风险的。

申请附条件批准的,申请人应当就附条件批准上市的条件和上市后继续完成的研究工作等与药品审评中心沟通交流,经沟通交流确认后提出药品上市许可申请。

经审评,符合附条件批准要求的,在药品注册证书中载明附条件批准药品注册证书的有效期、上市后需要继续完成的研究工作及完成时限等相关事项。

审评过程中,发现纳入附条件批准程序的药品注册申请不能满足附条件批准条件的,药品审评中心应当终止该品种附条件批准程序,并告知申请人按照正常程序研究申报。

对附条件批准的药品,持有人应当在药品上市后采取相应的风险管理措施,并在规定期限内按照要求完成药物临床试验等相关研究,以补充申请方式申报。

对批准疫苗注册申请时提出进一步研究要求的,疫苗持有人应当在规定期限内完成研究。

对附条件批准的药品,持有人逾期未按照要求完成研究或者不能证明其获益大于风险的,国家药品监督管理局应当依法处理,直至注销药品注册证书。

(三)优先审评审批程序

1. 申请

药品上市许可申请时,以下具有明显临床价值的药品,可以申请适用优先审评审批程序:

(1)临床急需的短缺药品、防治重大传染病和罕见病等疾病的创新药和改良型新药。

(2)符合儿童生理特征的儿童用药品新品种、剂型和规格。

(3)疾病预防、控制急需的疫苗和创新疫苗。

(4)纳入突破性治疗药物程序的药品。

(5) 符合附条件批准的药品。
(6) 国家药品监督管理局规定其他优先审评审批的情形。

申请人在提出药品上市许可申请前,应当与药品审评中心沟通交流,经沟通交流确认后,在提出药品上市许可申请的同时,向药品审评中心提出优先审评审批申请。符合条件的,药品审评中心按照程序公示后纳入优先审评审批程序。

2. 政策支持

对纳入优先审评审批程序的药品上市许可申请,给予以下政策支持:
(1) 药品上市许可申请的审评时限为一百三十日。
(2) 临床急需的境外已上市境内未上市的罕见病药品,审评时限为七十日。
(3) 需要核查、检验和核准药品通用名称的,予以优先安排。
(4) 经沟通交流确认后,可以补充提交技术资料。

3. 终止

审评过程中,发现纳入优先审评审批程序的药品注册申请不能满足优先审评审批条件的,药品审评中心应当终止该品种优先审评审批程序,按照正常审评程序审评,并告知申请人。

(四) 特别审批程序

在发生突发公共卫生事件的威胁时以及突发公共卫生事件发生后,国家药品监督管理局可以依法决定对突发公共卫生事件应急所需防治药品实行特别审批。

对实施特别审批的药品注册申请,国家药品监督管理局按照统一指挥、早期介入、快速高效、科学审批的原则,组织加快并同步开展药品注册受理、审评、核查、检验工作。特别审批的情形、程序、时限、要求等按照药品特别审批程序规定执行。

对纳入特别审批程序的药品,可以根据疾病防控的特定需要,限定其在一定期限和范围内使用。

对纳入特别审批程序的药品,发现其不再符合纳入条件的,应当终止该药品的特别审批程序,并告知申请人。

三、药物临床试验的审批

申请人完成支持药物临床试验的药学、药理学、毒理学等研究后,提出药物临床试验申请的,应当按照申报资料要求提交相关研究资料。经形式审查,申报资料符合要求的,予以受理。

药品审评中心应当组织药学、医学和其他技术人员对已受理的药物临床试验申请进行审评。对药物临床试验申请应当自受理之日起六十日内决定是否同意开展,并通过药品审评中心网站通知申请人审批结果;逾期未通知的,视为同意,申请人可以按照提交的方案开展药物临床试验。

四、药品上市许可的审批

申请人在完成支持上市注册的药学、药理学、毒理学和药物临床试验等研究,确定质量标准,完成商业规模生产工艺验证,并做好接受药品注册核查检验的准备后,提出药品上市许可申请，按照申报资料要求提交相关研究资料。经对申报资料进行形式审查，符合要求的，予以受理。

药品审评中心组织药学、医学和其他技术人员，按要求对已受理的药品上市许可申请进行审评。

审评过程中基于风险启动药品注册核查、检验，相关技术机构应当在规定时限内完成核查、检验工作。

药品审评中心根据药品注册申报资料、核查结果、检验结果等，对药品的安全性、有效性和质量可控性等进行综合审评，非处方药还应当转药品评价中心进行非处方药适宜性审查。

综合审评结论通过的，批准药品上市，发给药品注册证书。综合审评结论不通过的，作出不予批准决定。药品注册证书载明药品批准文号、持有人、生产企业等信息。非处方药的药品注册证书还应当注明非处方药类别。

经核准的药品生产工艺、质量标准、说明书和标签作为药品注册证书的附件一并发给申请人，必要时还应当附药品上市后研究要求。上述信息纳入药品品种档案，并根据上市后变更情况及时更新。

药品批准上市后，持有人应当按照国家药品监督管理局核准的生产工艺和质量标准生产药品，并按照《药品生产质量管理规范》要求进行细化和实施。

药品上市许可申请审评期间，发生可能影响药品安全性、有效性和质量可控性的重大变更的，申请人应当撤回原注册申请，补充研究后重新申报。

申请人名称变更、注册地址名称变更等不涉及技术审评内容的，应当及时书面告知药品审评中心并提交相关证明性资料。

五、关联审评审批

药品审评中心在审评药品制剂注册申请时，对药品制剂选用的化学原料药、辅料及直接接触药品的包装材料和容器进行关联审评。

化学原料药、辅料及直接接触药品的包装材料和容器生产企业应当按照关联审评审批制度要求，在化学原料药、辅料及直接接触药品的包装材料和容器登记平台登记产品信息和研究资料。药品审评中心向社会公示登记号、产品名称、企业名称、生产地址等基本信息，供药品制剂注册申请人选择。

药品制剂申请人提出药品注册申请，可以直接选用已登记的化学原料药、辅料及直接接触药品的包装材料和容器；选用未登记的化学原料药、辅料及直接接触药品的包装材料和容器的，相关研究资料应当随药品制剂注册申请一并申报。

药品审评中心在审评药品制剂注册申请时，对药品制剂选用的化学原料药、辅料及直接接触药品的包装材料和容器进行关联审评，需补充资料的，按照补充资料程序要求药品制剂申请人或者化学原料药、辅料及直接接触药品的包装材料和容器登记企业补充资料，可以基于风险提出对化学原料药、辅料及直接接触药品的包装材料和容器企业进行延伸检查。

化学原料药、辅料及直接接触药品的包装材料和容器关联审评通过的或者单独审评审批通过的，药品审评中心在化学原料药、辅料及直接接触药品的包装材料和容器登记平台更新登记状态标识，向社会公示相关信息。其中，化学原料药同时发给化学原料药批准通知书及核准后的生产工艺、质量标准和标签，化学原料药批准通知书中载明登记号；不予批准的，发给化学原料药不予批准通知书。

未通过关联审评审批的，化学原料药、辅料及直接接触药品的包装材料和容器产品的登记状态维持不变，相关药品制剂申请不予批准。

六、药品注册核查

（一）药品注册核查概念

药品注册核查是指为核实申报资料的真实性、一致性以及药品上市商业化生产条件，检查药品研制的合规性、数据可靠性等，对研制现场和生产现场开展的核查活动，以及必要时对药品注册申请所涉及的化学原料药、辅料及直接接触药品的包装材料和容器生产企业、供应商或者其他受托机构开展的延伸检查活动。

（二）药品注册核查要求

药品审评中心根据药物创新程度、药物研究机构既往接受核查情况等，基于风险决定是否开展药品注册研制现场核查。

药品审评中心决定启动药品注册研制现场核查的，通知药品核查中心在审评期间组织实施核查，同时告知申请人。药品核查中心应当在规定时限内完成现场核查，并将核查情况、核查结论等相关材料反馈药品审评中心进行综合审评。

药品审评中心根据申报注册的品种、工艺、设施、既往接受核查情况等因素，基于风险决定是否启动药品注册生产现场核查。

对于创新药、改良型新药以及生物制品等，应当进行药品注册生产现场核查和上市前药品生产质量管理规范检查。

对于仿制药等，根据是否已获得相应生产范围药品生产许可证且已有同剂型品种上市等情况，基于风险进行药品注册生产现场核查、上市前药品生产质量管理规范检查。

药品注册申请受理后，药品审评中心应当在受理后四十日内进行初步审查，需要药品注册生产现场核查的，通知药品核查中心组织核查，提供核查所需的相关材料，同时告知申请人以及申请人或者生产企业所在地省、自治区、直辖市药品监督管理部门。药品核查中心原则上应当在审评时限届满四十日前完成核查工作，并将核查情况、核查结果等相关材料反馈至药品审评中心。

需要上市前药品生产质量管理规范检查的，由药品核查中心协调相关省、自治区、直辖市药品监督管理部门与药品注册生产现场核查同步实施。上市前药品生产质量管理规范检查的管理要求，按照《药品生产监督管理办法》的有关规定执行。

申请人应当在规定时限内接受核查。

药品审评中心在审评过程中，发现申报资料真实性存疑或者有明确线索举报等，需要现场检查核实的，应当启动有因检查，必要时进行抽样检验。

七、药品上市后变更和再注册

（一）药品上市后研究和变更

1. 持有人应当主动开展药品上市后研究，对药品的安全性、有效性和质量可控性进行进一步确证，加强对已上市药品的持续管理。

药品注册证书及附件要求持有人在药品上市后开展相关研究工作的，持有人应当在规定时限内完成并按照要求提出补充申请、备案或者报告。

药品批准上市后，持有人应当持续开展药品安全性和有效性研究，根据有关数据及时备案或者提出修订说明书的补充申请，不断更新完善说明书和标签。药品监督管理部门依职责可以根据药品不良反应监测和药品上市后评价结果等，要求持有人对说明书和标签进行修订。

2. 药品上市后的变更，按照其对药品安全性、有效性和质量可控性的风险和产生影响的程度，实行分类管理，分为审批类变更、备案类变更和报告类变更。

持有人应当按照相关规定，参照相关技术指导原则，全面评估、验证变更事项对药品安全性、有效性和质量可控性的影响，进行相应的研究工作。

药品上市后变更研究的技术指导原则，由药品审评中心制定，并向社会公布。

3. 以下变更，持有人应当以补充申请方式申报，经批准后实施：①药品生产过程中的重大变更；②药品说明书中涉及有效性内容以及增加安全性风险的其他内容的变更；③持有人转让药品上市许可；④国家药品监督管理局规定需要审批的其他变更。

4. 以下变更，持有人应当在变更实施前，报所在地省、自治区、直辖市药品监督管理部门备案：①药品生产过程中的中等变更；②药品包装标签内容的变更；③药品分包装；④国家药品监督管理局规定需要备案的其他变更。

境外生产药品发生上述变更的，应当在变更实施前报药品审评中心备案。

药品分包装备案的程序和要求，由药品审评中心制定发布。

5. 以下变更，持有人应当在年度报告中报告：①药品生产过程中的微小变更；②国家药品监督管理局规定需要报告的其他变更。

（二）药品再注册

1. 持有人应当在药品注册证书有效期届满前六个月申请再注册。境内生产药品再注册申请由持有人向其所在地省、自治区、直辖市药品监督管理部门提出，境外生产药品再注册申请由持有人向药品审评中心提出。

2. 药品再注册申请受理后，省、自治区、直辖市药品监督管理部门或者药品审评中心对持有人开展药品上市后评价和不良反应监测情况，按照药品批准证明文件和药品监督管理部门要求开展相关工作情况，以及药品批准证明文件载明信息变化情况等进行审查，符合规定的，予以再注册，发给药品再注册批准通知书。不符合规定的，不予再注册，并报请国家药品监督管理局注销药品注册证书。

3. 有下列情形之一的，不予再注册：①有效期届满未提出再注册申请的；②药品注册证书有效期内持有人不能履行持续考察药品质量、疗效和不良反应责任的；③未在规定时限内完成药品批准证明文件和药品监督管理部门要求的研究工作且无合理理由的；④经上市后评价，属于疗效不确切、不良反应大或者因其他原因危害人体健康的；⑤法律、行政法规规定的其他不予再注册情形。

对不予再注册的药品，药品注册证书有效期届满时予以注销。

八、药品注册检验与药品注册标准

（一）药品注册检验

1. 药品注册检验的概念

药品注册检验包括标准复核和样品检验。

（1）标准复核：对申请人申报药品标准中设定项目的科学性、检验方法的可行性、质控指标的合理性等进行的实验室评估。

（2）样品检验：按照申请人申报或者药品审评中心核定的药品质量标准对样品进行的实验室检验。

药品注册检验启动的原则、程序、时限等要求，由药品审评中心组织制定公布。药品注册申请受理前提出药品注册检验的具体工作程序和要求以及药品注册检验技术要求和规范，由中国食品药品检定研究院（以下简称"中检院"）制定公布。

2. 药品注册检验的管理

（1）与国家药品标准收载的同品种药品使用的检验项目和检验方法一致的，可以不进行标准复核，只进行样品检验。其他情形应当进行标准复核和样品检验。

（2）中检院或者经国家药品监督管理局指定的药品检验机构承担以下药品注册检验：①创新药；②改良型新药（中药除外）；③生物制品、放射性药品和按照药品管理的体外诊断试剂；④国家药品监督管理局规定的其他药品。

（3）境外生产药品的药品注册检验由中检院组织口岸药品检验机构实施。

（4）其他药品的注册检验，由申请人或者生产企业所在地省级药品检验机构承担。

（5）申请人完成支持药品上市的药学相关研究，确定质量标准，并完成商业规模生产工艺验证后，可以在药品注册申请受理前向中检院或者省、自治区、直辖市药品监督管理部门提出药品注册检验；申请人未在药品注册申请受理前提出药品注册检验的，在药品注册申请受理后四十日内由药品审评中心启动药品注册检验。原则上申请人在药品注册申请受理前只能提出一次药品注册检验，不得同时向多个药品检验机构提出药品注册检验。

申请人提交的药品注册检验资料应当与药品注册申报资料的相应内容一致，不得在药品注册检验过程中变更药品检验机构、样品和资料等。

（6）境内生产药品的注册申请，申请人在药品注册申请受理前提出药品注册检验的，向相关省、自治区、直辖市药品监督管理部门申请抽样，省、自治区、直辖市药品监督管理部门组织进行抽样并封签，由申请人将抽样单、样品、检验所需资料及标准物质等送至相应药品检验机构。

境外生产药品的注册申请，申请人在药品注册申请受理前提出药品注册检验的，申请人应当按规定要求抽取样品，并将样品、检验所需资料及标准物质等送至中检院。

（7）境内生产药品的注册申请，药品注册申请受理后需要药品注册检验的，药品审评中心应当在受理后四十日内向药品检验机构和申请人发出药品注册检验通知。申请人向相关省、自治区、直辖市药品监督管理部门申请抽样，省、自治区、直辖市药品监督管理部门组织进行抽样并封签，申请人应当在规定时限内将抽样单、样品、检验所需资料及标准物质等送至相应药品检验机构。

境外生产药品的注册申请，药品注册申请受理后需要药品注册检验的，申请人应当按规定要求抽取样品，并将样品、检验所需资料及标准物质等送至中检院。

（8）药品检验机构应当在五日内对申请人提交的检验用样品及资料等进行审核，作出是否接收的决定，同时告知药品审评中心。需要补正的，应当一次性告知申请人。

药品检验机构原则上应当在审评时限届满四十日前，将标准复核意见和检验报告反馈至药品审评中心。

（9）在药品审评、核查过程中，发现申报资料真实性存疑或者有明确线索举报，或者认为有必要进行样品检验的，可抽取样品进行样品检验。

审评过程中，药品审评中心可以基于风险提出质量标准单项复核。

（二）药品注册标准相关概念

1. 国家药品标准

国家药品标准是指国务院药品监督管理部门颁布的《中华人民共和国药典》（以下简称《中国药典》）和药品标准为国家药品标准，其内容包括药品质量指标、检验方法以及生产工艺等技术要求。

国务院药品监督管理部门会同国务院卫生健康主管部门组织药典委员会，负责国家药品标准的制定和修订。

列入国家药品标准的药品名称为药品通用名称。已经作为药品通用名称的，该名称不得作为药品商标使用。

2. 药品注册标准

药品注册标准是指经国家药品监督管理局核准的药品质量标准，生产该药品的药品生产企业必须执行该注册标准。

药品注册标准应当符合《中国药典》通用技术要求，不得低于《中国药典》的规定。申报注册品种的检测项目或者指标不适用《中国药典》的，申请人应当提供充分的支持性数据。

3. 药品标准物质

药品标准物质是指供药品标准中物理和化学测试及生物方法试验用，具有确定特性量值，用于校准设备、评价测量方法或者给供试药品赋值的物质，包括标准品、对照品、对照药材、参考品。

国务院药品监督管理部门设置或者指定的药品检验机构负责标定国家药品标准品、对照品。

九、药品批准文号的格式

境内生产药品批准文号格式为：国药准字 H（Z、S）＋四位年号＋四位顺序号。

中国香港、澳门和台湾地区生产药品批准文号格式为：国药准字 H（Z、S）C＋四位年号＋四位顺序号。

境外生产药品批准文号格式为：国药准字 H（Z、S）J＋四位年号＋四位顺序号。

其中，H 代表化学药，Z 代表中药，S 代表生物制品。

药品批准文号，不因上市后的注册事项的变更而改变。

中药另有规定的从其规定。

第七节　药品知识产权保护

一、实施药品知识产权保护的意义

药品知识产权主要是新药的技术发明成果，是研究者通过创造性的脑力劳动和物化性劳动取得的智力结晶。研究者作为新药技术权利人可以利用法律、法规授予的权利，控制他人对智力劳动成果的使用，这种权利依法得到社会各方的遵循和认可，从而促进技术发明创造。

药品知识产权保护有利于保护药物研究开发者的积极性，鼓励制药行业研究开发新技术；有利于打破技术封锁，通过有偿使用推动新技术的交流；有利于国际交流和技术贸易发展，实现技术资源共享。

二、药品知识产权保护的类型

（一）专利

专利是保护医药发明创造最有效的手段，凡具有新颖性、创造性、实用性的医药新产品、新材料、新物质、新工艺、新配方、新用途、新的给药途径、新的加工处理方法、新矿物、新微生物等，均可以申请产品专利、方法专利和用途专利。

（二）商标

商标是用来区分不同生产经营者的商品或者服务来源的标志，包括文字、图形、字母、数字、三维标志、颜色组合等以及上述要素的组合。商标能够代表企业的产品或服务品质特色和文化内涵，具有一定的广告宣传作用。

商标能够帮助消费者将药品或服务与药品生产经营企业联系起来，是药品生产经营企业的无形资产，是一项重要的知识产权。

（三）商业秘密

商业秘密主要是指不为公众所知悉，能为权利人带来经济利益，由医药企业拥有的市场、服务、管理、研究开发、工程设计、财务分析与投资途径、技术转让、人员客户网络等方面的保密的生产经营信息和技术信息。

（四）技术秘密

技术秘密是一种对知识产权绝对保密的保护形式，医药企业对其占有的科技成果采取各种行之有效的措施实施保密，使保密在最小范围之内，以保持一种垄断。通常又把这种技术秘密称为"技术诀窍"或专有技术，《与贸易有关的知识产权协议》中又称之为"未披露信息"，它是商业秘密的一种。

（五）著作权

著作权涉及医药领域的专著、文献、百科全书、论文、档案、资料、产品说明书、计算机软件、数据库、网络系统等作品的著作权。

三、药品的专利保护

药品专利的保护遵照我国《专利法》（2020修改）中有关规定进行。

（一）药品专利的类型

专利是受法律规范保护的发明创造。根据《专利法》的规定，专利包括发明专利、实用新型专利和外观设计专利三类，药品专利同样也包括这三种类型。

1. 发明专利

发明专利是指对产品、方法或者其改进所提出的新的技术方案。

药品发明专利包括产品发明和方法发明专利两类。

(1) 产品发明专利：是指人工制造的各种有形物品的发明。药品发明包括：①新物质，指具有一定化学结构式或物理、化学性能的单一物质。②药物组合物，指两种或两种以上元素或化合物按一定比例组成具有一定性质和用途的混合物。③生物制品、微生物及其代谢产物，可授予专利权的微生物及其代谢产物必须是经过分离成为纯培养物，并且具有特定工业用途。

(2) 方法发明专利：是指为制造产品或解决某个技术问题而研究开发出来的操作方法、制造方法以及工艺流程。药品方法发明包括：①制备和生产方法，如化合物的制备方法、组合物的制备方法、提取分离方法、纯化方法等；②用途发明，如化学物质的新的医药用途、药物的新的适应证等。

2. 实用新型专利

实用新型专利是指对产品的形状、构造或者其结合所提出的适于实用的新的技术方案。

药品的实用新型专利包括：①某些与功能相关的药物剂型、形状、结构的改变，如通过改变药品的外层结构达到延长药品疗效的技术方案；②诊断用药的试剂盒与功能有关的形状、结构的创新；③生产药品的专用设备的改进；④某些与药品功能有关的包装容器的形状、结构和开关技巧等。

3. 外观设计专利

外观设计专利是指对产品的整体或者局部的形状、图案或者其结合以及色彩与形状、图案的结合所作出的富有美感并适于工业应用的新设计。

药品的外观设计包括：①药品的外观，如便于给儿童服用的制成小动物形状的药片；②药品包装的外观，如药品的包装盒；③富有美感和特色的说明书等。

(二) 授予专利权的条件

授予专利权的发明和实用新型应当具备新颖性、创造性和实用性。

1. 新颖性

新颖性是指该发明或者实用新型不属于现有技术；也没有任何单位或者个人就同样的发明或者实用新型在申请日以前向国务院专利行政部门提出过申请，并记载在申请日以后公布的专利申请文件或者公告的专利文件中。

2. 创造性

创造性是指与现有技术相比，该发明具有突出的实质性特点和显著的进步，该实用新型具有实质性特点和进步。

3. 实用性

实用性是指该发明或者实用新型能够制造或者使用，并且能够产生积极效果。

《专利法》所称现有技术，是指申请日以前在国内外为公众所知的技术。

(三) 不授予专利权的情形

《专利法》规定，对违反法律、社会公德或者妨害公共利益的发明创造，不授予专利权。对违反法律、行政法规的规定获取或者利用遗传资源，并依赖该遗传资源完成的发明创造，不授予专利权。

此外，《专利法》规定对下列各项不授予专利权：①科学发现；②智力活动的规则和方法；③疾病的诊断和治疗方法；④动物和植物品种；⑤原子核变换方法以及用原子核变换方法获得的物质；⑥对平面印刷品的图案、色彩或者二者的结合作出的主要起标识作用的设计。

（四）专利的申请

专利权，是专利申请人就一项发明、实用新型或外观设计向国家专利行政部门提出专利申请，经依法审查合格后，由国家专利行政部门向专利申请人授予的，在规定时间内对该项发明创造享有的专有权。专利权具有独占的排他性，非专利权人要想使用他人的专利技术，必须依法征得专利权人的同意或许可。

国务院专利行政部门负责管理全国的专利工作；统一受理和审查专利申请，依法授予专利权。省、自治区、直辖市人民政府管理专利工作的部门负责本行政区域内的专利管理工作。

（1）申请发明或者实用新型专利的，应当提交请求书、说明书及其摘要和权利要求书等文件。请求书应当写明发明或者实用新型的名称，发明人的姓名，申请人姓名或者名称、地址，以及其他事项。

说明书应当对发明或者实用新型作出清楚、完整的说明，以所属技术领域的技术人员能够实现为准；必要的时候，应当有附图。摘要应当简要说明发明或者实用新型的技术要点。

权利要求书应当以说明书为依据，清楚、简要地限定要求专利保护的范围。

（2）申请外观设计专利的，应当提交请求书、该外观设计的图片或者照片以及对该外观设计的简要说明等文件。

申请人提交的有关图片或者照片应当清楚地显示要求专利保护的产品的外观设计。

（3）国务院专利行政部门收到专利申请文件之日为申请日。如果申请文件是邮寄的，以寄出的邮戳日为申请日。

（4）申请人自发明或者实用新型在外国第一次提出专利申请之日起十二个月内，或者自外观设计在外国第一次提出专利申请之日起六个月内，又在中国就相同主题提出专利申请的，依照该外国同中国签订的协议或者共同参加的国际条约，或者依照相互承认优先权的原则，可以享有优先权。

申请人自发明或者实用新型在中国第一次提出专利申请之日起十二个月内，或者自外观设计在中国第一次提出专利申请之日起六个月内，又向国务院专利行政部门就相同主题提出专利申请的，可以享有优先权。

（5）申请人要求发明、实用新型专利优先权的，应当在申请的时候提出书面声明，并且在第一次提出申请之日起十六个月内，提交第一次提出的专利申请文件的副本。

申请人要求外观设计专利优先权的，应当在申请的时候提出书面声明，并且在三个月内提交第一次提出的专利申请文件的副本。

申请人未提出书面声明或者逾期未提交专利申请文件副本的，视为未要求优先权。

（6）一件发明或者实用新型专利申请应当限于一项发明或者实用新型。属于一个总的发明构思的两项以上的发明或者实用新型，可以作为一件申请提出。

一件外观设计专利申请应当限于一项外观设计。同一产品两项以上的相似外观设计，或者用于同一类别并且成套出售或者使用的产品的两项以上外观设计，可以作为一件申请提出。

(7) 申请人可以对其专利申请文件进行修改，但是，对发明和实用新型专利申请文件的修改不得超出原说明书和权利要求书记载的范围，对外观设计专利申请文件的修改不得超出原图片或者照片表示的范围。

（五）专利申请的审查和批准

（1）国务院专利行政部门收到发明专利申请后，经初步审查认为符合《专利法》要求的，自申请日起满十八个月，即行公布。国务院专利行政部门可以根据申请人的请求早日公布其申请。

（2）发明专利申请自申请日起三年内，国务院专利行政部门可以根据申请人随时提出的请求，对其申请进行实质审查；申请人无正当理由逾期不请求实质审查的，该申请即被视为撤回。

国务院专利行政部门认为必要的时候，可以自行对发明专利申请进行实质审查。

（3）发明专利的申请人请求实质审查的时候，应当提交在申请日前与其发明有关的参考资料。发明专利已经在外国提出过申请的，国务院专利行政部门可以要求申请人在指定期限内提交该国为审查其申请进行检索的资料或者审查结果的资料；无正当理由逾期不提交的，该申请即被视为撤回。

（4）国务院专利行政部门对发明专利申请进行实质审查后，认为不符合《专利法》规定的，应当通知申请人，要求其在指定的期限内陈述意见，或者对其申请进行修改；无正当理由逾期不答复的，该申请即被视为撤回。

（5）发明专利申请经申请人陈述意见或者进行修改后，国务院专利行政部门仍然认为不符合《专利法》规定的，应当予以驳回。

（6）发明专利申请经实质审查没有发现驳回理由的，由国务院专利行政部门作出授予发明专利权的决定，发给发明专利证书，同时予以登记和公告。发明专利权自公告之日起生效。

（7）实用新型和外观设计专利申请经初步审查没有发现驳回理由的，由国务院专利行政部门作出授予实用新型专利权或者外观设计专利权的决定，发给相应的专利证书，同时予以登记和公告。实用新型专利权和外观设计专利权自公告之日起生效。

（8）专利申请人对国务院专利行政部门驳回申请的决定不服的，可以自收到通知之日起三个月内向国务院专利行政部门请求复审。国务院专利行政部门复审后，作出决定，并通知专利申请人。

专利申请人对国务院专利行政部门的复审决定不服的，可以自收到通知之日起三个月内向人民法院起诉。

（六）专利权的保护期限、终止

（1）专利权的保护期限。发明专利权的期限为二十年，实用新型专利权的期限为十年，外观设计专利权的期限为十五年，均自申请日起计算。

自发明专利申请日起满四年，且自实质审查请求之日起满三年后授予发明专利权的，国务院专利行政部门应专利权人的请求，就发明专利在授权过程中的不合理延迟给予专利权期限补偿，但由申请人引起的不合理延迟除外。

为补偿新药上市审评审批占用的时间，对在中国获得上市许可的新药相关发明专利，国务院专利行政部门应专利权人的请求给予专利权期限补偿。补偿期限不超过五年，新药批准上市后总有效专利权期限不超过十四年。

（2）专利权的终止。有下列情形之一的，专利权在期限届满前终止：①没有按照规定缴纳年费的；②专利权人以书面声明放弃其专利权的。

专利权在期限届满前终止的，由国务院专利行政部门登记和公告。

（七）专利权的保护

（1）发明或者实用新型专利权的保护范围以其权利要求的内容为准，说明书及附图可以用于解释权利要求的内容。外观设计专利权的保护范围以表示在图片或者照片中的该产品的外观设计为准，简要说明可以用于解释图片或者照片所表示的该产品的外观设计。

（2）未经专利权人许可，实施其专利，即侵犯其专利权，引起纠纷的，由当事人协商解决；不愿协商或者协商不成的，专利权人或者利害关系人可以向人民法院起诉，也可以请求管理专利工作的部门处理。管理专利工作的部门处理时，认定侵权行为成立的，可以责令侵权人立即停止侵权行为，当事人不服的，可以自收到处理通知之日起十五日内依照《中华人民共和国行政诉讼法》向人民法院起诉；侵权人期满不起诉又不停止侵权行为的，管理专利工作的部门可以申请人民法院强制执行。进行处理的管理专利工作的部门应当事人的请求，可以就侵犯专利权的赔偿数额进行调解；调解不成的，当事人可以依照《中华人民共和国民事诉讼法》向人民法院起诉。

案例分析与思考题

一、案例分析题

1. 青蒿素——中医药给世界的一份礼物

【案例内容】

（1）中国科学家屠呦呦获诺贝尔生理学或医学奖：2015年10月5日，瑞典斯德哥尔摩诺贝尔医学奖评委会宣布，中国女科学家屠呦呦与爱尔兰科学家威廉 C. 坎贝尔、日本科学家大村智分享2015年诺贝尔生理学或医学奖。

2015年12月7日，屠呦呦登上诺贝尔奖论坛，以《青蒿素——中医药给世界的一份礼物》为题，讲述了中国科学家从中医药中寻找抗疟新药的故事，让全世界眼前一亮，中医药是一个开发潜力巨大的宝库。

2015年12月10日，屠呦呦获瑞典国王颁发的诺贝尔奖证书。这是中国科学家在本土进行的科学研究首次获得诺贝尔科学奖，也是中国医学界和中医药成果迄今获得的最高奖项。

2015年12月25日，国际天文联合会小行星中心发布的第97568号公报称，第31230号小行星被永久命名为"屠呦呦星"。

（2）青蒿素的发现：19世纪，法国化学家从金鸡纳树皮中分离出抗疟成分奎宁。随后，科学家人工合成了奎宁，又找到了奎宁替代物——氯喹。氯喹曾经一度是抗击疟疾的特效药。

但第二次世界大战结束后，引发疟疾的疟原虫产生了抗药性。20世纪60年代初，疟疾再次肆虐东南亚，疫情难以控制。科学家开始寻找治疗这种疾病的新药。

1967年5月23日，一个集中全国科技力量联合研发抗疟新药的大项目——"523项目"

正式启动。在漫长的探索中，60多个单位的500名科研人员组成了研发大军，屠呦呦以中国中医研究院科研组长的身份加入。

此前，美国投入巨额资金，筛选出20多万种化合物，但没有找到理想的药物；国内多个省份的科研人员也已经筛选了4万多种抗疟疾的化合物和中草药，没有取得令人满意的结果。

从系统整理历代医籍入手，屠呦呦查阅经典医书、地方药志，四处走访老中医，做了2000多张资料卡片，最后整理了一个包含600多种草药（包括青蒿在内）的《抗疟单验方集》，供研究者进一步发掘。

1971年9月，屠呦呦课题组筛选的100余种中药水提物和醇提物样品中，对疟原虫抑制率最高的也只有40%左右。

经过反复筛选、试验，屠呦呦领导的研究小组将目光锁定在青蒿上。

青蒿是一种菊科草本植物，植株有香气，一岁一枯荣。公元340年，东晋的葛洪在其撰写的《肘后备急方》中，描述了青蒿的退热功能；李时珍的《本草纲目》则说它能"治疟疾寒热"。

在众多中草药中，研究小组发现青蒿对疟疾的抑制率相对较高，能达到68%。然而，在之后的重复试验中，青蒿的抑制率反而降低了。

"我们祖先早有用青蒿治疗疟疾的经验，我们为什么就做不出来呢？"屠呦呦再次翻阅古代文献寻找答案。《肘后备急方》中的几句话引起了她的注意："青蒿一握，以水二升渍，绞取汁，尽服之。"

中药绞汁使用的方法和中药常用的煎熬法不同，这是不是为了避免青蒿的有效成分在高温下被破坏？屠呦呦受到启发，想到用沸点较低的乙醚（34.6℃）制取青蒿提取物。

经过190次失败后，终于用乙醚制取的191号样品，对鼠疟、猴疟的抑制率达到了100%。

1972年3月，屠呦呦在南京召开的"523项目"工作会议上报告了实验结果；1973年初，中国中医研究院的科研人员提取了青蒿素的结晶。随后，青蒿结晶的抗疟功效在其他地区得到证实。"523项目"办公室将青蒿结晶物命名为青蒿素，作为新药进行研发。

1972年7月，屠呦呦等3名研究人员住进北京东直门医院，成为首批试药志愿者，经过一周人体安全性试验，未发现青蒿素有明显毒副作用。1972年8月，屠呦呦在海南完成21例青蒿素抗疟临床试验观察，有效率100%。在北京302医院进行的9例抗疟临床试验，也全部有效。

几年后，有机化学家完成了青蒿素的结构测定；1984年，科学家终于实现了青蒿素的人工合成。

（3）青蒿素对人类的贡献：20世纪，青蒿素类药物在全球推广使用，拯救了数百万人的生命，使非洲国家疟疾致死率下降66%，5岁以下儿童患疟疾死亡率下降71%。2015年10月，世界卫生组织全球疟疾规划协调员接受新华社记者专访时表示，过去10年，全球死于疟疾的人数下降了38%，全球43个国家，其中包括11个非洲国家疟疾发病率和死亡率都下降50%以上。据津巴布韦卫生部抗疟项目负责人介绍，2010—2013年，津巴布韦服用青蒿素抗疟药物的患者治愈率达97%。青蒿素类药物的问世，为人类抗击疟疾提供了有效武器。

（4）青蒿素的后续研究硕果累累：目前，中国中医科学院青蒿素研究中心已建成一个涵盖多个方向的青蒿素研究体系，并在青蒿素研究方面取得了较为突出的科研成果。在抗疟机制方面，提出的"基于血红素激活的多靶点学说"得到国际学术界的广泛认可，在此基础上提出对"青蒿素耐药性"的解释和临床解决方案。在新适应证拓展方面，构建青蒿琥酯和双氢青蒿素智能靶向脂质体，体内外试验表明它对结肠癌和肝癌有良好作用；阐明了青蒿琥酯抗肿瘤作用的分子机制；明确了双氢青蒿素具有抗炎活性，并进一步发现其抗炎机制。在青蒿资源研究方面，选育出4个青蒿新品种，大大提高了青蒿素的含量，部分品种已经得到大面积推广，带动贫困地区1.85万余户农户种植，种植面积约5万亩，户均增收4000元。

资料来源：

[1] 王君平，刘仲华，吴月辉. 屠呦呦打开一扇崭新的窗户[N]. 人民日报，2015-10-6（4）.

[2] 张梦雪. 让青蒿素精神闪耀时代光芒[N]. 中国医药报，2021-12-1（2）.

【问题与启示】

（1）分析青蒿素的发现对创新药物研发的深刻启示。

（2）青蒿素系列药物的研制是一个复杂的系统工程，是中国科学家团队合作研究的成果。

（3）青蒿素的发现证明了从传统药物获得确定化学成分药物的价值。

（4）如何学习屠呦呦的科学精神？

2. 广东金城金素制药有限公司以满足"刚性临床需求"为目标优化升级产品技术

【案例内容】

广东金城金素制药有限公司是山东金城医药集团股份有限公司的控股子公司，该公司以满足"刚性临床需求"为目标，2018年2月1日，注射用头孢噻肟钠（凯福捷）首家获批"用于经腹部或阴道的子宫切除术、胃肠道和泌尿生殖道手术等术前感染预防，以及在进行剖宫产手术时，于术中（在夹紧脐带后）和术后使用本品以预防感染"的新适应证。2021年10月26日，注射用头孢噻肟钠（凯福捷）（1.0g、2.0g）取得国家药品监督管理局核发的首家通过质量和疗效一致性评价的补充批件，并以儿童临床需求为导向，新增注射用头孢噻肟钠0.25g儿童用规格，同时修订完善该药品的质量标准和储存条件。该补充批件的取得进一步拓展了注射用头孢噻肟钠的临床应用范围和储存条件。

该公司与济南大学实行教产学研合作共建头孢类医药工程技术研究中心，成功突破第三代头孢菌素生产中诸多关键核心技术，包括头孢噻肟钠的关键技术，并获得国家科技进步奖二等奖。

（1）首家改变其贮藏条件，有利于保证药品质量：注射用头孢噻肟钠《中国药典》（2020年版）标明的贮藏条件为凉暗，不超过20℃。20℃的贮藏条件对产品在高温条件下的运输及临床使用带来限制，为此，广东金城金素制药有限公司根据产品特性，攻破关键技术难题，提升产品质量，将注射用头孢噻肟钠（凯福捷）贮藏条件从"不超过20℃"变更为"不超过25℃"。

（2）提升中国儿童合理用药水平，新增0.25g儿童用规格药品：但目前国内已有的注射用头孢噻肟钠上市规格均不适用于新生儿和儿童，儿童临床用药规格缺失，广东金城金素制药有限公司首家新增注射用头孢噻肟钠0.25g儿童用规格，填补了国内空白。

广东金城金素制药有限公司以"践行金品抗生素理念，遏制耐药细菌的发展"为己任，在头孢注射剂抗感染系列产品中,公司持有的注射用头孢唑林钠、注射用头孢曲松钠、注射用头孢他啶和注射用头孢噻肟钠均已通过质量和疗效一致性评价。

(3)国际合作助力注射用头孢噻肟钠首家过评:注射用头孢噻肟钠(凯福捷)采用进口原料直接分装生产,诸多供应链体系与原研药一致,该产品系广东金城金素制药有限公司与原研单位国际合作的成果。

资料来源:俞玉萍,赵晓宝.继首家获批新增适应证后再获"首家",金城金素注射用头孢噻肟钠(凯福捷)首家通过质量和疗效一致性评价.[N]医药经济报,2021-10-28(A4).

【问题与启示】

(1)分析广东金城金素制药有限公司优化升级注射用头孢噻肟钠(凯福捷 ZARIVIZR)技术的"临床价值"和"市场价值"。

(2)简述广东金城金素制药有限公司以满足"刚性临床需求"为目标优化升级产品技术对我国仿制药经营的启示。

3. 中药创新药桑枝总生物碱片研究与开发

【案例内容】

2020年3月27日,由中国医学科学院、北京协和医学院药物研究所(以下简称药物所)与北京五和博澳药业有限公司共同研发申报的中药新药桑枝总生物碱片获批上市。该药主要成分为桑枝中提取得到的总生物碱,临床试验结果显示与安慰剂对照组间比较有统计学差异,可有效降低2型糖尿病受试者糖化血红蛋白(HbA1c)水平。

桑枝总生物碱片是近10年来首个获批上市的抗糖尿病中药新药,其成功上市为2型糖尿病患者提供了一种新的治疗选择。"桑枝总生物碱及其制剂"研究项目从立项到上市,经历了21年的时间,其过程充分体现了"传承精华,守正创新,加快推进中医药现代化、产业化"的中医药发展理念。

桑枝总生物碱是以"桑枝"为原料,经提取、分离、纯化得到的多羟基生物碱有效组分。作为结合现代医学理念研制的中药品种,桑枝总生物碱片获批上市,其适应证为2型糖尿病。

桑枝总生物碱片于2008年9月获批开展临床试验直至2017年向国家药监局药品审评中心正式提交上市申请,经历了长达十年的临床试验。Ⅱ、Ⅲ期临床试验均由北京协和医院牵头,31家临床机构共同参与完成。研发团队选择了国际公认的降糖金标准"糖化血红蛋白"为主要疗效指标,以主流口服降糖药物阿卡波糖作为阳性对照,开展了头对头的随机双盲临床评价。

严格的临床试验表明,桑枝生物碱对α-葡萄糖苷酶具有极强的抑制活性。无论单独使用还是用于二甲双胍控制不佳的联合治疗,该产品均显示了良好的降糖化血红蛋白疗效,降低值达0.93%,疗效堪与化学药阿卡波糖相媲美。桑枝总生物碱的靶点选择性强,可精准作用于小肠双糖酶而不抑制α-淀粉酶的活性,因此能显著降低服药之后胃肠胀气、排气等胃肠不良反应发生率。

1999年,"桑枝总生物碱及其制剂"研究正式立项。研发团队遇到的第一个难题是物质组成复杂及其质量控制难度大,药物所经多学科协作,最终建立了科学的仪器分析方法,准确鉴定了生物碱的化学结构,对生物碱的组成比例及含量进行了准确控制,还对非生物碱组分进行定性和定量检测。研发团队遇到的第二个难题是提取纯化工艺及中试放大的难题。无论是桑叶、桑根皮还是桑枝，生物碱的含量都非常低，堪称是微量。而作为中药有效部位，生物碱含量应达到提取物的 50% 以上。微量水溶性活性成份的纯化富集是桑枝总生物碱项目的难点之一，为此，研发团队与北京五和博澳药业开展了产学研合作，联合攻关，攻克了成果转化和系统集成的高技术壁垒，从药材进厂、粉碎、提取，到分离、纯化、精制和干燥，实现了全过程自动化和精细化的过程控制，提取率和产品质量稳定，生产规模可满足年产 5 亿片的要求。

资料来源：陆悦. 中药创新药桑枝总生物碱片获批上市 [N]. 中国医药报, 2020-3-30 (1).

【问题与启示】

（1）分析桑枝总生物碱片的"临床价值"。

（2）结合桑枝总生物碱片的研发历程，理解新药研发周期。

4. "烟酰胺类衍生物的甲磺酸盐 A 晶型及其制备方法和应用"发明专利权之争

【案例内容】

2017 年 3 月底，江苏恒瑞医药股份有限公司就专利权人上海宣创生物科技有限公司（以下简称宣创生物）的 ZL201510398190.1 发明专利权提出无效宣告请求。该专利涉及甲磺酸阿帕替尼的晶型改进。阿帕替尼 2014 年 12 月在中国获批上市，商品名为艾坦。宣创生物于 2015 年左右针对阿帕替尼申请了多件"改进型"药物晶型专利，并以侵犯其涉案专利的专利权为由，将江苏恒瑞医药股份有限公司诉至北京知识产权法院，请求该法院判决江苏恒瑞医药股份有限公司立即停止生产、销售阿帕替尼，并赔偿经济损失 100 万元。江苏恒瑞医药股份有限公司随后就涉案专利提出无效宣告请求。该专利于 2015 年 7 月 8 日提交申请，优先权日期为 2014 年 7 月 8 日，并于 2016 年 4 月 27 日获得授权。在案件审理过程中，关于涉案专利（甲磺酸阿帕替尼 A 晶型）是否属于现有技术是核心争议之一，而其中临床试验是否构成《专利法》界定的使用公开也是争议要点之一。有关部门审理后，认为涉案专利全部不具备创造性，部分权利要求不具备新颖性，宣告专利权全部无效。

该案件的焦点是如何理解现有技术。《专利审查指南》规定，现有技术应当在申请日以前处于能够为公众获得的状态，并包含能够使公众从中得知实质性技术知识的内容。现有技术认定是新颖性和创造性审查的基础，如果根据相关物性参数和描述可以将要求保护的晶型与现有技术区分开，则可以认为其具备新颖性。化学产品创造性评判的关键在于，基于权利要求保护的化学产品相对于已知化学产品在技术方案上的区别及其所产生的技术效果，对所属领域技术人员而言是否显而易见。

资料来源：药渡. 2014—2017 年药物研发类专利复审无效案件一览 [N]. 中国医药报, 2019-06-17 (4).

【问题与启示】

结合这个案例分析专利的新颖性和创造性。

二、思考题

1. 简述药物研究开发的类型和特点。

2. 简述 ICH 工作的特征与目标。

3. 解释药品注册、药品注册检验、注册标准、药品上市许可持有人。

4. 简述药物临床前研究内容。
5. 论述药物临床试验分期研究的内容及目的。
6. 简述我国 GLP 和 GCP 的主要内容。
7. 简述药品加快上市注册程序的主要内容。
8. 药品知识产权的类型有哪些？授予发明专利的条件是什么？

课件

视频讲解

第四章

药品生产管理

药品生产是药品质量安全的重要环节，国家对药品生产质量有严格的规范要求。药品生产管理在药品经营管理中占有特殊的、重要的地位，是制药企业管理的主要内容。本章主要阐述药品生产，药品生产企业的概念、特点，国内外药品生产企业发展与管理概况，药品生产的准入管理，药品生产质量管理规范（Good Manufacturing Practice for Pharmaceutical Products，GMP）的主要内容。

第一节 药品生产管理概述

一、药品生产

（一）药品生产的概念

药品生产（drug manufacturing）是指在特定的生产条件下，将原料通过加工制造成能供医疗用的药品的过程。药品生产分为原料药生产和制剂生产。

原料药（active pharmaceutical ingredient，API）生产依据原材料性质的不同可分为生药或其他生物产品、药用无机元素或无机化合物、药用有机化合物的加工制造。

制剂（preparation）生产是将原料药加工制造成适合医疗使用的各种药物剂型（如片剂、胶囊剂、注射剂等）。

（二）药品生产企业

药品生产企业（pharmaceutical manufacturer），是指依法取得药品生产许可证，应用现代科学技术，自主进行药品生产经营活动，实行独立核算、自负盈亏、具有法人资格的经济组织。

药品生产企业与其他产品的生产企业相比，具有显著的知识技术密集及资本密集的特征。药品生产企业的从业人员需要具有较高的科学技术水平和现代经营管理能力，新药研发资金投入大、周期长，生产设施设备技术要求高、更新换代快。

（三）药品生产的特点

由于药品与人的生命健康密切相关，国家对药品生产实行严格的监督管理，药品生产具有以下特点。

1. 准入条件严

《药品管理法》规定，从事药品生产活动，应当经所在地省、自治区、直辖市人民政府药品监督管理部门批准，取得药品生产许可证。无药品生产许可证的，不得生产药品。

2. 质量要求高

我国对药品严格执行法定的、强制性的国家药品标准，即药品必须符合国家药品标准，才能在市场上流通和临床上使用。药品应当按照国家药品标准和经药品监督管理部门核准的生产工艺进行生产。

3. 生产技术先进

随着社会经济的发展，生产技术水平的提高，在药品生产过程中使用先进的生产设备和生产工艺是药品生产企业的必然选择。实践证明，先进的生产设备和生产工艺可以大幅度提高生产效率、改善生产环境、提高产品质量。

4. 生产环境要求严格

药品生产厂区及车间的卫生环境对药品质量有较大的影响。因此，药品生产对环境要求严格，必须有相适应的厂房、设施和卫生环境。

5. 生产管理法制化

药品生产必须要有保证药品质量的规章制度。从事药品生产活动，应当遵守药品生产质量管理规范，建立健全药品生产质量管理体系，保证药品生产全过程持续符合法定要求。

二、国内外药品生产管理概况

（一）国外药品生产管理概况

1. 美国

美国的制药工业很发达，是美国最重要的高科技工业之一。美国既是制药大国，又是制药强国，对世界制药工业的发展具有举足轻重的影响。美国有深厚的科学技术储备和资金支撑，有完善的治理监管体系和产业发展环境，这些优势使美国的药品研发及生产能力一直位居世界前列，处于世界制药产业的领导地位。目前，世界上大多数新药是由美国制药公司研究和开发的。

美国国会于1963年颁布了世界上第一部《药品生产质量管理规范》，美国是世界上最早实现GMP法制化的国家，其卓有成效的药品生产管理模式已成为世界其他国家效仿和学习的标杆，美国FDA执法的公正性、严肃性和权威性得到了世界各国的普遍认同。美国药品生产的特点主要体现在三个方面：①有雄厚的工业基础和经济实力；②拥有严格规范的管理体系；③新药创制和产业化能力强。

2. 日本

日本的制药工业在20世纪50年代初期基本上与我国处于同一水平。但是，经过20年的发展，到了20世纪70年代，日本的制药工业快速发展，其制药工业产值跃居世界第二位。随着世界制药产业发展格局的变化，2017年日本的制药产业产值落后于我国，居世界第三位。日本医药市场较广阔，尤其是人口老龄化和较高的社会福利形成旺盛医药需求，其制药产业发展前景较好。日本从1973年开始制订并实施GMP，是世界上第二个实现GMP

法制化的国家,其药品生产管理水平高,新药创制能力强。

(二)我国药品生产管理概况

我国的制药工业起步较晚,中华人民共和国成立之初,我国的制药工业基础非常薄弱,经过70多年的发展,现已跻身世界制药大国之列。统计数据显示,1978年我国医药工业总产值为72.8亿元人民币。2020年,我国医药工业总产值已经超过40000亿元人民币,相当于1978年的550倍,医药产业总产值居世界第二位。

1999年6月18日,国家药品监督管理局颁布《药品生产质量管理规范(1998年修订)》,并于1999年8月1日起施行,宣布强制实施GMP制度,规定2004年6月30日前,我国所有的原料药和制剂的生产企业必须全部通过GMP认证。自2008年1月1日起,所有中药饮片必须在符合GMP的条件下生产。

2011年1月17日,卫生部颁布《药品生产质量管理规范(2010年修订)》并于2011年3月1日起施行。2011年2月25日,国家食品药品监督管理局发布通知,宣布自2011年3月1日起,凡新建药品生产企业、药品生产企业新建(改、扩建)车间均应符合新版GMP的要求。

2019年11月29日,国家药品监督管理局发布公告,宣布自2019年12月1日起,取消药品GMP认证,不再受理GMP认证申请,不再发放药品GMP证书。凡现行法规要求进行现场检查的,2019年12月1日后应当继续开展现场检查,并将现场检查结果通知企业;检查不符合要求的,按照规定依法予以处理。

《药品管理法(2019年修订)》规定:从事药品生产活动,应当遵守药品生产质量管理规范,建立健全药品生产质量管理体系,保证药品生产全过程持续符合法定要求。

第二节 药品生产监督管理

习近平总书记在中国共产党第二十次全国代表大会上的报告中提出,强化食品药品安全监管,健全生物安全监管预警防控体系。药品生产监督管理是指药品监督管理部门依法对药品生产条件和生产过程进行审查、许可、监督检查等管理活动,旨在规范药品生产行为,加强药品生产的监督管理,确保药品质量。

2020年1月22日,国家市场监督管理总局令第28号发布《药品生产监督管理办法》,自2020年7月1日起施行。《药品生产监督管理办法》共6章81条,规定了药品生产许可、生产管理、监督检查要求以及违反规定所承担的法律责任等内容,主要内容如下。

一、总则

(一)依据、目的和适用范围

为加强药品生产监督管理,规范药品生产活动,根据《药品管理法》《中医药法》《疫苗管理法》《中华人民共和国行政许可法》《中华人民共和国药品管理法实施条例》等法律、行政法规,制定《药品生产监督管理办法》。

在中华人民共和国境内上市药品的生产及监督管理活动,应当遵守《药品生产监督管理办法》。

（二）从事药品生产活动的总体要求

从事药品生产活动，应当遵守法律、法规、规章、标准和规范，保证全过程信息真实、准确、完整和可追溯。

从事药品生产活动，应当经所在地省、自治区、直辖市药品监督管理部门批准，依法取得药品生产许可证，严格遵守药品生产质量管理规范，确保生产过程持续符合法定要求。

药品上市许可持有人应当建立药品质量保证体系，履行药品上市放行责任，对其取得药品注册证书的药品质量负责。

中药饮片生产企业应当履行药品上市许可持有人的相关义务，确保中药饮片生产过程持续符合法定要求。

原料药生产企业应当按照核准的生产工艺组织生产，严格遵守药品生产质量管理规范，确保生产过程持续符合法定要求。

经关联审评的辅料、直接接触药品的包装材料和容器的生产企业以及其他从事与药品相关生产活动的单位和个人依法承担相应责任。

（三）药品追溯制度

药品上市许可持有人、药品生产企业应当建立并实施药品追溯制度，按照规定赋予药品各级销售包装单元追溯标识，通过信息化手段实施药品追溯，及时准确记录、保存药品追溯数据，并向药品追溯协同服务平台提供追溯信息。

（四）药品生产监督管理机构及其分工

国家药品监督管理局主管全国药品生产监督管理工作，对省、自治区、直辖市药品监督管理部门的药品生产监督管理工作进行监督和指导。

省、自治区、直辖市药品监督管理部门负责本行政区域内的药品生产监督管理，承担药品生产环节的许可、检查和处罚等工作。

国家药品监督管理局食品药品审核查验中心（以下简称核查中心）组织制定药品检查技术规范和文件，承担境外检查以及组织疫苗巡查等，分析评估检查发现风险、作出检查结论并提出处置建议，负责各省、自治区、直辖市药品检查机构质量管理体系的指导和评估。

国家药品监督管理局信息中心负责药品追溯协同服务平台、药品安全信用档案建设和管理，对药品生产场地进行统一编码。

药品监督管理部门依法设置或者指定的药品审评、检验、核查、监测与评价等专业技术机构，依职责承担相关技术工作并出具技术结论，为药品生产监督管理提供技术支撑。

二、生产许可

（一）从事药品生产应当符合的条件

(1) 有依法经过资格认定的药学技术人员、工程技术人员及相应的技术工人，法定代表人、企业负责人、生产管理负责人（以下称生产负责人）、质量管理负责人（以下称质量负责人）、质量受权人及其他相关人员符合现行《药品管理法》《疫苗管理法》规定的条件。

(2) 有与药品生产相适应的厂房、设施、设备和卫生环境。

(3) 有能对所生产药品进行质量管理和质量检验的机构、人员。

(4) 有能对所生产药品进行质量管理和质量检验的必要的仪器设备。

(5) 有保证药品质量的规章制度，并符合《药品生产质量管理规范》要求。

从事疫苗生产活动的，还应当具备下列条件：①具备适度规模和足够的产能储备；②具有保证生物安全的制度和设施、设备；③符合疾病预防、控制需要。

（二）药品生产许可的申请与审批

1. 申请

从事制剂、原料药、中药饮片生产活动，申请人应当按照《药品生产监督管理办法》和国家药品监督管理局规定的申报资料要求，向所在地省级药品监督管理部门提出申请。申请人应当对其申请材料全部内容的真实性负责。

2. 审批

省级药品监督管理部门收到申请后，对符合条件进行受理的，应当自受理之日起三十日内作出决定。经审查符合规定的，予以批准，并自书面批准决定作出之日起十日内颁发药品生产许可证；不符合规定的，作出不予批准的书面决定并说明理由。

省级药品监督管理部门颁发药品生产许可证的有关信息，应当予以公开，公众有权查阅。对申请办理药品生产许可证进行审查时，应当公开审批结果，并提供条件便于申请人查询审批进程。

（三）药品生产许可证管理

药品生产许可证有效期为五年，分为正本和副本。药品生产许可证样式由国家药品监督管理局统一制定。药品生产许可证电子证书与纸质证书具有同等法律效力。

变更药品生产许可证许可事项的，向原发证机关提出药品生产许可证变更申请。

药品生产许可证有效期届满，需要继续生产药品的，应当在有效期届满前六个月，向原发证机关申请重新发放药品生产许可证。

任何单位或者个人不得伪造、变造、出租、出借、买卖药品生产许可证。

三、生产管理

（一）药品生产活动

从事药品生产活动，应当遵守《药品生产质量管理规范》，按照国家药品标准、经药品监督管理部门核准的药品注册标准和生产工艺进行生产，按照规定提交并持续更新场地管理文件，对质量体系运行过程进行风险评估和持续改进，保证药品生产全过程持续符合法定要求。生产、检验等记录应当完整准确，不得编造和篡改。

从事药品生产活动，应当遵守《药品生产质量管理规范》，建立健全药品生产质量管理体系，涵盖影响药品质量的所有因素，保证药品生产全过程持续符合法定要求。

药品上市许可持有人应当建立药品质量保证体系，配备专门人员独立负责药品质量管理，对受托药品生产企业、药品经营企业的质量管理体系进行定期审核，监督其持续具备质量保证和控制能力。

（二）质量管理要求

(1) 药品上市许可持有人的法定代表人、主要负责人应当对药品质量全面负责，履行以下职责：①配备专门质量负责人独立负责药品质量管理；②配备专门质量受权人独立履行药品上市放行责任；③监督质量管理体系正常运行；④对药品生产企业、供应商等相关方与药品生产相关的活动定期开展质量体系审核,保证持续合规;⑤按照变更技术要求,履行变更管理责任;⑥对委托经营企业进行质量评估,与使用单位等进行信息沟通;⑦配合药品监督管理部门对药品上市许可持有人及相关方的延伸检查;⑧发生与药品质量有关的重大安全事件,应当及时报告并按持有人制定的风险管理计划开展风险处置,确保风险得到及时控制;⑨其他法律法规规定的责任。

(2) 药品生产企业的法定代表人、主要负责人应当对本企业的药品生产活动全面负责,履行以下职责:①配备专门质量负责人独立负责药品质量管理,监督质量管理规范执行,确保适当的生产过程控制和质量控制,保证药品符合国家药品标准和药品注册标准;②配备专门质量受权人履行药品出厂放行责任;③监督质量管理体系正常运行,保证药品生产过程控制、质量控制以及记录和数据真实性;④发生与药品质量有关的重大安全事件,应当及时报告并按企业制定的风险管理计划开展风险处置,确保风险得到及时控制;⑤其他法律法规规定的责任。

(三) 原料药、辅料、直接接触药品的包装材料和容器的管理

从事药品生产活动,应当对使用的原料药、辅料、直接接触药品的包装材料和容器等相关物料供应商或者生产企业进行审核,保证购进、使用符合法规要求。

生产药品所需的原料、辅料,应当符合药用要求以及相应的生产质量管理规范的有关要求。直接接触药品的包装材料和容器,应当符合药用要求,符合保障人体健康、安全的标准。

经批准或者通过关联审评审批的原料药、辅料、直接接触药品的包装材料和容器的生产企业,应当遵守国家药品监督管理局制定的质量管理规范以及关联审评审批有关要求,确保质量保证体系持续合规,接受药品上市许可持有人的质量审核,接受药品监督管理部门的监督检查或者延伸检查。

(四) 确认与验证

药品生产企业应当确定需进行的确认与验证,按照确认与验证计划实施。定期对设施、设备、生产工艺及清洁方法进行评估,确认其持续保持验证状态。

(五) 药品放行规程

药品生产企业应当建立药品出厂放行规程,明确出厂放行的标准、条件,并对药品质量检验结果、关键生产记录和偏差控制情况进行审核,对药品进行质量检验。符合标准、条件的,经质量受权人签字后方可出厂放行。

药品上市许可持有人应当建立药品上市放行规程,对药品生产企业出厂放行的药品检验结果和放行文件进行审核,经质量受权人签字后方可上市放行。

中药饮片符合国家药品标准或者省、自治区、直辖市药品监督管理部门制定的炮制规范的,方可出厂、销售。

(六) 自检与年度报告

药品上市许可持有人、药品生产企业应当每年进行自检,监控药品生产质量管理规范的实施情况,评估企业是否符合相关法规要求,并提出必要的纠正和预防措施。

药品上市许可持有人应当建立年度报告制度,按照国家药品监督管理局规定每年向省级药品监督管理部门报告药品生产销售、上市后研究、风险管理等情况。疫苗上市许可持有人应当按照规定向国家药品监督管理局进行年度报告。

（七）风险评估与药物警戒

药品上市许可持有人应当持续开展药品风险获益评估和控制，制订上市后药品风险管理计划，主动开展上市后研究，对药品的安全性、有效性和质量可控性进行进一步确证，加强对已上市药品的持续管理。

药品上市许可持有人应当建立药物警戒体系，按照国家药品监督管理局制定的药物警戒质量管理规范开展药物警戒工作。

药品上市许可持有人、药品生产企业应当经常考察本单位的药品质量、疗效和不良反应。发现疑似不良反应的，应当及时按照要求报告。

（八）工艺及人员变更

药品上市许可持有人应当按照《药品生产质量管理规范》的要求对生产工艺变更进行管理和控制，并根据核准的生产工艺制定工艺规程。生产工艺变更应当开展研究，并依法取得批准、备案或者进行报告，接受药品监督管理部门的监督检查。

药品上市许可持有人、药品生产企业应当每年对所生产的药品按照品种进行产品质量回顾分析、记录，以确认工艺稳定可靠，以及原料、辅料、成品现行质量标准的适用性。

药品上市许可持有人、药品生产企业的质量管理体系相关的组织机构、企业负责人、生产负责人、质量负责人、质量受权人发生变更的，应当自发生变更之日起三十日内，完成登记手续。

疫苗上市许可持有人应当自发生变更之日起十五日内，向所在地省、自治区、直辖市药品监督管理部门报告生产负责人、质量负责人、质量受权人等关键岗位人员的变更情况。

（九）短缺药品停产管理

列入国家实施停产报告的短缺药品清单的药品，药品上市许可持有人停止生产的，应当在计划停产实施六个月前向所在地省、自治区、直辖市药品监督管理部门报告；发生非预期停产的，在三日内报告所在地省、自治区、直辖市药品监督管理部门。必要时，向国家药品监督管理局报告。

药品监督管理部门接到报告后，应当及时通报同级短缺药品供应保障工作会商联动机制牵头单位。

（十）境外生产管理

药品上市许可持有人为境外企业的，应当指定一家在中国境内的企业法人，履行《药品管理法》与《药品生产监督管理办法》规定的药品上市许可持有人的义务，并负责协调配合境外检查工作。

四、监督检查

（一）监督检查部门

省、自治区、直辖市药品监督管理部门负责对本行政区域内药品上市许可持有人及制剂、化学原料药、中药饮片生产企业的监督管理。

省、自治区、直辖市药品监督管理部门应当对原料、辅料、直接接触药品的包装材料和容器等供应商、生产企业开展日常监督检查，必要时开展延伸检查。

（二）药品生产监督检查的主要内容

1. 药品上市许可持有人、药品生产企业执行有关法律、法规及实施药品生产质量管理规范、药物警戒质量管理规范以及有关技术规范等情况。
2. 药品生产活动是否与药品品种档案载明的相关内容一致。
3. 疫苗储存、运输管理规范执行情况。
4. 药品委托生产质量协议及委托协议。
5. 风险管理计划实施情况。
6. 变更管理情况。

监督检查包括许可检查、常规检查、有因检查和其他检查。

（三）药品生产监督检查的具体要求

省、自治区、直辖市药品监督管理部门应当坚持风险管理、全程管控原则，根据风险研判情况，制定年度检查计划并开展监督检查。年度检查计划至少包括检查范围、内容、方式、重点、要求、时限、承担检查的机构等。

省、自治区、直辖市药品监督管理部门应当根据药品品种、剂型、管制类别等特点，结合国家药品安全总体情况、药品安全风险警示信息、重大药品安全事件及其调查处理信息等，以及既往检查、检验、不良反应监测、投诉举报等情况确定检查频次：

（1）对麻醉药品、第一类精神药品、药品类易制毒化学品生产企业每季度检查不少于一次。

（2）对疫苗、血液制品、放射性药品、医疗用毒性药品、无菌药品等高风险药品生产企业，每年不少于一次药品生产质量管理规范符合性检查。

（3）对上述产品之外的药品生产企业，每年抽取一定比例开展监督检查，但应当在三年内对本行政区域内企业全部进行检查。

（4）对原料、辅料、直接接触药品的包装材料和容器等供应商、生产企业每年抽取一定比例开展监督检查，五年内对本行政区域内企业全部进行检查。

省、自治区、直辖市药品监督管理部门可以结合本行政区域内药品生产监管工作实际情况，调整检查频次。

（四）药品质量安全风险和违法行为处置

在开展药品生产监督检查过程中，发现存在药品质量安全风险的，应当及时向派出单位报告。药品监督管理部门经研判属于重大药品质量安全风险的，应当及时向上一级药品监督管理部门和同级地方人民政府报告。

开展药品生产监督检查过程中，发现存在涉嫌违反药品法律、法规、规章的行为，应当及时采取现场控制措施，按照规定做好证据收集工作。药品监督管理部门应当按照职责和权限依法查处，涉嫌犯罪的移送公安机关处理。

五、法律责任

药品上市许可持有人和药品生产企业发生违反《药品生产监督管理办法》的行为，按照《药品管理法》有关规定给予处罚。

第三节 药品生产质量管理规范

一、药品生产质量管理规范概述

GMP 是一套系统的、科学的管理制度,是药品生产和质量管理的基本准则。

(一) GMP 的中心指导思想

GMP 的中心指导思想是任何药品的质量都是生产出来的,而不是单纯检验出来的。因此,要保证药品的质量,必须强调预防为主,控制药品生产过程中所有影响药品质量的因素(主要是人员、设备、原料、工艺、环境 5 个方面),实行全面质量管理,使药品的生产在符合要求、不混杂、无污染、均匀一致的条件下进行。

GMP 指导思想的精髓是"质量源于设计"。

(二) 实施 GMP 的重要意义

1. 实施 GMP 是药品生产管理和质量控制的基本要求

GMP 是药品生产和质量管理应当遵循的基本原则和方法,GMP 最大的特点在于既重视结果,又重视过程;既强调硬件,又强调软件,主张用严格和规范的工作质量来保证和提高药品质量。

2. 实施 GMP 是加强药品监督管理的有效手段

通过实施 GMP,将药品生产监督管理纳入了规范化、法制化管理的轨道,健全了药品生产的监管管理体系,为药品监管部门全面监督管理药品质量提供了法律保障和常态化监管机制。

3. 实施 GMP 是提高制药企业核心竞争力的重要举措

GMP 的实施有利于促进企业提高人员素质和生产经营管理水平,有利于企业采用新技术、新工艺、新设备和新材料,实现节能减排,清洁生产,全面提高产品质量和经济效益,从而提高企业的核心竞争力。

4. 实施 GMP 是促进药品国际贸易的必然选择

随着 GMP 的不断发展和完善,GMP 对药品质量的保证作用日益增强,实施 GMP 的重要性得到了世界各国的普遍认同,GMP 已成为国际通用的药品生产及质量管理所必须遵循的原则,符合 GMP 要求是药品融入国际医药市场的重要前置条件。

(三) GMP 的分类

从不同的角度可以对 GMP 进行不同的分类。按照 GMP 适用范围,可以将其分为以下三类。

1. 国际组织颁布的 GMP

国际组织颁布的 GMP 是适用于多个国家或地区的 GMP,如 WHO 的 GMP、欧洲自由贸易联盟制定的 GMP、东南亚国家联盟的 GMP 等。

2. 国家颁布的 GMP

国家颁布的 GMP 是由国家权力机构制定的、适用于某个国家的 GMP,如美国 FDA、英国卫生和社会保险部、日本厚生省及中国国家药品监督管理局等制定的 GMP。

3. 学会颁布的 GMP

学会颁布的 GMP 是由工业组织制定的、仅适用于行业或组织内部的 GMP，如美国制药工业联合会、中国医药工业公司、瑞典工业协会等制订的 GMP。

一般来讲，国家制定颁布的 GMP 具有法律约束力，如美国、日本、我国的 GMP。学会制定颁布的 GMP 通常作为建议性的规定，不具有法律效力，没有强制执行的约束力。目前，随着世界上对 GMP 重要性认识的不断加深，已有越来越多的国家将 GMP 法制化，赋予其法律效力。

二、《药品生产质量管理规范（2010 年修订）》的主要内容

《药品生产质量管理规范（2010 年修订）》分基本要求（正文）和对不同类别药品的特殊要求（附录）两部分。正文共 14 章 313 条，其主要内容如下所述。

（一）总则

1. 说明制定 GMP 的依据是《药品管理法》及其实施条例。
2. 明确企业应当建立药品质量管理体系。该体系应当涵盖影响药品质量的所有因素，包括确保药品质量符合预定用途的有组织、有计划的全部活动。
3. 明确 GMP 是药品生产管理和质量控制的基本要求。明确 GMP 的目的是最大限度地降低药品生产过程中污染、交叉污染以及混淆、差错等风险，确保持续稳定地生产出符合预定用途和注册要求的药品。
4. 明确规定企业应坚持诚实守信，禁止任何虚假、欺骗行为。

（二）质量管理

1. 质量保证

质量保证是质量管理体系的一部分。企业必须建立质量保证系统，同时建立完整的文件体系，以保证系统有效运行。

（1）质量保证系统应当确保的主要内容：采购和使用的原辅料和包装材料正确无误；中间产品得到有效控制；确认、验证的实施；严格按照规程进行生产、检查、检验和复核；每批产品经质量受权人批准后方可放行；在贮存、发运和随后的各种操作过程中有保证药品质量的适当措施；按照自检操作规程，定期检查评估质量保证系统的有效性和适用性。

（2）药品生产质量管理的基本要求：规定生产工艺，系统地回顾并证明其可持续稳定地生产出符合要求的产品；生产工艺及其重大变更均经过验证；配备所需的资源；生产全过程应当有记录，偏差均经过调查并记录；批记录和发运记录应当能够追溯批产品的完整历史，并妥善保存、便于查阅；降低药品发运过程中的质量风险；建立药品召回系统，确保能够召回任何一批已发运销售的产品；调查导致药品投诉和质量缺陷的原因，并采取措施，防止类似质量缺陷再次发生。

2. 质量控制

质量控制包括相应的组织机构、文件系统以及取样、检验等，确保物料或产品在放行前完成必要的检验，确认其质量符合要求。

质量控制的基本要求：应当配备适当的设施、设备、仪器和经过培训的人员，有效、可

靠地完成所有质量控制的相关活动；应当有批准的操作规程，用于原辅料、包装材料、中间产品、待包装产品和成品的取样、检查、检验以及产品的稳定性考察，必要时进行环境监测；由经授权的人员按照规定的方法对原辅料、包装材料、中间产品、待包装产品和成品取样；检验方法应当经过验证或确认；取样、检查、检验应当有记录，偏差应当经过调查并记录；物料、中间产品、待包装产品和成品必须按照质量标准进行检查和检验，并有记录；物料和最终包装的成品应当有足够的留样，以备必要的检查或检验；成品的留样包装应当与最终包装相同。

3. 质量风险管理

质量风险管理是在整个产品生命周期中采用前瞻性或回顾性方式，对质量风险进行识别、评估、控制、沟通、审核的系统过程。

药品生产企业确认药品生产过程中的风险，首先应该明确药品的特征，分析影响这些特征的关键因素，确定风险的大小，根据风险的大小确定企业管理资源的投入和控制的方法。通过质量风险管理将有效的监管和评价资源用到最具有风险的环节，这样既提高了工作效率，又可以保证药品的安全、有效和质量稳定。

（三）机构与人员

1. 机构

药品生产企业必须建立与药品生产相适应的管理机构，其设置一般为质量管理部门、生产管理部门、工程部门、供应部门、储运部门、市场策划部门、研究开发部门、销售部门和人力资源部门。质量管理部门可以分设质量保证部门和质量控制部门。

质量管理部门必须独立于其他部门，以独立履行质量保证和质量控制职责。质量管理部门应当参与所有与质量有关的活动，负责审核所有 GMP 的文件。质量管理部门人员不得将职责委托给其他部门的人员。

2. 关键人员

（1）企业负责人职责：企业负责人是药品质量的主要责任人，全面负责企业日常管理。为确保企业实现质量目标并按照 GMP 要求生产药品，企业负责人应当负责提供必要的资源，合理计划、组织和协调，保证质量管理部门独立履行其职责。

（2）生产管理负责人资质及主要职责：①资质。生产管理负责人应当至少具有药学或相关专业本科学历（或中级专业技术职称或执业药师资格），具有至少三年从事药品生产和质量管理的实践经验，其中至少有一年的药品生产管理经验，接受过与所生产产品相关的专业知识培训。②主要职责。确保药品按照批准的工艺规程生产、贮存，以保证药品质量；确保严格执行与生产操作相关的各种操作规程；确保批生产记录和批包装记录经过指定人员审核并送交质量管理部门；确保厂房和设备的维护保养，以保持其良好的运行状态；确保完成各种必要的验证工作；确保生产相关人员经过必要的上岗前培训和继续培训，并根据实际需要调整培训内容。

（3）质量管理负责人资质及主要职责：①资质。质量管理负责人应当至少具有药学或相关专业本科学历（或中级专业技术职称或执业药师资格），具有至少五年从事药品生产和质量管理的实践经验，其中至少一年的药品质量管理经验，接受过与所生产产品相关的专业知识培训。②主要职责。确保原辅料、包装材料、中间产品、待包装产品和成品符合经注册批准的要求和质量标准；确保在产品放行前完成对批记录的审核；确保完成所有必要的检验；批准质量标准、取样方法、检验方法和其他质量管理的操作规程；审核和批准所有与质量有关的变更；确保所有重大偏差和检验结果超标已经过调查并得到及时处理；批准并监督委托检验；监督厂房和设备的维护，以保持其良好的运行状态；确保完成各种必要的确认或验证工作，审核和批准确认或验证方案和报告；确保完成自检；评估和批准物料供应商；确保所有与产品质量有关的投诉已经过调查，并得到及时、正确的处理；确保完成产品的持续稳定性考察计划，提供稳定性考察的数据；确保完成产品质量回顾分析；确保质量控制和质量保证人员都已经过必要的上岗前培训和继续培训，并根据实际需要调整培训内容。

（4）生产管理负责人和质量管理负责人共同的职责：审核和批准产品的工艺规程、操作规程等文件；监督厂区卫生状况；确保关键设备经过确认；确保完成生产工艺验证；确保企业所有相关人员都已经过必要的上岗前培训和继续培训，并根据实际需要调整培训内容；批准并监督委托生产；确定和监控物料和产品的贮存条件；保存记录；监督本规范执行状况；监控影响产品质量的因素。

（5）质量受权人的资质和职责：①资质。质量受权人应当至少具有药学或相关专业本科学历（或中级专业技术职称或执业药师资格），具有至少五年从事药品生产和质量管理的实践经验，从事过药品生产过程控制和质量检验工作。质量受权人应当具有必要的专业理论知识，并经过与产品放行有关的培训，方能独立履行其职责。②主要职责。参与企业质量体系建立、内部自检、外部质量审计、验证以及药品不良反应报告、产品召回等质量管理活动；承担产品放行的职责，确保每批已放行产品的生产、检验均符合相关法规、药品注册要求和质量标准；在产品放行前，质量受权人必须按照要求出具产品放行审核记录，并纳入批记录。

3. 培训

企业职工的培训由人力资源部门和质量管理部门负责，对药品生产企业所有员工进行培训，是全面质量管理的要求之一。与此同时，还要建立完善的培训体系及考核与培训档案管理制度。

4. 人员卫生

（1）对工作服的相关规定：工作服的选材、式样及穿戴方式应当与所从事的工作和空气洁净度级别要求相适应，并不得混用。洁净工作服的质地应光滑，不产生静电，不脱落纤维和颗粒性物质。无菌工作服必须包盖全部头发、胡须及脚部，并能阻留人体脱落物。不同空气洁净度级别使用的工作服应分别清洗、整理，必要时消毒或灭菌。工作服洗涤、灭菌时不应带入附加的颗粒物质并应制订清洗周期。

（2）对工作人员的相关规定：①一般生产区。直接接触药品的生产人员上岗前应当接受健康检查，以后每年至少进行一次健康检查；体表有伤口、患有传染病或其他可能污染药品疾病的人员不得从事直接接触药品的生产；操作人员应当避免裸手直接接触药品、与药品直接接触的包装材料和设备表面。②洁净区。洁净区仅限于该区域生产操作人员和经批准的人员进入。进入洁净生产区的人员不得化妆和佩戴饰物。D级区：应将头发、胡须等相关部位遮盖。应穿普通的工作服。应采取适当措施，以避免带入洁净区外的污染物。C级区：应将头发、胡须等相关部位遮盖，应戴口罩。应穿手腕处可收紧的连体服或衣裤分开的工作服。工作服应不脱落纤维或微粒。A/B级区：应用头罩将所有头发以及胡须等相关部位全部遮盖，应戴经灭菌的手套和脚套。工作服应为灭菌的连体工作服，不脱落纤维或微粒，并能滞留身体散发的微粒。

（四）厂房与设施

药品生产企业的厂房与设施等硬件条件是实施 GMP 的基础条件，也是保证药品质量的先决条件。

1. 总体设计与要求

（1）厂房的选址、设计、布局、建造、改造和维护必须符合药品生产要求，应当能够最大限度地避免污染、交叉污染、混淆和差错，便于清洁、操作和维护。

（2）应当根据厂房及生产防护措施综合考虑选址，厂房所处的环境应当能够最大限度地降低物料或产品遭受污染的风险。

（3）企业应当有整洁的生产环境；厂区的地面、路面及运输等不应当对药品的生产造成污染；生产、行政、生活和辅助区的总体布局应当合理，不得互相妨碍；厂区和厂房内的人、物流走向应当合理。

（4）应当对厂房进行适当维护，并确保维修活动不影响药品的质量。应当按照详细的书面操作规程对厂房进行清洁或必要的消毒。

（5）厂房应当有适当的照明、温度、湿度和通风，确保生产和贮存的产品质量以及相关设备性能不会直接或间接地受到影响。

（6）厂房、设施的设计和安装应当能够有效防止昆虫或其他动物进入。应当采取必要的措施，避免所使用的灭鼠药、杀虫剂、烟熏剂等对设备、物料、产品造成污染。

（7）应当采取适当措施，防止未经批准人员的进入。生产、贮存和质量控制区不应当作为非本区工作人员的直接通道。

2. 生产区

（1）为降低污染和交叉污染的风险，厂房、生产设施和设备应当根据所生产药品的特性、工艺流程及相应洁净度级别要求合理设计、布局和使用，并符合下列要求：①生产特殊性质的药品，如高致敏性药品（如青霉素类）或生物制品（如卡介苗或其他用活性微生物制备而成的药品），必须采用专用和独立的厂房、生产设施和设备。青霉素类药品产尘量大的操作区域应当保持相对负压，排至室外的废气应当经过净化处理并符合要求，排风口应当远离其他空气净化系统的进风口。②生产 β-内酰胺结构类药品、性激素类避孕药品必须使用专用设施（如独立的空气净化系统）和设备，并与其他药品生产区严格分开。③生产某些激素类、细胞毒性类、高活性化学药品应当使用专用设施（如独立的空气净化系统）和设备。④生产高活性、高毒性、高致敏性药品的空气净化系统，其排风应当经过净化处理。⑤药品生产厂房不得用于生产对药品质量有不利影响的非药用产品。

（2）生产区和贮存区应当有足够的空间，确保有序地存放设备、物料、中间产品、待包装产品和成品，避免不同产品或物料的混淆、交叉污染，避免生产或质量控制操作发生遗漏或差错。

（3）应当根据药品品种、生产操作要求及外部环境状况等配置空调净化系统，使生产区有效通风，并有温度、湿度控制和空气净化过滤，保证药品的生产环境符合要求。

（4）各种管道、照明设施、风口和其他公用设施的设计和安装应当避免出现不易清洁的部位，应当尽可能在生产区外部对其进行维护。

(5) 排水设施应当大小适宜，并安装防止倒灌的装置。应当尽可能避免明沟排水；不可避免时，明沟宜浅，以方便清洁和消毒。

(6) 制剂的原辅料称量通常应当在专门设计的称量室内进行。

(7) 产尘操作间（如干燥物料或产品的取样、称量、混合、包装等操作间）应当保持相对负压或采取专门的措施，防止粉尘扩散、避免交叉污染并便于清洁。用于药品包装的厂房或区域应当合理设计和布局，以避免混淆或交叉污染。如同一区域内有数条包装线，应当有隔离措施。

(8) 生产区应当有适度的照明，目视操作区域的照明应当满足操作要求。

(9) 生产区内可设中间控制区域，但中间控制操作不得给药品带来质量风险。

(10) 洁净区的规定：①洁净区的分级与监测。洁净区的设计必须符合相应的洁净度要求，包括达到"静态"和"动态"的标准。"静态"是指所有生产设备均已安装就绪，但没有生产活动且无操作人员在场的状态。"动态"是指生产设备按预定的工艺模式运行并有规定数量的操作人员在现场操作的状态。按照GMP要求，将无菌药品生产所需的洁净区分为以下4个级别，具体标准见表4-1和4-2。A级：高风险操作区，如灌装区、放置胶塞桶、敞口安瓿瓶、敞口西林瓶的区域及无菌装配或连接操作的区域。通常用层流操作台（罩）来维持该区的环境状态。层流系统在其工作区域必须均匀送风，风速为0.36~0.54m/s（指导值）。应有数据证明层流的状态并须验证。在密闭的隔离操作器或手套箱内，可使用单向流或较低的风速。B级：指无菌配制和灌装等高风险操作A级区所处的背景区域。C级和D级：指生产无菌药品过程中重要程度较低的洁净操作区。应对A、B、C级洁净区的悬浮粒子进行动态监测。同时对微生物实施动态监控。各类药品的生产均应当在GMP规定的相应级别的洁净区内进行。其中，无菌药品的生产分为最终灭菌产品和非最终灭菌产品的生产。下面以非最终灭菌药品的无菌操作为例说明各洁净级别的适用范围，详见表4-3。②洁净区的管理。生产厂房应按生产工艺流程及相应洁净度级别要求合理布局。洁净区布局宜遵循的原则：不同洁净级别的房间和区域，宜按洁净度由高至低的顺序由内向外布置；空气洁净度级别相同的房间应尽量集中。洁净区的内表面（墙壁、地面、天棚）应当平整光滑、无裂缝、接口严密、无颗粒物脱落，避免积尘，便于有效清洁，必要时应当进行消毒。洁净区与非洁净区之间、不同级别洁净区之间的压差应当不低于10帕斯卡。必要时，相同洁净度级别的不同功能区域（操作间）之间也应当保持适当的压差梯度。口服液体、固体、腔道用药（含直肠用药）、表皮外用药品、非无菌的眼用制剂暴露工序及其直接接触药品的包装材料最终处理的暴露工序区域，应参照D级洁净区的要求设置与管理。

表4-1 洁净区空气悬浮粒子标准

洁净度级别	悬浮粒子最大允许数/(粒/m³)			
	静态		动态	
	≥0.5μm	≥5.0μm	≥0.5μm	≥5.0μm
A级	3520	20	3520	20
B级	3520	29	352000	2900
C级	352000	2900	3520000	29000
D级	3520000	29000	不作规定	不作规定

表 4-2　洁净区微生物监测的动态标准

级别	浮游菌 /(cfu/m^3)	沉降菌(φ90mm) /(cfu/4h)	表面微生物	
			暴露皿(φ55mm) /(cfu/碟)	5指手套 /(cfu/手套)
A级	<1	<1	<1	<1
B级	10	5	5	5
C级	100	50	25	—
D级	200	100	50	—

表 4-3　各洁净级区域适用范围（非最终灭菌药品）

洁净度级别	非最终灭菌产品的无菌生产操作示例
B级背景下的A级	1. 处于未完全密封状态下产品的操作和转运，如产品灌装（或灌封）、分装、压塞、轧盖等； 2. 灌装前无法除菌过滤的药液或产品的配制； 3. 直接接触药品的包装材料、器具灭菌后的装配以及处于未完全密封状态下的转运和存放； 4. 无菌原料药的粉碎、过筛、混合、分装
B级	1. 处于未完全密封状态下的产品置于完全密封容器内的转运； 2. 直接接触药品的包装材料、器具灭菌后处于密闭容器内的转运和存放
C级	1. 灌装前可除菌过滤的药液或产品的配制； 2. 产品的过滤
D级	直接接触药品的包装材料、器具的最终清洗、装配或包装、灭菌

3. 仓储区

仓储区应当有足够的空间，确保有序存放待验、合格、不合格、退货或召回的原辅料、包装材料、中间产品、待包装产品和成品等各类物料和产品。

仓储区的设计和建造应当确保良好的仓储条件，能够满足物料或产品的贮存条件（如温湿度、避光）和安全贮存的要求，并有通风和照明设施。高活性的物料或产品以及印刷包装材料应当贮存于安全的区域。

4. 质量控制区

质量控制实验室应与生产区分开，生物检定、微生物和放射性同位素的实验室还应当彼此分开。实验室应有足够的区域用于样品处置、留样和稳定性考察样品的存放以及记录的保存。

5. 辅助区

休息室的设置不应当对生产区、仓储区和质量控制区造成不良影响；更衣室和盥洗室应当方便人员进出，并与使用人数相适应。盥洗室不得与生产区和仓储区直接相通。

（五）设备

1. 总体要求

设备的设计、选型、安装、改造和维护必须符合生产要求，应尽可能降低产生污染、交叉污染、混淆和差错的风险，便于操作、维护和保养，易清洁、消毒或灭菌。生产设备不得对药品质量产生任何不利影响。

用于生产和检验的衡器、量具、仪器和仪表等其量程和精度应符合生产和检验要求，并有合格标志。

与药品直接接触的生产设备表面应当平整、光洁、易清洗或消毒、耐腐蚀,不得与药品发生化学反应、吸附药品或向药品中释放物质。设备所用的润滑剂、冷却剂等不得对药品或容器造成污染,应当尽可能使用食用级或级别相当的润滑剂。

2. 具体管理规定

(1)建立设备管理档案:药品生产企业必须对企业内全部的设备、仪器、仪表、衡器进行登记,建立设备台账、设备履历卡和完整的设备管理档案,并有专人管理。生产设备应当有明显的状态标识,主要固定管道应当标明内容物名称和流向。

(2)设备的维护、维修、清洁和使用:药品生产企业应当制定设备的预防性维护计划和操作规程,并应有相应的记录。经改造或重大维修的设备应当进行再确认,符合要求后方可用于生产。在设备的保养和维修过程中,不得影响产品质量。不合格的设备如有可能应当搬出生产和质量控制区,未搬出前,应当有醒目的状态标识。生产设备的清洗应该制定清洗规程,并有相应的记录。

(3)生产设备的状态标识:生产设备应当有明显的状态标识,标明设备编号和内容物(如名称、规格、批号);没有内容物的应当标明清洁状态。主要固定管道应当标明内容物名称和流向。对在维修的设备应标明维修标识;不合格的设备如有可能应当搬出生产和质量控制区,未搬出前,应当有醒目的状态标识。

(4)定期校准:为了确保生产和检验数据的准确、可靠,企业应定期对生产和检验用关键衡器、量具、仪表、设备及仪器进行校准和检查,有明显的合格标识,标明其校准有效期,并保存相关记录。

3. 制药用水

药品生产企业的制药用水应适合其特定用途,并符合《中华人民共和国药典》的质量标准及相关要求。制药用水至少应采用饮用水。

水处理设备及其输送系统的设计、安装、运行和维护应当确保制药用水达到设定的质量标准。

纯化水、注射用水储罐和输送管道所用材料应当无毒、耐腐蚀;储罐的通气口应当安装不脱落纤维的疏水性除菌滤器;管道的设计和安装应当避免死角、盲管。纯化水、注射用水的制备、贮存和分配应当能够防止微生物的滋生。纯化水可采用循环,注射用水可采用70℃以上保温循环。

应当对制药用水及原水的水质进行定期监测,并有相应的记录。应当按照操作规程对纯化水、注射用水管道进行清洗消毒,并有相关记录。发现制药用水微生物污染达到警戒限度、纠偏限度时应当按照操作规程处理。

(六)物料与产品

物料是指原料、辅料和包装材料等,产品包括药品的中间产品、待包装产品和成品。

1. 总体要求

药品生产所用的原辅料、与药品直接接触的包装材料应当符合相应的质量标准。药品上直接印字所用油墨应当符合食用标准。药品生产企业应建立物料和产品的操作规程,指定专人保管,并有相关记录。物料供应商的确定及变更应当进行质量评估,并经质量管理部门批准后方可采购。

2. 原辅料

企业应当制订相应的操作规程，采取核对或检验，确认每一包装内的原辅料正确无误。每批原辅料均应按批取样、检验、放行。

进入仓储区内的原辅料应当有适当的标识，并至少标明下述内容：指定的物料名称和企业内部的物料代码；企业接收时设定的批号；物料质量状态（如待验、合格、不合格、已取样）；有效期或复验期。只有经质量管理部门批准放行并在有效期或复验期内的原辅料方可使用。贮存期内，如发现对质量有不良影响的特殊情况，应当进行复验。

配料时，应按照操作规程，认真核对物料后，精确称量或计量，并作好标识。用于同一批药品生产的所有配料应当集中存放，并作好标识。配制的每一物料及其重量或体积应当由他人独立进行复核，并有复核记录。

3. 中间产品和待包装产品

中间产品和待包装产品应当在适当的条件下贮存。应当有明确的标识，并至少标明下述内容：产品名称和企业内部的产品代码；产品批号；数量或重量（如毛重、净重等）；生产工序（必要时）；产品质量状态（必要时，如待验、合格、不合格、已取样）。

4. 包装材料

包装材料应当由专人按照操作规程发放，并采取措施避免混淆和差错，确保用于药品生产的包装材料正确无误。与药品直接接触的包装材料和印刷包装材料的管理和控制要求与原辅料相同。

应当建立印刷包装材料设计、审核、批准的操作规程，确保印刷包装材料印制的内容与药品监督管理部门核准的一致，并建立专门的文档，保存经签名批准的印刷包装材料原版实样。

印刷包装材料应当设置专门区域妥善存放，由专人保管，并按照操作规程和需求量发放。每批或每次发放的与药品直接接触的包装材料或印刷包装材料，均应当有识别标志，标明所用产品的名称和批号。过期或废弃的印刷包装材料应当予以销毁并记录。

5. 成品

成品放行前应当待验贮存。成品的贮存条件应当符合药品注册批准的要求。

6. 特殊管理的物料和产品

麻醉药品、精神药品、医疗用毒性药品（包括药材）、放射性药品、药品类易制毒化学品及易燃、易爆和其他危险品的验收、贮存、管理应当执行国家有关的规定。

7. 其他

（1）不合格的物料、中间产品、待包装产品和成品的每个包装容器上均应当有清晰醒目的标志，并在隔离区内妥善保存，其处理应当经质量管理负责人批准，并有记录。

（2）产品回收需经预先批准，并对相关的质量风险进行充分评估以决定是否回收，并有相应记录。

（3）制剂产品不得进行重新加工。不合格的制剂中间产品、待包装产品和成品一般不得进行返工。只有不影响产品质量、符合相应质量标准，且进行相关风险充分评估后，才允许返工处理，返工应当有相应记录。

（4）企业应当建立药品退货的操作规程，并有相应的记录，内容至少应当包括：产品名称、批号、规格、数量、退货单位及地址、退货原因及日期、最终处理意见。同一产品同一批号不同渠道的退货应当分别记录、存放和处理。

（七）确认与验证

确认是证明厂房、设施、设备能在设定的条件下正确运行并可以达到预期结果的一系列活动。

验证是证明在药品的生产过程中，任何操作规程、生产工艺、质量控制方法或系统确实能达到预期结果的有文件证明的一系列活动。

1. 确认或验证的方式及适用范围

（1）确认的方式：厂房、设施、设备的确认包括设计确认、安装确认、运行确认和性能确认。

（2）验证的方式：验证包括前验证、回顾性验证、同步验证和再验证。

（3）当影响产品质量的主要因素，如原辅料、与药品直接接触的包装材料、生产设备、生产环境（或厂房）、生产工艺、检验方法等发生变更时，应当进行确认或验证。

（4）清洁方法应当经过验证，证实其清洁的效果，以有效防止污染和交叉污染。清洁验证应当综合考虑设备使用情况、所使用的清洁剂和消毒剂、取样方法和位置以及相应的取样回收率、残留物的性质和限度、残留物检验方法的灵敏度等因素。

（5）确认和验证不是一次性的行为。首次确认或验证后，应当根据产品质量回顾分析情况进行再确认或再验证。关键的生产工艺和操作规程应当定期进行再验证，确保其能够达到预期结果。

（6）企业应当根据验证的结果确认工艺规程和操作规程。

2. 确认或验证的基本内容

包括厂房、设施、设备和检验仪器的确认、生产过程验证（工艺验证）、产品验证以及计算机系统的验证等各个方面。

3. 确认或验证的基本程序

（1）根据确认或验证的对象制订方案，并经审核、批准。

（2）按照预先确定和批准的方案实施，并有记录。确认或验证工作完成后，应当写出报告，并经审核、批准。确认或验证的结果和结论（包括评价和建议）应当有记录并存档。

4. 确认或验证文件

应包括总计划、方案、记录、报告、评价和建议等。验证报告包括验证目的、工艺过程和操作规程、使用的设备、质量标准，取样方法和检查操作规程等内容。

（八）文件管理

GMP 中的"文件"是指一切涉及药品生产质量管理的书面标准和实施中的记录结果。文件管理是指文件的设计、制订、审核、批准、复制、分发、培训、执行、归档、变更、保存和销毁的一系列过程的管理活动。文件管理是企业质量保证体系的最基本要素，企业除了制订各项管理制度、标准操作程序外，还应重视"痕迹"管理，即要及时、正确地记录各项实施情况且保存完整的执行记录，从而保证药品生产经营活动的全过程规范化运作。

文件包括两大类：标准和记录。

1. 标准

标准是指在药品生产质量管理过程中预先制定的书面要求,分为技术标准、管理标准和操作标准。

(1) 技术标准分为质量标准和工艺规程。

(2) 管理标准是企业为了行使计划、指挥、控制、协调等管理职能而使管理过程标准化、规范化而制订的制度、规定、标准、程序、办法等书面要求。

(3) 操作标准即企业制订的各个岗位的操作规程。它是用来指导设备操作、维护与清洁、验证、环境控制、取样和检验等药品生产活动的通用性文件,也称标准操作规程(standard operating procedure,SOP)。

2. 记录

记录是反映药品生产质量管理过程中执行标准情况的结果。记录分为过程记录、台账记录和凭证三大类。其中过程记录分为:批生产记录、批包装记录、批检验记录、放行审核记录、批销售记录等,这些批记录又统称为"批档案"。

(1) 批生产记录:经批准的批生产记录是批产品生产的标准和依据。每批产品均应有相应的批生产记录,可追溯该批产品的生产历史以及与质量有关的情况。内容包括:产品名称、规格、批号;生产日期;工序负责人签名;操作人员、复核人员签名;原辅料的批号及数量;相关生产操作、工艺参数、所用设备的编号;相关生产工序产量及物料平衡计算;生产过程的控制记录及特殊问题记录。

批生产记录应字迹清晰、内容真实、数据完整,并由操作人及复核人签名。记录应保持整洁,不得撕毁和任意涂改;更改时,在更改处签名,并使原数据仍可辨认。批生产记录应按批号归档,保存至药品有效期后一年。未规定有效期的药品,其批生产记录至少保三年。

(2) 批包装记录:批包装记录内容包括产品名称、规格、包装形式、批号、生产日期和有效期;待包装产品的批号、数量以及成品的批号和计划数量;包装操作日期;包装操作负责人及操作人员签名;包装材料名称、批号和使用数量;根据工艺规程所进行的检查记录;包装操作所用设备;对特殊问题或异常事件的记录;印刷包装材料和待包装产品的名称、代码,以及发放、使用、销毁或退库的数量、实际产量以及物料平衡检查。前次包装操作的清场记录(副本)及本次包装清场记录(正本)。

遇到药品出现零头包装时,只限两个批号为一个合箱,合箱外应标明全部批号,并建立合箱记录。

(3) 批检验记录:批检验记录包括请验单、取样记录、检验原始记录、检验报告书、检验报告书交接记录、各类检验台账等。其中,检验原始记录进一步分为原辅料、包装材料检验原始记录、水质检验记录、环境监测检验记录、卫生监控检验记录、中间产品、成品检验原始记录等。

检验原始记录由检验员及时填写,不得暂记纸片或写回忆录,记录要求真实、准确,不得弄虚作假,编造数据。记录完整、无漏项,无缺页损角,字迹清晰,色调一致,书写正确,无涂改,修改正确,有依据,有结论,检验人、复核人签名。

批检验记录按品种、规格归档,保存至药品有效期后一年。未规定有效期的,至少保存三年,到期的记录、台账按《文件管理规程》销毁。

（九）生产管理

1. 生产管理总体要求

（1）生产文件管理：所有药品的生产和包装均应当按照批准的工艺规程和操作规程进行操作并有相关记录。

（2）批号管理：在规定限度内具有同一性质和质量，并在同一连续生产周期中生产出来的一定数量的药品为一批。批号是指用于识别批的一组数字或字母加数字，用以追溯该批药品的生产历史。企业应建立划分批次、编制批号的操作规程，划分生产批次，并根据生产批次编制唯一的生产批号。

（3）物料平衡管理：每批产品应当检查产量和物料平衡，确保物料平衡符合设定的限度。如有差异，必须查明原因，确认无潜在质量风险后，方可按照正常产品处理。

（4）状态标识管理：生产期间所有物料、中间产品或待包装产品的容器及主要设备、必要的操作室应当贴签标识或以其他方式标明生产中的产品或物料名称、规格和批号。容器、设备或设施所用标识应当清晰明了，可采用不同的颜色区分被标识物的状态（如待验、合格、不合格或已清洁等）。

（5）清场管理：每次生产结束后应当进行清场，确保设备和工作场所没有遗留与本次生产有关的物料、产品和文件。下次生产开始前，应当对前次清场情况进行确认。

2. 防止生产过程中的污染和交叉污染的措施

生产过程中应尽可能采取措施，防止污染和交叉污染。

3. 生产操作管理

（1）生产开始前应进行检查，确保设备和工作场所没有上批遗留的产品、文件或与本批产品生产无关的物料，设备处于已清洁及待用状态。

（2）进行中间控制和必要的环境监测，并予以记录。

（3）每批药品的每一生产阶段完成后必须由生产操作人员清场，并填写清场记录。清场记录内容包括操作间编号、产品名称、批号、生产工序、清场日期、检查项目及结果、清场负责人及复核人签名。清场记录应当纳入批生产记录。

4. 包装操作管理

包装操作规程应当规定降低污染和交叉污染、混淆或差错风险的措施。

（十）质量控制与质量保证

1. 质量控制实验室管理

质量控制实验室的人员、设施、设备应当与产品性质和生产规模相适应。质量控制负责人应当具有足够的管理实验室的资质和经验。质量控制实验室应当建立检验结果超标调查的操作规程。任何检验结果超标都必须按照操作规程进行完整的调查，并有相应的记录。试剂、试液、培养基、检定菌以及标准品或对照品按规定管理。

2. 物料和产品放行

企业应当分别建立物料和产品批准放行的操作规程，明确批准放行的标准、职责，并有相应的记录。在批准放行前，应对每批药品进行质量评价，保证药品及其生产符合注册和GMP要求，药品的质量评价应有明确的结论，如批准放行、不合格或其他决定。每批药品均应当由质量受权人签名批准放行。

3. 持续稳定性考察

质量管理部门应进行持续稳定性考察,其目的是在有效期内监控已上市药品的质量,以发现药品与生产相关的稳定性问题(如杂质含量或溶出度特性的变化),并确定药品能够在标示的贮存条件下,符合质量标准的各项要求。持续稳定性考察应有考察方案,结果应有报告。

4. 变更控制

企业应建立变更控制系统,对所有影响产品质量的变更进行评估和管理。质量管理部门应当指定专人负责变更控制,应当保存所有变更的文件和记录。

5. 偏差处理

企业应当建立偏差处理的操作规程,规定偏差的报告、记录、调查、处理以及所采取的纠正措施,并有相应的记录。

6. 其他

质量管理部门还应当制订纠正措施和预防措施、供应商的评估和批准、投诉与不良反应处理、产品质量回顾分析等方面的管理文件与操作规程,按照规程进行相关的工作,保存好相关的记录。

(十一)产品发运与召回

每批产品均应当有发运记录,发运记录应至少保存至药品有效期后一年。根据发运记录,应当能够追查每批产品的销售情况,必要时应当能够及时全部追回。

药品生产企业应根据《药品召回管理办法》建立药品召回制度,并制订药品召回操作规程,对可能具有安全隐患的药品进行调查、评估,召回存在安全隐患的药品。召回的进展过程应当有记录,并有最终报告。

(十二)自检

质量管理部门应当定期组织对企业进行自检,自检应当有计划,对机构与人员、厂房与设施、设备、物料与产品、确认与验证、文件管理、生产管理、质量控制与质量保证、委托生产与委托检验、产品发运与召回等项目定期进行检查,以证实与 GMP 的一致性。自检应有记录。自检完成后应形成自检报告,内容包括自检过程中观察到的所有情况、评价的结论以及提出纠正和预防措施的建议。

(十三)药品生产质量管理的术语

1. 物料(material)

物料是指原料、辅料和包装材料等。化学药品制剂的原料指原料药;生物制品的原料指原材料;中药制剂的原料指中药材、中药饮片和外购中药提取物;原料药的原料指用于原料药生产的除包装材料以外的其他物料。

2. 原辅料(raw material)

原辅料是指除包装材料之外,药品生产中使用的任何物料。对药品制剂而言,原辅料包括原料药和辅料。外购的中间产品和待包装产品视同为原辅料。

3. 包装材料（packaging material）

包装材料是指药品包装所用的任何材料，包括与药品直接接触的包装材料和容器、印刷包装材料，但不包括发运用的外包装材料。

4. 印刷包装材料（printed packaging material）

印刷包装材料是指印有内容、式样、文字需经药品监督管理部门批准的包装材料，如印字铝箔、标签、说明书、纸盒等。

5. 包装（package）

包装是指待包装产品变成成品所需的所有操作步骤，包括分装、贴签等。无菌生产工艺中产品的无菌灌装以及最终灭菌产品的灌装等不视为包装。

6. 产品（product）

产品是指药品的中间产品、待包装产品或成品。

7. 中间产品（intermediate product）

中间产品是指完成部分加工步骤的产品，尚需进一步加工方可成为待包装产品。

8. 成品（finished product）

成品是指已完成所有生产操作步骤和最终包装的产品。

9. 工艺用水（process water）

工艺用水是指药品生产工艺中使用的水，包括饮用水、纯化水、注射用水。

10. 纯化水（purified water）

纯化水是指为饮用水经蒸馏法、离子交换法、反渗透法或其他适宜的方法制备的制药用水，不含任何附加剂。

11. 洁净区（clean area）

洁净区是指需要对环境中尘粒及微生物数量进行控制的房间（区域），其建筑结构、装备及其使用应当能够减少该区域内污染物的引入、产生和滞留。

12. 污染（contamination）

污染是指在生产、取样、包装或重新包装、贮存或运输等操作过程中，原辅料、中间产品、待包装产品、成品受到具有化学或微生物特性的杂质或异物的不利影响。

13. 气锁间（air lock）

气锁间是指设置于两个或数个房间之间（如不同洁净度级别的房间之间）的具有两扇或多扇门的隔离空间。设置气锁间的目的是在人员或物料出入时，对气流进行控制。气锁间有人员气锁间和物料气锁间。

14. 文件（documentation）

GMP 所指的文件包括质量标准、工艺规程、操作规程、记录、报告等。

15. 操作规程（operating procedure）

操作规程是指经批准用来指导设备操作、维护与清洁、验证、环境控制、取样和检验等药品生产活动的通用性文件，也称标准操作规程。

16. 工艺规程（process procedure）

工艺规程是指为生产特定数量的成品而制订的一个或一套文件，包括生产处方、生产操作要求和包装操作要求，规定原辅料和包装材料的数量、工艺参数和条件、加工说明（包括中间控制）、注意事项等内容。

17. 确认（qualification）

确认是指证明厂房、设施、设备能正确运行并可达到预期结果的一系列活动。

18. 验证（validation）

验证是指证明任何操作规程（或方法）、生产工艺或系统能达到预期结果的有文件证明的一系列活动。

19. 待验（quarantine）

待验是指原辅料、包装材料、中间产品、待包装产品或成品，采用物理手段或其他有效方式将其隔离或区分，在允许用于投料生产或上市销售之前贮存、等待作出放行决定的状态。

20. 批（batch）

批是指经一个或若干加工过程生产的、具有预期均一质量和特性的一定数量的原辅料、包装材料或成品。为完成某些生产操作步骤，可能有必要将一批产品分成若干亚批，最终合并成为一个均一的批。在连续生产情况下，批必须与生产中具有预期均一特性的确定数量的产品相对应，批量可以是固定数量或固定时间段内生产的产品量。如口服或外用的固体、半固体制剂在成型或分装前使用同一台混合设备一次混合所生产的均质产品为一批；口服或外用的液体制剂以灌装（封）前经最后混合的药液所生产的均质产品为一批。

21. 批号（batch number）

批号是指用于识别一个特定批的具有唯一性的数字和（或）字母的组合。

22. 物料平衡（material reconciliation）

物料平衡是指产品或物料实际产量或实际用量及收集到的损耗之和与理论产量或理论用量之间的比较，并考虑可允许的偏差范围。

23. 供应商（supplier）

供应商是指物料、设备、仪器、试剂、服务等的提供方，如生产商、经销商等。

24. 重新加工（reworking）

重新加工是指将某一生产工序生产的不符合质量标准的一批中间产品或待包装产品的一部分或全部，采用不同的生产工艺进行再加工，以符合预定的质量标准。

25. 返工（reprocessing）

返工是指将某一生产工序生产的不符合质量标准的一批中间产品或待包装产品、成品的一部分或全部返回到之前的工序，采用相同的生产工艺进行再加工，以符合预定的质量标准。

26. 回收（recovery）

回收是指在某一特定的生产阶段，将以前生产的一批或数批符合相应质量要求的产品的一部分或全部加入到另一批次中的操作。

27. 警戒限度（warning limit）

警戒限度是指系统的关键参数超出正常范围，但未达到纠偏限度，需要引起警觉，可能需要采取纠正措施的限度标准。

28. 纠偏限度（limit of rectifying deviation）

纠偏限度是指系统的关键参数超出可接受标准，需要进行调查并采取纠正措施的限度标准。

29. 中间控制（in-process control）

中间控制也称过程控制，是指为确保产品符合有关标准，生产中对工艺过程加以监控，以便在必要时进行调节而做的各项检查。可将对环境或设备控制视作中间控制的一部分。

30. 阶段性生产方式（phased production）

阶段性生产方式是指在共用生产区内，在一段时间内集中生产某一产品，再对相应的共用生产区、设施、设备、工器具等进行彻底清洁，更换生产另一种产品的方式。

31. 复验期（retest dating）

复验期是指原辅料、包装材料贮存一定时间后，为确保其仍适用于预定用途，由企业确定的需重新检验的日期。

32. 放行（release）

放行是指对一批物料或产品进行质量评价，作出批准使用或投放市场或其他决定的操作。

33. 药品质量受权人（authorized person）

药品质量受权人是指具备相应专业技术资格和工作经验，经药品生产企业法定代表人授权，并经当地药品监督管理部门审核、培训、备案，全面负责药品生产质量的高级专业管理人员。

三、《药品生产质量管理规范（2010年修订）》配套文件

自《药品生产质量管理规范（2010年修订）》公布施行以来，国家药品监督管理部门先后颁布了一系列配套文件，对《药品生产质量管理规范（2010年修订）》进行补充和完善，具体配套文件见表4-4。

表4-4 《药品生产质量管理规范（2010年修订）》配套文件

序号	文件名称	颁布部门	施行日期
1	《无菌药品》附录	国家食品药品监督管理局	2011年3月1日
2	《原料药》附录	国家食品药品监督管理局	2011年3月1日
3	《中药制剂》附录	国家食品药品监督管理局	2011年3月1日
4	《放射性药品》附录	国家食品药品监督管理局	2012年12月6日
5	《中药饮片》附录	国家食品药品监督管理总局	2014年7月1日
6	《医用氧》附录	国家食品药品监督管理总局	2014年7月1日

续表

序号	文件名称	颁布部门	施行日期
7	《取样》附录	国家食品药品监督管理总局	2014年7月1日
8	《计算机化系统》附录	国家食品药品监督管理总局	2015年12月1日
9	《确认与验证》附录	国家食品药品监督管理总局	2015年12月1日
10	《生化药品》附录	国家食品药品监督管理总局	2017年9月1日
11	《生物制品》附录修订稿	国家药品监督管理局	2020年7月1日
12	《血液制品》附录修订稿	国家药品监督管理局	2020年10月1日
13	《临床试验用药品(试行)》附录	国家药品监督管理局	2022年7月1日

案例分析与思考题

一、案例分析题

1. 辉瑞制药公司取得的巨大成功对我国制药企业的启示

【案例内容】

辉瑞制药公司(以下简称"辉瑞")成立于1849年,总部位于美国纽约,2020年拥有员工78.5万名,总营收达419亿美元。作为全球的制药巨头之一,辉瑞在全球拥有40个生产基地,业务遍布约125个国家和地区。辉瑞最初是从化工业起家,它之所以成功,是巧妙地抓住了每一次创新药发展的黄金时期,是投资并购的集大成者和现代药品销售模式的缔造者。在过去的30多年里,辉瑞的快速发展成为制药行业的佳话,其全球药品销售额排名从1990年的第14名很快攀升至2000年的第1名,并连续10余年蝉联桂冠。辉瑞的发展史充满传奇色彩,许多事迹值得广大业界同仁学习和借鉴。

(1) 辉瑞善于利用已有重磅产品去换取更多重磅产品:辉瑞首先通过络活喜等系列产品获取的资源并购华纳-兰伯特公司,获得重磅产品立普妥和乐瑞卡。此后又基于立普妥、络活喜和万艾可等产品的资源兼并了法玛西亚普强公司,获得西乐葆;再后来又吞并惠氏公司,获得沛儿(Prevenar,7价肺炎球菌荚膜多糖结合疫苗)。辉瑞通过不断并购实现产品线多元化,化解市场风险。

(2) 辉瑞能够将并购来的资源完美整合:辉瑞几乎每一次并购后都要大规模裁员,进行资源整合,剥离重复的、不需要的资源,让企业"瘦身",使运营成本降低,实现利润最大化。

(3) 辉瑞拥有强大的销售能力:辉瑞是最擅长营销的公司之一,如果没有辉瑞,很多明星药品的销售额都可能无法达到今天的业绩。例如,辉瑞为了将立普妥做成"超级重磅产品",一方面积极开展临床试验,并通过上万名销售代表将立普妥的安全性和有效性证据第一时间传递给临床医生;另一方面,辉瑞还巧妙地设计了用药剂量相关的价格策略,尽管立普妥FDA批准的最大剂量是80mg,但10mg剂量的疗效就能与其他他汀类药物媲美,这样10mg剂量的立普妥对医生、患者而言,就有一种"安全有效""经济实惠"的吸引力,10mg剂量的立普妥就可实现与其他产品的价格差异化,而且为预防用药做好了铺垫。同时,辉瑞还投放了大量的广告,快速提高药品的用户群和使用率。通过综合运用各种营销策略,立普妥很快成长为"超级重磅产品"。立普妥于1997年获批,1998年上市销售,2004

年销售额过百亿美元，2006 年达销售峰值，为 138.3 亿美元，并连续 7 年维持年销售额过百亿美元水平。截至 2011 年 11 月阿伐他汀仿制药在美国上市，立普妥创造了 14.5 年累计销售 1250 亿美元的记录。

（4）辉瑞秉持开放的产品研究和开发策略：一般情况下，大公司产品研发效率较低，中小型研发公司模式灵活，产品研发效率较高，偶尔能研发出潜在的"重磅产品"。辉瑞将研发和兼并有效地融合，既可以有效利用研发资源，又能有效利用营销资源，一举两得。

资料来源：魏利军，王立峰，王海盛. 跨国药企成功启示录［M］. 北京：中国医药科技出版社，2022.

【问题与启示】

（1）分析辉瑞取得成功的经营之道。

（2）分析辉瑞销售模式。

2."欣弗"事件

【案例内容】

某年某月，国家药品监督管理局接到青海省食品药品监督管理局报告，青海省西宁市部分患者使用安徽华源生物药业有限公司生产的克林霉素磷酸酯葡萄糖注射液（欣弗）后出现了胸闷、心悸、心慌、寒战、肾区疼痛、腹痛、腹泻、恶心、呕吐、过敏性休克、肝肾功能损伤等临床症状。经查，该公司某年某月某日生产的克林霉素磷酸酯葡萄糖注射液未按批准的工艺参数灭菌，降低灭菌温度，缩短灭菌时间，增加灭菌柜装载量，影响了灭菌效果。经中国药品生物制品检定研究院对相关样品进行检验，结果表明，该药品无菌检查和热原检查不符合规定。这次药害事件共造成 11 人死亡。

资料来源：张立明，罗臻. 药事管理学［M］. 2 版. 北京：清华大学出版社，2021.

【问题与启示】

（1）请结合本案例理解药品生产工艺管理的重要意义。

（2）请结合《药品管理法》和《药品生产质量管理规范（2010 年修订）》有关规定，提出对该案件定性处理意见。

（3）思考一下，为什么安徽华源生物药业有限公司在这批药品出厂前没有检验出其不合格？说明可能的原因。

3."甲氨蝶呤"事件

【案例内容】

某年某月，国家药品监督管理局接到药品不良反应监测中心的报告，反映在上海和广西的几家医院，白血病患儿使用"甲氨蝶呤"（治疗儿童白血病的药物）以后，出现下肢疼痛、行走困难等症状。国家药品监督管理局在第一时间向社会公告，同时派出工作组分别到生产原料的企业、生产制剂的企业和医疗机构进行全面调查，对原料药和上海某制药企业生产的制剂也进行了抽样，同时采取了紧急控制措施，对有不良反应的两批药品进行了暂时控制。

调查结果显示，上海某制药企业在生产过程中，现场操作人员将硫酸长春新碱尾液混于注射用甲氨蝶呤及盐酸阿糖胞苷等批号的药品中，导致多个批次的药品被污染，造成重大的药品生产质量责任事故。

事后，上海市药品监督管理局依法吊销上海某制药企业的药品生产许可证，没收全部违法所得，并对其处以《药品管理法》规定的最高处罚。同时，上海市公安机关依法追究该企业相关责任人的刑事责任。

资料来源：张立明，罗臻. 药事管理学［M］. 2 版. 北京：清华大学出版社，2021.

【问题与启示】

（1）请结合本案例理解药品生产过程中清场和现场管理的重要意义。

（2）根据《药品管理法》规定，对这起"甲氨蝶呤"事件应该怎样定性处理？

二、思考题

1. 简述药品生产的特点。
2. 简述从事药品生产应当符合的条件。
3. 简述 GMP 的中心指导思想及实施 GMP 的重要意义。
4. 解释确认与验证。
5. 解释药品质量受权人。
6. GMP 如何对洁净区分级？

课件

视频讲解

第五章

药品流通管理

加强药品流通环节管理，保证人民用药安全、有效、可及，是《药品管理法》的重要内容之一，药品流通企业的经营条件和经营行为对保证药品质量、保障药品供应、合理用药等有重要影响。本章主要介绍与药品流通有关的法律、法规、药品流通管理的特点、药品经营质量管理、药品网络销售监督管理、药品物流管理和药品流通行业发展情况等重点内容。

第一节 药品流通管理概述

一、药品流通的概念

药品流通（drugs distribution）是指药品从生产企业进入消费者手中的一系列活动和过程。由于制药企业并不是药品最终的使用者或消费者。因此，药品从生产环节进入消费环节的这个过程就被称为药品流通过程。药品生产企业、流通企业以及药品消费者都是这个过程的参与者。药品流通包括药品流、资金流、药品所有权流和药品信息流。

二、药品流通管理的特点

药品作为特殊商品，其流通管理具有显著的专业性、政策性、综合性等特点。

（一）专业性

药品流通管理专业性强。药品流通企业面向全国乃至全球采购药品，药品品种规格多、数量大、流动性强，参与药品流通的机构人员多，其过程较一般商品复杂。药品的购进、储存、销售等过程复杂，药品流通企业必须具备符合 GSP 的经营场所、仓储条件、运输条件及一系列质量保证的管理制度，同时必须配备依法经过资格认定的药学技术人员，确保药品在流通过程中的质量。

（二）政策性

为加强药品流通环节的监督管理，保证药品质量，保障人体用药安全，维护人民身体健康和用药的合法权益。国家制定了一系列有关药品流通管理的法律、法规及规范性文件，主要有《药品管理法》《药品管理法实施条例》《药品经营和使用质量监督管理办法》《药品经营质量管理规范》。此外，药品流通还要遵守价格、广告等管理规定，必须依法经营，确保人民用药安全、有效、经济、合理。

（三）综合性

药品流通企业开展经营活动，除了药品的购进、储存、销售，还要同金融、交通运输、医院药房、社会药房等行业人员及医师、药师、患者等联系。药品流通管理既有专业技术性工作，又有事务性工作；企业既要处理好经济效益和社会效益之间的关系，又要处理好国家、企业、消费者之间的关系。

三、我国药品流通管理体制的发展历程

（一）集中统一管理阶段

从 1949 年中华人民共和国成立至 1984 年首部《药品管理法》出台，我国药品流通体制基本上是集中统一管理模式。传统医药站始建于 20 世纪 50 年代初，最初设立是因为在计划经济体制下，药品基本处于短缺状态，产品供不应求，国家出于宏观调控、合理分配药品资源的目的，在北京、广州、上海、天津和沈阳这五个制药企业相对集中的中心城市成立了一级药品采购供应站，并直属中国医药公司管理。中国医药公司是当时全国医药商业的行政主管单位。药品按照国家计划生产，统购统销，价格上实行统一控制、分级管理。在这段时期，国民经济得到了巩固，形成了较为完整的药品经营网络和供应体系，基本上保证了这一时期药品市场的基本需要。同时，在其他省会城市、地级市和县市设立二级或三级批发站，药品供应的唯一渠道就是通过各级医药站层层下达指标，层层调拨，进口药品统一调配，由一级批发站进口后，再层层分配。在计划经济体制下，这种四级批发模式有利于保障群众基本药品需求，但同时也造成了整个药品流通行业的低效率运行。

（二）转型发展阶段

进入 20 世纪 80 年代，国家开始从计划经济向市场经济转换，特别是到了 20 世纪 90 年代，医药商业管理体制发生了一系列深刻的变化。统购统销政策放开，企业自主权扩大，逐步形成了一个开放式、多渠道、少环节和跨地区跨层次的药品流通体制。在这一时期，流通体制的变革增强了企业活力，扩大了药品流通，促进了医药经济的发展。但是，药品流通领域出现无序扩张和过度竞争现象。全国的药品批发企业由计划经济时代的 2000 家迅速发展到 17000 余家。医药商业公司迅速发展，给传统药品流通带来了巨大的冲击，部分医药企业的效益大幅度滑坡，使整个药品流通行业面临困难。

1998 年以后，我国政府对医药行业加大了改革力度，尤其是在我国加入 WTO 之后，医药行业面临的挑战更加严峻，医药市场逐步发展为买方市场，药品流通市场化的进程加快。通过深化改革，我国基本建立起布局合理、规模经营、服务高效、竞争有序、适应社会主义市场经济规律的药品流通体制。在此期间组建医药集团公司，推动企业联合，大力推行总经销、总代理模式，加快城乡网点建设，把农村用药纳入国有主渠道的供应范围等政策，大大加快了医药商业的改革与发展。

（三）规范发展阶段

随着我国药品流通领域的发展变化，为了加强药品经营质量的管理，保证人民用药安全有效，国家出台了一系列法律、法规规范药品流通市场。2013 年，卫生部修订并发布《药品经营质量管理规范》，随后又发布了《药品经营质量管理规范实施细则》，要求药品经营企

业必须在 2014 年 12 月 31 日前通过 GSP 认证。其目的是淘汰不符合要求的药品经营企业，净化药品流通秩序，规范药品经营企业的管理，保证流通环节中的药品质量。2015 年 6 月 25 日，国家食品药品监督管理总局颁布新版《药品经营质量管理规范》，并于 2016 年进行了修正。

2011 年，商务部发布我国首个《全国药品流通行业发展规划纲要（2011—2015 年）》。该文件明确提出：鼓励和支持药品流通企业做大做强，通过收购、合并、托管、参股和控股等多种方式，实现规模化、集约化和国际化经营。2016 年，商务部发布《全国药品流通行业发展规划（2016—2020 年）》，提出提升行业集中度、发展现代绿色医药物流、推进"互联网＋药品流通"、提升行业开放水平、完善行业标准体系等发展目标，促进形成统一开放、竞争有序、网络布局优化、组织化程度和流通效率较高、安全便利、群众受益的现代药品流通体系。

2019 年新修订的《药品管理法》规定，从事药品经营活动，应当遵守《药品经营质量管理规范》，建立健全药品经营质量管理体系，保证药品经营全过程持续符合法定要求。国家鼓励、引导药品零售连锁经营。从事药品零售连锁经营活动的企业总部，应当建立统一的质量管理制度，对所属零售企业的经营活动履行管理责任。

第二节　药品经营质量监督管理

2023 年 9 月 27 日，国家市场监督管理总局令第 84 号公布了《药品经营和使用质量监督管理办法》，自 2024 年 1 月 1 日起施。《药品经营和使用质量监督管理办法》共 7 章 79 条，药品经营质量监督管理的主要内容如下：

一、总则

（一）适用范围

在中华人民共和国境内的药品经营、使用质量管理及其监督管理活动，应当遵守《药品经营和使用质量监督管理办法》。

（二）药品经营许可制度

从事药品批发或者零售活动的，应当经药品监督管理部门批准，依法取得药品经营许可证，严格遵守法律、法规、规章、标准和规范。

药品上市许可持有人可以自行销售其取得药品注册证书的药品，也可以委托药品经营企业销售。但是，药品上市许可持有人从事药品零售活动的，应当取得药品经营许可证。

其他单位从事药品储存、运输等相关活动的，应当遵守《药品经营和使用质量监督管理办法》相关规定。

（三）药品追溯制度

药品上市许可持有人、药品经营企业和医疗机构等应当遵守国家药品监督管理局制定的统一药品追溯标准和规范，建立并实施药品追溯制度，按照规定提供追溯信息，保证药品可追溯。

(四) 监管职责

国家药品监督管理局主管全国药品经营和使用质量监督管理工作，对省、自治区、直辖市药品监督管理部门的药品经营和使用质量监督管理工作进行指导。

省、自治区、直辖市药品监督管理部门负责本行政区域内药品经营和使用质量监督管理，负责药品批发企业、药品零售连锁总部的许可、检查和处罚，以及药品上市许可持有人销售行为的检查和处罚；按职责指导设区的市级、县级人民政府承担药品监督管理职责的部门（以下简称市县级药品监督管理部门）的药品经营和使用质量监督管理工作。

市县级药品监督管理部门负责本行政区域内药品经营和使用质量监督管理，负责药品零售企业的许可、检查和处罚，以及药品使用环节质量的检查和处罚。

国家市场监督管理总局按照有关规定加强市场监管综合执法队伍的指导。

国家药品监督管理局制定药品经营质量管理规范及其现场检查指导原则。省、自治区、直辖市药品监督管理部门可以依据本办法、药品经营质量管理规范及其现场检查指导原则，结合本行政区域实际情况制定检查细则。

二、药品经营许可

(一) 药品批发企业应当具备的条件

（1）有与其经营范围相适应的质量管理机构和人员；企业法定代表人、主要负责人、质量负责人、质量管理部门负责人等符合规定的条件；

（2）有依法经过资格认定的药师或者其他药学技术人员；

（3）有与其经营品种和规模相适应的自营仓库、营业场所和设施设备，仓库具备实现药品入库、传送、分拣、上架、出库等操作的现代物流设施设备；

（4）有保证药品质量的质量管理制度以及覆盖药品经营、质量控制和追溯全过程的信息管理系统，并符合《药品经营质量管理规范》要求。

(二) 药品零售企业应当具备的条件

（1）经营处方药、甲类非处方药的，应当按规定配备与经营范围和品种相适应的依法经过资格认定的药师或者其他药学技术人员。只经营乙类非处方药的，可以配备经设区的市级药品监督管理部门组织考核合格的药品销售业务人员。

（2）有与所经营药品相适应的营业场所、设备、陈列、仓储设施以及卫生环境；同时经营其他商品（非药品）的，陈列、仓储设施应当与药品分开设置；在超市等其他场所从事药品零售活动的，应当具有独立的经营区域。

（3）有与所经营药品相适应的质量管理机构或者人员，企业法定代表人、主要负责人、质量负责人等符合规定的条件。

（4）有保证药品质量的质量管理制度、符合质量管理与追溯要求的信息管理系统，符合《药品经营质量管理规范》要求。

(三) 申领药品经营许可证的程序

开办药品经营企业，应当在取得营业执照后，向所在地县级以上药品监督管理部门申请药品经营许可证，提交下列材料：

（1）药品经营许可证申请表；

（2）质量管理机构情况以及主要负责人、质量负责人、质量管理部门负责人学历、工作经历相关材料；

（3）药师或者其他药学技术人员资格证书以及任职文件；

（4）经营药品的方式和范围相关材料；

（5）药品质量管理规章制度以及陈列、仓储等关键设施设备清单；

（6）营业场所、设备、仓储设施及周边卫生环境等情况，营业场所、仓库平面布置图及房屋产权或者使用权相关材料；

（7）法律、法规规定的其他材料。

申请人应当对其申请材料全部内容的真实性负责。

申请人应当按照国家有关规定对申请材料中的商业秘密、未披露信息或者保密商务信息进行标注，并注明依据。

药品监督管理部门受理或者不予受理药品经营许可证申请的，应当出具加盖本部门专用印章和注明日期的受理通知书或者不予受理通知书。

药品监督管理部门按照药品经营质量管理规范及其现场检查指导原则、检查细则等有关规定，组织开展申报资料技术审查和现场检查。

经技术审查和现场检查，符合条件的，准予许可，并自许可决定作出之日起五日内颁发药品经营许可证；不符合条件的，作出不予许可的书面决定，并说明理由。

（四）药品经营许可证的管理

（1）药品经营许可证有效期为五年，分为正本和副本。药品经营许可证样式由国家药品监督管理局统一制定。药品经营许可证电子证书与纸质证书具有同等法律效力。

（2）药品经营许可证应当载明许可证编号、企业名称、统一社会信用代码、经营地址、法定代表人、主要负责人、质量负责人、经营范围、经营方式、仓库地址、发证机关、发证日期、有效期等项目。

（3）企业名称、统一社会信用代码、法定代表人等项目应当与市场监督管理部门核发的营业执照中载明的相关内容一致。

（4）药品经营许可证载明事项分为许可事项和登记事项。

许可事项是指经营地址、经营范围、经营方式、仓库地址。

登记事项是指企业名称、统一社会信用代码、法定代表人、主要负责人、质量负责人等。

（5）任何单位或者个人不得伪造、变造、出租、出借、买卖药品经营许可证。

（6）药品监督管理部门应当及时更新药品经营许可证核发、重新审查发证、变更、吊销、撤销、注销等信息，并在完成后十日内予以公开。

（五）药品批发企业经营范围

药品批发企业经营范围包括中药饮片、中成药、化学药、生物制品、体外诊断试剂（药品）、麻醉药品、第一类精神药品、第二类精神药品、药品类易制毒化学品、医疗用毒性药品、蛋白同化制剂、肽类激素等。其中麻醉药品、第一类精神药品、第二类精神药品、药品类易制毒化学品、医疗用毒性药品、蛋白同化制剂、肽类激素等经营范围的核定，按照国家有关规定执行。

经营冷藏、冷冻等有特殊管理要求的药品的，应当在经营范围中予以标注。

（六）药品零售企业经营范围

从事药品零售活动的，应当核定经营类别，并在经营范围中予以明确。经营类别分为处方药、甲类非处方药、乙类非处方药。

药品零售企业经营范围包括中药饮片、中成药、化学药、第二类精神药品、血液制品、细胞治疗类生物制品及其他生物制品等。其中第二类精神药品、血液制品、细胞治疗类生物制品经营范围的核定，按照国家有关规定执行。

经营冷藏、冷冻药品的，应当在经营范围中予以标注。

药品零售连锁门店的经营范围不得超过药品零售连锁总部的经营范围。

（七）药品经营许可证变更管理

变更药品经营许可证载明的许可事项的，应当向发证机关提出药品经营许可证变更申请。未经批准，不得擅自变更许可事项。

发证机关应当自受理变更申请之日起十五日内作出准予变更或者不予变更的决定。

药品零售企业被其他药品零售连锁总部收购的，按照变更药品经营许可证程序办理。

药品经营许可证载明的登记事项发生变化的，应当在发生变化起三十日内，向发证机关申请办理药品经营许可证变更登记。发证机关应当在十日内完成变更登记。

药品经营许可证载明事项发生变更的，由发证机关在副本上记录变更的内容和时间，并按照变更后的内容重新核发药品经营许可证正本。

（八）药品经营许可证换发管理

药品经营许可证有效期届满需要继续经营药品的，药品经营企业应当在有效期届满前六个月至两个月期间，向发证机关提出重新审查发证申请。

发证机关按照本办法关于申请办理药品经营许可证的程序和要求进行审查，必要时开展现场检查。药品经营许可证有效期届满前，应当作出是否许可的决定。

经审查符合规定条件的，准予许可，药品经营许可证编号不变。不符合规定条件的，责令限期整改；整改后仍不符合规定条件的，不予许可，并书面说明理由。逾期未作出决定的，视为准予许可。

在有效期届满前两个月内提出重新审查发证申请的，药品经营许可证有效期届满后不得继续经营；药品监督管理部门准予许可后，方可继续经营。

三、药品经营管理

（一）药品经营管理基本要求

（1）从事药品经营活动的，应当遵守《药品经营质量管理规范》，按照药品经营许可证载明的经营方式和经营范围，在药品监督管理部门核准的地址销售、储存药品，保证药品经营全过程符合法定要求。

（2）药品经营企业应当建立覆盖药品经营全过程的质量管理体系。购销记录以及储存条件、运输过程、质量控制等记录应当完整准确，不得编造和篡改。

（3）药品经营企业应当开展评估、验证、审核等质量管理活动，对已识别的风险及时采取有效控制措施，保证药品质量。

（二）药品经营企业管理人员职责

药品经营企业的法定代表人、主要负责人对药品经营活动全面负责。

药品经营企业的主要负责人、质量负责人应当符合药品经营质量管理规范规定的条件。主要负责人全面负责企业日常管理，负责配备专门的质量负责人；质量负责人全面负责药品质量管理工作，保证药品质量。

（三）药品委托销售管理

药品上市许可持有人将其持有的品种委托销售的，接受委托的药品经营企业应当具有相应的经营范围。受托方不得再次委托销售。药品上市许可持有人应当与受托方签订委托协议，明确约定药品质量责任等内容，对受托方销售行为进行监督。

药品上市许可持有人委托销售的，应当向其所在地省、自治区、直辖市药品监督管理部门报告；跨省、自治区、直辖市委托销售的，应当同时报告药品经营企业所在地省、自治区、直辖市药品监督管理部门。

（四）药品经营风险管理

药品上市许可持有人应当建立质量管理体系，对药品经营过程中药品的安全性、有效性和质量可控性负责。药品存在质量问题或者其他安全隐患的，药品上市许可持有人应当立即停止销售，告知药品经营企业和医疗机构停止销售和使用，及时依法采取召回等风险控制措施。

（五）药品经营企业不得经营的药品

药品经营企业不得经营疫苗、医疗机构制剂、中药配方颗粒等国家禁止药品经营企业经营的药品。药品零售企业不得销售麻醉药品、第一类精神药品、放射性药品、药品类易制毒化学品、蛋白同化制剂、肽类激素（胰岛素除外）、终止妊娠药品等国家禁止零售的药品。

（六）药品购销管理

1) 药品上市许可持有人、药品经营企业应当加强药品采购、销售人员的管理，对其进行法律、法规、规章、标准、规范和专业知识培训，并对其药品经营行为承担法律责任。

2) 药品上市许可持有人、药品批发企业销售药品时，应当向购药单位提供以下材料：

(1) 药品生产许可证、药品经营许可证复印件；

(2) 所销售药品批准证明文件和检验报告书复印件；

(3) 企业派出销售人员授权书原件和身份证复印件；

(4) 标明供货单位名称、药品通用名称、药品上市许可持有人（中药饮片标明生产企业及产地）、批准文号、产品批号、剂型、规格、有效期、销售数量、销售价格、销售日期等内容的凭证；

(5) 销售进口药品的，按照国家有关规定提供相关证明文件；

(6) 法律、法规要求的其他材料。

上述资料应当加盖企业印章。符合法律规定的可靠电子签名、电子印章与手写签名或者盖章具有同等法律效力。

3) 药品上市许可持有人、药品经营企业购销活动中的有关资质材料和购销凭证、记录保存不得少于五年，且不少于药品有效期满后一年。

4) 药品储存、运输应当严格遵守《药品经营质量管理规范》的要求，根据药品包装、质量特性、温度控制等要求采取有效措施，保证储存、运输过程中的药品质量安全。冷藏、冷冻药品储存、运输应当按要求配备冷藏、冷冻设施设备，确保全过程处于规定的温度环境，按照规定做好监测记录。

（七）药品零售管理

（1）药品零售企业应当遵守国家处方药与非处方药分类管理制度，按规定凭处方销售处方药，处方保留不少于五年。

（2）药品零售企业不得以买药品赠药品或者买商品赠药品等方式向公众赠送处方药、甲类非处方药。处方药不得开架销售。

（3）药品零售企业销售药品时，应当开具标明药品通用名称、药品上市许可持有人（中药饮片标明生产企业及产地）、产品批号、剂型、规格、销售数量、销售价格、销售日期、销售企业名称等内容的凭证。

（4）药品零售企业配备依法经过资格认定的药师或者其他药学技术人员，负责药品质量管理、处方审核和调配、合理用药指导以及不良反应信息收集与报告等工作。

（5）药品零售企业营业时间内，依法经过资格认定的药师或者其他药学技术人员不在岗时，应当挂牌告知。未经依法经过资格认定的药师或者其他药学技术人员审核，不得销售处方药。

（八）药品零售连锁管理

（1）药品零售连锁总部应当建立健全质量管理体系，统一企业标识、规章制度、计算机系统、人员培训、采购配送、票据管理、药学服务标准规范等，对所属零售门店的经营活动履行管理责任。药品零售连锁总部所属零售门店应当按照总部统一质量管理体系要求开展药品零售活动。

（2）药品零售连锁总部应当加强对所属零售门店的管理，保证其持续符合《药品经营质量管理规范》和统一的质量管理体系要求。发现所属零售门店经营的药品存在质量问题或者其他安全隐患的，应当及时采取风险控制措施，并依法向药品监督管理部门报告。

（九）药品委托经营储运管理

1）药品上市许可持有人、药品经营企业委托储存、运输药品的，应当对受托方质量保证能力和风险管理能力进行评估，与其签订委托协议，约定药品质量责任、操作规程等内容，对受托方进行监督，并开展定期检查。

药品上市许可持有人委托储存的，应当按规定向药品上市许可持有人、受托方所在地省、自治区、直辖市药品监督管理部门报告。药品经营企业委托储存药品的，按照变更仓库地址办理。

2）接受委托储存药品的单位应当符合《药品经营质量管理规范》有关要求，并具备以下条件：

（1）有符合资质的人员，相应的药品质量管理体系文件，包括收货、验收、入库、储存、养护、出库、运输等操作规程；

（2）有与委托单位实现数据对接的计算机系统，对药品入库、出库、储存、运输和药品质量信息进行记录并可追溯，为委托方药品召回等提供支持；

（3）有符合省级以上药品监督管理部门规定的现代物流要求的药品储存场所和设施设备。

3）接受委托储存、运输药品的单位应当按照《药品经营质量管理规范》要求开展药品储存、运输活动，履行委托协议约定的义务，并承担相应的法律责任。受托方不得再次委托储存。

受托方再次委托运输的，应当征得委托方同意，并签订质量保证协议，确保药品运输过程符合《药品经营质量管理规范》要求。疫苗、麻醉药品、精神药品、医疗用毒性药品、放射性药品、药品类易制毒化学品等特殊管理的药品不得再次委托运输。

受托方发现药品存在重大质量问题的，应当立即向委托方所在地和受托方所在地药品监督管理部门报告，并主动采取风险控制措施。

（十）药品批发企业跨省区设置仓库管理

（1）药品批发企业跨省、自治区、直辖市设置仓库的，药品批发企业所在地省、自治区、直辖市药品监督管理部门仓库所在地省、自治区、直辖市药品监督管理部门后，符合要求的，按照变更仓库地址办理。

药品批发企业跨省、自治区、直辖市设置的仓库，应当符合本办法第八条有关药品批发企业仓库的条件。药品批发企业应当对异地仓库实施统一的质量管理。

药品批发企业所在地省、自治区、直辖市药品监督管理部门负责对跨省、自治区、直辖市设置仓库的监督管理，仓库所在地省、自治区、直辖市药品监督管理部门负责协助日常监管。

（2）因科学研究、检验检测、慈善捐助、突发公共卫生事件等有特殊购药需求的单位，向所在地设区的市级以上地方药品监督管理部门报告后，可以到指定的药品上市许可持有人或者药品经营企业购买药品。供货单位应当索取购药单位有关资质材料并做好销售记录，存档备查。

突发公共卫生事件或者其他严重威胁公众健康的紧急事件发生时，药品经营企业应当按照县级以上人民政府的应急处置规定，采取相应措施。

四、监督检查

1）药品监督管理部门应当根据药品经营单位的质量管理、所经营药品品种及检查、检验、投诉、举报等药品安全风险和信用情况，制定年度检查计划，开展监督检查并建立监督检查档案。检查计划包括检查范围、检查内容、检查方式、检查重点、检查要求、检查时限、承担检查的单位等。

药品监督管理部门应当将上一年度新开办的药品经营企业纳入本年度的监督检查计划，对其实施药品经营质量管理规范符合性检查。

2）根据监督检查情况，有证据证明可能存在药品安全隐患的，药品监督管理部门可以依法采取以下行政措施：

（1）行政告诫；
（2）责任约谈；
（3）责令限期整改；
（4）责令暂停相关药品销售和使用；
（5）责令召回药品；
（6）其他风险控制措施。

3）药品监督管理部门在监督检查过程中，发现存在涉嫌违反药品法律、法规、规章行为的，应当及时采取措施，按照职责和权限依法查处；涉嫌犯罪的移交公安机关处理。发现涉嫌违纪线索的，移送纪检监察部门。

4）药品上市许可持有人、药品生产企业、药品经营企业和医疗机构应当积极配合药品监督管理部门实施的监督检查，如实提供与被检查事项有关的物品和记录、凭证以及医学文书等资料，不得以任何理由拒绝、逃避监督检查，不得伪造、销毁、隐匿有关证据材料，不得擅自动用查封、扣押物品。

五、法律责任

有下列违反《药品经营质量管理规范》情形之一的，药品监督管理部门可以依据《药品管理法》第一百二十六条规定的情节严重的情形给予处罚：

（1）药品上市许可持有人委托不具备相应资质条件的企业销售药品的；

（2）药品上市许可持有人、药品批发企业将国家有专门管理要求的药品销售给个人或者不具备相应资质的单位，导致相关药品流入非法渠道或者去向不明，或者知道、应当知道购进单位将相关药品流入非法渠道仍销售药品的；

（3）药品经营质量管理和质量控制过程中，记录或者票据不真实，存在虚假欺骗行为的；

（4）对已识别的风险未及时采取有效的风险控制措施，造成严重后果的；

（5）知道或者应当知道他人从事非法药品生产、经营和使用活动，依然为其提供药品的；

（6）其他情节严重的情形。

第三节 药品经营质量管理规范

《药品经营质量管理规范》（Good Supply Practice，GSP）是针对药品经营企业计划采购、购进验收、储存、销售及售后服务等环节制定的保证药品符合质量标准的一项管理制度。其核心是通过严格的管理制度来约束企业的行为，对药品经营全过程进行质量控制，保证向用户提供优质的药品。

一、《药品经营质量管理规范》的产生及发展历程

1982年，日本药品经营企业制定的《医药品供应管理规范》被介绍到我国。

1984年，卫生部制定了《医药商品质量管理规范（试行）》，在医药行业内试行，即医药行业的GSP。

1992年，卫生部正式颁布了《医药商品质量管理规范》，这标志着我国GSP已经成为政府规章。

1993年，卫生部制定了《医药商品质量管理规范达标企业（批发）验收细则（试行）》，1994年在全国医药批发企业中开展GSP达标企业的验收试点工作。

2000年4月，国家药品监督管理局发布了GSP，2000年11月制定了《药品经营质量管理规范实施细则》，2003年4月修订并发布了《药品经营质量管理规范认证管理办法》。此后GSP分别于2013年、2015年进行了修订。

2016年7月13日，国家食品药品监督管理总局对2015年颁布的《药品经营质量管理规范》部分内容进行修正，重新公布施行，即现行GSP。现行GSP是我国第一部强制执行的GSP。它对药品批发企业、药品零售企业的质量要求分别做了详细的阐述和解释，在药品的购进、储运、销售等环节实行质量管理，技术要求更为具体化，提高了可操作性，确保

了 GSP 在全国药品经营企业中全面推行。

为贯彻实施新修订的《药品管理法》，2019 年 11 月 29 日，国家药品监督管理局发布公告，宣布自 2019 年 12 月 1 日起，取消药品 GSP 认证。

二、《药品经营质量管理规范》的主要内容

现行《药品经营质量管理规范》共 4 章 184 条。第一章总则，阐明了 GSP 制定的目的和依据、基本要求及适用范围。第二章药品批发的质量管理，主要包括管理职责、人员与培训、设施与设备、进货、验收与检验、储存与养护、出库与运输、销售与售后服务等内容。第三章药品零售的质量管理，主要包括管理职责、人员与培训、设施与设备、进货与运输、陈列与储存、销售与服务。第四章附则，包括用语含义，制定 GSP 实施细则，GSP 的解释和施行时间。

（一）药品批发企业的经营质量管理

1. 管理职责的规定

药品批发企业质量管理部门应当履行以下职责：

（1）督促相关部门和岗位人员执行药品管理的法律、法规及 GSP；

（2）组织制订质量管理体系文件，并指导、监督文件的执行；

（3）负责对供货单位和购货单位的合法性、购进药品的合法性及供货单位销售人员、购货单位采购人员的合法资格进行审核，并根据审核内容的变化进行动态管理；

（4）负责质量信息的收集和管理，并建立药品质量档案；

（5）负责药品的验收，指导并监督药品采购、储存、养护、销售、退货、运输等环节的质量管理工作；

（6）负责不合格药品的确认，对不合格药品的处理过程实施监督；

（7）负责药品质量投诉和质量事故的调查、处理及报告；

（8）负责假劣药品的报告；

（9）负责药品质量查询；

（10）负责指导设定计算机系统质量控制功能；

（11）负责计算机系统操作权限的审核和质量管理基础数据的建立及更新；

（12）组织验证、校准相关设施设备；

（13）负责药品召回的管理；

（14）负责药品不良反应的报告；

（15）组织质量管理体系的内审和风险评估；

（16）组织对药品供货单位及购货单位质量管理体系和服务质量的考察和评价；

（17）组织对被委托运输的承运方运输条件和质量保障能力的审查；

（18）协助开展质量管理教育和培训；

（19）其他应当由质量管理部门履行的职责。

2. 人员与培训的要求

药品批发企业应当配备符合以下资格要求的质量管理、验收及养护等岗位人员：

（1）从事质量管理工作的，应当具有药学中专或者医学、生物、化学等相关专业大学专科以上学历或者具有药学初级以上专业技术职称；

(2) 从事验收、养护工作的，应当具有药学或者医学、生物、化学等相关专业中专以上学历或者具有药学初级以上专业技术职称；

(3) 从事中药材、中药饮片验收工作的，应当具有中药学专业中专以上学历或者具有中药学中级以上专业技术职称；从事中药材、中药饮片养护工作的，应当具有中药学专业中专以上学历或者具有中药学初级以上专业技术职称；直接收购地产中药材的，验收人员应当具有中药学中级以上专业技术职称。

从事疫苗配送的，还应当配备 2 名以上专业技术人员专门负责疫苗质量管理和验收工作。专业技术人员应当具有预防医学、药学、微生物学或者医学等专业本科以上学历及中级以上专业技术职称，并有 3 年以上从事疫苗管理或者技术工作经历。

3. 硬件设施的规定

(1) 药品批发企业应当具有与其药品经营范围、经营规模相适应的经营场所和库房。库房的选址、设计、布局、建造、改造和维护应当符合药品储存的要求，防止药品的污染、交叉污染、混淆和差错。

(2) 药品储存作业区、辅助作业区应当与办公区和生活区分开一定距离或者有隔离措施。

(3) 库房的规模及条件应当满足药品合理、安全储存的要求，便于开展储存作业：

库房内、外环境整洁，无污染源，库区地面硬化或者绿化；库房内墙、顶光洁，地面平整，门窗结构严密；库房有可靠的安全防护措施，能够对无关人员进入实行可控管理，防止药品被盗、替换或者混入假药；有防止室外装卸、搬运、接收、发运等作业受异常天气影响的措施。

(4) 库房应当配备以下设施设备：

药品与地面之间有效隔离的设备；避光、通风、防潮、防虫、防鼠等设备；有效调控温湿度及室内外空气交换的设备；自动监测、记录库房温湿度的设备；符合储存作业要求的照明设备；用于零货拣选、拼箱发货操作及复核的作业区域和设备；包装物料的存放场所；验收、发货、退货的专用场所；不合格药品专用存放场所；经营特殊管理的药品有符合国家规定的储存设施。

(5) 经营中药材、中药饮片的，应当有专用的库房和养护工作场所，直接收购地产中药材的应当设置中药样品室（柜）。

(6) 储存、运输冷藏、冷冻药品的，应当配备以下设施设备：

与其经营规模和品种相适应的冷库，储存疫苗的应当配备两个以上独立冷库；用于冷库温度自动监测、显示、记录、调控、报警的设备；冷库制冷设备的备用发电机组或者双回路供电系统；对有特殊低温要求的药品，应当配备符合其储存要求的设施设备；冷藏车及车载冷藏箱或者保温箱等设备。

(7) 运输药品应当使用封闭式货物运输工具。运输冷藏、冷冻药品的冷藏车及车载冷藏箱、保温箱应当符合药品运输过程中对温度控制的要求。冷藏车具有自动调控温度、显示温度、存储和读取温度监测数据的功能；冷藏箱及保温箱具有外部显示和采集箱体内温度数据的功能。储存、运输设施设备的定期检查、清洁和维护应当由专人负责，并建立记录和档案。

4. 质量管理制度

药品批发企业质量管理制度应当包括以下内容：

(1) 质量管理体系内审的规定；
(2) 质量否决权的规定；
(3) 质量管理文件的管理；
(4) 质量信息的管理；
(5) 供货单位、购货单位、供货单位销售人员及购货单位采购人员等资格审核的规定；
(6) 药品采购、收货、验收、储存、养护、销售、出库、运输的管理；
(7) 特殊管理的药品的规定；
(8) 药品有效期的管理；
(9) 不合格药品、药品销毁的管理；
(10) 药品退货的管理；
(11) 药品召回的管理；
(12) 质量查询的管理；
(13) 质量事故、质量投诉的管理；
(14) 药品不良反应报告的规定；
(15) 环境卫生、人员健康的规定；
(16) 质量方面的教育、培训及考核的规定；
(17) 设施设备保管和维护的管理；
(18) 设施设备验证和校准的管理；
(19) 记录和凭证的管理；
(20) 计算机系统的管理；
(21) 药品追溯的规定；
(22) 其他应当规定的内容。

（二）药品零售企业的经营质量管理

1. 管理职责的规定

药品零售企业质量管理部门应当履行以下职责：
(1) 督促相关部门和岗位人员执行药品管理的法律、法规及 GSP；
(2) 组织制订质量管理文件，并指导、监督文件的执行；
(3) 负责对供货单位及其销售人员资格证明的审核；
(4) 负责对所采购药品合法性的审核；
(5) 负责药品的验收，指导并监督药品采购、储存、陈列、销售等环节的质量管理工作；
(6) 负责药品质量查询及质量信息管理；
(7) 负责药品质量投诉和质量事故的调查、处理及报告；
(8) 负责对不合格药品的确认及处理；
(9) 负责假劣药品的报告；
(10) 负责药品不良反应的报告；
(11) 开展药品质量管理教育和培训；
(12) 负责计算机系统操作权限的审核、控制及质量管理基础数据的维护；
(13) 负责组织计量器具的校准及检定工作；

(14) 指导并监督药学服务工作;

(15) 其他应当由质量管理部门或者质量管理人员履行的职责。

2. 人员与培训的要求

(1) 药品批发企业从事药品经营和质量管理工作的人员,应当符合有关法律、法规及本规范规定的资格要求,不得有相关法律、法规禁止从业的情形。

(2) 药品批发企业法定代表人或者企业负责人应当具备执业药师资格。药品批发企业应当按照国家有关规定配备执业药师,负责处方审核,指导合理用药。

(3) 药品批发企业质量管理、验收、采购人员应当具有药学或者医学、生物、化学等相关专业学历或者具有药学专业技术职称。从事中药饮片质量管理、验收、采购人员应当具有中药学中专以上学历或者具有中药学专业初级以上专业技术职称。营业员应当具有高中以上文化程度或者符合省级食品药品监督管理部门规定的条件。中药饮片调剂人员应当具有中药学中专以上学历或者具备中药调剂员资格。

(4) 药品批发企业各岗位人员应当接受相关法律、法规及药品专业知识与技能的岗前培训和继续培训。

(5) 药品批发企业应当按照培训管理制度制定年度培训计划并开展培训,使相关人员能正确理解并履行职责。培训工作应当做好记录并建立档案。企业应当为销售特殊管理的药品、国家有专门管理要求的药品、冷藏药品的人员接受相应培训提供条件,使其掌握相关法律、法规和专业知识。

3. 经营场所

(1) 营业场所应当有以下营业设备:

货架和柜台;监测、调控温度的设备;经营中药饮片的,有存放饮片和处方调配的设备;经营冷藏药品的,有专用冷藏设备;经营第二类精神药品、毒性中药品种和罂粟壳的,有符合安全规定的专用存放设备;药品拆零销售所需的调配工具、包装用品。

(2) 仓库应当有以下设施设备:

药品与地面之间有效隔离的设备;避光、通风、防潮、防虫、防鼠等设备;有效监测和调控温湿度的设备;符合储存作业要求的照明设备;验收专用场所;不合格药品专用存放场所;经营冷藏药品的,有与其经营品种及经营规模相适应的专用设备。

4. 质量管理制度

药品零售质量管理制度应当包括以下内容:

(1) 药品采购、验收、陈列、销售等环节的管理,设置库房的还应当包括储存、养护的管理;

(2) 供货单位和采购品种的审核;

(3) 处方药销售的管理;

(4) 药品拆零的管理;

(5) 特殊管理的药品和国家有专门管理要求的药品的管理;

(6) 记录和凭证的管理;

(7) 收集和查询质量信息的管理;

(8) 质量事故、质量投诉的管理;

(9) 中药饮片处方审核、调配、核对的管理;

（10）药品有效期的管理；
（11）不合格药品、药品销毁的管理；
（12）环境卫生、人员健康的规定；
（13）提供用药咨询、指导合理用药等药学服务的管理；
（14）人员培训及考核的规定；
（15）药品不良反应报告的规定；
（16）计算机系统的管理；
（17）药品追溯的规定；
（18）其他应当规定的内容。

5. 销售管理

1）药品零售企业应当在营业场所的显著位置悬挂药品经营许可证、营业执照、执业药师注册证等。

2）营业人员应当佩戴有照片、姓名、岗位等内容的工作牌，是执业药师和药学技术人员的，工作牌还应当标明执业资格或者药学专业技术职称。在岗执业的执业药师应当挂牌明示。

3）销售药品应当符合以下要求：

（1）处方经执业药师审核后方可调配；对处方所列药品不得擅自更改或者代用，对有配伍禁忌或者超剂量的处方，应当拒绝调配，但经处方医师更正或者重新签字确认的，可以调配；调配处方后经过核对方可销售。

（2）处方审核、调配、核对人员应当在处方上签字或者盖章，并按照有关规定保存处方或者其复印件。

（3）销售近效期药品应当向顾客告知有效期。

（4）销售中药饮片做到计量准确，并告知煎服方法及注意事项；提供中药饮片代煎服务，应当符合国家有关规定。

第四节　药品网络销售监督管理

近年来，随着我国电子商务的快速发展，网购已成为常态化消费方式，药品网络销售活动也日趋活跃。为提升医疗卫生现代化服务水平，国务院先后出台一系列政策，要求创新服务模式，完善"互联网＋"药品供应保障服务，满足人民日益增长的医疗卫生健康需求。2019年新修订的《药品管理法》对药品网络销售提出工作要求。

2022年8月3日，国家市场监督管理总局公布《药品网络销售监督管理办法》（以下简称《办法》），自2022年12月1日起施行。《办法》进一步规范药品网络销售行为，保障网络销售药品质量安全，确保人民群众用药可及，切实维护人民群众生命安全和身体健康。《办法》的总体思路有五个方面。一是坚持便民惠民，以人民群众多层次、多元化医疗健康需求为导向，依托互联网技术优势，提升药品可及性；二是坚持线上线下一体化原则，落实企业主体责任，引导行业依法、依规健康发展；三是坚持以网管网，充分利用技术手段，实现技术赋能、智慧监管；四是坚持风险管理，以风险为导向，进行科学制度设计；五是坚持

"四个最严"要求，对药品网络销售违法、违规行为予以严肃查处。

《办法》共6章42条，聚焦保障药品质量安全、方便群众用药、完善药品网络销售监督管理制度设计等方面，对药品网络销售管理、第三方平台管理以及各方责任义务等作出规定。其主要内容如下：

（一）总则

（1）国家药品监督管理局主管全国药品网络销售的监督管理工作。省级药品监督管理部门负责本行政区域内药品网络销售的监督管理工作，负责监督管理药品网络交易第三方平台以及药品上市许可持有人、药品批发企业通过网络销售药品的活动。设区的市级、县级承担药品监督管理职责的部门（以下称药品监督管理部门）负责本行政区域内药品网络销售的监督管理工作，负责监督管理药品零售企业通过网络销售药品的活动。

（2）从事药品网络销售、提供药品网络交易平台服务，应当遵守药品法律、法规、规章、标准和规范，依法诚信经营，保障药品质量安全。

（3）从事药品网络销售、提供药品网络交易平台服务，应当采取有效措施保证交易全过程信息真实、准确、完整和可追溯，并遵守国家个人信息保护的有关规定。

（4）药品监督管理部门应当与相关部门加强协作，充分发挥行业组织等机构的作用，推进信用体系建设，促进社会共治。

（二）药品网络销售管理

（1）从事药品网络销售的，应当是具备保证网络销售药品安全能力的药品上市许可持有人或者药品经营企业。

（2）药品网络销售企业应当按照经过批准的经营方式和经营范围经营。药品网络销售企业为药品上市许可持有人的，仅能销售其取得药品注册证书的药品。未取得药品零售资质的，不得向个人销售药品。

（3）疫苗、血液制品、麻醉药品、精神药品、医疗用毒性药品、放射性药品、药品类易制毒化学品等国家实行特殊管理的药品不得在网络上销售，具体目录由国家药品监督管理局组织制定。

（4）通过网络向个人销售处方药的，应当确保处方来源真实、可靠，并实行实名制。

药品网络零售企业应当与电子处方提供单位签订协议，并严格按照有关规定进行处方审核调配，对已经使用的电子处方进行标记，避免处方重复使用。

（5）药品网络销售企业应当建立并实施药品质量安全管理、风险控制、药品追溯、储存配送管理、不良反应报告、投诉举报处理等制度。

药品网络零售企业还应当建立在线药学服务制度，由依法经过资格认定的药师或者其他药学技术人员开展处方审核调配、指导合理用药等工作。依法经过资格认定的药师或者其他药学技术人员数量应当与经营规模相适应。

（6）药品网络销售企业应当向药品监督管理部门报告企业名称、网站名称、应用程序名称、IP地址、域名、药品生产许可证或者药品经营许可证等信息。信息发生变化的，应当在10个工作日内报告。

药品网络销售企业为药品上市许可持有人或者药品批发企业的，应当向所在地省级药品监督管理部门报告。药品网络销售企业为药品零售企业的，应当向所在地市县级药品监督管理部门报告。

(7) 药品网络销售企业展示的药品相关信息应当真实、准确、合法。

从事处方药销售的药品网络零售企业,应当在每个药品展示页面下突出显示"处方药须凭处方在药师指导下购买和使用"等风险警示信息。处方药销售前,应当向消费者充分告知相关风险警示信息,并经消费者确认知情。

(8) 药品网络零售企业应当对药品配送的质量与安全负责。配送药品,应当根据药品数量、运输距离、运输时间、温湿度要求等情况,选择适宜的运输工具和设施设备,配送的药品应当放置在独立空间并明显标识,确保符合要求、全程可追溯。

药品网络零售企业委托配送的,应当对受托企业的质量管理体系进行审核,与受托企业签订质量协议,约定药品质量责任、操作规程等内容,并对受托方进行监督。

(9) 向个人销售药品的,应当按照规定出具销售凭证。销售凭证可以以电子形式出具,药品最小销售单元的销售记录应当清晰留存,确保可追溯。

药品网络销售企业应当完整保存供货企业资质文件、电子交易等记录。销售处方药的药品网络零售企业还应当保存处方、在线药学服务等记录。相关记录保存期限不少于5年,且不少于药品有效期满后1年。

(10) 药品网络销售企业对存在质量问题或者安全隐患的药品,应当依法采取相应的风险控制措施,并及时在网站首页或者经营活动主页面公开相应信息。

(三)平台管理

1) 第三方平台应当建立药品质量安全管理机构,配备药学技术人员承担药品质量安全管理工作,建立并实施药品质量安全、药品信息展示、处方审核、处方药实名购买、药品配送、交易记录保存、不良反应报告、投诉举报处理等管理制度。

2) 第三方平台应当将企业名称、法定代表人、统一社会信用代码、网站名称以及域名等信息向平台所在地省级药品监督管理部门备案。省级药品监督管理部门应当将平台备案信息公示。

3) 第三方平台应当在其网站首页或者从事药品经营活动的主页面显著位置,持续公示营业执照、相关行政许可和备案、联系方式、投诉举报方式等信息或者上述信息的链接标识。

4) 第三方平台应当对申请入驻的药品网络销售企业资质、质量安全保证能力等进行审核,对药品网络销售企业建立登记档案,至少每六个月核验更新一次,确保入驻的药品网络销售企业符合法定要求。第三方平台应当与药品网络销售企业签订协议,明确双方药品质量安全责任。

5) 第三方平台应当保存药品展示、交易记录与投诉举报等信息。保存期限不少于5年,且不少于药品有效期满后1年。第三方平台应当确保有关资料、信息和数据的真实、完整,并为入驻的药品网络销售企业自行保存数据提供便利。

6) 第三方平台应当对药品网络销售活动建立检查监控制度。发现入驻的药品网络销售企业有违法行为的应当及时制止,并立即向所在地县级药品监督管理部门报告。

7) 第三方平台发现下列严重违法行为的,应当立即停止提供网络交易平台服务,停止展示药品相关信息:

(1) 不具备资质销售药品的;

(2) 违反《办法》规定销售国家实行特殊管理的药品的;

(3) 超过药品经营许可范围销售药品的;

（4）因违法行为被药品监督管理部门责令停止销售、吊销药品批准证明文件或者吊销药品经营许可证的；

（5）其他严重违法行为的。

药品注册证书被依法撤销、注销的，不得展示相关药品的信息。

8）出现突发公共卫生事件或者其他严重威胁公众健康的紧急事件时，第三方平台、药品网络销售企业应当遵守国家有关应急处置规定，依法采取相应的控制和处置措施。

9）药品监督管理部门开展监督检查、案件查办、事件处置等工作时，第三方平台应当予以配合。药品监督管理部门发现药品网络销售企业存在违法行为，依法要求第三方平台采取措施制止的，第三方平台应当及时履行相关义务。

（四）监督检查

1）药品监督管理部门应当依照法律、法规、规章等规定，按照职责分工对第三方平台和药品网络销售企业实施监督检查。

2）药品监督管理部门对第三方平台和药品网络销售企业进行检查时，可以依法采取下列措施：

（1）进入药品网络销售和网络平台服务有关场所实施现场检查；

（2）对网络销售的药品进行抽样检验；

（3）询问有关人员，了解药品网络销售活动相关情况；

（4）依法查阅、复制交易数据、合同、票据、账簿以及其他相关资料；

（5）对有证据证明可能危害人体健康的药品及其有关材料，依法采取查封、扣押措施；

（6）法律、法规规定可以采取的其他措施。

必要时，药品监督管理部门可以对为药品研制、生产、经营、使用提供产品或者服务的单位和个人进行延伸检查。

3）对第三方平台、药品上市许可持有人、药品批发企业通过网络销售药品违法行为的查处，由省级药品监督管理部门负责。对药品网络零售企业违法行为的查处，由市县级药品监督管理部门负责。

药品网络销售违法行为由违法行为发生地的药品监督管理部门负责查处。因药品网络销售活动引发药品安全事件或者有证据证明可能危害人体健康的，也可以由违法行为结果地的药品监督管理部门负责。

4）药品监督管理部门应当加强药品网络销售监测工作。省级药品监督管理部门建立的药品网络销售监测平台，应当与国家药品网络销售监测平台实现数据对接。

药品监督管理部门对监测发现的违法行为，应当依法按照职责进行调查处置。

药品监督管理部门对网络销售违法行为的技术监测记录资料，可以依法作为实施行政处罚或者采取行政措施的电子数据证据。

5）对有证据证明可能存在安全隐患的，药品监督管理部门应当根据监督检查情况，对药品网络销售企业或者第三方平台等采取告诫、约谈、限期整改以及暂停生产、销售、使用、进口等措施，并及时公布检查处理结果。

6）药品监督管理部门应当对药品网络销售企业或者第三方平台提供的个人信息和商业秘密严格保密，不得泄露、出售或者非法向他人提供。

（五）法律责任

法律、行政法规对药品网络销售违法行为的处罚有规定的，依照其规定。药品监督管理部门发现药品网络销售违法行为涉嫌犯罪的,应当及时将案件移送公安机关。

第五节 药品物流管理

物流在经济社会发展中具有重要地位,被称为"第三利润源泉"。加强药品物流管理对于降低药品营销成本,提高营销效率,增强企业核心竞争力,具有十分重要意义。

一、药品物流的概念

药品物流是依托一定的物流设备、信息技术和进销存管理系统有效整合营销渠道上、下游资源,通过优化药品供销配运环节中的验收、存储、分拣、配送等作业过程,为实现自动化、信息化和效益化而进行的计划、执行和控制,以满足顾客要求。药品物流的核心是提高订单处理能力,降低货物分拣差错,缩短库存及配送时间,减少流通成本,提高服务水平和资金使用效益。药品物流的重点是将供应商、物流中心、终端销售网络进行合理的整合。

二、药品物流管理的内容

从物流作业角度出发,药品物流管理的内容主要体现在物流业务的科学管理方面。概括起来主要有:①预测物流流量;②编制物流产、需、供、销计划;③确定物流最佳成本;④编制物流生产的最佳方案;⑤组织进货、验收、搬运和入库等业务;⑥研究物流运输的最佳方案,包括运输批量、时间、交通运输方式及路线的选择;⑦加强与药品物流业务有关法律、法规的监督执行。药品物流管理活动一般可以分为三个阶段,即物流规划与设计、物流实践和物流系统评估与改进。

三、药品第三方物流

(一)第三方药品物流的概念

第三方药品物流主要指由独立于药品供方和需方的外部组织,利用现代物流技术和管理手段,针对药品,专门为药品生产企业和药品流通企业提供全部或部分第三方物流服务。

近年来,我国医药经济持续、平稳、快速的增长,促进了药品物流业的稳定发展,同时也对现代物流业提出更高、更新的要求,特别是对第三方物流服务的需求更为迫切。具体地说,医药行业对专业化、社会化的第三方物流服务需求贯穿于医药产业链的每一个环节(图5-1)。

理解药品第三方物流,应把握以下几点:

(1)药品第三方物流的经营主体是第三方物流企业,既不是药品生产经营企业自身,也不是最终用户。它所提供的药品并不是自己所有,即第三方物流企业是独立于药品供需双方的,这是第三方物流最基本的内涵。

(2)药品第三方物流的服务是建立在现代技术基础之上的物流活动,包括支持物流服务的工程技术和信息技术,其中信息技术尤为重要。

(3)药品第三方物流提供者与客户之间是以合同形式为基础的现代经济关系,包括个性

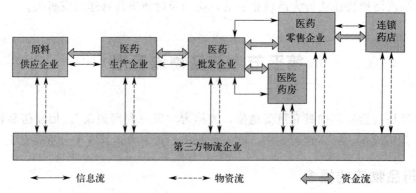

图 5-1　第三方物流在我国医药产业链中的运作模式

化服务、合作双方或多方建立企业间战略联盟、业务联盟等形式，合作双方或多方的长期合作伙伴关系。

（二）第三方药品物流的功能

第三方药品物流以药品的使用价值为中心，以保存、配送和完善药品的使用价值为归宿，其基本功能体现在时空运动、形式交换和信息传播等方面。

1. 空间功能

第三方药品物流企业的空间功能主要体现在运输和配送上。通过第三方药品物流企业的服务，药品的供给与需求之间的空间分离的矛盾得到解决。在这个意义上，第三方药品物流活动创造了空间效应，具有空间功能，使供方与需方实现有效的连接、沟通，保障药品交换顺利进行。

2. 时间功能

第三方药品物流的时间功能主要体现于储存保管上。通过第三方药品物流企业的服务，解决了供给与需求之间在时间上不一致的矛盾。第三方药品物流活动创造了时间效用，具有时间功能。

3. 信息功能

药品流通是药品物流、信息流、资金流的统一。信息流从其载体和服务对象来看，可以分为药品消费信息和物流信息。第三方药品物流信息主要是关于药品流通活动所涉及的物流数量、物流地区、物流时间、物流费用等情报资料。药品物流信息不仅对第三方药品物流决策有重要作用，而且对药品流通的全局有指导作用。充分发挥第三方药品物流的信息功能，重视药品物流信息的收集、整理、分析、传播，不仅是第三方药品物流工作的客观要求，也是医药产业不可或缺的基础工作。

从图 5-2 可以看出，第三方物流可以在药品流通领域中的三个基本环节发挥作用。其服务范围包括：以信息交换为基础，为医药企业的部分或全部药品提供运输、仓储服务；进行区域配送、代收货款、代签协议等增值服务；物流过程管理，供应链系统设计、优化；帮助医药企业规划、实施、管理其自建的区域配送中心等综合性服务。因此，第三方物流企业在药品供应链中处于一个特殊位置，不仅向医药企业提供相关的基础物流服务，实现药品的有效流通，减少客户的非核心业务负担，还能够搜集上下游客户信息，在药品流通领域中起到信息源的作用，使整个药品流通领域的运作更加简单、高效。

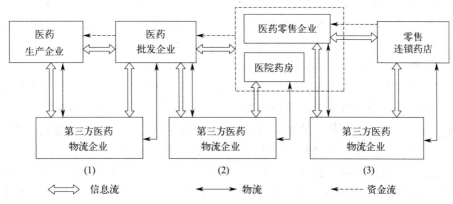

图 5-2　第三方物流在药品流通领域中的运作结构图

（三）第三方药品物流管理决策

1. 物流自营

物流是企业重要的组织职能，企业可以选择自营物流。企业要正常生产就需要得到后勤强有力的支援和保障，其中包括原材料和零部件的供应、库存、配送等。以前，我国一般企业的物流职责都是由内部各职能部门单独完成。而随着物流的不断发展，部分企业内部开始设立专门的物流部门来统一运作企业的物流，甚至一些企业还通过资源整合成立了直属的物流公司，如国药集团医药物流有限公司。

（1）医药企业物流自营的优势：①能有效控制物流活动各个环节。通过物流自营，企业可以对物流系统运作的全过程进行有效的控制，以便对供应链进行实时监控以及随时调整自己的经营策略。②对客户的需求快速做出反应，有效管理客户。③降低交易风险。通过物流自营，避免交易结果的不确定性，降低交易风险。④避免商业秘密的泄露。企业内部的运营情况都是处于相对封闭的环境中，不必向第三方公开，以便保持企业的竞争力。

（2）医药企业物流自营的劣势：①占用企业大量的资金。企业自营物流必须具备与生产、营销能力相符的运输力量和仓储设施，需要大量的资金投入，而且管理费用亦随之增加，给企业的经营带来资金压力。②造成物流资源不能充分利用。市场的供求存在着不可预期的波动性，给企业经营带来一系列的风险。如果处于销售旺季，由于企业运力不足，可能导致企业失去商机；如果处于销售淡季，企业的运力和仓储空间就会出现闲置，导致企业资金无法有效利用。③物流配送运行成本较高。对很多的医药企业来说，企业产品数量有限，采用自营物流策略，不足以形成规模效应，运行成本较高，降低了产品市场竞争力。

2. 物流外包

企业将物流外包给专业的第三方物流供应商（third party logistics providers，3PLs），可以有效降低物流成本，提高企业的核心竞争力。

（1）医药企业物流外包的优势：①减少企业的占用资金量。通过物流外包，可解决本企业资金有限的问题，将更多的资源投入到核心业务的发展，从而有利于提升企业的核心竞争力。②提高企业的运作柔性。企业可以更好地控制其经营活动，并在经营活动和物流活动中找到一种平衡，保持两者之间的连续性，提高其柔性，实行物流外包的委托企业由于业务的精简而具有更大的应变空间。③降低企业运行成本。物流外包策略可以优化企业的组织，从而降低由于组织架构臃肿而造成的组织反应迟钝、缺乏创新精神的问题。④减少风险。通过物流业务外包，医药企业可以与第三方物流企业建立起战略联盟，利用其优势资源，缩短产品生产周期，减轻由于技术和市场需求的变化造成的产品风险。

（2）医药企业物流外包的劣势：①企业不能直接掌控物流职能。由于第三方物流企业的介入，使得医药企业对物流职能的掌控能力下降，尤其是在双方沟通出现障碍的情况下，可能会出现物流失控的风险，从而使企业的客户服务水平降低。②第三方物流服务难以满足企业要求。由于第三方物流企业对医药企业的产品和医药行业的政策、规定缺乏深入的了解，在具体实施过程中提供的物流服务难以满足企业要求。药品是特殊的商品，其仓储运输必须按照 GSP 要求管理。③客户关系管理的风险。一方面，由于通过第三方物流企业来完成产品的配送与售后服务，医药企业与客户的关系被削弱，这对建立稳定密切的客户关系非常不利；另一方面，存在客户信息泄露风险，客户信息是非常重要的资源，而第三方物流公司并不只面对一个客户，有可能将企业的商业机密泄露给竞争对手。

3. 物流自营与物流外包结合

物流自营与物流外包结合指将物流环节中的某一部分或几部分外包出去，其余的物流环节则由医药企业自己完成。这是目前我国大多数医药企业采取的物流模式。这种模式集合了自营和外包的优点和缺点，效果取决于企业的选择。哪个环节需要外包主要取决于企业自身的软硬件条件和社会的物流服务能力。企业可以选择将非核心的物流业务首先分包出去，使企业专注于自己的核心业务，避免企业在物流环节浪费太多的资金和精力。

第六节　我国药品流通行业的现状和发展趋势

一、我国药品流通行业的发展概况

我国药品流通领域的市场化改革始于 20 世纪 80 年代。在此之前，我国的药品流通领域处于计划经济状态，国家按照分级计划管理、分级调拨供应的模式进行统一管理。药品流通基本上属于国有专营，各级医药公司经营药品批发，负责药品零售的药店和医院必须统一从医药公司进货，下属的一、二、三级采购站均为国有企业，这种 4 级批发模式运行了多年，整个药品流通领域效率低下。改革开放以来，我国药品流通领域从计划分配体制向市场化经营体制转变，行业获得了长足发展，药品流通领域的法律框架和监管体制基本建立，药品供应保障能力明显提升，多种所有制并存、多种经营方式互补、覆盖城乡的药品流通体系初步形成。

2021 年，全国药品流通市场销售规模稳步增长。统计显示，全国七大类医药商品销售总额 26064 亿元，扣除不可比因素同比增长 8.5%。其中，药品零售市场销售额为 5449 亿元，扣除不可比因素同比增长 7.4%。药品批发市场销售额为 20615 亿元，扣除不可比因素同比增长 8.65%。截至 2021 年底，全国共有药品经营许可证持证企业 60.97 万家。其中，批发企业 1.34 万家。零售连锁总部 6596 家，下辖门店 33.74 万家，零售单体药店 25.23 万家。

二、我国药品物流行业发展现状

（一）行业发展稳步提升

商务部发布的《2021年药品流通行业运行统计分析报告》显示，2021年，我国前100位药品批发企业主营业务收入同比增长9.1%，增速上升6.6个百分点。其中，4家全国龙头企业主营业务收入同比增长11.8%，增速上升5.8个百分点。前100位药品批发企业排名第一位的中国医药集团有限公司主营业务收入为5390亿元，是第一家主营收入超过5000亿元的大型数字化、综合性药品流通企业；第2~4位的上海医药集团、华润医药商业集团、九州通医药集团主营业务收入均超过千亿元。从市场占有率看，2021年，药品批发企业主营业务收入前100位占同期全国医药市场总规模的74.5%，同比提高0.8个百分点；占同期全国药品批发市场总规模的94.1%。其中，4家全国龙头企业主营业务收入占同期全国医药市场总规模的44.2%，同比提高1.6个百分点。2021年，零售连锁率为57.2%，比上年增长0.7个百分点。销售额前100位的药品零售企业销售总额1912亿元，扣除不可比因素，占全国零售市场总额的35.6%，同比上升0.3个百分点。

（二）创新发展步伐加快

商务部发布的《2021年药品流通行业运行统计分析报告》显示，药品零售企业通过自建、加盟及并购等多种方式保障规模的持续增长，实现销售规模、盈利水平与品牌影响力等方面的多重提升。行业积极融入数字化、智能化，提升专业药学服务能力。不断开展O2O、B2C等线上业务，拓展销售渠道，寻找新的利润增长点。随着药品集中采购常态化、互联网诊疗、医药电商业务发展，医药物流服务需求快速增加并呈多样化、订单碎片化、配送末端化等特征，医药物流的地位在医药供应链各环节中进一步凸显。与此同时，医药物流企业更加注重以精益化的管理方式、标准化的作业流程、智能化的信息技术和物流技术推动物流服务提质增效。2021年，医药物流区域一体化建设取得进展，县乡村三级配送网络逐步完善；全国及区域药品流通企业联合第三方涉药物流企业加强构建多层次的医药物流配送体系，完善最后一公里药品流通网络，在信息一体化、物流技术和装备自动化、智能化提升方面开展诸多实践，提高医药物流效率。

（三）医药电商日渐成熟

随着"互联网＋医药"的深度融合，医药产业链各环节纷纷进行线上线下整体布局谋篇。消费者线上购药习惯的养成，加之互联网医疗不断发展、线上购药实时医保结算陆续试点、网售处方药政策逐步放开，促使医药电商交易规模持续扩大，尤其是O2O销售模式迎来市场机遇。药品零售连锁企业借助自营及第三方平台，依靠互联网平台流量优势拓展线上业务。大型药品批发企业依托数字化工具赋能线上业务。为满足消费者多样化的购药需求，医药互联网企业不断创新线上服务模式，进一步延伸药事服务，在用户体验、场景服务、供应链整合方面逐渐形成差异化发展。

三、我国药品流通行业发展趋势

习近平总书记在中国共产党第二十次全国代表大会上的报告中提出："加快发展物联网，建设高效顺畅的流通体系，降低物流成本。"

《商务部关于"十四五"时期促进药品流通行业高质量发展的指导意见》明确提出，到 2025 年，药品流通行业与我国新发展阶段人民健康需要相适应，创新引领、科技赋能、覆盖城乡、布局均衡、协同发展、安全便利的现代药品流通体系更加完善。培育形成 1~3 家超五千亿元、5~10 家超千亿元的大型数字化、综合性药品流通企业，5~10 家超五百亿元的专业化、多元化药品零售连锁企业，100 家左右智能化、特色化、平台化的药品供应链服务企业。药品批发百强企业年销售额占药品批发市场总额 98% 以上；药品零售百强企业年销售额占药品零售市场总额 65% 以上；药品零售连锁率接近 70%。

《商务部关于"十四五"时期促进药品流通行业高质量发展的指导意见》还提出了我国药品流通行业的主要任务和发展趋势。

（一）完善城乡药品流通功能

1. 优化行业布局

鼓励药品批发、零售企业优化网点布局，实现网点布局与区域发展相适应、药品供应能力与药品需求相匹配的均衡有序发展格局。加快建立布局合理、技术先进、便捷高效、绿色环保、安全有序的现代医药物流服务体系，提升由区域物流中心、省级物流中心和地县配送中心构成的全国医药物流网络的服务功能，发展多层次的药品供应链物流网络。

2. 加快农村药品流通网络建设

以县域为中心，以乡镇为重点，以村为基础，继续加快农村药品供应网络建设。逐步完善县乡村三级药品配送体系，支持药品流通企业与第三方物流、邮政、快递等进行市场化合作，参与城乡药品流通的第三方企业要严格执行《药品管理法》《药品经营质量管理规范》对药品储存、运输等环节的有关规定。扩大农村基层药品配送覆盖面，支持跨区域配送、分级接力配送，健全通达最后一公里终端的农村药品供应网络。

3. 提高城市药品流通服务能力

支持大中型药品批发企业结合城市医疗资源调整和分级诊疗体系建设，优化完善城市药品供应保障体系，全面实现端到端的药品配送与服务。药品零售连锁企业结合城市一刻钟便民生活圈、新建社区的服务网点建设，有效融入以多业态集聚形成的社区服务商圈，实现药品流通对基层的有效覆盖，提升人民群众用药的可及性、便利性。鼓励零售企业特色化发展，做精做专，满足多层次健康消费市场需求。

（二）着力提升药品流通能级

1. 发展现代医药物流

加快发展现代医药物流，加强智能化、自动化物流技术和智能装备的升级应用。推进区域一体化物流的协调发展，探索省内外分仓建设和多仓运营。鼓励第三方医药物流发展，推动药品冷链物流规范发展，构建便捷、高效、安全的现代医药物流体系。推动建设一批标准化、集约化、规模化和产品信息可追溯的现代中药材物流基地，培育一批符合中药材现代化物流体系标准的初加工仓储物流中心。

2. 发展现代绿色智慧供应链

推动药品流通供应链各环节智能化应用，构建技术领先、便捷高效、安全有序的现代智慧药品供应链服务体系，鼓励发展新型供应链服务企业和服务平台，推进供应链上下游信息共享与业务协同。积极打造绿色低碳供应链，推动流通全链条节能减排。

（三）稳步发展数字化药品流通

1. 推进"互联网＋药品流通"

加快 5G 网络、大数据等技术应用，优化药品流通传统模式，实现要素、结构、流程、服务的迭代式升级。推动行业进行数字化改造与升级，促进企业"上线上云上平台"，深化市场营销、运营管理、仓储物流、产品服务等环节的数字化应用。

2. 发展新业态、新模式

支持药品流通企业与电子商务平台融合发展，发展智慧供应链、智慧物流、智慧药房等新形态，推广"网订店取""网订店送"等零售新模式，引导线上线下规范发展。

（四）持续优化流通行业结构

培育壮大流通主体。支持药品流通企业跨地区、跨所有制兼并重组，培育大型现代药品流通骨干企业。鼓励具有网络优势的中小企业与骨干企业重组，实现优势互补和服务延伸。鼓励中小企业品质化、精细化、多元化发展，支持药品零售连锁企业专业化、多元化发展，推动药品供应链服务企业智能化、特色化、平台化发展。加强药品零售品牌建设，提升老字号药店影响力。鼓励有条件的地区稳妥开展零售药店分类、分级管理试点，改善购药服务体验。

（五）促进对外交流合作

1. 积极开展国际交流与合作

推动药品流通企业面向国际、国内两个市场，开展形式多样的国际交流和投资合作。发挥自由贸易试验区、自由贸易港等开放平台作用，在促进药品流通开放合作方面先行先试。借助中国国际进口博览会、中国进出口商品交易会、中国国际消费品博览会、中国国际服务贸易交易会等重要展会作用，加强与境外经贸合作区合作。鼓励药品流通企业参与国际药品采购，强化国际营销网络建设，加快医药新品种引进。

2. 大力发展中医药对外贸易

支持中药类产品开展海外注册，积极参与国际规划、标准的研究与制定，扩大我国中药类产品国际市场规模。积极发展中医药服务贸易，拓展服务贸易新模式。加强国家中医药服务出口基地建设，打造道地中药材出口品牌，支持中药材外向型企业发展，提升中医药国际化水平。

（六）夯实行业发展基础

1. 推进流通标准化建设

构建国家标准、行业标准、团体标准、地方标准、企业标准相互配套、相互补充的药品流通标准体系。加强重点领域的标准制（修）订工作，加快广泛应用的团体标准上升为国家标准，强化国际、国内标准相衔接。深入推进各项药品流通标准的宣传贯彻工作，支持骨干企业积极示范应用，引导药品流通行业规范化、标准化发展。

2. 强化经营管理能力

弘扬社会主义特色商业文化，引导企业提高依法诚信经营意识，树立诚实守信的商业文明价值导向。鼓励企业积极履行社会责任，普及合理用药和健康知识。强化安全生产管理，落实塑料污染治理等有关规定。加强药品流通领域法治建设，完善相关配套法律、法规的制定和修订。

3. 加强人才队伍建设

优化人才培养机制，提倡校企联合，强化商教结合，加强职业培训，组织技能大赛，形成多层次的符合现代药品流通体系发展需求的人才培养与职业教育体系。促进国内外人才互动，提高药品流通从业人员整体素质，为行业改革发展、转型升级提供人力资源支持。

4. 健全统计服务体系

持续优化完善行业统计指标体系，加强部门数据共享，提升统计分析水平，强化行业统计人员培训，提升公共信息服务能力。

案例分析与思考题

一、案例分析题

1. 我国医药流通行业四大龙头企业差异化经营策略

【案例内容】

2023年4月，国内医药流通行业四大龙头企业先后发布公司年报，国药控股股份有限公司（以下简称"国药控股"）、上海医药集团股份有限公司（以下简称"上海医药"）、华润医药集团有限公司（以下简称"华润医药"）和九州通医药集团股份有限公司（以下简称"九州通"）四家企业坚持差异化经营，它们的经营业绩保持逆势增长。四大医药流通企业2021—2022年营业收入情况及归属母公司净利润情况详见表5-1和表5-2。

表 5-1 四大医药流通企业 2021—2022 年营业收入情况

公司	2022 年	增幅	2021 年	增幅
国药控股	5521.48 亿元	5.97%	5210.00 亿元	14.16%
上海医药	2319.81 亿元	7.49%	2158.24 亿元	12.46%
华润医药	2541.06 港元	7.30%	2368.06 港元	18.20%
九州通	1404.24 亿元	14.72%	1224.07 亿元	10.42%

表 5-2 四大医药流通企业 2021—2022 年归属母公司净利润情况

公司	2022 年	增幅	2021 年	增幅
国药控股	85.26 亿元	9.89%	77.59 亿元	7.95%
上海医药	56.17 亿元	10.28%	50.93 亿元	13.28%
华润医药	41.47 港元	10.03%	37.69 港元	14.30%
九州通	20.84 亿元	−14.84%	24.48 亿元	−20.38%

四大医药商业公司经营策略各具特色，通过创新业务模式，以差异化经营策略构建新的核心竞争力。

（1）国药控股提升供应链竞争力

截至2022年年末，国药控股医疗器械和药品零售板块收入占比分别同比上升至21.18%和5.78%，保持相对高速的发展态势。同时，面向基层医疗机构和零售药房的直销业务占比稳步提升。国药控股积极优化业务结构，加速推进供应链模式创新和服务转型，拓展新的增长点。通过加强与制药企业的深度合作，逐步完善"医药患险""批零一体"的服务生态，针对创新药和原研类产品，国药控股制定个性化的分销推广方案，深化与诺华、辉瑞、勃林格殷格翰等跨国制药公司的战略合作，提升供应链竞争力。

（2）上海医药创新细分领域业务模式

上海医药努力拓展网络覆盖，打造细分领域的专业化平台。一是积极发展医疗器械、健康食品等非药品大健康新业务，加快全国器械业务基础布局，2022年实现销售额341亿，增速超过40%；二是推进以高值药品特送和处方流转平台为特色的上药云健康建设，通过战略、资本、运营三个层面持续发力，打造专业化药房"益药•综合旗舰体"，成为医疗健康新经济的领导者与创新者。三是通过合作新设公司、收购兼并等方式加速国内分销网络覆盖，提升区域市场竞争力。

（3）华润医药提升器械业务创新服务能力

华润医药积极推进医药分销业务转型，推进专病诊疗中心合约销售、数字医疗以及商业保险创新支付等服务，开展深度营销服务，重塑传统医疗渠道价值，持续提升产品营销能力和增值服务能力。尤其是积极布局专业化医疗器械业务全产业链发展，器械分销业务快速拓展，其中诊断试剂、骨科业务、介入业务收益均实现高速增长。华润医药已建立30家独立医疗器械公司，业务覆盖29个省份，同时进一步提升器械业务创新服务能力。

（4）九州通大力发展总代理业务

九州通总代理品牌推广是从医药分销独立出的新兴业务，2022年总代理品牌推广业务高速增长，总代理品牌推广业务销售收入达134.13亿元，毛利率提升至13.64%，毛利额为18.29亿元，对公司业绩贡献度逐年提升。2022年底药品总代理品种规格数高达1025个，其中销量过亿品种规格14个，医械总代理品种规格346个。

资料来源：晓晨. 四大圣夜龙头盘踞第一矩阵［N］. 医药经济报，2023-05-04（4）.

【问题与启示】

（1）结合本案例分析四大医药商业公司的差异化经营策略。

（2）简述医药商业企业差异化经营的关键路径。

2. 沃尔格林联合博姿集团持续创新成长为行业巨头

【案例内容】

沃博联（Walgreens Boots Alliance，WBA）全称为沃尔格林联合博姿集团，由美国最大的连锁药店运营商沃尔格林公司（Walgreens Company）和欧洲最大的药品分销商联合博姿（Alliance Boots）于2014年合并而成，是美国和欧洲地区最大的医药和日用保健品零售商，同时也是首家世界级的、以药店为主导的医药保健企业，2019年位列《财富》美国500强第17位，《财富》世界500强第40位。

截至2018年，沃博联在全世界超过25个国家开展业务，员工总数超过41.5万名。2018年营业收入1315.37亿美元，净利润50.24亿美元。在医药零售领域，沃博联在全球11个国家参股、控股约18500家药店，其中直营门店14327家。同时，沃博联也是全球规模最大的医药批发分销配送网络之一，拥有390多家配送中心，每年向23万多家药店、保健中心和医院等提供配送服务，业务覆盖超过20个国家。

100多年来，沃博联公司以创新为动力，不断在业态创新、资本运作创新、营销模式创新、服务理念创新、健康管理和健康体验创新等方面持续发力，创造了全世界首个以药房为主导、秉承健康幸福理念的企业，也是全球第一家完整意义实现大健康产业整合的企业。纵观沃博联的百年发展历程，它之所以能够成长为行业龙头，主要是公司持续创新、与时俱进的经营方式，它的管理特点总结如下：

一是通过并购和自建，持续不断地扩大公司规模和市场占有率，形成强大的规模优势，以降低成本。同时，通过规模优势增加采购环节的议价能力。

二是以专业、优质、高性价比的药品服务为核心，与时俱进地引进非药产品和服务，这种药店与便利店一体化的方式，拓展了公司的产品经营范围和品位，提高了客户流量，提高了客户黏性。

三是成功实施多元化的自有品牌战略，使它在开展业务的各个领域形成了独特的品牌优势，在消费者心中建立了良好的品牌知名度和美誉度。

四是充分发挥药剂师的作用，持续创新，整合产业链，及时切入专业药房、快捷诊所、线上药店、家庭输液服务、药品配送等领域，成为以客户需求为核心的医疗保健服务公司。

五是公司非常重视药店的选址，新开门店选址一般都是街道十字路口的"黄金店铺"，以确保足够大的客流量。

资料来源：王浩，刘小东．医药新零售［M］．北京：电子工业出版社，2021．

【问题与启示】

（1）分析沃尔格林联合博姿集团的经营策略。

（2）沃尔格林联合博姿集团的经营策略给中国医药企业带来哪些启示？

3. 桂宁医药公司聚焦诊所业务，做"小而专"的药品批发企业。

【案例内容】

桂宁医药公司是一家中小型医药批发企业，公司有员工100多人，业务分布在湖北省11个地市州。公司经营20多个品种，但都是控销品种（控销即通过控制产品的价格、渠道、终端和促销，提高产品利润率），年销售额有1.5亿元，在省会城市来说，公司规模不算大，纯利润却占销售额的10%。这是一个很了不起的数字，一般医药公司都达不到这个指标，其中有什么诀窍？

据桂宁医药公司介绍，多年来，他们只做个体诊所业务，截至2018年9月，公司销售业务覆盖近3000家不同类型的个体诊所，覆盖率已达全省个体诊所的70%以上。桂宁医药公司刚成立时，由于业务人员少、资金少，又没有当地的人脉关系，很难开拓医院市场，做连锁药店回款周期又太长，只能把目标客户定位于个体诊所。

做个体诊所业务特别耗费精力，每一项业务都小而散，但也有一个好处，只要价格合理，就能现款结算，而且毛利率高，这对于资金周转有困难的桂宁医药公司来说是比较的理想业务模式。桂宁医药公司从省城开始组建20多人的小团队，从卫生局、药品监督管理部门、工商局等部门摸清市内及郊外共有800多家大大小小的个体诊所。药品品种选择重点放在知名厂家的二线品种，或老国有企业的优势品种，这样能确保产品质量；药品品类主要选择呼吸、消化、心脑血管、妇幼领域等常见品种，这些品种需求量大；药品价格定位采购价一般为五六元，批发价在十二三元左右，诊所零售价在30元以下，这样的价格定位老百姓能够消费得起，公司和诊所也有较好的利润空间。

在开拓具体业务时，桂宁医药公司采用从城市到乡村、从省城到周边地州扩展的方式，密集型铺货和促销。销售人员两人一组，负责2~3个县，相互配合，共同开发市场。必要时可以联合药品生产厂家的业务员，配合做产品宣传与学术推广，因为药品生产厂家的业务员更加了解产品卖点和产品的差异化优势，同时，药品生产厂家业务员的参与可以拉近与患者的关系，进一步提高产品可信度，帮助诊所医师全面了解产品功效和可能出现的不良反应，有利于拉动产品销售。

经过七八年的精耕细作，桂宁医药公司在省内创出了专做个体诊所的名气，很多药品生产厂家慕名前来洽谈业务。实践证明，医药市场分工越来越细，无论抓住哪一块终端客户，只要做专、做优，哪怕规模、体量较小，也能生存和发展。

资料来源：虞国庆．专做诊所也成气候［N］．医药经济报，2018-05-07（9）．

【问题与启示】

（1）结合本案例分析桂宁医药公司集中化经营策略。

（2）桂宁医药公司的业务模式对中小型医药批发企业有何启示？

二、思考题

1. 简述药品流通管理的特点。

2. 简述药品批发企业办理药品经营许可证时，申办人向拟办企业所在地的省级药品监督管理部门提出筹建申请，需要提交哪些材料？

3. 药品生产批发企业销售药品时应当提供哪些资料？

4. 药品零售企业销售药品应当符合哪些要求？

5. 不得在网络上销售的药品有哪些？

课件　　　　　视频讲解

第六章 医疗机构药事管理

医疗机构药事管理和药学工作是医疗工作的重要组成部分，也是药事管理学研究的重点内容。加强医疗机构药事管理，是建立健全现代医院管理制度的重要内容，是加强医疗卫生服务综合监管的重要举措。医疗机构药事管理与药物研发及注册管理、药品生产管理、药品经营管理紧密相连，共同组成药品全生命周期管理链条。本章重点介绍医疗机构药学部门、药事管理与药物治疗委员会、医院调剂业务管理和临床药学业务管理等方面的内容。

第一节 医疗机构药事管理概述

药品使用是药品流通的终端，是实现药品最终目的和价值的关键环节。医疗机构是药品使用环节的主体，加强医疗机构药事管理对于保证药品质量和医疗质量具有重要意义。

2002年，卫生部会同国家中医药管理局共同制定了《医疗机构药事管理暂行规定》，该规定实施后，我国医疗机构药事管理工作取得了很大的进展，合理用药水平明显提高。

2011年，卫生部、国家中医药管理局和中国人民解放军总后勤部卫生部对《医疗机构药事管理暂行规定》进行了修订，并印发《医疗机构药事管理规定》，该规定自2011年3月1日起施行。

2020年，国家卫生健康委员会、教育部、财政部、人力资源和社会保障部、国家医保局、国家药监局等部门印发《关于加强医疗机构药事管理促进合理用药的意见》，提出进一步加强医疗机构药事管理，实现医疗机构药品品种遴选、采购、供应、储存、临床使用等全流程规范管理，保障医疗质量和安全，促进合理用药。

2023年，国家市场监督管理总局令第84号公布了《药品经营和使用质量监督管理办法》，自2024年1月1日起施。该办法提出了加强药品经营和药品使用质量监督管理，规范药品经营和药品使用质量管理活动的具体要求。

一、医疗机构概念及类别

（一）医疗机构的概念

医疗机构是以救死扶伤、防病治病、保护人民健康为宗旨，从事疾病诊断、治疗活动的社会组织。

根据《医疗机构管理条例》的规定，开办医疗机构须依照法定程序申请、审批、登记，领取医疗机构执业许可证方可执业。床位不满100张的医疗机构，其许可证每年校验1次，床位在100张以上的医疗机构每3年校验1次。任何单位和个人，未取得医疗机构执业许可证或者未经备案，不得开展诊疗活动，擅自执业的应承担相应的法律责任。

（二）医疗机构的类别

根据《医疗机构管理条例实施细则》，目前我国医疗机构的主要类别有：
(1) 综合医院、中医医院、中西医结合医院、民族医医院、专科医院、康复医院；
(2) 妇幼保健院、妇幼保健计划生育服务中心；
(3) 社区卫生服务中心、社区卫生服务站；
(4) 中心卫生院、乡（镇）卫生院、街道卫生院；
(5) 疗养院；
(6) 综合门诊部、专科门诊部、中医门诊部、中西医结合门诊部、民族医门诊部；
(7) 诊所、中医诊所、民族医诊所、卫生所、医务室、卫生保健所、卫生站；
(8) 村卫生室（所）；
(9) 急救中心、急救站；
(10) 临床检验中心；
(11) 专科疾病防治院、专科疾病防治所、专科疾病防治站；
(12) 护理院、护理站；
(13) 医学检验实验室、病理诊断中心、医学影像诊断中心、血液透析中心、安宁疗护中心；
(14) 其他诊疗机构。

二、医疗机构药事管理的概念和内容

（一）医疗机构药事管理的概念

《医疗机构药事管理规定》明确规定，医疗机构药事管理，是指医疗机构以病人为中心，以临床药学为基础，对临床用药全过程进行有效的组织实施与管理，促进临床科学、合理用药的药学技术服务和相关的药品管理工作。

国家卫生健康委员会、国家中医药管理局负责全国医疗机构药事管理工作的监督管理。县级以上地方卫生行政部门、中医药主管部门负责本行政区域内医疗机构药事管理工作的监督管理。军队卫生行政部门负责军队医疗机构药事管理工作的监督管理。

（二）医疗机构药事管理的特点

医疗机构药事管理具有专业性、实践性和服务性强的特点。

1. 专业性

专业性指医疗机构药事管理不同于一般行政管理工作，具有明显的药学专业特征。依法取得相应资格的药学专业技术人员方可从事药学专业技术工作。

2. 实践性

实践性指医疗机构药事管理是各种管理职能和方法在医疗机构药事活动中的实际运用，

并在实践中不断完善和发展。

3. 服务性

服务性突出了医疗机构药事管理的目的，即保障医疗机构药学服务工作的正常运行和不断发展，围绕医疗机构的总目标，优质高效地向患者及其他人群提供医疗卫生保健的综合服务。

在新时期，医疗机构要强化临床药师配备，围绕患者需求和临床治疗特点开展专科药学服务。临床药师要积极参与临床治疗，为住院患者提供用药医嘱审核、参与治疗方案制订、用药监测与评估以及用药教育等服务。在疑难复杂疾病多学科诊疗过程中，必须要有临床药师参与，指导精准用药。探索实行临床药师院际会诊制度。鼓励医疗机构开设药学门诊，为患者提供用药咨询和指导。

（三）医疗机构药事管理的内容

医疗机构药事管理是由若干相互联系、相互制约的部门管理和药学专业管理构成的一个整体，各项管理各有其本身的特点，但又密切地相互联系、交叉和渗透在一起。它包含了对药品和其他物资的管理、对人的管理以及药品的经济管理等。具体来说，主要包括以下几个方面。

1. 组织管理

医院药学实践的组织体制和结构、各项规章制度的建立，各类人员按比例配备，各级人员的职责设置、考核及升、调、奖、惩等。

2. 药品供应管理

药学部门要掌握新药动态信息和市场信息，制定药品采购计划，加速周转，减少库存，保证药品供应，包括药品采购、储存、保管和供应等管理。

3. 调剂业务管理

药品调剂工作是药学技术服务的重要组成部分，医疗机构的药学专业技术人员必须严格执行操作规程、医嘱、处方管理制度，认真审查和核对，确保发出药品的准确、无误。调剂是药品从医疗机构转移给患者的过程，严格把好调剂工作中的审查核对关，对药品合理使用有很重要的意义。要根据临床需要建立静脉用药集中调配中心（室），对肠外营养液和危害药品实行集中配制和供应。

4. 医疗机构制剂业务管理

医疗机构配制制剂，必须具备能够保证制剂质量的专业人员、场地、设施、设备、管理制度、检验仪器和卫生条件等。医疗机构制剂业务管理包括制剂室的审批、制剂品种的注册、制剂工艺规程和标准操作规程的制定、制剂质量检验等。

5. 药品质量监督管理

除了自配制剂以外，医疗机构采购的药品同样要进行质量控制，对临床各科使用的药品，特别是特殊管理药品的使用情况要加强检查、监督和管理。

6. 临床药学业务管理

临床药师参与临床药物治疗和给药方案的调整工作，进行药物不良反应监测，开展药品使用中安全性、有效性、合理性的评价和管理。

7. 药物信息管理

除了在药品供应、调剂与制剂、药品质量监督管理中有大量信息需要管理外，要特别重视药品使用信息的积累和管理，为医护人员及患者提供用药咨询。

8. 经济管理

引入市场经营机制，在确保药品质量、服务质量的前提下，做好药品成本核算和账务管理。管好、用好资金，合理地增加收入、减少支出，保证社会效益和经济效益的同步增长，促进医院药学的发展。

9. 药学研究管理

开展临床药学和临床药理学研究。围绕合理用药、新药开发进行药效学、药物动力学、生物利用度以及药物安全性等研究；结合临床需要开展化学药品和中成药新制剂、新剂型的研究。

10. 药学专业技术人员的培养与管理

各类人员培训和继续教育管理等。

第二节 药事管理组织和药学部门

《医疗机构药事管理规定》指出"医疗机构药事管理和药学工作是医疗工作的重要组成部分。医疗机构应根据实际工作需要，设立药事管理组织和药学部门"。

一、药事管理与药物治疗学委员会

世界许多国家的医院都有类似于药事管理与药物治疗学委员会的组织。美国和英国称为"药学和治疗学委员会"，德国称为"药品委员会"，日本称为"药事委员会"或"药品选用委员会"。国外把此类机构看作咨询组织，起着连接药学人员和其他医务人员的作用，其目的有两个：一是咨询，推荐医院用药，帮助制订药品的评价、遴选和治疗使用的有关规定；二是教育，完善医师、护士、药师与药品及其使用有关问题的知识培训。

根据《医疗机构药事管理规定》，二级以上医院应当设立药事管理与药物治疗学委员会，其他医疗机构应当成立药事管理与药物治疗学组。

（一）组成

（1）二级以上医院药事管理与药物治疗学委员会委员由具有高级技术职务任职资格的药学、临床医学、护理和医院感染管理、医疗行政管理等人员组成。

成立医疗机构药事管理与药物治疗学组的医疗机构由药学、医务、护理、医院感染、临床科室等部门负责人和具有药师、医师以上专业技术职务任职资格人员组成。

（2）医疗机构负责人任药事管理与药物治疗学委员会（组）主任委员，药学和医务部门负责人任药事管理与药物治疗学委员会（组）副主任委员。

（3）药事管理与药物治疗学委员会（组）应当建立健全相应工作制度，日常工作由药学部门负责。

（二）职责

药事管理与药物治疗学委员会（组）的职责有：

（1）贯彻执行医疗卫生及药事管理等有关法律、法规、规章。审核制定本机构药事管理和药学工作规章制度，并监督实施；

（2）制定本机构药品处方集和基本用药供应目录；

（3）推动药物治疗相关临床诊疗指南和药物临床应用指导原则的制定与实施，监测、评估本机构药物使用情况，提出干预和改进措施，指导临床合理用药；

（4）分析、评估用药风险和药品不良反应、药品损害事件，并提供咨询与指导；

（5）建立药品遴选制度，审核本机构临床科室申请的新购入药品、调整药品品种或者供应企业和申报医院制剂等事宜；

（6）监督、指导麻醉药品、精神药品、医疗用毒性药品及放射性药品的临床使用与规范化管理；

（7）对医务人员进行有关药事管理法律、法规、规章制度和合理用药知识教育培训；向公众宣传安全用药知识。

二、医疗机构药学部门

医疗机构药学部门是医疗机构专业技术科室，具体负责药品管理、药学专业技术服务和药事管理工作，开展以病人为中心，以合理用药为核心的临床药学工作，组织药师参与临床药物治疗，提供药学专业技术服务。其主要工作包括本医疗机构药品保障供应与管理；处方适宜性审核、药品调配以及安全用药指导；实施临床药师制，直接参与临床药物治疗；药学教育、与医院药学相关的药学研究等。

（一）设置

医疗机构应当根据本机构功能、任务、规模设置相应的药学部门，配备和提供与药学部门工作任务相适应的专业技术人员、设备和设施。

三级医院设置药学部，并可根据实际情况设置二级科室；二级医院设置药剂科；其他医疗机构设置药房。

一般来说，具有一定规模的综合性医院药学部门，分为中药房和西药房两大部分。根据《医疗机构药事管理规定》及综合医院、中医医院分级管理标准的有关要求，医院药学部门组织管理的规定和组织形式如下所述：

（1）二、三级医院必须设立药学部（药剂科），作为医院的职能科室。一级医院设立药事科，作为医技科室，应有专人负责药剂工作。

（2）一级中医医院必须开展中药加工、调剂、煎煮、贮存等业务并建立科室。二级中医医院应设中、西药调剂室和中药加工炮制室、中药制剂室、西药制剂室、煎药室、药品质量检验室、情报资料室。有条件可设灭菌制剂、临床药学、制剂研究（药物研究）等科室。三级中医医院药学部（药剂科）必须设立上述所有科室。中药加工炮制室和煎药室可独立设置或根据需要附属于调剂或制剂室管理。

综合性一、二、三级医院中药科室的设置可根据本院中医药或中西医结合业务工作开展的实际情况考虑，原则上可参考同级中医医院，与其相一致。

（3）综合性医院药学部（药剂科），可根据医院规模、专业性质和工作职责范围，设立相应的药事组织机构,如图 6-1 所示。

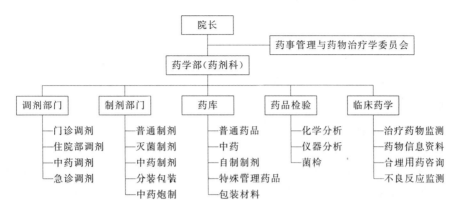

图 6-1 我国综合性医院药学部(药剂科)组织机构示意图

(二)人员要求

(1) 医疗机构药学专业技术人员不得少于本机构卫生专业技术人员的 8%。建立静脉用药调配中心(室)的医疗机构应当根据实际需要另行增加药学专业技术人员数量。承担教学和科研任务的三级医院,应当根据其任务和工作量适当增加药学专业技术人员数量。

医疗机构应当根据本机构性质、任务、规模配备适当数量临床药师,三级医院临床药师不少于 5 名,二级医院临床药师不少于 3 名。临床药师应当具有高等学校临床药学专业或者药学专业本科毕业以上学历,并应当经过规范化培训。

(2) 二级以上医院药学部门负责人应当具有高等学校药学专业或者临床药学专业本科以上学历及本专业高级技术职务任职资格;除诊所、卫生所、医务室、卫生保健所、卫生站以外的其他医疗机构药学部门负责人应当具有高等学校药学专业专科以上或者中等学校药学专业毕业学历及药师以上专业技术职务任职资格。

(3) 三级综合医院药学部药学人员中具有高等医药院校临床药学专业或者药学专业全日制本科毕业以上学历的,应当不低于药学专业技术人员总数的 30%;二级综合医院应当不低于 20%。

(4) 药学专业技术人员中具有副高级以上药学专业技术职务任职资格的人员,三级综合医院应当不低于 13%,教学医院应当不低于 15%,二级综合医院应当不低于 6%。

(三)房屋要求

1. 门诊调剂室

二级综合医院:日门诊量 100～500 人次,调剂室面积 80～110 m^2;日门诊量 501～1500 人次,调剂室面积 110～160 m^2;日门诊量 1501～2500 人次,调剂室面积 160～200 m^2。

三级综合医院:日门诊量 1501～2500 人次,调剂室面积 200～280 m^2;日门诊量 2500 人次以上,每增加 1000 人次,调剂室面积递增 60 m^2;日门诊量大于 4500 人次,每增加 1000 人次,调剂室面积递增 40 m^2。

2. 住院调剂室

二级综合医院:病床 100～500 张,调剂室面积 80～180 m^2。设置有静脉用药集中调配中心（室），对静脉用药实行集中调配的药剂科，住院调剂室的面积应减少约30%；只对危害药物和肠道外营养液实施集中调配的医院，应根据其调配规模和工作量减少5%~10%。

三级综合医院：病床501~1000张，调剂室面积180~280 m²；病床1000张以上，每增加100张床位，调剂室面积递增20 m²。设有静脉用药集中调配中心，对静脉用药实行集中调配的医院，则住院调剂室的面积应当减少约30%；只对危害药物和肠外营养液实行集中调配的医院，应当根据其调配规模和工作量减少5%~10%。

3. 静脉用药调配中心（室）

二级综合医院：每日调配500袋（瓶）以下，调配室面积100~150 m²；每日调配501~1000袋（瓶），调配中心面积150~300 m²。

三级综合医院：每日调配1001~2000袋（瓶）：调配中心面积300~500 m²；每日调配2001~3000袋（瓶）：调配中心面积500~650 m²；每日调配3001袋（瓶）以上，每增加500袋（瓶）递增30 m²。

4. 药品库

二级综合医院：病床100~500张，药库面积80~300 m²。

三级综合医院：病床501~1000张，门诊量1000~2000人次/日：药库面积300~400 m²；病床1000张和门诊量2000人次/日以上，每增加150张床或者门诊量1000人次/日，药库面积在400 m²基础上递增30 m²。

5. 其他部门工作室

（1）药学部（药剂科）应当设置办公室、药学信息室、临床药师办公室、药品质量控制室及必要的学习生活区等，并具有与其开展工作相适应的工作面积。

（2）药学部（药剂科）其他工作室用房面积应当按照性质、任务、规模等实际需要配置。

（3）上述住院调剂室和药品库面积，包含中成药用房面积，但不包括中药饮片用房面积。中药饮片调剂室及其药库面积，按照国家相关规定执行。

（四）药学部（药剂科）

1. 药学部（药剂科）的概念

医院药学部（药剂科）又称医院药房，它是医院中从事预防、诊断、治疗疾病所用药品的供应、调剂、配制制剂、提供临床药学服务、监督检查药品质量等工作的部门。医院药学部（药剂科）属医疗技术部门，具有专业技术性、业务监督性、信息指导性、管理效益性及工作服务性的特点。

2. 药学部（药剂科）的性质

医院药学部（药剂科）是在院长领导下的医院药学技术职能部门，既具有很强的专业技术性，又有执行药品政策法规和药品管理的职能性，是代表医院对全院药品实施监督管理的职能机构。

药学部（药剂科）具有以下性质：

（1）专业技术性

药学部（药剂科）的调剂、制剂、药检、临床药学及药学监护等工作都是专业技术性很强的工作，随着专业分工的逐渐细化，其技术性水平要求也日趋提高。

（2）业务监督性

药学部（药剂科）既是药品管理和有关药品监管法律、法规的执行者，又是医院各科室执行药品监管法规的监督检查者。药学部（药剂科）在分管院长的领导下，对全院药品质量进行监督管理，包括业务监督和自我监督。

（3）信息指导性

信息是医院药学整个工作中最基本、最活跃的因素，药剂人员充分运用掌握的专业知识和各种药学情报资料，向医护人员和患者提供药学情报及咨询服务，参与临床工作，提出合理用药建议，以提高医院的用药水平，保证患者用药安全、有效、经济、适当。

（4）管理效益性

药品采购供应管理是医院经营管理和经济管理的主要形式之一。如何保证药品的供应，合理使用药品的周转经费，在提高社会效益的前提下，积极提高经济效益对医院来说具有重要的意义。

（5）工作服务性

药学部（药剂科）的工作既有行政职能科室的工作，又有很多技术性很强的业务工作，既要管人，又要管技术，更重要的是要做好服务工作，既服务于医务工作者，又服务于广大患者。

3. 药学部（药剂科）的作用

药学部（药剂科）在医院负责人领导下，负责本院药事管理工作，按照《药品管理法》及相关法律、法规监督、管理本院临床用药和各项药学服务。

4. 药学部（药剂科）的任务

根据《医疗机构药事管理规定》，医院药学部（药剂科）具体负责药品管理、药学专业技术服务和药事管理工作，开展以病人为中心，以合理用药为核心的临床药学工作，组织药师参与临床药物治疗，提供药学专业技术服务。

药学部（药剂科）的具体任务有：

（1）法律、法规的执行与监督

贯彻执行《药品管理法》及其他相关法律、法规、规章，建立健全本院药品供应、使用、制剂配制和监督管理制度。

（2）药品的供应管理

根据本院医疗、科研和教学的需要，编制医院用药目录和用药计划，严格按照相关规定，组织药品采购、自制、储备、保管和合理分配，做好药品供应工作。

（3）调剂与制剂管理

根据医师处方或科室请领单，及时、准确地调配和分发药剂；经有关部门审批后，按临床需要有计划地配制制剂、加工炮制中药材，供临床使用。

（4）药品质量管理

建立健全药品质量监督和检验制度。对药品质量进行严格检查，不合格的药品不得使用，为临床提供质量合格的药品，保证临床用药安全、有效。

（5）临床药学工作管理

开展临床药学、用药监护工作，包括血药浓度监测、药品信息服务、提供用药咨询、新药介绍、协助临床做好新药的临床研究和上市药品的再评价、协助医师制订和调整个体给药方案，监测药物不良反应，及时向药品不良反应监测中心报告并提出改进或淘汰药物品种的意见。

(6) 承担科研、教学与技术人员的培养工作

结合临床需要，开展化学药品和中成药新剂型的研究与新药的研发；围绕合理用药，进行药物效应学、药物动力学、生物利用度以及药物安全性等研究；开展用药趋势分析、药物经济学研究。对在职人员进行培训和继续教育；承担培养进修生和实习生的带教任务和基层单位的技术指导等工作。

第三节　药剂管理

一、药品采购、保管和使用有关规定

医疗机构应建立健全药品采购管理制度，明确采购计划，确定采购方式，在药品采购中必须加强计划性，既要防止脱销断药，又要防止长期积压造成药品过期失效。采购时要注意进货渠道的合法性、药品质量的可靠性，严格执行药品采购的相关规定。药学部（药剂科）负责全院药品、试剂的计划和采购工作。

医疗机构应当根据《国家基本药物目录》《处方管理办法》《国家处方集》《药品采购供应质量管理规范》等制订本机构药品处方集和基本用药供应目录，编制药品采购计划，按规定购入药品。医疗机构药品采购、保管和使用有关规定内容如下：

（一）《药品管理法》的规定

（1）医疗机构应当从药品上市许可持有人或者具有药品生产、经营资格的企业购进药品；但是，购进未实施审批管理的中药材除外。

（2）医疗机构购进药品，应当建立并执行进货检查验收制度，验明药品合格证明和其他标识；不符合规定要求的，不得购进和使用。

（二）《医疗机构药事管理规定》的要求

（1）医疗机构应当制订本机构药品采购工作流程；建立健全药品成本核算和账务管理制度；严格执行药品购入检查、验收制度；不得购入和使用不符合规定的药品。

（2）医疗机构临床使用的药品应当由药学部门统一采购供应。经药事管理与药物治疗学委员会（组）审核同意，核医学科可以购用、调剂本专业所需的放射性药品。其他科室或者部门不得从事药品的采购、调剂活动，不得在临床使用非药学部门采购供应的药品。

（三）《药品经营和使用质量监督管理办法》的规定

（1）医疗机构应当建立健全药品质量管理体系，完善药品购进、验收、储存、养护及使用等环节的质量管理制度，明确各环节中工作人员的岗位责任。医疗机构应当设置专门部门负责药品质量管理；未设专门部门的，应当指定专人负责药品质量管理。

（2）医疗机构购进药品，应当核实供货单位的药品生产许可证或者药品经营许可证、授权委托书以及药品批准证明文件、药品合格证明等有效证明文件。首次购进药品的，应当妥善保存加盖供货单位印章的上述材料复印件，保存期限不得少于五年。医疗机构购进药品时应当索取、留存合法票据，包括税票及详细清单，清单上应当载明供货单位名称、药品通用

名称、药品上市许可持有人（中药饮片标明生产企业和产地）、批准文号、产品批号、剂型、规格、销售数量、销售价格等内容。票据保存不得少于三年，且不少于药品有效期满后一年。

（3）医疗机构应当建立和执行药品购进验收制度，购进药品应当逐批验收，并建立真实、完整的记录。药品购进验收记录应当注明药品的通用名称、药品上市许可持有人（中药饮片标明生产企业和产地）、批准文号、产品批号、剂型、规格、有效期、供货单位、购进数量、购进价格、购进日期。药品购进验收记录保存不得少于三年，且不少于药品有效期满后一年。

（4）医疗机构应当制定并执行药品储存、养护制度，配备专用场所和设施设备储存药品，做好储存、养护记录，确保药品储存符合药品说明书标明的条件。医疗机构应当按照有关规定，根据药品属性和类别分库、分区、分垛储存药品，并实行色标管理。药品与非药品分开存放；中药饮片、中成药、化学药、生物制品分类存放；过期、变质、被污染等的药品应当放置在不合格库（区）；麻醉药品、精神药品、医疗用毒性药品、放射性药品、药品类易制毒化学品以及易燃、易爆、强腐蚀等危险性药品应当按照相关规定存放，并采取必要的安全措施。

（5）医疗机构应当制定和执行药品养护管理制度，并采取必要的控温、防潮、避光、通风、防火、防虫、防鼠、防污染等措施，保证药品质量。

医疗机构应当配备药品养护人员，定期对储存药品进行检查和养护，监测和记录储存区域的温湿度，维护储存设施设备，并建立相应的养护档案。

（6）医疗机构发现使用的药品存在质量问题或者其他安全隐患的，应当立即停止使用，向供货单位反馈并及时向所在地市县级药品监督管理部门报告。市县级药品监督管理部门应当按照有关规定进行监督检查，必要时开展抽样检验。

（7）医疗机构应当积极协助药品上市许可持有人、中药饮片生产企业、药品批发企业履行药品召回、追回义务。

（8）医疗机构应当建立覆盖药品购进、储存、使用的全过程追溯体系，开展追溯数据校验和采集，按规定提供药品追溯信息。

二、静脉用药集中调配

2010年4月，卫生部办公厅正式印发并实施了《静脉用药集中调配质量管理规范》（以下简称《规范》），从人员、房屋布局、设施、仪器和设备、规章制度、卫生消毒、操作规范等多方面做了严格规定，以便更好地促进静脉用药合理使用，保障静脉用药安全。医疗机构开展静脉用药集中调配工作，应当设置静脉用药集中调配中心（室）（pharmacy intravenous admixture service，PIVAS），必须按照《规范》严格执行。

（一）静脉用药集中调配的概念

静脉用药集中调配（pharmacy intravenous admixture，PIVA）是指医疗机构药学部门根据医师处方或用药医嘱，经药师进行适宜性审核，由药学专业技术人员按照无菌操作要求，在洁净环境下对静脉用药物进行加药混合调配，使其成为可供临床直接静脉输注使用的成品输液操作过程。静脉用药集中调配是药品调剂的一部分，调配范围包括肠外营养液、危害药品和其他静脉用药。

（二）静脉用药集中调配的目的

静脉用药集中调配的目的是为了加强对药品使用环节的质量控制，保证药品质量体系的连续性，提高患者用药的安全性、有效性、经济性，实现医院药学由单纯的供应保障型向技术服务型转变，实现以患者为中心的药学服务模式，提升静脉药物治疗水平，提高医院的现代化医疗质量和管理水平。

（三）静脉药物集中调配的要求

1. 人员

工作人员由药师、护士和辅助人员组成。《规范》中对药学人员有严格要求：

（1）静脉药物调配中心（室）的负责人应当具有药学专业本科以上学历，本专业中级以上专业技术职务任职资格，有较丰富的实际工作经验，责任心强，有一定的管理能力；

（2）负责静脉用药医嘱或处方适宜性审核的人员，应当具有药学专业本科以上学历、5年以上临床用药或调剂工作经验、药师以上专业技术职务任职资格；

（3）负责摆药、加药混合调配、成品输液核对的人员应当具有药士以上专业技术任职资格；

（4）从事该项工作的药学专业技术人员应当接受岗位专业知识培训并经考核合格，定期接受药学专业继续教育；

（5）参加该项的人员，每年至少进行一次健康检查，建立健康档案。患有传染病、精神病等工作人员不得从事该项工作。其他人员也必须达到相应的要求才能从事该项工作。

2. 房屋、设施和布局

（1）静脉药物集中调配中心（室）划分为洁净区、辅助工作区和生活区三部分，工作间的布局要合理并与工作量相适应，人流、物流分开，远离污染源；

（2）静脉药物集中调配中心（室）洁净区应当设有温度、湿度、气压等监测设备和通风换气设施，保持静脉用药调配室温度18～26℃，相对湿度40%～60%，保持一定量的新风送入；

（3）洁净区的净化要求B级，层流操作台为A级，一次更衣间为C级，二次更衣间为B级；

（4）静脉用药调配中心（室）应当根据药物性质建立不同的送、排（回）风系统。

3. 仪器和设备

静脉药物集中调配中心（室）应配备相应的仪器、层流操作台、生物安全柜等，确保静脉药物调配的质量，加强调配人员的职业防护。

4. 规章制度

静脉用药调配中心（室）应按照《规范》建立健全全面质量管理体系，制订岗位责任制、清洁卫生、健康检查等各项制度和岗位操作规程。各项操作须严格按操作规程进行，确保配制输液制剂质量和患者用药安全、有效；调配流程有接收处方或医嘱、药师审方、核对、摆药、贴签、调配、核对、运送病区等；调配所用药品均应符合静脉注射剂标准，药品生产厂家或批号应及时登记。发现药品包装或外观有疑问时，做出相应处理；配制全过程要进行全面核对，调配出现问题时应及时查找原因，并做出相应处理。每项工作程序结束时，执行人要签字确认，配制完毕要彻底清场。

除了以上规定以外,《规范》对药品、耗材、物料、卫生、消毒、信息系统等多方面都有具体规定,这里不再赘述。

(四)静脉用药调配中心(室)的建立

《医疗机构药事管理规定》要求医疗机构根据临床需要建立静脉用药调配中心(室),实行集中调配供应。静脉用药调配中心(室)应当符合《静脉用药集中调配质量管理规范》,由所在地设区的市级以上卫生行政部门组织技术审核、验收,合格后方可集中调配静脉用药。在静脉用药调配中心(室)以外调配静脉用药,参照《静脉用药集中调配质量管理规范》执行。

医疗机构建立的静脉用药调配中心(室)应当报省级卫生行政部门备案。

三、处方管理

为规范处方管理,提高处方质量,促进合理用药,保障医疗安全,2006年11月,卫生部发布《处方管理办法》,自2007年5月1日起施行。

(一)处方概念

《处方管理办法》规定,处方是指由注册的执业医师和执业助理医师在诊疗活动中为患者开具的、由取得药学专业技术职务任职资格的药学专业技术人员审核、调配、核对,并作为患者用药凭证的医疗文书。处方包括医疗机构病区用药医嘱单。

医疗机构中涉及的处方主要有四类。

1. 法定处方

法定处方是指《中华人民共和国药典》等国家药品标准收载的处方,具有法律约束力,在生产或医师开写法定制剂时,必须遵照法定处方的规定。

2. 协定处方

协定处方通常是指由医疗机构药学部门与医师协商制定,经过一定手续审批的本机构常规处方。

3. 单方、验方和秘方

单方一般是比较简单的验方,往往只有一、二味药,多由口头传授;验方是民间使用、积累的经验处方,简单有效;秘方则是指秘而不宣的验方和单方。

4. 医师处方

医师处方是指由注册的执业医师和执业助理医师在诊疗活动中为患者开具的、由取得药学专业技术职务任职资格的药学专业技术人员审核、调配、核对,并作为患者用药凭证的医疗文书。

(二)处方内容

处方由处方前记、处方正文和后记三部分组成。

1. 前记

前记包括医疗机构名称、费别、患者姓名、性别、年龄、门诊或住院病历号、科别或病区和床位号、临床诊断、开具日期等,可添列特殊要求的项目。麻醉药品和第一类精神药品处方还应当包括患者身份证明编号、代办人姓名、身份证明编号。

2. 正文

以 Rp 或 R（拉丁文 Recipe "请取"的缩写）标示，分列药品名称、剂型、规格、数量、用法、用量。

3. 后记

医师签名或者加盖专用签章，药品金额以及审核、调配，核对、发药药师签名或者加盖专用签章。

（三）处方颜色

(1) 普通处方的印刷用纸为白色。
(2) 急诊处方印刷用纸为淡黄色，右上角标注"急诊"。
(3) 儿科处方印刷用纸为淡绿色，右上角标注"儿科"。
(4) 麻醉药品和第一类精神药品处方印刷用纸为淡红色，右上角标注"麻、精一"。
(5) 第二类精神药品处方印刷用纸为白色，右上角标注"精二"。

（四）处方权限

(1) 经注册的执业医师在执业地点取得相应的处方权。经注册的执业助理医师在医疗机构开具的处方，应当经所在执业地点执业医师签名或加盖专用签章后方有效。

(2) 经注册的执业助理医师在乡、民族乡、镇、村的医疗机构独立从事一般的执业活动，可以在注册的执业地点取得相应的处方权。

(3) 医师应当在注册的医疗机构签名留样或者专用签章备案后，方可开具处方。

(4) 医疗机构应当按照有关规定，对本机构执业医师和药师进行麻醉药品和精神药品使用知识和规范化管理的培训。执业医师经考核合格后取得麻醉药品和第一类精神药品的处方权，药师经考核合格后取得麻醉药品和第一类精神药品调剂资格。

医师取得麻醉药品和第一类精神药品处方权后，方可在本机构开具麻醉药品和第一类精神药品处方，但不得为自己开具该类药品处方。药师取得麻醉药品和第一类精神药品调剂资格后，方可在本机构调剂麻醉药品和第一类精神药品。

(5) 试用期人员开具处方，应当经所在医疗机构有处方权的执业医师审核、并签名或加盖专用签章后方有效。

(6) 进修医师由接收进修的医疗机构对其胜任本专业工作的实际情况进行认定后授予相应的处方权。

（五）处方书写

处方书写应当符合下列规则：

(1) 患者一般情况、临床诊断填写清晰、完整，并与病历记载相一致。
(2) 每张处方限于一名患者的用药。
(3) 字迹清楚，不得涂改；如需修改，应当在修改处签名并注明修改日期。
(4) 药品名称应当使用规范的中文名称书写，没有中文名称的可以使用规范的英文名称书写；医疗机构或者医师、药师不得自行编制药品缩写名称或者使用代号；书写药品名称、剂量、规格、用法、用量要准确规范。

药品剂量与数量用阿拉伯数字书写。剂量应当使用法定剂量单位：重量以克（g）、毫克（mg）、微克（μg）、纳克（ng）为单位；容量以升（L）、毫升（mL）为单位；国际单位（IU）、单位（U）；中药饮片以克（g）为单位。片剂、丸剂、胶囊剂、颗粒剂分别以片、丸、粒、袋为单位；溶液剂以支、瓶为单位；软膏及乳膏剂以支、盒为单位；注射剂以支、瓶为单位，应当注明含量；中药饮片以剂为单位。

药品用法可用规范的中文、英文、拉丁文或者缩写体书写，但不得使用"遵医嘱"、"自用"等含糊不清字句。

（5）患者年龄应当填写实足年龄，新生儿、婴幼儿写日、月龄，必要时要注明体重。

（6）西药和中成药可以分别开具处方，也可以开具一张处方，中药饮片应当单独开具处方。

（7）开具西药、中成药处方，每一种药品应当另起一行，每张处方不得超过5种药品。

（8）中药饮片处方的书写，一般应当按照"君、臣、佐、使"的顺序排列；调剂、煎煮的特殊要求注明在药品右上方，并加括号，如布包、先煎、后下等；对饮片的产地、炮制有特殊要求的，应当在药品名称之前写明。

（9）药品用法、用量应当按照药品说明书规定的常规用法、用量使用，特殊情况需要超剂量使用时，应当注明原因并再次签名。

（10）除特殊情况外，应当注明临床诊断。

（11）开具处方后的空白处划一斜线以示处方完毕。

（12）处方医师的签名式样和专用签章应当与院内药学部门留样备查的式样相一致，不得任意改动，否则应当重新登记留样备案。

（13）医师利用计算机开具、传递普通处方时，应当同时打印出纸质处方，其格式与手写处方一致；打印的纸质处方经签名或者加盖签章后有效。药师核发药品时，应当核对打印的纸质处方，无误后发给药品，并将打印的纸质处方与计算机传递处方同时收存备查。

（六）处方限量

（1）处方一般不得超过7日用量；急诊处方一般不得超过3日用量；对于某些慢性病、老年病或特殊情况，处方用量可适当延长，但医师应当注明理由。

医疗用毒性药品、放射性药品的处方用量应当严格按照国家有关规定执行。

（2）为门（急）诊患者开具的麻醉药品注射剂，每张处方为一次常用量；控缓释制剂，每张处方不得超过7日常用量；其他剂型，每张处方不得超过3日常用量。

第一类精神药品注射剂，每张处方为一次常用量；控缓释制剂，每张处方不得超过7日常用量；其他剂型，每张处方不得超过3日常用量。哌醋甲酯用于治疗儿童多动症时，每张处方不得超过15日常用量。

第二类精神药品一般每张处方不得超过7日常用量；对于慢性病或某些特殊情况的患者，处方用量可以适当延长，医师应当注明理由。

（3）为门（急）诊癌症疼痛患者和中、重度慢性疼痛患者开具的麻醉药品、第一类精神药品注射剂，每张处方不得超过3日常用量；控缓释制剂，每张处方不得超过15日常用量；其他剂型，每张处方不得超过7日常用量。

（4）为住院患者开具的麻醉药品和第一类精神药品处方应当逐日开具，每张处方为1日常用量。

（5）对于需要特别加强管制的麻醉药品，盐酸二氢埃托啡处方为一次常用量，仅限于二级以上医院内使用；盐酸哌替啶处方为一次常用量，仅限于医疗机构内使用。

（七）处方有效期限

处方开具当日有效。特殊情况下需延长有效期限时，由开具处方的医师注明有效期限，但有效期最长不得超过 3 天。

（八）处方保管

处方由调剂处方药品的医疗机构妥善保存。

普通处方、急诊处方、儿科处方保存期限为 1 年，医疗用毒性药品、第二类精神药品处方保存期限为 2 年，麻醉药品和第一类精神药品处方保存期限为 3 年。

处方保存期满后，经医疗机构主要负责人批准、登记备案，方可销毁。

四、调剂管理

（一）调剂的概念

调剂（dispensing）指配药，即配方、发药，又称调配处方。它是指从接受处方至给患者（或护士）发药并进行交代和答复询问的全过程。

（二）调剂的流程与步骤

调剂活动涉及多个部门、科室及不同种类的病人，现以门诊调剂为例，调剂过程可分以下几个步骤。其流程如图 6-2 所示。

1. 接受处方：从信息系统和病人或病房护理人员处接受处方或药品请领单；
2. 审查处方：主要审查处方是否合理；
3. 调配处方：按处方调配药剂或取出药品；
4. 包装与贴标签：包装袋与药瓶标签上应标示病人姓名、药品品名、规格、用法、用量等；
5. 核对检查：仔细查对所取的药品与处方药品是否一致，防止差错；
6. 发药：发药时应对病人进行解释、交代工作。

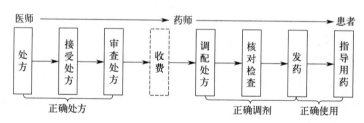

图 6-2 调剂业务流程

（三）调剂工作管理

1. 调剂的操作规程

具有药师以上专业技术职务任职资格的人员负责处方审核、评估、核对、发药以及安全用药指导，药士从事处方调配工作。药师应当按照操作规程调剂处方药品：认真审核处方，准确调配药品，正确书写药袋或粘贴标签，注明患者姓名和药品名称、用法、用量，包装；向患者交付药品时，按照药品说明书或者处方用法，进行用药交代与指导，包括每种药品的用法、用量、注意事项等。对麻醉药品和第一类精神药品处方，按年、月、日逐日编制顺序号。

2. 处方审核

药师应当认真逐项检查处方前记、正文和后记书写是否清晰、完整,并确认处方的合法性,同时应当对处方用药适宜性进行审核。《处方管理办法》明确规定,审核内容包括:

(1) 规定必须做皮试的药品,处方医师是否注明过敏试验及结果的判定;

(2) 处方用药与临床诊断的相符性;

(3) 剂量、用法的正确性;

(4) 选用剂型与给药途径的合理性;

(5) 是否有重复给药现象;

(6) 是否有潜在临床意义的药物相互作用和配伍禁忌;

(7) 其他用药不适宜情况。

3. 调剂中的注意事项

(1) 药师须凭医师处方调剂处方药品,非经医师处方不得调剂。

(2) 药师经处方审核后,认为存在用药不适宜时,应当告知处方医师,请其确认或者重新开具处方。

(3) 药师发现严重不合理用药或者用药错误,应当拒绝调剂,及时告知处方医师,并应当记录,按照有关规定报告。

(4) 药师对于不规范处方或者不能判定其合法性的处方,不得调剂。

4. 药师调剂处方时必须做到"四查十对"

"四查十对":查处方,对科别、姓名、年龄;查药品,对药名、剂型、规格、数量;查配伍禁忌,对药品性状、用法用量;查用药合理性,对临床诊断。审查处方的用法、用量时,常可见到用药时间、给药途经和药物剂型等外文缩写词,药师必须熟悉其含义,才能准确调配处方。处方中常见的外文缩写词见表6-1。

表6-1 处方中常见的外文缩写词表

外文缩写词(全文)	中文	外文缩写词(全文)	中文
用药时间		p. m. (post meridiem)	下午
q. d. (quaque die)	每天	p. r. n. (pro re nata)	必要时
q. h. (quaque hora)	每小时	s. o. s. (si opus sit)	需要时
q. 6h. (quaque 6 hora)	每6小时	st. /stat. ! (statim)	立即
q. 2d. (quaque 2 die)	隔天	cito! (cito)	急速
q. m. (quaque mane)	每晨	给药途径	
q. n. (quaque nocte)	每晚	i. d. (injectio intradermica)	皮内注射
h. s. (hora somni)	睡时	i. h. (injectio hypodermica)	皮下注射
s. i. d. (semel in die)	一日一次	i. m. (injectio muscularis)	肌内注射
b. i. d. (bis in die)	一日二次	i. v. (injectio venosa)	静脉注射
t. i. d. (ter in die)	一日三次	i. v. gtt. (injectio venosa guttatim)	静脉滴注
a. c. (ante cibos)	饭前	p. o. (per os)	口服
p. c. (post cibos)	饭后	ad us. int. (ad usum internum)	内服
a. m. (ante meridiem)	上午	ad us. ext. (ad usum externum)	外用

续表

外文缩写词(全文)	中文	外文缩写词(全文)	中文
pr. dos. (pro dosi)	一次量,顿服	Neb. (Nebula)	喷雾剂
pr. ocul. (pro oculis)	眼用	Ocul. (Oculentum)	眼膏
pr. aur. (pro auribus)	耳用	Pil. (Pilulae)	丸剂
pr. inf. (pro infantibus)	婴儿用	Pulv. (Pulvis)	散剂,粉剂
pr. nar. (pro naribus)	鼻用	Sol. (Solutio)	溶液剂
p. rect. (per rectum)	经直肠	Syr. (Syrupus)	糖浆剂
常用剂型名		Tab. (Tabellae)	片剂
Amp. (Ampulla)	安瓿剂	Tinct. (Tinctura)	酊剂
Aq. (Aqua)	水剂	Ung. (Unguentum)	软膏
Auristill. (Auristilla)	滴耳剂	其他	
Caps. (Capsulae)	胶囊剂	aa. (ana)	各
Coll. (Collutorium)	漱口剂	ad. (ad)	加至
Dec. (Decoctum)	煎剂	No. (Numero)	数目,号
Emul. (Emulsio)	乳剂	Rp. (Recipe)	取
Gutt./Gtt. (Guttae)	滴剂	q. s. (quantum satis)	适量
Inj. (Injectio)	注射剂	Sig. (Signa)	标记(用法)
Inhal. (Inhalatio)	吸入剂	co. (compusitus)	复方的
Lin. (Linimentum)	搽剂	dil. (dilutus)	稀的
Liq. (Liquor)	液体剂	fort. (fortis)	浓的
Lot. (Lotio)	洗剂	sat. (saturatus)	饱和的
Mist. (Mistura)	合剂		

第四节 药物临床应用管理

《医疗机构药事管理规定》明确规定，药物临床应用管理是对医疗机构临床诊断、预防和治疗疾病用药全过程实施监督管理。医疗机构应当遵循安全、有效、经济、适当的合理用药原则，尊重患者对药品使用的知情权和隐私权。

一、临床药学概述

随着医药卫生体制改革和药学服务的延伸，药学部门的职责和人员配备情况较以前有了较大的变化，工作职能并不局限于以往的采购药品、调配处方、制备制剂等基础性工作，医院药学工作模式也从"以药品为中心"转变为"以病人为中心"，药学部的职能正向提供用药咨询、促进药学保健、保证合理用药等临床药学工作过渡。《医疗机构药事管理规定》中要求加强医疗机构临床药学工作，强调医疗机构应当建立由医师、临床药师和护士组成的临床治疗团队，开展临床合理用药工作。

（一）临床药学的概念

《医疗机构药事管理规定》明确规定，临床药学（clinical pharmacy）是指药学与临床相结合，直接面向患者，以病人为中心，研究与实践临床药物治疗，提高药物治疗水平的综合性应用学科。

（二）我国临床药学的现状

目前，医院规模决定了开展临床药学工作的范围和深度，随着政策的引导和鼓励，一些规模较小的医院也开始重视临床药学工作。但由于地区经济的差异，临床药学在我国发展不平衡，临床药学工作开展最多的业务仍局限在药物信息咨询、用药回顾与分析、合理用药知识教育、临床药物不良反应监测方面，深入临床直接为病人服务的工作开展尚少。造成这种现状的原因主要包括以下几个方面。

1. 高素质的临床药师配备不足

我国的药学教育长时间来以研究型人才培养为主，缺乏药学服务型人才的培养，严重脱离临床。医院药师主要从事药品处方调配、制剂的制备、血药浓度监测和不良反应收集等工作，药师的整体技术素质偏低，人才结构和人才知识结构不合理，缺乏临床知识和经验，使得很多药师无法适应临床药学工作。随着临床药学的发展和临床药师制的推行，让药师走向临床，培养高素质的临床药师已成为当务之急。

2. 临床药学工作未得到足够的重视

长期以来，人们心目中的药师，总是与抓草药、配药水联系在一起，与药房、药店、药库联系在一起。重药品保障供应、轻药学技术服务和药物合理使用；重实验研究，轻临床和不参与临床用药，是医院药学普遍存在的现象。药学本科教育出现后，这种现象才逐步有所改观，但其焦点仍然是围绕药学自身的实际问题，如药物稳定性和配伍稳定性、处方筛选、制剂工艺、药品检验方法、药品的体外、体内质量评价等，而对药物与机体间的相互作用、病理及生理状态对药物体内处置的影响等研究则相对匮乏。

3. 现代化的仪器和设备比较缺乏

开展药学服务，需要一定的检测仪器和设备，资料收集、整理需要办公设备的支持，一些经济欠发达地区的基层医院仪器设备等硬件条件完全不能适应临床药学的发展。

（三）我国临床药师制的建立

1. 国外药学保健的启示

美国医院药学强化了医师、药师、护士之间的协调关系，突出临床药师在临床用药中的决策指导地位。药学保健（pharmaceutical care）的主体是药师，客体是患者，核心是药师的工作直接面向患者，药师对患者的药物治疗结果负有不可推卸的社会责任，在药物治疗全过程中，药师为患者争取利益，保护病人不受与用药有关的伤害。国外药师已形成一种共识，即药学事业和药师职业在未来社会中的地位取决于药师所提供的药学保健的质量。

2. 启动临床药师培训试点基地建设

2005年11月，卫生部发布《关于开展临床药师培训试点工作的通知》和《临床药师培训工作方案》及4个附件，遴选批准50家医院为培训试点基地，为试点基地医院带教临床药师举办了7期临床带教培训班，培养具有初步带教能力的临床药师，并为高等学校药学院临床药学专业学生的临床教育准备了师资队伍。

3. 启动临床药师制建设试点工作

《医疗机构药事管理暂行规定》中明确提出医疗机构要建立临床药师制,为加速推动临床药师制的实施,我国启动了临床药师制建设试点工作,探索临床药师参与药物治疗工作模式,推动了临床药师制的实施。

4. 临床药师制建设已取得初步成效

多数试点医院初步建立了临床药师工作和管理制度,临床药师在合理用药中的作用已经得到了初步的验证和体现。

二、合理用药

临床药学工作的核心是合理用药。不合理用药现象引起了药品监督、卫生、社会保障、医疗保险等部门以及社会公众的广泛重视,各国政府均把药品的合理使用管理作为药品监督管理的一项基本内容。合理用药有助于提高医疗质量和节约医药资源。合理用药最起码的要求是:将适当的药品,以适当的剂量,在适当的时间,经适当的给药途径,给适当的病人,使用适当的疗程,达到适当的治疗效果。1985年,世界卫生组织(WHO)在肯尼亚首都内罗毕召开了合理用药专家会议,将合理用药定义为:合理用药要求患者接受的药物适合其临床需要,药物剂量应符合患者个体的要求,疗程适当,所耗经费对患者和社会均属最低。

目前,国际药学界对合理用药科学、完整的定义为:合理用药是以当代药物和疾病的系统知识和理论为基础,安全、有效、经济、适当地使用药品。

(一)合理用药的基本要素

1. 安全性

安全性是合理用药的基本前提,它涉及用药的风险和效益。医师在用药时必须权衡利弊,从而使患者承受最小的治疗风险,获得最大的治疗效果。

2. 有效性

有效性是用药的首要目标,但受医药科学发展水平的限制,对有些疾病的药物治疗仅能减轻和缓解病情的发展;因此,应使患者对药物的疗效有所了解,达到医患双方均可接受的用药目标。

3. 经济性

经济性是指以尽可能少的成本获得尽可能大的治疗效益,合理使用有限医疗卫生资源,减轻患者及社会的经济负担。

4. 适当性

合理用药最基本的要求是根据用药对象选择适当的药品,在适当的时间,以适当的剂量、途径和疗程,达到适当的治疗目标。适当性的原则强调尊重客观事实,立足当前医药科学技术和社会的发展水平,避免不切实际地追求高水平的药物治疗。

(二)不合理用药的表现

在临床实践中,不合理用药现象普遍存在,轻者给病人带来不必要的痛苦,严重者可能酿成医疗事故,造成药物灾害,给当事人乃至社会带来无法弥补的损失。目前,临床用药存在的不合理用药现象如下所述。

1. 有病症未得到治疗

病人患有需要进行药物治疗的疾病或症状，但没有得到治疗，包括得不到药物和因误诊而未给予需要的药物。

2. 药物选择不合理

用药不对症，多数情况属于药物选择不当，也包括医师笔误开错药、药师调剂配错药、发错药、患者服错药等情况；无用药适应证的预防或安慰性用药，主要指长期使用以保健为目的的药品，以及不必要的预防用药，轻症用重药（贵重药，大剂量药）；有用药适应证而得不到适当的药物治疗，因经济原因或诊断不明确造成的不合理用药。

3. 药物剂量与疗程不合理

用药剂量不足，达不到有效治疗剂量。疗程太短，不足以彻底治愈疾病，导致疾病反复发作，耗费更多医药资源。疗程过长，给药剂量过大，增加了中毒的危险性。在用药时没有考虑患者的病理、生理状况、遗传因素、体重、器官功能状态等有关因素，千篇一律的使用常规剂量，容易造成用药剂量的不合理。

4. 给药途径与方法不合理

对口服能治疗的疾病使用注射剂，特殊使用方法的药物，如栓剂、喷雾剂、气雾剂、缓控释制剂等。因不了解其使用方法，造成给药途径与方法不合理。

5. 给药次数、时间间隔、用药时间的不合理

由于患者依从性差，造成给药次数、时间间隔不当的现象较常见，如患者用药怕疼、不方便用药或药物副作用等的影响使得用药次数减少或擅自停药。医师、药师的指导力度不够，使得应该饭前或饭后、睡前等服用的药物不能得到正确使用。

6. 合并用药不适当

合并用药又称联合用药，指一个病人同时使用两种或两种以上的药物。合并用药不适当包括：无必要地合并使用多种药物，增加患者的经济负担，造成医疗资源的浪费；发生药物配伍禁忌，导致不良的药物相互作用，也可能使原有药物作用减弱，治疗效应降低，毒副作用加大。

7. 重复给药

因医生不了解药物的相关知识，给患者开具药理作用相当或同类的药品，或多名医生给同一病人开相同的药物。

（三）影响合理用药的因素

合理用药是有关人员、药物和环境相互作用的结果，与用药有关的各类人员的行为失当和错误是导致不合理用药的因素，药物本身的特性是造成不合理用药的潜在因素，而外部因素则涉及国家卫生保健体制、药品政策、经济发展水平、文化传统、社会风气等诸多方面。其中人的因素最为重要。

1. 人的因素

临床用药不只是医师、药师或病人单方面的事，而是涉及诊断、开方、调配发药、给药、服药、监测用药过程和评价结果全过程。合理用药必须包括正确诊断、合理处方、准确调配、正确给药、遵医嘱或按说明书正确服药等各个环节，医师、药师、护师、病人及家属乃至社会各有关人员任何一方不合理用药，都会影响其他人员的努力，造成不合理用药。

（1）医师因素

合理用药的临床基础：①正确诊断；②充分了解疾病的病理生理状况；③掌握药物及其代谢产物在正常与疾病时的药理学、生物化学和药动学性质；④制定正确的药物治疗方案和目标；⑤正确实施药物治疗，获得预定的治疗结果。

导致医师不合理用药的原因包括：①医术和治疗水平不高；②缺乏药物治疗学知识；③知识信息更新不及时；④责任心不强；⑤临床用药监控不力；⑥医德医风不正。

（2）药师因素

药师在整个临床用药过程中是药品的提供者和合理用药的监督者。药师不合理用药的原因包括：①审查处方不严；②调剂配发错误；③用药指导不力；④协作和交流不够。

（3）护士因素

护理人员负责给药操作和病人监护，临床不合理用药或多或少与护士的给药操作有关，不合理用药的原因包括：①未正确执行医嘱；②使用了质量不合格的药品；③临床观察、监测、报告不力；④给药操作失当。

（4）病人因素

病人依从性低是临床合理用药的主要障碍之一。病人不依从治疗的原因包括：①客观原因，如文化程度低，理解错误，年龄大，记忆力差，经济收入低且不享受医保，体质差不能耐受药物不良反应等；②主观原因，如药物治疗急于求成，身体稍有不适便使用药品，盲目听从他人或媒体的宣传等。

2. 药物因素

药物本身的作用是客观存在的，药物固有的性质也会造成不合理用药的现象。归纳起来主要有：

（1）药物的作用效果因人而异。采用规定剂量，病人获得的疗效可能各不相同，不良反应的发生也因人而异。

（2）药物联用使药物相互作用发生概率增加。药物相互作用分体外相互作用（又称药物配伍禁忌）和体内相互作用。前者主要指药物使用前，由于药物混合发生的物理或化学变化，后者是指药物配伍使用后在体内发生的药理作用变化。

3. 社会因素

影响合理用药的社会因素错综复杂，涉及国家的药品管理法律法规、医药卫生体制、药品监督管理体制、医疗保险制度、社会风气以及医药企业的经营理念、医疗机构的运营模式等。

（四）促进临床合理用药的措施

1. 强化药师或其他药学技术人员的作用

在合理用药工作中，药师具有不可替代的作用，药师在用药的合理选择、使用、配伍等方面发挥积极作用。医院可以定期组织药学专业人员为医师做有关合理用药的讲座，内容涉及合理用药分析、处方分析、药品不良反应分析、药事管理分析、新药介绍等，能够切实指导临床合理用药。

2. 发挥药事管理与药物治疗学委员会的作用

医院药事管理与药物治疗学委员会是协调、监督医院内部合理用药，解决不合理用药问题的特殊组织。该委员会在统一医院管理人员与业务人员对合理用药的认识，促进临床科室和药剂科之间的沟通方面发挥着重要的作用。

3. 制定和完善医院协定处方集

每个医院的协定处方集或基本药物目录应当有自己的特点，药物品种、规格、剂型等的选择必须体现临床对药物的需求，药物的评价和用法、用量、注意事项等的表述应能满足临床对药物信息的需要，协定处方集必须定期修改、更新。

4. 做好处方和病历用药调查统计

处方调查和病历调查的目的是及时发现医生不合理用药的处方和医嘱行为，把握临床药品使用的规律和发展趋势，以便针对问题，采取有力措施，不断提高合理用药水平。

处方调查的内容包括处方书写规范化和合理用药两个方面，可采用普查或者随机抽样的方式进行。病历用药调查的用途比较广泛，可用于评价新、老药物的疗效和毒副作用，了解医院一定时期的用药现状和趋势。

5. 建立健全合理用药制度

由于个别营销人员不正当的促销行为，致使临床出现乱用药、大剂量用药、使用高价药及大处方的现象。因此，医院管理部门应加大医德医风教育的力度，使每个医务工作者树立全心全意为患者服务的思想，在为患者治病的过程中，科学地、实事求是地合理使用药品。

6. 发展新型的医院药学模式

积极开展处方点评、治疗药物监测、药物基因检测等临床药学工作，加快药学服务转型，发展新型医院药学模式。履行药师职责，提升服务能力；加强药学部门建设，重点强调公立医院不得承包、出租药房，不得向营利性企业托管药房；通过多种有力举措，促进临床合理用药。

三、临床药学的主要任务

（一）参与临床药物治疗

深入临床开展药学服务，参与病人药物治疗，这是临床药学最重要的工作。临床药师要深入临床第一线，参与查房、会诊、抢救、病案讨论等，学习和了解专科疾病的特点与用药规律，进行专科用药调查分析，收集与反馈有关的药物信息，与医师讨论药物治疗方案、监测药物治疗过程和效果，发现问题并协同医护人员及时妥善处理问题，提高药物治疗的安全性与有效性。

（二）开展治疗药物监测

治疗药物监测（therapeutic drug monitoring，TDM）可以实现给药个体化，它是临床药学服务的重要内容之一。临床药师利用现代分析测试手段，对一些重点药物和重点病人进行血药浓度测定，并根据测定结果，运用药代动力学理论，调整用药剂量或用药间隔，设计个体化给药方案，做到合理用药。临床使用的药物种类繁多，但并不是所有的药物都需要监测血药浓度。在下列情况下，通常需要监测血药浓度：

(1) 治疗指数窄、毒副反应大的药物，如地高辛毒性反应的发生率为35%，且剂量不足和过量中毒的临床症状十分接近，通过监测，调整剂量，既做到有效，又能降低和避免毒性反应的发生。

(2) 某些药物给同一剂量后个体间血药浓度水平差距很大，即病人间有较大的药代动力学差异，如三环类抗抑郁药。

(3) 当药物的血药浓度呈非线性，尤其非线性发生在有效血药浓度范围内或小于最低有效血药浓度时。如保泰松、苯妥英钠、乙醇、水杨酸钠等，当剂量增加到一定程度时，再稍微加量即会引起血药浓度的明显增高，毒性增加。治疗窗窄、安全性小的药物，其有效量与中毒量十分接近，必须监测。如苯妥英钠，当机体对其消除能力达饱和时，任何微小剂量的增加都可引起血药浓度的骤增而致中毒。

(4) 病人肾功能损害且所用药物及活性代谢物都由肾排泄；患肝脏疾病且所用药物及活性代谢物主要在肝脏代谢；或胃肠道功能不良的病人口服某些药物引起药动学参数的显著变化。

(5) 有些药物长期使用后会产生耐药性或诱导（或抑制）肝药酶活性而引起药效降低（或升高）以及原因不明的药效变化。用常规剂量或大于常用剂量仍不能控制疾病症状。以此鉴别是药量不足、药酶诱导、药物耐受还是中毒。

(6) 怀疑病人药物中毒，尤其有些药物的中毒症状与剂量不足时的症状类似而临床又不能明确辨别时。观察中毒症状时，不要忽视慢性中毒所致的中枢神经系统症状，如反应迟钝，言语及认知障碍等。

(7) 合并用药，由于药物相互作用引起的药物吸收、分布、代谢或排泄改变而影响疗效时。多药合并应用时，可在药动学和药效学各个环节上发生药物相互作用，使保持稳定的血药浓度发生改变。特别当疗效不满意或有间歇发病时，要监测血药浓度以调整合适剂量。如苯巴比妥、卡马西平、利福平等都是药酶强诱导剂，可使合用的其他药物血浓度降低；而丙戊酸、氯霉素和异烟肼等都有抑制药物代谢的作用，使合用药物的血药浓度上升。

（三）药品不良反应监测和报告

医疗机构是药品不良反应（adverse drug reaction，ADR）监测的重要场所，临床药师对患者用药情况进行监测，发现可能与所用药品有关的不良反应，应详细记录、调查、分析、评价、处理，填写药品不良反应/事件报告表，按规定上报，并采取有效措施，减少和防止药品不良反应的重复发生。通过药品不良反应的监察报告，把分散的不良反应病例资料汇集起来，并进行因果关系的分析和评价，及时发现实际存在或潜在的药物问题，采取相应的防治措施，减少药源性疾病的发生，提高药物治疗的有效性。

（四）药物信息的收集与咨询服务

正确的药学信息服务是医疗机构开展临床药学工作和实施临床药学管理必不可少的基础性工作。我国药物种类繁多，临床药物治疗的合理性建立在及时掌握大量、最新药物信息的基础上，因此，临床药师应通过各种渠道获取药物的最新动态、药物治疗中的最新资料、药品不良反应以及临床需要的其他相关信息，并对收集到的药物信息进行整理、储存、分析、评价和传递，为制定合理化的用药方案提供科学依据。

用药咨询服务是临床药师与医师之间相互交流沟通的桥梁，是药师走近患者的有效方法。临床药师应具备较强的医患沟通能力，运用适当的沟通方法、语言技巧，深入到病房和门诊，了解用药情况，解答医生、护士、患者提出的有关药物治疗、相互作用、配伍禁忌以及药物不良反应等方面的问题。开展药物咨询，提供信息，促进医师、药师合作，使用药更加安全、有效和合理。

（五）书写药历和进行处方分析

1. 药历的作用

书写药历（medication history）是药师进行规范化药学服务的具体体现。药历是客观记录患者用药史及药师为保证患者用药安全、有效、经济所采取的必要手段，是药师以药物治疗为中心，发现、分析和解决药物相关问题的技术档案，也是开展个体化药物治疗的重要依据。书写药历要客观真实地记录药师实际工作的具体内容、咨询的重点及相关因素。此外，还应注意的是药历的内容应该完整、清晰、易懂，不用判断性的语句。

2. 药历的主要内容

药历是药师为参与药物治疗和实施药学服务而为患者建立的用药档案，其源于病历，但又有别于病历。药历由药师填写，作为动态、连续、客观、全程用药情况的记录，内容包括监护患者的用药方案、用药经过、用药指导、药学监护计划、药效表现、不良反应、治疗药物监测、各种实验室检查数据、对药物治疗的建设性意见和对患者的健康教育忠告。

3. 药历的格式

SOAP药历模式包括患者主诉（subjective）信息、体检（objective）信息、评价（assessment）和提出治疗方案（plan），简称SOAP。

TITRS药历模式包括主题（title）、诊疗的介绍（introduction）、正文部分（text）、提出建议（recommendation）和签字（signature），简称TITRS。

2006年初，中国药学会医院药学专业委员会结合国外药历模式，发布了国内药历的书写原则与推荐格式，具体如下：

（1）基本情况，包括患者姓名、性别、年龄、出生年月、职业、体重或体重指数、婚姻状况、病案号或病区病床号、医疗保险和费用情况、生活习惯和联系方式。

（2）病历摘要，包括既往病史、体格检查、临床诊断、非药物治疗情况、既往用药史、药物过敏史、主要实验室检查数据、出院或转归。

（3）用药记录，包括药品名称、规格、剂量、给药途径、起始时间、停药时间、联合用药、不良反应或药品短缺品种记录。

（4）用药评价，包括用药问题与指导、药学监护计划、药学干预内容、TDM数据、对药物治疗的建设性意见、结果评价。

处方分析是临床药学服务的日常工作之一，也是临床药师发现药物与病人关系的窗口。通过处方调查和分析，可以掌握本机构或本地区的用药情况，了解药品的动态消耗规律；可通过比较不同时期和不同单位的药品数据，评价药物使用的合理性，并发现和查找存在问题，为合理用药提供依据。

（六）开展药物经济学研究

临床药师通过对患者使用的药品进行效价比分析，开展用药计划、用药方案、用药风险及效益等评估工作，以求用最低费用获得最佳疗效，减轻患者的经济负担。开展药物经济学研究对节约卫生资源，减轻病人经济负担有重要作用。

药物利用研究涉及药物在社会中市场分布、处方及使用情况，强调其产生的医药、社会及经济的效果，其结果可预测医师的用药结果、用药水平，揭示药物的应用模式及社会对药品的需求量等。

四、临床用药管理的实施

（一）药物临床应用管理规定

（1）医疗机构应当依据国家基本药物制度、抗菌药物临床应用指导原则和中成药临床应用指导原则，制定本机构基本药物临床应用管理办法，建立并落实抗菌药物临床应用分级管理制度。

（2）医疗机构应当建立由医师、临床药师和护士组成的临床治疗团队，开展临床合理用药工作。

（3）医疗机构应当遵循有关药物临床应用指导原则、临床路径、临床诊疗指南和药品说明书等合理使用药物；对医师处方、用药医嘱的适宜性进行审核。

（4）医疗机构应当配备临床药师。临床药师应当全职参与临床药物治疗工作，对患者进行用药教育，指导患者安全用药。

（5）医疗机构应当建立临床用药监测、评价和超常预警制度，对药物临床使用安全性、有效性和经济性进行监测、分析、评估，实施处方和用药医嘱点评与干预。

（6）医疗机构应当建立药品不良反应、用药错误和药物损害事件监测报告制度。医疗机构临床科室发现药品不良反应、用药错误和药品损害事件后，应当积极救治患者，立即向药学部门报告，并做好观察与记录。医疗机构应当按照国家有关规定向相关部门报告药品不良反应，用药错误和药品损害事件应当立即向所在地县级卫生行政机构报告。

（二）抗菌药物临床应用管理

1. 抗菌药物分级原则

根据临床实际、抗菌药物特点、安全性、临床疗效、细菌耐药、不良反应以及药品价格等因素，将抗菌药物分为非限制使用、限制使用与特殊使用三类，进行分级管理。

（1）非限制使用类抗菌药物，经临床长期应用证明安全、有效，价格相对较低的抗菌药物。

（2）限制使用类抗菌药物，鉴于此类药物的抗菌特点、安全性和对细菌耐药性的影响，需对药物临床适应症或适用人群加以限制，价格比非限制类略高。

（3）特殊使用类抗菌药物，包括某些用以治疗高度耐药菌感染的药物，一旦细菌对其出现耐药，后果严重，需严格掌握其适应证者，以及新上市的抗菌药物。

2. 抗菌药物分级管理办法

（1）临床选用抗菌药物应遵循国家卫生和计划生育委员会办公厅、国家中医药管理局办公室、解放军总后勤部卫生部药品器材局于2015年7月印发的《抗菌药物临床应用指导原则（2015年版）》，根据感染部位、严重程度、致病菌种类以及细菌耐药情况、患者病理生理特点、药物价格等因素综合分析考虑。轻度与局部感染患者应首先选用非限制使用抗菌药物进行治疗；严重感染、免疫功能低下者合并感染或病原菌只对限制使用类抗菌药物敏感或特殊使用类抗菌药物敏感时，可选用限制使用类或特殊使用类抗菌药物治疗；特殊使用类抗菌药物的选用应从严控制。

(2) 临床医师可根据诊断和患者病情开具非限制使用类抗菌药物处方；患者病情需要应用限制使用类抗菌药物时，应根据该类药物适应证或适应人群使用，并应受主治医师以上专业技术职务任职资格的人员的监督检查，有相关医疗文书记录和签名。

(3) 患者病情需要应用特殊使用类抗菌药物时，应经感染专科医师或有关专家会诊同意，具有高级专业职务任职资格医师或抗菌药物等相关专业临床药师签名，并应有相关医疗文书记录。

(4) 紧急情况下根据药物适应证或适应人群，临床医师可以越级使用高于权限的抗菌药物，但仅限于1天用量，如需继续使用，必须办理相关审批手续。

3. 抗菌药物预防用药应遵循相关基本原则和适应证

(1) 按照非手术、围术期等不同临床情形，遵循相应预防用药基本原则。

(2) 根据各种抗菌药物的药效学、人体药动学等药学特点，按临床适应证正确选用抗菌药物。

4. 建立抗菌药物应用会诊咨询的工作制度

医疗机构应建立包括感染性疾病、药学（尤其临床药学）、临床微生物、医院感染管理等相关专业人员组成的专业技术团队，为抗菌药物临床应用管理提供专业技术支持，为临床科室抗菌药物临床应用提供技术指导和会诊咨询。

5. 门诊处方抗菌药物的使用以单药为主

原则上不超过3天量，最多不得超过7天（特殊病种用药除外）；遇有不良反应时应做好记录，并填表上报药物不良反应监测机构。

案例分析与思考题

一、案例分析题

1. 临床药师监控保证合理用药

【案例内容】

某医院一例肾移植患者，采用"环孢素＋麦考酚吗乙酯＋甲泼尼松龙"进行常规抗排斥反应治疗，术后第1日，医师依据体重计算，采用环孢素1次125 mg、1日2次的给药方案。临床药师在参与药物治疗中提示医师进行环孢素的血药浓度监测。监测第3日发现其谷浓度（c_0）和峰浓度（c_2）均低于治疗目标浓度，表明给药剂量偏低，所以药师利用群体药动学模型进行个体化计算，并和医师一起修改用药方案：环孢素早150 mg、晚175 mg的给药方案。用药3天和5天后治疗药物监测结果证实：c_0和c_2较为理想；患者无排异反应及感染体征，肾功能恢复良好。

资料来源：张立明，罗臻. 药事管理学 [M]. 第2版. 北京：清华大学出版社，2021.

【问题与启示】

(1) 结合本案例理解临床药师的职责和在合理用药中发挥的作用。

(2) 本案例的两个重要启示：一是血药浓度监测是确定个性化给药方案的重要依据；二是药师和医师密切合作是提高临床合理用药水平的关键。

2. 联合用药不当后果严重

【案例内容】

患者，女，56 岁，四肢关节反复疼痛 12 年，多饮、多尿、多食和消瘦 6 个月。患者到医院就诊，经风湿三项指标及血糖检查后，医生诊断为类风湿性关节炎和糖尿病，给予甲磺吡脲片（达美康）、保泰松片口服，以及其他对症支持治疗。患者第一次服药 1 小时后，即出现饥饿、头晕、心悸和出汗症状；再过半小时后，患者昏迷不醒，家人将其送医院急诊。查尿常规、尿糖、尿酮体及血糖后，诊断为低血糖昏迷，经静脉注射高渗葡萄糖溶液后症状缓解，半小时后恢复正常。

资料来源：张立明，罗臻. 药事管理学［M］. 2 版. 北京：清华大学出版社，2021.

【问题与启示】

（1）查阅文献，解释甲磺吡脲片（达美康）和保泰松片联合用药后可能出现的结果。

（2）本案例的重要启示：使用降血糖的药品，一定要考虑联合用药后是否会增加或降低降血糖药物的血药浓度，从而导致联合用药引发的安全性和有效性问题。

二、思考题

1. 简述医疗机构药事管理。
2. 调配处方的流程和步骤是什么？
3. 简述处方调配的"四查十对"。
4. 处方审查的主要内容是什么？
5. 阐述各类处方的限量规定。
6. 临床不合理用药的主要表现有哪些？
7. 影响不合理用药的主要因素是什么？
8. 名词解释：处方、临床药学、合理用药。

课件　　　　　　视频讲解

第七章

中药经营与管理

中医药作为中华文明的杰出代表,是中国各族人民在几千年生产生活实践和与疾病作斗争的过程中逐步形成并不断丰富发展的医学科学,是祖国传统文化的重要组成部分,不仅为中华民族繁衍昌盛作出了卓越贡献,也对世界文明进步产生了积极影响。在新的历史时期,中医药是我国独特的卫生资源、潜力巨大的经济资源、具有原创优势的科技资源、优秀的文化资源、重要的生态资源,挖掘利用好中医药资源具有重大现实和长远意义。中药经营与管理的核心是切实把中医药这一祖先留给我们的宝贵财富继承好、发展好、利用好,持续推进中医药传承创新和高质量发展。本章重点介绍中药管理概述、中药管理法律和政策、中药材生产质量管理、野生药材资源保护、中药品种保护、中药材和中药饮片营销等重要内容。

第一节 概述

2015年12月,中国中医科学院成立60周年之际,习近平总书记致信祝贺,高度肯定了以屠呦呦研究员为代表的一代代中医人才,辛勤耕耘,屡建功勋,为发展中医药事业、造福人类健康作出了重要贡献。他明确指出,中医药学是中国古代科学的瑰宝,也是打开中华文明宝库的钥匙。当前,中医药振兴发展迎来天时、地利、人和的大好时机,希望广大中医药工作者增强民族自信,勇攀医学高峰,深入发掘中医药宝库中的精华,充分发挥中医药的独特优势,推进中医药现代化,推动中医药走向世界,切实把中医药这一祖先留给我们的宝贵财富继承好、发展好、利用好,在建设健康中国、实现中国梦的伟大征程中谱写新的篇章。习近平总书记在中国共产党第二十次全国代表大会上的报告中提出,促进中医药传承创新发展。

习近平总书记的关于中医药的系列重要论述为中医药事业发展确立了新坐标、指明了新方向、明确了新任务、提出了新要求,为中医药事业健康发展提供了根本遵循,是指导中医药发展新实践的行动纲领。

一、中药的概念

中药是指在中医药基础理论指导下用以预防、治疗和诊断人的疾病,有目的地调节人的生理机能的药物。中药包含中药材、中药饮片、中成药和民族药。

（一）中药材

中药材一般是指药用植物、动物和矿物的药用部分采收后经产地初加工形成的原料药材。中药材是中药科学发展的物质基础，也是中药产业的基础物质。

（二）中药饮片

2010版《中国药典》首次明确了中药饮片的定义，在"凡例十三"中将中药饮片定义为："中药饮片系指药材经过炮制后可直接用于中医临床或制剂生产使用的处方药品"。此后，2015版、2020版《中国药典》也沿用了这一定义。简单来说，药材凡经净制得中药材，再经切制或炮炙等处理后，均称"饮片"，是指取药材切片作煎汤饮用之义。中药饮片既是中成药的生产原料，又是中医临床用药的物质基础，在三大中药（中药材、中药饮片、中成药）支柱产品中处于核心地位。生产中药饮片的企业必须持有药品生产许可证，生产中药饮片必须严格执行国家药品标准和地方中药饮片炮制规范、工艺规程。

（三）中成药

中成药指根据疗效确切、应用广泛的处方、验方或秘方，以中药材为原料，按照固定的生产工艺配制加工成的具备一定质量规格、批量生产供应的药品。如中药丸剂、散剂、膏剂、颗粒剂、片剂、胶囊剂、口服液等。生产中成药的企业必须持有药品生产许可证。中成药质量必须符合国家药品标准，包装、标签、说明书必须符合《药品管理法》及相关法律、法规的规定。

（四）民族药

民族药指我国某些地区少数民族经长期医疗实践的积累并用少数民族文字记载的药品。部分民族药有自己独特的医药理论和实践基础，在使用上有一定的地域性，如藏药、蒙药、维药、傣药、苗药等。

二、中药的品种与分类

（一）中药的品种

我国拥有丰富的中药天然资源。1984—1995年全国药材资源普查结果表明，有药用价值的品种为12807种，其中药用植物11146种，药用动物1581种，药用矿物80种。另据国家卫生行政部门统计，目前中药剂型已达40多种，市售中成药8500多种。这些宝贵资源的开发与有效利用，已有很悠久的历史，也是我国医药学进一步发展的物质基础。几千年来，中药作为防病、治病的主要武器，对于保障人民健康和民族繁衍起着重要的作用。

（二）中药的分类

中药分类的方法是根据人们对于中药认识的逐渐深化而不断发展的。中药的品种繁多，为了便于学习、研究、应用和管理，必须将中药按照一定的规律加以分类。常见的中药分类方法主要有下列四种：

1. 按中药的功能分类

中药分为解表药、清热药、理气药、补益药和活血化瘀药等。

2. 按中药的药用部位分类

中药分为全草类药、叶类药、花类药、果实和种子类药、根和根茎类药、树皮和根皮类药等。

3. 按中药有效成份分类

中药分为含生物碱的中药、含挥发油的中药、含黄酮类的中药和含苷类的中药等。

4. 按自然属性和亲缘关系分类

根据中药的原植（动）物在分类学上的位置和亲缘关系，按门、纲、目、科、属和种分类排列次序。如麻黄科、唇形科、豆科和毛茛科等。

三、中药的特色和优势

中医药的主要特色和优势集中体现在"治未病"中的主导作用、重大疾病治疗中的协同作用、疾病康复中的核心作用。

（一）中医与中药具有整体性的根本特征

中医药学是中华民族的优秀传统文化，是我国科学技术的重要内容之一，也是我国卫生事业的重要组成部分，具有独特的优势和鲜明的特色。中药是中医用以防治疾病的主要武器，是中医赖以存在的物质基础，中药在医疗实践中得到发展，中药的发展又丰富了中医学的内容，也促进了中医理论的发展。中医、中药是一个不能分割的整体，二者互相依存，互为条件，互相补充，互相促进。

（二）中医药在人们防治疾病中具有不可替代的作用

中医药临床疗效确切，预防保健作用独特，治疗方式灵活，费用比较低廉，特别是随着健康观念变化和医学模式转变，中医药越来越显示出独特的优势。在提高医疗保健水平和覆盖范围的同时降低医疗费用和成本是中国和世界面临的共同问题。中医药易于普及推广，能够为民众提供"简便验廉"的医疗保健服务，充分发挥其特色优势将有可能为现代社会提供新的医疗保健模式，将更加有利于解决我国广大民众"看病难，看病贵"的问题。

随着经济发展、社会进步和生活水平的不断提高，人们的健康观念和生活方式已经发生转变。人类疾病谱的改变和老龄化社会的到来，使得现有的疾病防治模式和手段已不能适应日益增长的社会需求。中医药是"预防、治疗、康复、保健"一体化的医疗模式，在传染病防治、疑难杂症治疗、养生保健、亚健康调理等方面具有独特的功效和巨大的发展潜力。在我国，中医药有深厚的群众基础，受到人们的喜爱和信赖。

随着经济全球化带来的多元文化相互交流的不断扩展，中医药在世界范围的传播与影响日益扩大，中医药医疗、教育、科研和产品开始全面走向国际。中成药以其悠久的历史、经过长期临床考验、安全有效、易于携带、服用较方便等优点，在中国香港、澳门特别行政区和东南亚以及欧美国家中的华人居住区受到欢迎。中药的预防保健优势、疗效优势、资源优势及市场前景越来越被国际上认可。近年来，美国、日本、欧盟等一些发达国家和地区为规避西药的毒副作用，加速了对中药的研究和开发，中药正在走向世界。继承和发展中药，造福人类已成为全球医药界的共识。

第二节 中药管理法律及政策

党的十八大以来，国家高度重视中药发展，先后制定颁布了一系列中药管理的法律及政策,涉及中药的研制、生产、流通、使用及监督管理等各个环节,大力推进中药传承创新和高质量发展。

一、《药品管理法》涉及中药管理的规定

现行《药品管理法》(2019年版)涉及中药管理的主要内容如下:

(一)中药材和中药饮片管理

(1) 国家发展现代药和传统药,充分发挥其在预防、医疗和保健中的作用。国家保护野生药材资源和中药品种,鼓励培育道地中药材。

(2) 在中国境内上市的药品,应当经国务院药品监督管理部门批准,取得药品注册证书;但是,未实施审批管理的中药材和中药饮片除外。实施审批管理的中药材、中药饮片品种目录由国务院药品监督管理部门会同国务院中医药主管部门制定。

(3) 中药饮片生产企业履行药品上市许可持有人的相关义务,对中药饮片生产、销售实行全过程管理,建立中药饮片追溯体系,保证中药饮片安全、有效、可追溯。

(4) 中药饮片应当按照国家药品标准炮制;国家药品标准没有规定的,应当按照省、自治区、直辖市人民政府药品监督管理部门制定的炮制规范炮制。省、自治区、直辖市人民政府药品监督管理部门制定的炮制规范应当报国务院药品监督管理部门备案。不符合国家药品标准或者不按照省、自治区、直辖市人民政府药品监督管理部门制定的炮制规范炮制的,不得出厂、销售。

(5) 药品经营企业销售中药材,应当标明产地。发运中药材应当有包装。在每件包装上,应当注明品名、产地、日期、供货单位,并附有质量合格的标志。

(6) 新发现和从境外引种的药材,经国务院药品监督管理部门批准后,方可销售。

(7) 城乡集市贸易市场可以出售中药材,国务院另有规定的除外。

(8) 生产、销售的中药饮片不符合药品标准,尚不影响安全性、有效性的,责令限期改正,给予警告;可以处十万元以上五十万元以下的罚款。

(二)中药新药研发管理

国家鼓励运用现代科学技术和传统中药研究方法开展中药科学技术研究和药物开发,建立和完善符合中药特点的技术评价体系,促进中药传承创新。

二、《中华人民共和国中医药法》涉及中药管理的规定

《中华人民共和国中医药法》由第十二届全国人民代表大会常务委员会第二十五次会议于2016年12月25日通过,自2017年7月1日起施行。

《中华人民共和国中医药法》涉及中药保护与发展的主要内容如下。

(一)中药材和中药饮片管理

(1) 国家制定中药材种植养殖、采集、贮存和初加工的技术规范、标准,加强对中药材生产流通全过程的质量监督管理,保障中药材质量安全。

(2) 国家鼓励发展中药材规范化种植养殖,严格管理农药、肥料等农业投入品的使用,禁止在中药材种植过程中使用剧毒、高毒农药,支持中药材良种繁育,提高中药材质量。

(3) 国家建立道地中药材评价体系,支持道地中药材品种选育,扶持道地中药材生产基

地建设，加强道地中药材生产基地生态环境保护，鼓励采取地理标志产品保护等措施保护道地中药材。

道地中药材，是指经过中医临床长期应用优选出来的，产在特定地域，与其他地区所产同种中药材相比，品质和疗效更好，且质量稳定，具有较高知名度的中药材。

（4）国务院药品监督管理部门应当组织并加强对中药材质量的监测，定期向社会公布监测结果。国务院有关部门应当协助做好中药材质量监测有关工作。

采集、贮存中药材以及对中药材进行初加工，应当符合国家有关技术规范、标准和管理规定。

国家鼓励发展中药材现代流通体系，提高中药材包装、仓储等技术水平，建立中药材流通追溯体系。药品生产企业购进中药材应当建立进货查验记录制度。中药材经营者应建立进货查验和购销记录制度，并标明中药材产地。

（5）国家保护药用野生动植物资源，对药用野生动植物资源实行动态监测和定期普查，建立药用野生动植物资源种质基因库，鼓励发展人工种植养殖，支持依法开展珍贵、濒危药用野生动植物的保护、繁育及其相关研究。

（6）在村医疗机构执业的中医医师、具备中药材知识和识别能力的乡村医生，按照国家有关规定可以自种、自采地产中药材并在其执业活动中使用。

（7）国家保护中药饮片传统炮制技术和工艺，支持应用传统工艺炮制中药饮片，鼓励运用现代科学技术开展中药饮片炮制技术研究。

（8）对市场上没有供应的中药饮片，医疗机构可以根据本医疗机构医师处方的需要，在本医疗机构内炮制、使用。医疗机构应当遵守中药饮片炮制的有关规定，对其炮制的中药饮片的质量负责，保证药品安全。医疗机构炮制中药饮片，应当向所在地设区的市级人民政府药品监督管理部门备案。

根据临床用药需要，医疗机构可以凭本医疗机构医师的处方对中药饮片进行再加工。

（二）中药新药研发管理

（1）国家鼓励和支持中药新药的研制和生产。

国家保护传统中药加工技术和工艺，支持传统剂型中成药的生产，鼓励运用现代科学技术研究开发传统中成药。

（2）生产符合国家规定条件的来源于古代经典名方的中药复方制剂，在申请药品批准文号时，可以仅提供非临床安全性研究资料。具体管理办法由国务院药品监督管理部门会同中医药主管部门制定。

古代经典名方，是指至今仍广泛应用、疗效确切、具有明显特色与优势的古代中医典籍所记载的方剂。具体目录由国务院中医药主管部门会同药品监督管理部门制定。

（3）国家鼓励医疗机构根据本医疗机构临床用药需要配制和使用中药制剂，支持应用传统工艺配制中药制剂，支持以中药制剂为基础研制中药新药。

医疗机构配制中药制剂，应当依照《药品管理法》的规定取得医疗机构制剂许可证，或者委托取得药品生产许可证的药品生产企业、取得医疗机构制剂许可证的其他医疗机构配制中药制剂。委托配制中药制剂，应当向委托方所在地省、自治区、直辖市人民政府药品监督管理部门备案。

医疗机构对其配制的中药制剂的质量负责；委托配制中药制剂的，委托方和受托方对所配制的中药制剂的质量分别承担相应责任。

(4) 医疗机构配制的中药制剂品种，应当依法取得制剂批准文号。但是，仅应用传统工艺配制的中药制剂品种，向医疗机构所在地省、自治区、直辖市人民政府药品监督管理部门备案后即可配制，不需要取得制剂批准文号。

医疗机构应当加强对备案的中药制剂品种的不良反应监测，并按照国家有关规定进行报告。药品监督管理部门应当加强对备案的中药制剂品种配制、使用的监督检查。

(5) 国家建立和完善符合中医药特点的科学技术创新体系、评价体系和管理体制，推动中医药科学技术进步与创新。

三、《中共中央、国务院关于促进中医药传承创新发展的意见》关于中药发展的内容

党中央、国务院高度重视中医药传承创新发展，特别是党的十八大以来，以习近平同志为核心的党中央把中医药工作摆在更加突出的位置。2019年10月20日，中共中央、国务院印发了《关于促进中医药传承创新发展的意见》，这是党中央、国务院出台的第一个关于中医药工作的指导性意见，阐明了新时代发展中医药的重大意义，为中医药发展指明了工作方向，明确了工作要求。2019年10月25日，为贯彻落实《关于促进中医药传承创新发展的意见》精神，国务院在北京组织召开了全国中医药大会，会议传达学习了习近平总书记关于中医药工作的重要指示和李克强总理的批示。该文件关于促进中药传承创新发展的主要内容如下：

（一）大力推动中药质量提升和产业高质量发展

1. 加强中药材质量控制

强化中药材道地产区环境保护，修订中药材生产质量管理规范，推行中药材生态种植、野生抚育和仿生栽培。加强珍稀濒危野生药用动植物保护，支持珍稀濒危中药材替代品的研究和开发利用。严格农药、化肥、植物生长调节剂等使用管理，分区域、分品种完善中药材农药残留、重金属限量标准。制定中药材种子种苗管理办法。规划道地药材基地建设，引导资源要素向道地产区汇集，推进规模化、规范化种植。探索制定实施中药材生产质量管理规范的激励政策。倡导中医药企业自建或以订单形式联建稳定的中药材生产基地，评定一批国家、省级道地药材良种繁育和生态种植基地。健全中药材第三方质量检测体系。加强中药材交易市场监管。深入实施中药材产业扶贫行动。到2022年，基本建立道地药材生产技术标准体系、等级评价制度。

2. 促进中药饮片和中成药质量提升

加快修订《中华人民共和国药典》中药标准（一部），由国务院药品监督管理部门会同中医药主管部门组织专家承担有关工作，建立最严谨标准。健全中药饮片标准体系，制定实施全国中药饮片炮制规范。改善市场竞争环境，促进中药饮片优质优价。加强中成药质量控制，促进现代信息技术在中药生产中的应用，提高智能制造水平。探索建立以临床价值为导向的评估路径，综合运用循证医学等方法，加大中成药上市后评价工作力度，建立与公立医院药品采购、基本药物遴选、医保目录调整等联动机制，促进产业升级和结构调整。

3. 改革完善中药注册管理

建立健全符合中医药特点的中药安全、疗效评价方法和技术标准。及时完善中药注册分类，制定中药审评审批管理规定，实施基于临床价值的优先审评审批制度。加快构建中医药

理论、人用经验和临床试验相结合的中药注册审评证据体系，优化基于古代经典名方、名老中医方、医疗机构制剂等具有人用经验的中药新药审评技术要求，加快中药新药审批。鼓励运用新技术、新工艺以及体现临床应用优势的新剂型改进已上市中药品种，优化已上市中药变更技术要求。优化和规范医疗机构中药制剂备案管理。国务院中医药主管部门、药品监督管理部门要牵头组织制定古代经典名方目录中收载方剂的关键信息考证意见。

4. 加强中药质量安全监管

以中药饮片监管为抓手，向上下游延伸，落实中药生产企业主体责任，建立多部门协同监管机制，探索建立中药材、中药饮片、中成药生产流通使用全过程追溯体系，用 5 年左右时间，逐步实现中药重点品种来源可查、去向可追、责任可究。强化中成药质量监管及合理使用，加强上市产品市场抽检，严厉打击中成药非法添加化学品违法行为。加强中药注射剂不良反应监测。推进中药企业诚信体系建设，将其纳入全国信用信息共享平台和国家企业信用信息公示系统，加大失信联合惩戒力度。完善中药质量安全监管法律制度，加大对制假制劣行为的责任追究力度。

（二）促进中医药传承与开放创新发展

1. 挖掘和传承中医药宝库中的精华精髓

加强典籍研究利用，编撰中华医藏，制定中医药典籍、技术和方药名录，建立国家中医药古籍和传统知识数字图书馆，研究制定中医药传统知识保护条例。加快推进活态传承，完善学术传承制度，加强名老中医学术经验、老药工传统技艺传承，实现数字化、影像化记录。收集筛选民间中医药验方、秘方和技法，建立合作开发和利益分享机制。推进中医药博物馆事业发展，实施中医药文化传播行动，把中医药文化贯穿国民教育始终，中小学进一步丰富中医药文化教育，使中医药成为群众促进健康的文化自觉。

2. 加快推进中医药科研和创新

围绕国家战略需求及中医药重大科学问题，建立多学科融合的科研平台。在中医药重点领域建设国家重点实验室，建立一批国家临床医学研究中心、国家工程研究中心和技术创新中心。在中央财政科技计划（专项、基金等）框架下，研究设立国家中医药科技研发专项、关键技术装备重大专项和国际大科学计划，深化基础理论、诊疗规律、作用机理研究和诠释，开展防治重大、难治、罕见疾病和新发突发传染病等临床研究，加快中药新药创制研究，研发一批先进的中医器械和中药制药设备。支持鼓励儿童用中成药创新研发。研究实施科技创新工程。支持企业、医疗机构、高等学校、科研机构等协同创新，以产业链、服务链布局创新链，完善中医药产学研一体化创新模式。加强中医药产业知识产权保护和运用。健全赋予中医药科研机构和人员更大自主权的管理制度，建立知识产权和科技成果转化权益保障机制。改革完善中医药科研组织、验收和评价体系，避免简单套用相关科研评价方法。突出中医药特点和发展需求，建立科技主管部门与中医药主管部门协同联动的中医药科研规划和管理机制。

3. 推动中医药开放发展

将中医药纳入构建人类命运共同体和"一带一路"国际合作重要内容，实施中医药国际合作专项。推动中医中药国际标准制定，积极参与国际传统医学相关规则制定。推动中医药文化海外传播。大力发展中医药服务贸易。鼓励社会力量建设一批高质量中医药海外中心、国际合作基地和服务出口基地。研究推动现有中药交易平台稳步开展国际交易。打造粤港澳大湾区中医药高地。加强与中国台湾地区中医药交流合作，促进两岸中医药融合发展。

四、《中医药发展战略规划纲要（2016—2030 年）》关于中药发展的内容

2016 年 2 月 22 日，国务院印发《中医药发展战略规划纲要（2016—2030 年）》，集中总结了新中国成立特别是改革开放以来我国发展中医药的有益经验，集中体现了新的发展理念及社会发展的新需求、中医药发展的新趋势以及应对新挑战的探索创新。《中医药发展战略规划纲要（2016—2030 年）》站在中华民族和国家全局的高度明确了发展中医药的指导思想、基本原则和主要任务，是新时代推进我国中医药发展的纲领性文件，是中医药发展的又一个里程碑，标志着中医药发展上升为国家战略。《中医药发展战略规划纲要（2016—2030 年）》中关于促进中药传承创新发展的主要内容如下所述：

（一）着力推进中医药创新

1. 健全中医药协同创新体系

健全以国家和省级中医药科研机构为核心，以高等院校、医疗机构和企业为主体，以中医科学研究基地（平台）为支撑，多学科、跨部门共同参与的中医药协同创新体制机制，完善中医药领域科技布局。统筹利用相关科技计划（专项、基金等），支持中医药相关科技创新工作，促进中医药科技创新能力提升，加快形成自主知识产权，促进创新成果的知识产权化、商品化和产业化。

2. 加强中医药科学研究

运用现代科学技术和传统中医药研究方法，深化中医基础理论、辨证论治方法研究，开展经穴特异性及针灸治疗机理、中药药性理论、方剂配伍理论、中药复方药效物质基础和作用机理等研究，建立概念明确、结构合理的理论框架体系。加强对重大疑难疾病、重大传染病防治的联合攻关和对常见病、多发病、慢性病的中医药防治研究，形成一批防治重大疾病和治未病的重大产品和技术成果。综合运用现代科技手段，开发一批基于中医理论的诊疗仪器与设备。探索适合中药特点的新药开发新模式，推动重大新药创制。鼓励基于经典名方、医疗机构中药制剂等的中药新药研发。针对疾病新的药物靶标，在中药资源中寻找新的候选药物。

3. 完善中医药科研评价体系

建立和完善符合中医药特点的科研评价标准和体系，研究完善有利于中医药创新的激励政策。通过同行评议和引进第三方评估，提高项目管理效率和研究水平。不断提高中医药科研成果转化效率。开展中医临床疗效评价与转化应用研究，建立符合中医药特点的疗效评价体系。

（二）全面提升中药产业发展水平

1. 加强中药资源保护利用

实施野生中药材资源保护工程，完善中药材资源分级保护、野生中药材物种分级保护制度，建立濒危野生药用动植物保护区、野生中药材资源培育基地和濒危稀缺中药材种植养殖基地，加强珍稀濒危野生药用动植物保护、繁育研究。建立国家级药用动植物种质资源库。建立普查和动态监测相结合的中药材资源调查制度。在国家医药储备中，进一步完善中药材及中药饮片储备。鼓励社会力量投资建立中药材科技园、博物馆和药用动植物园等保育基地。探索荒漠化地区中药材种植生态经济示范区建设。

2. 推进中药材规范化种植养殖

制定中药材主产区种植区域规划。制定国家道地药材目录，加强道地药材良种繁育基地

和规范化种植养殖基地建设。促进中药材种植养殖业绿色发展，制定中药材种植养殖、采集、储藏技术标准，加强对中药材种植养殖的科学引导，大力发展中药材种植养殖专业合作社和合作联社，提高规模化、规范化水平。支持发展中药材生产保险。建立完善中药材原产地标记制度。实施贫困地区中药材产业推进行动，引导贫困户以多种方式参与中药材生产，推进精准扶贫。

3. 促进中药工业转型升级

推进中药工业数字化、网络化、智能化建设，加强技术集成和工艺创新，提升中药装备制造水平，加速中药生产工艺、流程的标准化、现代化，提升中药工业知识产权运用能力，逐步形成大型中药企业集团和产业集群。以中药现代化科技产业基地为依托，实施中医药大健康产业科技创业者行动，促进中药一二三产业融合发展。开展中成药上市后再评价，加大中成药二次开发力度，开展大规模、规范化临床试验，培育一批具有国际竞争力的名方大药。开发一批中药制造机械与设备，提高中药制造业技术水平与规模效益。推进实施中药标准化行动计划，构建中药产业全链条的优质产品标准体系。实施中药绿色制造工程，形成门类丰富的新兴绿色产业体系，逐步减少重金属及其化合物等物质的使用量，严格执行《中药类制药工业水污染物排放标准》，建立中药绿色制造体系。

4. 构建现代中药材流通体系

制定中药材流通体系建设规划，建设一批道地药材标准化、集约化、规模化和可追溯的初加工与仓储物流中心，与生产企业供应商管理和质量追溯体系紧密相连。发展中药材电子商务。利用大数据加强中药材生产信息搜集、价格动态监测分析和预测预警。实施中药材质量保障工程，建立中药材生产流通全过程质量管理和质量追溯体系，加强第三方检测平台建设。

（三）扩大中医药国际贸易

将中医药国际贸易纳入国家对外贸易发展总体战略，构建政策支持体系，突破海外制约中医药对外贸易发展的法律、政策障碍和技术壁垒，加强中医药知识产权国际保护，扩大中医药服务贸易国际市场准入。支持中医药机构参与"一带一路"建设，扩大中医药对外投资和贸易。为中医药服务贸易发展提供全方位公共资源保障。鼓励中医药机构到海外开办中医医院、连锁诊所和中医养生保健机构。扶持中药材海外资源开拓，加强海外中药材生产流通质量管理。鼓励中医药企业走出去，加快打造全产业链服务的跨国公司和知名国际品牌。积极发展入境中医健康旅游，承接中医医疗服务外包，加强中医药服务贸易对外整体宣传和推介。

（四）完善中医药标准体系

为保障中医药服务质量安全，实施中医药标准化工程，重点开展中医临床诊疗指南、技术操作规范和疗效评价标准的制定、推广与应用。系统开展中医治未病标准、药膳制作标准和中医药保健品标准等研究、制定工作。健全完善中药质量标准体系，加强中药质量管理，重点强化中药炮制、中药鉴定、中药制剂、中药配方颗粒以及道地药材的标准制定与质量管理。加快中药数字化标准及中药材标本建设。加快国内标准向国际标准转化。加强中医药监督体系建设，建立中医药监督信息数据平台。推进中医药认证管理，发挥社会力量的监督作用。

五、《"十四五"中医药发展规划》关于中药发展的内容

为贯彻落实党中央、国务院决策部署,根据《中华人民共和国国民经济和社会发展第十四个五年规划和 2035 年远景目标纲要》,国家中医药管理局局会同相关部门编制形成了《"十四五"中医药发展规划》(以下简称《规划》),并由国务院办公厅于 2022 年 3 月 3 日公布。《规划》是贯彻落实习近平总书记关于中医药工作的重要论述、《中共中央、国务院关于促进中医药传承创新发展的意见》以及全国中医药大会精神的重要举措和重要抓手。《规划》的印发实施有利于从国家战略层面建立健全适合中医药传承创新发展的评价指标体系和体制机制,更好地解决中医药发展面临的困难和问题,更利于充分调动地方和社会各方面力量,形成各有关部门、地方党委政府共同推动中医药振兴发展的工作合力。《规划》各项目标指标、重点任务和重大政策举措的贯彻落实,将推动中医药事业产业发展进入新阶段,使中医药发展成果更好地惠及广大群众,为全面推进健康中国建设、更好保障人民健康提供有力支撑。《规划》中关于促进中药传承创新发展的主要内容如下:

(一)建设高水平中医药科技创新体系

"十四五"时期将围绕国家战略需求,整合优化中医药科技资源,构建"国家—行业—地方"三级中医药科技创新体系。

1. 建设高层次科技平台

支持在中医理论、中药资源、现代中药创新、中医药疗效评价等重要领域方向建设全国重点实验室;围绕重大慢病、中医优势病种和针灸等特色疗法,建设一批中医类国家临床医学研究中心及其协同创新网络;围绕制约中医药发展的关键技术和核心装备突破,在中医药标准化、中医药临床疗效与安全性评价、中药质量控制、中药新药研发、中医智慧诊疗等方向建设一批国家工程研究中心;围绕中药现代化重大共性技术突破、产品研发和成果转化应用示范,在中医药领域培育建设一批国家技术创新中心。

2. 加强重点领域攻关

在"科技创新 2030"重大项目、重点研发计划等国家科技计划中加大对中医药科技创新的支持力度。深化中医原创理论、中药作用机理等重大科学问题研究。开展中医药防治重大、难治、罕见疾病和新发突发传染病等诊疗规律与临床研究。加强中医药临床疗效评价研究。加强多学科交叉,推进中医药理论创新。加强开展基于古代经典名方、名老中医经验方、有效成分或组分等的中药新药研发。支持儿童用中成药创新研发。推动设立中医药关键技术装备项目。

3. 加强科技人才建设

加强领军人才和创新团队培养与引进,健全科技人才激励与评价机制,鼓励中医药科研人员创业创新。

4. 促进研究成果转化

建设一批中医药科技成果孵化转化基地。支持中医医院与企业、科研机构、高等院校等加强协作、共享资源。鼓励高等院校、科研院所、医疗机构建立专业化技术转移机构,尊重中医药科研规律,在成果转化收益、团队组建等方面赋予科研单位和科研人员更大自主权,促进优秀研究成果转化应用。

（二）提升中药质量控制水平

提升中药质量控制水平对满足临床用药需求，满足人民群众日渐增长的多样化健康需求，促进中药产业高质量发展具有重要意义。

1. 加强部门协同工作推进

充分发挥国务院中医药工作部际联席会议作用，加强沟通协调，强化政策协同，推动相关部门履行好中药管理职能，为中药质量提升和中药产业高质量发展做好顶层设计。

2. 加强中药全过程质量管理

针对中药全生命周期各环节，全面提升种植、采收、加工、生产、包装、检测、运输、贮藏等环节质量控制水平，逐步构建全过程质量控制体系。加强源头管理，注重药材道地性，引导资源要素向道地产区汇集，促进中药材规范化种植。

3. 强化中药质量监管

严厉打击生产销售假劣中药饮片、中成药等违法违规行为，建立中成药监测、预警、应急、召回、撤市、淘汰的风险管理长效机制。进一步鼓励中药生产经营者构建从中药材原料种植到中药饮片、中成药生产销售全过程标准化追溯体系，实现来源可知、去向可追、责任可究，推动生产各环节有效衔接，无缝监管。

（三）改革完善中药注册管理

改革完善中药注册管理，在保持中药传统优势的基础上与现代药品研发有机结合，进一步加大以临床价值为导向的中药创新研制力度，可以激发创新要素向传统中医药领域聚集，为中药产业优化结构、转换动能注入新的活力。

1. 改革调整中药注册分类

尊重中医药特点，遵循中药研制规律，将"安全、有效、质量可控"的药品基本要求与中医药传承创新发展独特的理论体系和实践特点有机结合，发挥中医药科技原创优势。同时根据中药注册产品特性、创新程度和研制实践情况，丰富划分注册类别的依据，开辟具有中医药特色的注册申报路径。

2. 构建"三结合"的审评证据体系

充分利用数据科学等现代技术手段，建立中医药理论、人用经验、临床试验相结合的中药注册审评证据体系，加强中药监管的理论和实践创新，推动中药监管与时俱进，切实保障中药安全、质量和疗效。

3. 促进古代经典名方向中药新药转化

加快组织研究、制定古代经典名方关键信息考证意见，持续推进《古代经典名方目录》制订工作，建立与古代经典名方中药复方制剂特点相适应的审评模式，成立古代经典名方中药复方制剂专家审评委员会，实施简化审批。

（四）推动中药产业高质量发展

1. 加强中药资源保护与利用

支持珍稀濒危中药材人工繁育。公布实施中药材种子管理办法。制定中药材采收、产地加工、野生抚育及仿野生栽培技术规范和标准。完成第四次全国中药资源普查，建立全国中药资源共享数据集和实物库，并利用实物样本建立中药材质量数据库，编纂中国中药资源大典。

2. 加强道地药材生产管理

制定发布全国道地药材目录，构建中药材良种繁育体系。加强道地药材良种繁育基地和生产基地建设，鼓励利用山地、林地推行中药材生态种植，优化生产区域布局和产品结构，开展道地药材产地和品质快速检测技术研发，集成创新、示范推广一批以稳定提升中药材质量为目标的绿色生产技术和种植模式，制定技术规范，形成全国道地药材生产技术服务网络，加强对道地药材的地理标志保护，培育一批道地药材知名品牌。

3. 提升中药产业发展水平

健全中药材种植养殖、仓储、物流、初加工规范标准体系。鼓励中药材产业化、商品化和适度规模化发展，推进中药材规范化种植、养殖。鼓励创建以中药材为主的优势特色产业集群和以中药材为主导的农业产业强镇。制定、实施全国中药饮片炮制规范，继续推进中药炮制技术传承基地建设，探索将具有独特炮制方法的中药饮片纳入中药品种保护范围。加强中药材第三方质量检测平台建设。研究推进中药材、中药饮片信息化追溯体系建设，强化多部门协同监管。加快中药制造业数字化、网络化、智能化建设，加强技术集成和工艺创新，提升中药装备制造水平，加速中药生产工艺、流程的标准化和现代化。

4. 加强中药安全监管

提升药品检验机构的中药质量评价能力，建立健全中药质量全链条安全监管机制，建设中药外源性有害残留物监测体系。加强中药饮片源头监管，严厉打击生产销售假劣中药饮片、中成药等违法违规行为。建立中成药监测、预警、应急、召回、撤市、淘汰的风险管理长效机制。加强中药说明书和标签管理，提升说明书临床使用指导效果。

六、《中医药振兴发展重大工程实施方案》关于中药发展的内容

2023年2月10日，国务院办公厅印发《中医药振兴发展重大工程实施方案》，加大"十四五"期间对中医药发展的支持和促进力度，着力推动中医药振兴发展。《中医药振兴发展重大工程实施方案》中有关促进中药发展的主要内容如下所述：

实施中药质量提升及产业促进工程。围绕中药种植、生产、使用全过程，充分发挥科技支撑引领作用，加快促进中药材种业发展，大力推进中药材规范种植，提升中药饮片和中成药质量，推动中药产业高质量发展。

（一）中药材种业质量提升

1. 建设目标

中药材种质资源收集保存、鉴定评价、优良品种选育与良种繁育能力进一步提升，优质种子种苗大规模推广应用，中药资源监测能力明显提高，从源头保障中药材质量。

2. 建设任务

一是支持国家药用植物种质资源库建设。二是引导地方建设一批中药材种子、种苗专业化繁育基地，推动制定种子、种苗标准。三是依托第四次全国中药资源普查工作成果，健全中药资源动态监测体系。

（二）中药材规范化种植

1. 建设目标

道地药材生产布局更加优化，珍稀濒危中药材人工繁育技术取得突破，中药材生产先进适用技术实现有效转化和示范推广，进一步推动中药材资源可持续利用。

2. 建设任务

一是引导地方建设一批道地药材生产基地。二是建设一批珍稀濒危中药材野生抚育、人

工繁育基地。三是制定常用 300 种中药材种植养殖技术规范和操作规程。四是广泛开展中药材生态种植、野生抚育和仿野生栽培，开发 30～50 种中药材林下种植模式并示范推广。五是统一中药材追溯标准与管理办法，依托现有追溯平台，建立覆盖主要中药材品种的全过程追溯体系。六是依托现有药品监管体系，搭建一批中药材快速检测平台。

（三）中药炮制技术传承创新

1. 建设目标

深入研究中药炮制理论和技术，阐释中药炮制机理，完善中药饮片质量标准，保证饮片质量。

2. 建设任务

一是建设一批中药炮制技术传承基地，挖掘与传承中药炮制理论和技术。二是开展一批常用中药饮片的质量标准、生产工艺等研究。

（四）中成药综合评价体系建设

1. 建设目标

涵盖临床有效性安全性评价、质量标准、生产工艺、制剂技术等的中成药综合评价体系基本建成，符合中医药特点的中药新药审评体系进一步完善。

2. 建设任务

一是建立健全中成药临床综合评价方法，系统开展 100 种中成药的临床综合评价，丰富中成药在用药指征、目标人群、最佳剂量等精准用药信息方面的内涵。二是针对 100 种中成药建立系统完善、适应发展需求、覆盖生产全流程的标准体系，形成多层次的现代质量控制体系。三是初步建立中医药理论、人用经验和临床试验相结合的审评证据体系，构建符合中药特点的安全评价方法和标准体系。四是开展中成药质量评价方法研究，建立常用中成药质量优劣评价标准。五是完善中药警戒制度，加强中药不良反应监测"哨点"建设。

第三节 中药材生产质量管理

为规范中药材生产，保证中药材质量，促进中药标准化、现代化，2002 年 4 月，国家药品监督管理局发布《中药材生产质量管理规范（试行）》（简称"试行版中药材 GAP"），自 2002 年 6 月 1 日施行。

为贯彻落实《中共中央国务院关于促进中医药传承创新发展的意见》，推进中药材规范化生产，加强中药材质量控制，促进中药高质量发展，依据《中华人民共和国药品管理法》《中华人民共和国中医药法》，2022 年 3 月，国家药品监督管理局、农业农村部、国家林业和草原局、国家中医药管理局研究制定，并共同发布《中药材生产质量管理规范》（Good Agricultural Practice for Chinese Crude Drugs，以下简称中药材 GAP）。

一、中药材 GAP 适用范围和基本要求

（1）中药材 GAP 适用于中药材生产企业规范生产中药材的全过程管理，是中药材规范化生产和管理的基本要求。中药材 GAP 涉及的中药材是指来源于药用植物、药用动物等资源，经规范化的种植（含生态种植、野生抚育和仿野生栽培）、养殖、采收和产地加工后，

用于生产中药饮片、中药制剂的药用原料。中药材生产企业包括具有企业性质的种植、养殖专业合作社或联合社。

（2）鼓励中药饮片生产企业、中成药上市许可持有人等中药生产企业在中药材产地自建、共建符合 GAP 的中药材生产企业及生产基地，将药品质量管理体系延伸到中药材产地。

鼓励中药生产企业优先使用符合 GAP 要求的中药材。药品批准证明文件等有明确要求的，中药生产企业应当按照规定使用符合 GAP 要求的中药材。相关中药生产企业应当依法开展供应商审核，按照中药材 GAP 要求进行审核检查，保证符合要求。

（3）使用符合 GAP 要求的中药材，相关中药生产企业可以参照药品标签管理的相关规定，在药品标签中适当位置标示"药材符合 GAP 要求"，可以依法进行宣传。对中药复方制剂，所有处方成分均符合 GAP 要求，方可标示。

省级药品监督管理部门应当加强监督检查，对应当使用或者标示使用符合 GAP 要求的中药材的中药生产企业，必要时对相应的中药材生产企业开展延伸检查，重点检查是否符合中药材 GAP。发现不符合的，应当依法严厉查处，责令中药生产企业限期改正、取消标示等，并公开相应的中药材生产企业及其中药材品种，通报中药材产地人民政府。

（4）各省相关管理部门在省委、省政府领导下，配合和协助中药材产地人民政府做好中药材规范化发展工作，如完善中药材产业高质量发展工作机制；制定中药材产业发展规划；细化推进中药材规范化发展的激励政策；建立中药材生产企业及其生产基地台账和信用档案，实施动态监管；建立中药材规范化生产追溯信息化平台等。鼓励中药材规范化、集约化生产基础较好的省份，结合本辖区中药材发展实际，研究制定实施细则，积极探索推进，为中药材 GAP 的深入推广积累经验。

（5）各省相关管理部门依职责对中药材 GAP 的实施和推进进行检查和技术指导。农业农村部门牵头做好中药材种子、种苗及种源提供、田间管理、农药和肥料使用、病虫害防治等指导工作。林业和草原部门牵头做好中药材生态种植、野生抚育、仿野生栽培，以及属于濒危管理范畴的中药材种植、养殖等指导。中医药管理部门协同做好中药材种子种苗、规范种植、采收加工以及生态种植等指导。药品监督管理部门对相应的中药材生产企业开展延伸检查，做好药用要求、产地加工、质量检验等指导。

（6）各省相关管理部门应加强协作，形成合力，共同推进中药材规范化、标准化、集约化发展，按职责强化宣传培训，推动本规范落地实施。加强实施中日常监管，如发现存在重大问题或者有重大政策完善建议的，请及时报告国家相应的管理部门。

二、推进实施中药材 GAP 的重要意义

中药材 GAP 是中药材生产企业规范化生产的技术指导原则，是中药生产企业对供应商进行质量审核的技术标准，也药品监督管理部门延伸检查的技术依据，这是中药材 GAP 的基本定位。实施中药材 GAP 核心要义在于推进中药材规范化生产，促进中药高质量发展。

（一）推进实施中药材 GAP 是提升中药质量的需要

中药材的生产是中药研制、生产、应用整个过程的源头，是中药生产的"第一车间"。只有规范中药材生产的关键环节，实现中药材质量稳定、均一、可控，才能从根本上解决中药材、中药饮片乃至中成药的质量问题。

（二）推进实施中药材 GAP 是中药产业发展的需要

我国是世界上最大的药材生产国。中药材的种植已有两千多年的历史，以前大都处于自发、分散的状态，不利于中药产业的健康发展。随着国家对中药产业的强力推进，中药材生产规范化、规模化、集约化将成为发展趋势。另外，部分制药企业为保证优质、稳定、可控的中药材原料，在道地药材产地建立了规范化的药源基地，促进了企业健康快速发展。

（三）推进实施中药材 GAP 是中药现代化、国际化的需要

实现中药现代化，促进中药更广泛地走向世界，是历史赋予我们的任务。中药标准化是中药现代化和国际化的基础和先决条件。中药标准化包括药材标准化、饮片标准化和中成药标准化。其中药材的标准化是基础，没有中药材的标准化就不可能有饮片及中成药的标准化，中药材的标准化有赖于中药材生产的规范化。

（四）推进实施中药材 GAP 是实现中药有效监督管理的需要

通过实施中药材 GAP，将中药材生产正式纳入了规范化管理的轨道，健全了中药材生产的监管体系，为药品监管部门实现中药有效监管提供了法律保证。

三、中药材 GAP 的特征

（一）多学科交叉

中药材 GAP 是一个复杂的系统工程，涉及药学、生物学、农学及管理学等多学科，其核心是通过规范生产过程以保证中药材的质量稳定、可控。其内容紧紧围绕药材质量及可能影响药材质量的内、外在因素的调控而制订。内在因素主要是种质，外在因素主要是环境及生产技术等。

（二）内涵丰富

中药材 GAP 不仅规范药用植物的栽培技术，也规定药用动物养殖的质量要求。同时，中药材 GAP 的内容涉及从种质鉴定、育种、育苗、规范化种植（养殖）、产地加工等全过程的质量控制及生产技术标准，内涵丰富，内容广泛。

（三）继承与借鉴相结合

我国种植中药材有悠久的历史和丰富的实践经验，制订和实施中药材 GAP 时充分体现了我国国情，注重我国道地药材和传统的栽培技术、加工方法，如允许施用农家肥，但强调应充分腐熟，达到无害化卫生标准。同时，中药材 GAP 也注重汲取和借鉴国外先进经验，如生产技术和管理方法等。

四、《中药材生产质量管理规范》的主要内容

2022 年 3 月，国家药品监督管理局、农业农村部、国家林业和草原局、国家中医药管理局公布了《中药材生产质量管理规范》，共 14 章 144 条，涵盖了中药材生产的各环节，是中药材生产和质量管理的基本准则。主要内容如下。

（一）总则

1. 依据和宗旨

为落实《中共中央、国务院关于促进中医药传承创新发展的意见》，推进中药材规范化生

产,保证中药材质量,促进中药高质量发展,依据《中华人民共和国药品管理法》《中华人民共和国中医药法》,制定中药材GAP。

2. 适用范围

中药材GAP是中药材规范化生产和质量管理的基本要求,适用于中药材生产企业(以下简称企业)采用种植(含生态种植、野生抚育和仿野生栽培)、养殖方式规范生产中药材的全过程管理,野生中药材的采收加工可参考本规范。

3. 原则

实施规范化生产的企业应当按照中药材GAP要求组织中药材生产,保护野生中药材资源和生态环境,促进中药材资源的可持续发展。企业应当坚持诚实守信,禁止任何虚假、欺骗行为。

(二)质量管理

1)企业应当根据中药材生产特点,明确影响中药材质量的关键环节,开展质量风险评估,制定有效的生产管理与质量控制、预防措施。

2)企业对基地生产单元主体应当建立有效的监督管理机制,实现关键环节的现场指导、监督和记录。企业质量控制应实现"六个统一":统一规划生产基地,统一供应种子种苗或其它繁殖材料,统一肥料、农药或者饲料、兽药等投入品管理措施,统一种植或者养殖技术规程,统一采收与产地加工技术规程,统一包装与贮存技术规程。

3)企业应当配备与生产基地规模相适应的人员、设施、设备等,确保生产和质量管理措施顺利实施。

4)企业应当明确中药材生产批次,保证每批中药材质量的一致性和可追溯。

5)企业应当建立中药材生产质量追溯体系,保证从生产地块、种子种苗或其它繁殖材料、种植养殖、采收和产地加工、包装、储运到发运全过程关键环节可追溯;鼓励企业运用现代信息技术建设追溯体系。

6)企业应当按照中药材GAP要求,结合生产实践和科学研究情况,制定如下主要环节的生产技术规程:

(1)生产基地选址;

(2)种子种苗或其它繁殖材料要求;

(3)种植(含生态种植、野生抚育和仿野生栽培)、养殖;

(4)采收与产地加工;

(5)包装、放行与储运。

7)企业应当制定中药材质量标准,标准不能低于现行法定标准。

8)企业应当制定中药材种子、种苗或其它繁殖材料的标准。

(三)机构与人员

(1)企业应当建立相应的生产和质量管理部门,并配备能够行使质量保证和控制职能的条件。

(2)企业负责人对中药材质量负责;企业应当配备足够数量并具有和岗位职责相对应资质的生产和质量管理人员;生产、质量的管理负责人应当有中药学、药学或者农学等相关专业大专以上学历并有中药材生产、质量管理三年以上实践经验,或者有中药材生产、质量管理五年以上的实践经验,且均须经过本规范的培训。

(3) 生产管理负责人负责种子、种苗或其它繁殖材料繁育、田间管理或者药用动物饲养、农业投入品使用、采收与加工、包装与贮存等生产活动；质量管理负责人负责质量标准与技术规程制定及监督执行、检验和产品放行。

(4) 企业应当开展人员培训工作，制定培训计划、建立培训档案；对直接从事中药材生产活动的人员应当培训至基本掌握中药材的生长发育习性、对环境条件的要求，以及田间管理或者饲养管理、肥料和农药或者饲料和兽药使用、采收、产地加工、贮存养护等的基本要求。

(5) 企业应当对管理和生产人员的健康进行管理；患有可能污染药材疾病的人员不得直接从事养殖、产地加工、包装等工作；无关人员不得进入中药材养殖控制区域，如确需进入，应当确认个人健康状况无污染风险。

（四）设施、设备与工具

(1) 企业应当建设必要的设施，包括种植或者养殖设施、产加工设施、中药材贮存仓库、包装设施等。

(2) 存放农药、肥料和种子、种苗及兽药、饲料和饲料添加剂等的设施，能够保持存放物品质量稳定和安全。

(3) 分散或者集中加工的产地加工设施均应当卫生、不污染中药材，达到质量控制的基本要求。

(4) 贮存中药材的仓库应当符合贮存条件要求；根据需要建设控温、避光、通风、防潮和防虫、防鼠禽畜等设施。

(5) 质量检验室功能布局应当满足中药材的检验条件要求，应当设置检验、仪器、标本、留样等工作室（柜）。

(6) 生产设备、工具的选用与配置应当符合预定用途，便于操作、清洁、维护。

（五）基地选址

(1) 生产基地选址和建设应当符合国家和地方生态环境保护要求。

(2) 企业应当根据种植或养殖中药材的生长发育习性和对环境条件的要求，制定产地和种植地块或者养殖场所的选址标准。

(3) 中药材生产基地一般应当选址于道地产区；在非道地产区选址，应当提供充分文献或者科学数据证明其适宜性。

(4) 种植地块应当能满足药用植物对气候、土壤、光照、水分、前茬作物、轮作等要求；养殖场所应当能满足药用动物对环境条件的各项要求。

(5) 生产基地周围应当无污染源；生产基地环境应当持续符合国家标准。

(6) 基地选址范围内，企业至少完成一个生产周期中药材种植或者养殖，并有两个收获期中药材质量检测数据且符合企业内控质量标准。

(7) 企业应当按照生产基地选址标准进行环境评估，确定产地，明确生产基地规模、种植地块或者养殖场所布局。

（六）种子、种苗或其它繁殖材料

1. 种子、种苗或其它繁殖材料要求

(1) 企业应当明确使用种子、种苗或其它繁殖材料的基原及种质，包括种、亚种、变种或者变型、农家品种或者选育品种；使用的种植或者养殖物种的基原应当符合相关标准、法规。使用列入《国家重点保护野生植物名录》的药用野生植物资源的,应当符合相关法律、法规规定。鼓励企业开展中药材优良品种选育。

(2) 中药材种子种苗或其它繁殖材料应当符合国家、行业或者地方标准;没有标准的,鼓励企业制定标准,明确生产基地使用种子、种苗或其它繁殖材料的等级,并建立相应检测方法。

(3) 企业应当建立中药材种子、种苗或其它繁殖材料的良种繁育规程,保证繁殖的种子种苗或其它繁殖材料符合质量标准。

2. 种子种苗或其它繁殖材料管理

(1) 企业在一个中药材生产基地应当只使用一种经鉴定符合要求的物种,防止与其它种质混杂;鼓励企业提纯复壮种质,优先采用经国家有关部门鉴定,性状整齐、稳定、优良的选育新品种。

(2) 企业应当鉴定每批种子、种苗或其它繁殖材料的基原和种质,确保与种子种苗或其它繁殖材料的要求相一致。

(3) 企业应当使用产地明确、固定的种子、种苗或其它繁殖材料;鼓励企业建设良种繁育基地,繁殖地块应有相应的隔离措施,防止自然杂交。

(4) 种子、种苗或其它繁殖材料基地规模应当与中药材生产基地规模相匹配;种子、种苗或其它繁殖材料应当由供应商或者企业检测达到质量标准后,方可使用。

(5) 从县域之外调运种子、种苗或其它繁殖材料,应当按国家要求实施检疫;用作繁殖材料的药用动物应当按国家要求实施检疫,引种后进行一定时间的隔离、观察。

(6) 企业应当采用适宜条件进行种子、种苗或其它繁殖材料的运输、贮存;禁止使用运输、贮存后质量不合格的种子、种苗或其它繁殖材料。

(7) 应当按药用动物生长发育习性进行药用动物繁殖材料引进;捕捉和运输时应当遵循国家相关技术规定,减免药用动物机体损伤和应激反应。

(七)种植与养殖

1. 种植技术规程

(1) 企业应当根据药用植物生长发育习性和对环境条件的要求等制定种植技术规程,主要包括种植制度、基础设施建设与维护、土地整理、繁殖方法、田间管理、病虫草害等的防治、肥料、农药使用等要求。

(2) 企业应当根据种植中药材营养需求特性和土壤肥力,科学制定肥料使用技术规程,主要包括合理确定肥料品种、用量、施肥时期和施用方法,避免过量施用化肥造成土壤退化等。

(3) 防治病虫害等应当遵循"预防为主、综合防治"原则,优先采用生物、物理等绿色防控技术;应制定突发性病虫害等的防治预案。

(4) 企业应当根据种植的中药材实际情况,结合基地的管理模式,明确农药使用要求。

(5) 按野生抚育和仿野生栽培方式生产中药材,应当制定野生抚育和仿野生栽培技术规程,如年允采收量、种群补种和更新、田间管理、病虫草害等的管理措施。

2. 种植管理

(1) 企业应当按照制定的技术规程有序开展中药材种植,根据气候变化、药用植物生长、病虫草害等情况,及时采取措施。

（2）采购农药、肥料等农业投入品应当核验供应商资质和产品质量，接收、贮存、发放、运输应当保证其质量稳定和安全；使用应当符合技术规程要求。

（3）突发病虫草害等或者异常气象灾害时，根据预案及时采取措施，最大限度降低对中药材生产的不利影响；要做好生长或者质量受严重影响地块的标记，单独管理。

（4）企业应当按技术规程管理野生抚育和仿野生栽培中药材，坚持"保护优先、遵循自然"原则，有计划地做好投入品管控、过程管控和产地环境管控，避免对周边野生植物造成不利影响。

3. 养殖技术规程

（1）企业应当根据药用动物生长发育习性和对环境条件的要求等制定养殖技术规程，主要包括以种群管理、养殖场地设施、繁育方法、饲养管理、疾病防控等要求以及药物使用技术规程等。

（2）按国务院农业农村行政主管部门有关规定使用饲料和饲料添加剂；禁止使用国务院农业农村行政主管部门公布禁用的物质以及对人体具有直接或潜在危害的其它物质；不得使用未经登记的进口饲料和饲料添加剂。

（3）药用动物疾病防治应当以预防为主、治疗为辅，科学使用兽药及生物制品；应当制定各种突发性疫病发生的防治预案。按国家相关规定、标准和规范制定预防和治疗药物的使用技术规程。

（4）制定患病药用动物处理技术规程，禁止将中毒、感染疾病的药用动物加工成中药材。

4. 养殖管理

（1）企业应当按照制定的技术规程，根据药用动物生长、疾病发生等情况，及时实施养殖措施。

（2）企业应当及时建设、更新和维护药用动物生长、繁殖的养殖场所，及时调整养殖分区，并确保符合生物安全要求。

（3）按要求接种疫苗；根据药用动物疾病发生情况，依规程及时确定具体防治方案；突发疫病时，根据预案及时、迅速采取措施并做好记录。

（4）发现患病药用动物，应当及时隔离；及时处理患传染病药用动物；患病药用动物尸体按相关要求进行无害化处理。

（5）应当根据养殖计划和育种周期进行种群繁育，及时调整养殖种群的结构和数量，适时周转。

（八）采收与产地加工

1. 技术规程

企业应当制定种植、养殖、野生抚育或仿野生栽培中药材的采收与产地加工技术规程，明确采收的部位、采收过程中需除去的部分、采收规格等质量要求，主要包括采收期、采收方法、采收后中药材临时保存方法、产地加工等要求。坚持"质量优先、兼顾产量"原则，参照传统采收经验和现代研究，明确采收年限范围，确定基于物候期的适宜采收时间。

2. 采收管理

根据中药材生长情况、采收时气候情况等，按照技术规程要求，在规定期限内，适时、及时完成采收。

3. 产地加工管理

应当按照统一的产地加工技术规程开展产地加工管理，保证加工过程方法的一致性，避免品质下降或者外源污染；避免造成生态环境污染。产地加工过程中品质受到严重影响的，原则上不得作为中药材销售。

（九）包装、放行与储运

1. 技术规程

企业应当制定包装、放行和储运技术规程，主要包括包装材料及包装方法、放行制度、贮存场所、运输及装卸、发运等要求。

2. 包装管理

企业应当按照制定的包装技术规程，选用包装材料，进行规范包装。

3. 放行与储运管理

（1）应当执行中药材放行制度，对每批药材进行质量评价，审核生产、检验等相关记录；由质量管理负责人签名批准放行，确保每批中药材生产、检验符合标准和技术规程要求；不合格药材应当单独处理，并有记录。

（2）应当分区存放中药材，不同品种、不同批中药材不得混乱交叉存放；保证贮存所需要的条件，如洁净度、温度、湿度、光照和通风等。

（3）应当建立中药材贮存定期检查制度，防止虫蛀、霉变、腐烂、泛油等的发生。应当按技术规程要求开展养护工作，并由专业人员实施。

（4）应当按照技术规程装卸、运输；防止发生混淆、污染、异物混入、包装破损、雨雪淋湿等。

（5）应当有产品发运的记录，可追查每批产品销售情况；防止发运过程中的破损、混淆和差错等。

（十）文件

（1）企业应当建立文件管理系统，全过程关键环节记录完整。文件包括管理制度、标准、技术规程、记录、标准操作规程等。

（2）企业应当根据影响中药材质量的关键环节，结合管理实际，明确生产记录要求。按生产单元进行记录，覆盖生产过程的主要环节，附必要照片或者图像，保证可追溯。

（3）企业应当根据实际情况，在技术规程基础上，制定标准操作规程用于指导具体生产操作活动，如批的确定、设备操作、维护与清洁、环境控制、贮存养护、取样和检验等。

（十一）质量检验

（1）企业应当建立质量控制系统，包括相应的组织机构、文件系统以及取样、检验等，确保中药材质量符合要求。

（2）企业应当制定质量检验规程，对自己繁育并在生产基地使用的种子、种苗或其它繁殖材料、生产的中药材实行按批检验。

（3）检验可以自行检验，也可以委托第三方或中药材使用单位检验。

（4）质量检测实验室人员、设施、设备应当与产品性质和生产规模相适应；用于质量检验的主要设备、仪器，应当按规定要求进行性能确认和校验。

（5）用于检验用的中药材、种子、种苗或其它繁殖材料，应当按批取样和留样。检验记录应当保留至该批中药材保质期届满后三年。

（十二）内审

（1）企业应当定期组织对本规范实施情况的内审，对影响中药材质量的关键数据定期进行趋势分析和风险评估，确认是否符合本规范要求，采取必要改进措施。

（2）企业应当制定内审计划，对质量管理、机构与人员、设施设备与工具、生产基地、种子种苗或其它繁殖材料、种植与养殖、采收与产地加工、包装放行与储运、文件、质量检验等项目进行检查。

（3）企业应当指定人员定期进行独立、系统、全面的内审，或者由第三方依据本规范进行独立审核。

（4）内审应当有记录和内审报告；针对影响中药材质量的重大偏差，提出必要的纠正和预防措施。

（十三）投诉、退货与召回

（1）企业应当建立投诉处理、退货处理和召回制度。

（2）因质量原因退货或者召回的中药材，应当清晰标识，由质量部门评估，记录处理结果；存在质量问题和安全隐患的，不得再作为中药材销售。

（十四）附则

（1）中药材 GAP 所用术语的含义。

（2）中药材 GAP 自发布之日起施行。

第四节 野生药材资源保护管理

习近平总书记在中国共产党第二十次全国代表大会上的报告中提出："提升生态系统多样性、稳定性、持续性。以国家重点生态功能区、生态保护红线、自然保护地等为重点，加快实施重要生态系统保护和修复重大工程。推进以国家公园为主体的自然保护地体系建设。实施生物多样性保护重大工程。科学开展大规模国土绿化行动。深化集体林权制度改革。"这对保护和合理利用野生药材资源具有很强的指导意义，必须深刻领会，深入贯彻落实，加强野生药材资源保护，实现资源可持续利用。

为了保护和合理利用野生药材资源，适应人民医疗保健事业的需要，1987年10月30日，国务院发布了《野生药材资源保护管理条例》，自1987年12月1日起施行。

目前，我国已将169种药用植物列入国家珍稀濒危保护植物名录，162种药用动物列入国家重点保护野生动物名录，涉及这些动植物的药材在《中国药典》中将被停止使用或代用，1995年版《中国药典》就已删除了熊胆、豹骨和玳瑁这三种动物类药材。1993年，国务院发布《关于禁止犀牛角和虎骨贸易的通知》，取消了虎骨和犀牛角的药用标准；2018年，国务院发布《关于严格管制犀牛和虎及其制品经营利用活动的通知》，规定因医学研究或临床救治急危重症、疑难杂症等需要利用犀牛角或虎骨的，仅限从除动物园饲养、繁育之外的人工繁育犀牛和虎获取犀牛磨角粉和自然死亡虎骨，并在符合条件的医院，由符合条件的处方医师实施。

一、《野生药材资源保护管理条例》的适用范围及其原则

（一）适用范围

在中华人民共和国境内采猎、经营野生药材的任何单位或个人，除国家另有规定外，都必须遵守本条例。

（二）原则

国家对野生药材资源实行保护、采猎相结合的原则，并创造条件开展人工种养。

二、国家重点保护的野生药材物种分级

国家重点保护的野生药材物种分为三级管理。

一级保护野生药材物种：指濒临灭绝状态的稀有珍贵野生药材物种；

二级保护野生药材物种：指分布区域缩小、资源处于衰竭状态的重要野生药材物种；

三级保护野生药材物种：指资源严重减少的主要常用野生药材物种。

三、国家重点保护野生药材资源的管理规定

（一）对一级保护野生药材物种的管理

禁止采猎一级保护野生药材物种。一级保护野生药材物种属于自然淘汰的，其药用部分由各级药材公司负责经营管理，但不得出口。

（二）对二、三级保护野生药材物种的管理

采猎、收购二、三级保护野生药材物种，必须按照批准的计划执行。采猎者必须持有采药证，需要进行采伐或狩猎的，必须申请采伐证或狩猎证。不得在禁止采猎区、禁止采猎期采猎二、三级保护野生药材物种，并不得使用禁用工具进行采猎。二、三级保护野生药材物种的药用部分，除国家另有规定外，实行限量出口。

（三）法律责任

违反采猎、收购野生药材保护物种规定的单位或个人，由当地县以上药品生产经营行业主管部门会同同级有关部门没收其非法采猎的野生药材及使用工具，并处以罚款。

未经野生药材资源保护区管理部门批准进入野生药材资源保护区从事科研、教学、旅游等活动者，当地县以上药品生产经营行业主管部门和自然保护区主管部门有权制止，造成损失的，必须承担赔偿责任。

违反保护野生药材物种收购、经营、出口管理的，由工商行政部门或有关部门没收其野生药材和全部违法所得，并处以罚款。

保护野生药材资源管理部门的工作人员徇私舞弊的，由所在单位或上级管理给予行政处分，造成野生药材资源损失的，必须承担赔偿责任。

破环野生药材资源情节严重，构成犯罪的，依法追究刑事责任。

四、国家重点保护的野生药材名录

国家重点保护的野生药材物种的名录，应由国务院药品监督管理部门会同野生动物、植

物管理部门制定。国务院在颁布《野生药材资源保护管理条例》的同时，也公布了《国家重点保护野生药材物种名录》。

（一）一级保护药材名称

虎骨（已禁用）、豹骨、羚羊角、鹿茸（梅花鹿）。

（二）二级保护药材名称

鹿茸（马鹿）、麝香（3个品种）、熊胆（2个品种）、穿山甲、蟾酥（2个品种）、蛤蟆油、金钱白花蛇、乌梢蛇、蕲蛇、蛤蚧、甘草（3个品种）、黄连（3个品种）、人参、杜仲、厚朴（2个品种）、黄柏（2个品种）、血竭。

（三）三级保护药材名称

川贝母（4个品种）、伊贝母（2个品种）、刺五加、黄芩、天冬、猪苓、龙胆（4个品种）、防风、远志（2个品种）、胡黄连、肉苁蓉、秦艽（4个品种）、细辛（3个品种）、紫草、五味子（2个品种）、蔓荆子（2个品种）、诃子（2个品种）、山茱萸、石斛（5个品种）、阿魏（2个品种）、连翘（2个品种）、羌活（2个品种）。

第五节 中药品种保护

为了提高中药品种的质量，保护中药生产企业的合法权益，促进中药事业的发展，1992年10月14日，国务院发布第106号令，颁布了《中药品种保护条例》，自1993年1月1日起正式实施。该条例是中华人民共和国成立以来第一部关于中药品种保护工作的行政法规。2018年，根据《国务院关于修改部分行政法规的决定》，对《中药品种保护条例》进行了修订。为了更好地加强中药品种保护的监督管理，规范中药品种保护受理审批程序，国家食品药品监督管理局分别于2006年和2009年颁布了《关于中药品种保护有关事宜的通知》和《中药品种保护指导原则》。

一、中药品种保护的目的和意义

国家颁布实施《中药品种保护条例》，鼓励研制开发临床有效的中药品种，对质量稳定、疗效确切的中药品种实行分级保护制度，其根本目的是为提高中药品种的质量，保护中药生产企业的合法权益，促进中药事业健康快速发展。《中药品种保护条例》的实施，标志着我国对中药的研制、生产、管理工作走上了法制轨道；对保护中药名优产品，保护中药知识产权，提高中药质量和信誉，推动中药制药企业的科技创新，研制安全、有效、可控的中药新药和促进中药现代化、国际化具有重要的意义。

二、《中药品种保护条例》适用范围

《中药品种保护条例》适用于中国境内生产制造的中药品种，包括中成药、天然药物的提取物及其制剂和中药人工制品。受保护的中药品种，必须是列入国家药品标准的品种。经国务院药品监督管理部门认定，列为省、自治区、直辖市药品标准的品种，也可以申请保护。

申请专利的中药品种,依照《专利法》的规定办理,不适用《中药品种保护条例》。

三、中药品种保护管理部门

国务院药品监督管理部门负责全国中药品种保护的监督管理工作。

国家药品监督管理部门下设国家中药品种保护审评委员会,负责国家中药保护品种的技术审查和审评工作,配合国家药品监督管理部门制定或修订中药品种保护的技术审评标准、要求、工作程序等。

四、中药保护品种等级划分

根据《中药品种保护条例》,受保护的中药品种分为一、二级。

(一)申请中药一级保护品种应具备的条件

符合下列条件之一的中药品种,可以申请一级保护:

(1)对特定疾病有特殊疗效的中药品种:是指对某一疾病在治疗效果上能取得重大突破性进展的中药品种。例如,对常见病、多发病等疾病有特殊疗效;对既往无有效治疗方法的疾病能取得明显疗效;或者对改善重大疑难疾病、危急重症或罕见疾病的终点结局(病死率、致残率等)有重大进展。

(2)相当于国家一级保护野生药材物种的人工制成品:是指列为国家一级保护物种药材的人工制成品,或目前虽属于二级保护物种,但其野生资源已处于濒危状态物种的药材的人工制成品。

(3)用于预防和治疗特殊疾病的中药品种:特殊疾病是指严重危害人民群众身体健康和正常社会生活经济秩序的重大疑难疾病、急危重症、烈性传染病和罕见病。如恶性肿瘤、终末期肾病、脑卒中、急性心肌梗死、艾滋病、传染性非典型肺炎、人禽流感、苯酮尿症、地中海贫血等疾病。用于预防和治疗重大疑难疾病、急危重症、烈性传染病的中药品种的疗效应明显优于现有治疗方法。

(二)申请中药二级保护品种应具备的条件

符合下列条件之一的中药品种,可以申请二级保护。

(1)符合上述一级保护的品种或者已经解除一级保护的品种。

(2)对特定疾病有显著疗效的:对特定疾病有显著疗效是指能突出中医辨证用药理法特色,具有显著临床应用优势,或对主治的疾病、证候或症状的疗效优于同类品种。

(3)从天然药物中提取的有效物质及特殊制剂:从天然药物中提取的有效物质及特殊制剂是指从中药、天然药物中提取的有效成份、有效部位制成的制剂,且具有临床应用优势。

五、中药保护品种的保护期限

《中药品种保护条例》规定,中药一级保护品种的保护期限分别为 30 年、20 年和 10 年。中药二级保护品种的保护期限为 7 年。

中药一级保护品种因特殊情况需要延长保护期限的,应当在该品种保护期满前 6 个月,由生产企业按规定的程序申报。延长的保护期限由国务院药品监督管理部门根据国家中药品种保护审评委员会的审评结果确定;但是,每次延长的保护期限不得超过第一次批准的保护期限。

中药二级保护品种在保护期满后可以延长 7 年。申请延长保护期的中药二级保护品种，应当在保护期满前 6 个月，由生产企业按规定的程序申报。

六、申请中药品种保护的程序

《中药品种保护条例》规定申请办理中药品种保护的程序为：

（一）中药品种保护申请

中药生产企业对其生产的符合中药品种保护条件的中药品种，向所在地省级药品监督管理部门提出申请，经初审签署意见后，报国务院药品监督管理部门。在特殊情况下，中药生产企业也可以直接向国务院药品监督管理部门提出申请。

（二）中药品种保护审评

国务院药品监督管理部门委托国家中药品种保护审评委员会进行审评。国家中药品种保护审评委员会应当自接到申请报告书之日起 6 个月内作出审评结论。

（三）中药品种保护审评结论公告

国务院药品监督管理部门根据审评结论，决定对申请的中药品种是否给予保护。经批准保护的中药品种，由国务院药品监督管理部门发给中药品种保护证书，并在指定的专业报刊上予以公告。

七、中药保护品种的保护措施

中药一级保护品种的处方组成、工艺制法，在保护期限内由获得中药保护品种证书的生产企业和有关的药品监督管理部门及有关其他单位和个人负责保密，不得公开。负有保密责任的有关部门、企业和单位应当按照国家有关规定，建立必要的保密制度。向国外转让中药一级保护品种的处方组成、工艺制法的，应当按照国家有关保密的规定办理。

除临床用药紧张的中药保护品种另有规定外，被批准保护的中药品种在保护期内仅限于已获得中药保护品种证书的企业生产。

对已批准保护的中药品种，如果在批准前是由多家企业生产的，其中未申请中药保护品种证书的企业应当自公告发布之日起 6 个月内向国务院药品监督管理部门申报，按规定提交完整的资料，经指定的药品检验机构对申报品种进行同品种的质量检验，达到国家药品标准的，经国务院药品监督管理部门审批后，补发中药保护品种证书；对未达到国家药品标准的，国务院药品监督管理部门依照药品管理的法律、行政法规的规定，撤销该中药品种的批准文号。

生产中药保护品种的企业应当重视生产条件的改进，提高品种质量。

中药保护品种在保护期内向国外申请注册时，必须经过国务院药品监督管理部门批准同意，否则不得办理。

八、罚则

违反《中药品种保护条例》的规定，造成泄密的责任人员，由其所在单位或者上级机关给予行政处分；构成犯罪的，依法追究刑事责任。

违反《中药品种保护条例》的规定，擅自仿制中药保护品种的，由县级以上人民政府药品监督管理部门以生产假药依法论处。伪造中药保护品种证书及有关证明文件进行生产、销售的,由县级以上人民政府药品监督管理部门没收其全部有关药品及违法所得,并可处以有关药品正品价格 3 倍以下罚款;对构成犯罪的,依法追究刑事责任。

第六节 中药材和中药饮片经营策略

一、中药材和中药饮片的经营特点

(一) 中药材的经营特点

1. 农产品性质

中药材首先表现为农产品形态(特性)。中药材生产涉及的种植养殖、采集、贮存和初加工等环节都属农业范畴,生产过程管理和产品质量特点具有农产品特性。中药材的生产受海拔、土壤、温度、湿度、光照等环境因素影响较大,生产的标准化、规范化、规模化、市场化程度相对较低。因此,中药材营销具有自发性、季节性、粗放性、道地性,商品属性更多体现农产品特性。

2. 原料药性质

中药材是生产中药饮片和中成药的原料物质,是整个中药产业链的源头,其产量和质量直接影响中药产业和中医事业的发展。因此,国家把中药材的生产和经营纳入药品范畴进行管理,在生产采挖、产地加工、储存运输、流通交易等环节都按药品管理,必须符合药品生产经营管理规范,符合药品标准。

3. 价格波动性

中药材的农产品属性决定了其价格的波动性。中药材的生产量受到人为因素和自然因素的双重影响,生产供应量不稳定。如果种植面积扩大、自然条件好,中药材就会丰产,市场价格就会降低;反之,如果中药材种植面积减少或者遭受极端天气影响,中药材产量会大幅减少,中药材价格就会上升。特别是部分生产周期长的中药材,例如,人参的生产周期至少 6 年,很难在短期内达到供需平衡,价格调节手段较少。

(二) 中药饮片的经营特点

1. 产品的复杂性

中药饮片是中药材按照中医药理论和中药炮制方法,经过加工炮制后的初级工业产品,分为中医临床配方调剂饮片和工业制药饮片两大类。它包括了切制后的片、段、丝、块,如人参片、薄荷段、陈皮丝、茯苓块等;捣碎后的碎块,如使用时捣碎的瓜蒌子、酸枣仁等;配方粉末饮片,如砂仁粉、川贝母粉、珍珠层粉等,也包括了修制后的以原药材自然形态入药的花,如红花;叶,如番泻叶;果实,如连翘;种子,如菟丝子等;以及动物、植物的分泌物或渗出物等。近年来,又出现了配方颗粒、超微饮片等新型饮片。中药饮片种类丰富,产品形态复杂。

2. 产业的关联性

中药饮片行业处于中药产业链的中游,与上游的中药材相关联,中药材的产量、质量以及成本直接影响中药饮片的销售。中药材本质上是农产品,具有道地性,有很强的地域性和资源特性，地域、气候、地理等条件决定了中药材的分布、资源储备、产量和价格等要素，对中药饮片的产品质量、价格及本行业的发展有较大影响。同时，中药饮片与下游产业中药制造业、医疗机构、药店以及食品加工和餐饮服务等行业也密切相关，这些行业的发展速度和市场容量客观上决定了中药饮片的市场需求。

3. 渠道的广泛性

中药饮片可直接用于中医临床，也可以用于中药制剂生产，部分药食同源的中药饮片还用于保健食品或日常餐饮。因此，中药饮片通常的营销渠道有医疗机构药房渠道、零售药店渠道、中药饮片经营企业渠道、中药制药企业渠道和超市渠道等，这些不同的营销渠道对中药饮片的质量等级要求不同，销售价格的差别也很大。

二、中药材和中药饮片经营环境

（一）中药材和中药饮片的市场机遇

1. 市场需求旺盛

中药饮片市场需求旺盛。随着经济的发展和社会的进步，人们的生活质量和医疗保健水平不断提高，人们已从"治病救人"的救治医疗需求发展到预防疾病、康复调理、延缓衰老等多位一体的高层次的医疗需求。由于中医药在治未病、重大疾病防治以及疾病康复中具有独特优势，20世纪90年代以来，中医药在全球备受关注和重视，中药材和中药饮片行业发展迅猛，正在向现代化、国际化方向发展。2013年以来，随着"一带一路"倡议的提出，我国中药出口贸易显著增长，中药饮片出口额也随之增加。另外，我国中医药服务贸易的快速发展，国际中医药医疗机构、研究机构等的建立和海外院校中医药相关专业的设置都对中药饮片的国际贸易起到积极的推动作用。

2. 政策环境利好

中药饮片产业政策环境总体利好。自十八大以来，党和国家高度重视中医药的发展，相继发布了《中医药发展战略规划纲要（2016—2030年）》、《关于促进中医药传承创新发展的意见》、《"十四五"中医药发展规划》（国办发〔2022〕5号）、《中医药振兴发展重大工程实施方案》（国办发〔2023〕3号）等一系列政策规划，这些政策规划主要从四个方面为中药饮片产业发展提供政策支持：一是中药饮片炮制技术传承创新，国家保护中药饮片传统炮制技艺的传承与创新发展，鼓励运用现代科技手段进行中药饮片炮制技术与工艺的科研工作；二是促进中药饮片国际贸易发展，国家提出要扩大中药产品的国际市场份额、建设中药类产品海外注册服务平台、加强中医药知识产权的保护等措施；三是国家倡导以质量为导向的中药饮片市场价格机制，为中药饮片市场"优质优价"提供了政策依据；四是促进中药饮片纳入相关目录，2019年发布的《产业结构调整指导目录（2019年本）》纳入了"中药饮片炮制技术的传承与创新"，2020年发布的《国家基本医疗保险、工伤保险和生育保险药品目录（2020年）》共纳入892种中药饮片，中药饮片纳入相关目录为扩大中药饮片市场消费提供了政策支持。

（二）中药材和中药饮片经营面临的挑战

1. 生产环节的粗放性

我国中药材生产的主体是农户，中药材种植养殖模式落后，产地初加工管理粗放，标准化、规范化、产业化的技术支撑不足,产业整体缺乏计划性,中药材的质量不稳定,价格波动较大。中药饮片生产的主体是中小型企业,总体呈现"小、散、乱"特点,整体产业水平低下,部分企业的生产车间还是作坊式生产,工艺设备落后,生产条件简陋,管理不规范,专业技术人才缺乏,难以保证中药饮片的质量。

2. 储运环节的零散性

我国中药材和中药饮片的仓储设施分散,贮存管理不够规范,对中药材及饮片的养护不够重视。为了防霉防虫,采用硫磺熏蒸等不当技术措施,对中药材及饮片的质量产生了严重的影响。在运输环节,大部分中药材和中药饮片企业缺乏现代物流的理念,储运技术和设备较落后,运营成本较高,整体经济效益偏低。

3. 交易环节的无序性

近年来,药品监管部门对中药材和中药饮片市场进行严格监管,市场秩序明显好转,但仍然存在一些乱象。有些中药饮片企业为了降低成本、增加利润,甚至在生产经营过程中采用非法染色、增重和掺杂使假等违法行为;中药材和中药饮片交易市场的专业化、信息化、现代化程度不高,贯穿中药材种植、产地加工、仓储物流和商贸流通等全产业链的商品规格标准和质量追溯体系尚未建立;中药材和中药饮片的市场竞争以价格为主要竞争手段,存在"劣币驱逐良币"现象,优质优价的市场机制尚未形成。

三、中药材和中药饮片经营策略

中药材和中药饮片经营策略包括产品策略、价格策略、渠道策略、促销策略和品牌策略。

(一)产品策略

产品是市场营销组合中的核心要素。中药材和中药饮片产品策略应该从质量营销、绿色营销方面进行创新,形成差异化的产品策略。

1. 质量营销策略

质量是中药材和中药饮片市场营销的关键。

(1)中药材质量营销策略:中药材质量营销策略的核心是培育新型中药材生产经营主体,采取"企业+基地+合作社+农户"的农业产业化经营模式,推进中药材"订单式"生产和企业上下游一体化经营。推动农业龙头企业、专业合作社、专业中药材大户、家庭中药材农场等新型产业模式发展,实现中药材从分散生产向组织化生产转变。制定中药材标准化生产技术规程,建立标准化、规范化的中药材生产基地,发挥基地的示范和辐射作用,带动农户开展中药材标准化种植,从源头保证中药材的质量品质,提升中药材的市场竞争力。

(2)中药饮片质量营销策略:中药饮片生产企业要转变经营观念,改进技术装备,改善加工环境,扩大生产规模,实现高端化、集约化生产经营,全面提升中药饮片质量和科技含量。中药饮片生产企业要研究中药饮片科学仓储技术,切实解决虫蛀、霉变等问题。政府部门要通过政策扶持和加强监督,逐步探索更加科学、更加规范、更加有效的中药饮片管理机制,按照"现代化生产、规模化经营、品牌化销售"的发展模式,培育一批新型中药饮片生产骨干企业,创新中药饮片质量营销新模式。

2. 绿色营销策略

(1)中药材绿色营销策略:中药材生产是整个中药产业链的源头,是中药生产的"第一车间"。中药材绿色生产要从种子种苗、大田种植、锄草施肥、采挖收割等环节按照中药材 GAP 要求，实现规范化、标准化生产，推行种养殖清洁生产，强化农业投入品监管，严格规范农药、抗生素、激素类药物和化肥使用，从根本上解决中药材的农药残留、重金属等问题，使中药材达到绿色标准要求。在此基础上，推进无公害中药材、绿色中药材、有机中药材和地理标志中药材等政府主导的安全优质中药材的发展，实现中药材绿色营销。

（2）中药饮片绿色营销策略：中药饮片生产企业首先要严格把好原药材的购进关，优先选择优质道地药材，确保原药材质量合格。在中药饮片生产环节，要按照 GMP 要求，严格执行中药饮片的加工炮制工艺规范，采用先进质量检测仪器设备，对中药饮片进行在线质量控制，确保生产优质绿色中药饮片。在中药饮片仓储环节，要按照 GSP 要求，进行科学化管理，控制好中药材和中药饮片库房的温度和湿度，做好产品养护，必要时对部分容易生虫、霉变的产品采用先进绿色的气调技术，确保产品质量。另外，企业应对中药饮片的包装进行绿色主题设计，注重选择新型环保材料，把满足产品包装、保护环境、降低成本等要素统筹考虑，让消费主体更为直观的感受到产品的绿色属性，进而得到消费者的认可。

（二）价格策略

中药材和中药饮片的价格策略在其市场营销中占有十分重要的位置。中药材和中药饮片的价格策略主要有优质优价策略和分别定价策略。

1. 优质优价策略

从本质上看，中药材和中药饮片的营销一定要实现优质优价，彻底改变以压价为主要竞争手段的"劣币驱逐良币"的现象。中药材和中药饮片企业要通过提升产品质量，形成差异化、可视化的产品标识和标志，让市场用户和消费者感受到产品质量的价值，明白"药材好，药才好"的道理，愿意为优质产品溢价付费。国家药品监督管理部门要采取严厉整治措施，打击假冒伪劣产品，保护市场秩序，净化市场环境，促进形成中药材和中药饮片优质优价机制。

2. 分别定价策略

（1）用户差异定价策略：中药材和中药饮片的销售渠道不同，销售价格差别较大。一般讲，制药企业采购中药材和中药饮片时，对价格敏感，把降低成本放在首位，对中药材质量要求是合格品。医院药房和社会药房更加注重品牌，更愿意采购优质中药饮片。企业应针对不同渠道的需求，进行差别定价，满足不同层次用户需求。

（2）产品差异定价策略：中药材和中药饮片具有农产品特性，在生长过程中产品就自然形成不同的分级，如某企业在生产加工黄芪饮片时，根据黄芪药材粗细程度分 5 个等级，分别加工，差别定价，满足不同用户的差别化需求。另外，中药材和中药饮片具有道地性，不同产地的中药材和中药饮片的价格也不同，如枳壳有川枳壳、湘枳壳和江枳壳，这三种药材因产地不同，市场销售价格差别很大。

（三）渠道策略

中药材和中药饮片的销售渠道差异较大，必须分类论述。

1. 中药材渠道策略

（1）直接渠道策略：直接渠道策略是指药农直接向企业销售中药材。这种模式一般是药农和中药材企业通过签订合同的方式进行契约式的种植，即订单种植。这种模式的优势在于减少了中间环节，降低了交易成本，有利于双方实现双赢。同时，有企业对药农进行中药材生产技术指导，中药材质量也会更好，市场的供应量比较稳定。

（2）间接渠道策略：间接渠道策略是指药农、中间商和企业三者之间逐级销售模式。药农将中药材通过中药材专业交易市场或集贸市场卖给中药材中间商，中间商再把收购的中药材出售给中药材经营企业、中药饮片企业或中成药生产企业。这种模式增加了流通环节，增加了交易成本，但市场交易体系较健全，总体交易效果好，更加适合目前中药材生产流通实际。

2. 中药饮片渠道策略

（1）汤剂饮片渠道策略：汤剂饮片渠道策略是指主要面向医院药房和零售药店销售中药饮片的营销模式，这种营销渠道对销售服务和产品质量要求高，销售利润也较高，但渠道开发成本高。

（2）工业饮片渠道策略：工业饮片渠道策略是指主要面向中药制药企业或保健食品企业销售中药饮片的营销模式，这种营销渠道对产品价格敏感，销售利润较低，但单次销售额较大，渠道开发成本较低。

（3）膳食饮片渠道策略：膳食饮片渠道策略是指主要面向大众消费者销售中药饮片的营销模式，消费者一般在超市、药店或网店购买，消费者对外观质量要求高，产品售价高，销售利润高。这类中药饮片主要是一些药食同源的中药饮片和名贵中药饮片，消费者主要用于餐饮和养生保健。

（四）促销策略

1. 广告宣传策略

广告宣传策略是指通过电视、广播、互联网、报纸、杂志等媒介，针对中药材和中药饮片的特色优势进行宣传，重点介绍推广道地药材及其饮片。广告宣传作为一种非人际传播方式，其特点是效率高、速度快、表现性好，是中药材和中药饮片营销活动中一种常用的促销手段。但广告宣传促销的缺点是信息反馈速度慢，促销成本高。

2. 人员推销策略

人员推销策略是指通过销售人员拜访目标市场客户，宣传推销中药材和中药饮片。人员推销是面对面地与顾客直接进行交流沟通，说服顾客购买产品的促销方式，其优点是信息传播迅速，双向互动，营销人员能对顾客的需求快速反应，及时调整营销对策。人员推销策略有利于建立良好的客情关系，还可以兼顾提供服务、市场调研、回收货款等工作。人员推销策略的缺点在于费用较高，培养推销队伍较慢。

3. 会展促销策略

会展促销是指通过举办或参加相关交易会、博览会、学术交流会等会议，宣传推销中药材和中药饮片。会展促销是中药材和中药饮片营销活动中常用的促销方式，具有很好的品牌效应，能够为用户提供体验价值和学术交流；会展促销具有短期性、时效性的特点，在短期内可实现促销成效，促进销售量大幅度增长。其缺点是只能配合其它促销手段使用，不能单独使用，也不能长期使用。

（五）品牌策略

品牌是企业理念和价值观的外部体现和识别标志，是企业无形资产价值的重要构成。中药材和中药饮片营销一定要树立品牌意识，强化顶层设计，形成品牌发展路径。

1. 道地药材品牌策略

道地药材是指那些具有明显地域性，因其生长环境适宜，品种优良，栽种加工合理，以致较同种药材在其他区域所产者品质佳、疗效好的药材。中药材和中药饮片特别讲究道地性，如甘肃的当归、宁夏的枸杞、内蒙古的甘草、吉林的人参、云南的三七、河南的山药等，由于其得天独厚的产地环境条件，其有效成分含量远高于其他地区的产品。因此，以道地药材的概念培育品牌最能体现中药材和中药饮片的特色价值，是打造中药材和中药饮片品牌的最佳途径。

2. 中医药文化品牌策略

我国中医药文化博大精深，将传统中医药文化运用于中药材和中药饮片品牌建设，会形成事半功倍的营销效果。例如，某企业生产的"本草纲目牌"中药饮片已在全国20个省市陆续上市，这种通过传承和挖掘中医药文化的营销模式，有利于实现传统中医药文化和品牌建设完美结合，将中医药文化植入品牌体系，并形成独特的品牌价值主张，能够快速提升品牌的知名度和美誉度。

3. 全产业链品牌策略

中药材和中药饮片的生产经营具有全产业链性质。利用物联网技术，在中药材种植、中药饮片加工储存、市场流通和终端消费等各环节实施电子监管码技术全覆盖，建立中药材和中药饮片全产业链追溯系统，动态掌握各环节质量信息，逐步形成可追溯的倒逼约束机制，从根本上建立中药材和中药饮片的质量保证体系，实现产品质量"来源可知、去向可追、质量可查、责任可究"。通过建立中药材和中药饮片的全产业链追溯系统，把中药材和中药饮片的传统生产工艺与现代生产工艺有机结合，打造全产业链品牌，发挥品牌对下游用户选择中药材、中药饮片的引领作用，促进优质优价市场机制的形成。

案例分析与思考题

一、案例分析题

1. 云南文山苗乡三七实业有限公司推进三七无公害生产

【案例内容】

云南文山苗乡三七实业有限公司（以下简称"苗乡三七"），创立于2001年，坐落于云南文山州，是我国三七种植、生产与出口的龙头企业。公司秉承了40多年的三七种植历史，现今发展成为集三七种植、科研、加工、生产及销售为一体的专业化企业，是三七无公害产品标准的倡导者和先行者。

由"苗乡三七"等牵头制定的《无公害三七药材及饮片的农药残留与重金属及有害元素限量》，于2017年3月作为中国中药协会团体标准发布。这是国内中药材首个无公害种植标准，其中规定了无公害三七206项农药残留和5项重金属安全检测标准。

无公害生产标准将成为中药材品质的最低门槛。推进中药材无公害生产、推动中药材产业转型升级，已成为业界共识和国家政策导向。2017年颁布实施的《中医药法》，明确国家制定中药材种植养殖、采集、贮存和初加工的技术规范、标准，加强对中药材生产流通全过程的质量监督管理，保障中药材质量安全。严格管理农业投入品的使用，禁止在中药材种植过程中使用剧毒、高毒农药等。

中国中医科学院中药研究所所长陈士林认为，实现中药材无公害生产，应对之策有四：其一是筛选优质种源，纯化复壮，培育高抗逆性的新品种；其二是根据土壤类型、生态价值，选择适宜产区；其三是研发应用包括生物防治、物理防治在内的病虫害防治技术；其四是构建严密规范的生产管理体系。

2019年3月，苗乡1号、苗乡2号经农业农村部审批成为首次获授国家植物新品种权的三七新品种。

植物新品种是指经过人工培育的或者对发现的野生植物加以开发，具备新颖性、特异性、一致性、稳定性，并有适当命名的植物新品种。

2019年4月20日，在中药材基地共建共享联盟、中华中医药学会中药制药工程分会、云南省文山州人民政府主办的中国药材品质升级推广会暨无公害三七栽培技术培训会上，两个三七新品种的优异特性得以披露：苗乡1号多糖含量提高23.5%，苗乡2号三七皂苷R1含量提高56.3%；三七新品种病虫害发生率下降62%。这是三七新品种选育工作的重大突破，也是三七产业走向"无公害时代"的关键一步。

从野生到家种，规模化连续种植往往导致农作物品种退化，抗逆性递减，造成病虫害肆虐。过度或不当使用农药化肥，又会加快抗逆性衰退，形成恶性循环。

破解之道是品种选育、种质创新、良种应用才是中药产业持续发展的根基。高抗逆性优质种源，与适宜产地生态、病虫害防治技术、生产管理规范共同构成了三七无公害生产的"基石"，将引领起三七产业高质量可持续发展的未来。

无公害生产关键在选育优质品种。从2001年起，"苗乡三七"致力于三七良种系统培育。2009年投资1.8亿元建立苗乡三七科技园，构建产、学、研协同创新的新机制，汇聚了全国各地300多位专家学者，从各地收集保存三七种质材料1.07万份，建成了西南地区人参属最大的种质资源圃，确保了种质资源遗传多样性。

无公害生产有赖于全产业链管理。三七在心血管、脑血管、肝脏等疾病防治中具有良好疗效，已成为400余类1000余种中成药的核心成份。2015年，云南省食药监管部门将云南省三七饮片标准功能主治从"散瘀止血，消肿定痛"拓展到高血脂、高血压、糖尿病血管病变等适应证，三七保健养生价值愈发彰显。

"苗乡三七"坚持立足科研，致力创新，同时也着力构建完善规范化生产管理体系，深耕布局全产业链，引领行业品质升级。"无公害"生产理念贯穿于三七产品全产业链，从科研、种植、加工、制药到流通，实现全程可控可追溯。

近几年，"苗乡三七"科研经费投入始终保持在销售额的8%以上。除了进行良种选育，还开展了连作障碍研究、重金属农药残留及营养成份研究等重大科研项目。目前，在整个生产链条开发应用包括28项种植新技术在内的68项新技术，企业申报技术专利180多个，获批100多个。

"苗乡三七"建立了60多个"连锁农场"，统一生产理念，统一管理模式，统一技术服务。这些农场均选址在云南省境内北纬23.5度附近、海拔1200～2000米的适宜区域，并进行土壤改良，形成了无公害三七种植基地群。

在生产管理考核方面，"苗乡三七"引入"适产"概念，转变追求产量的意识，确保落实"无公害"标准，同时加强产品可追溯体系建设。目前，苗乡三七从田间到舌尖，可谓经历数百道环节，每一个环节都有规范的操作流程及清晰的记录，确保从地里的一粒种子，到用户口中的每一粒产品,全程可控可追溯。

资料来源:任壮.我国三七产业将步入"无公害时代"[N].中国中医药报,2019-04-25(5).

【问题与启示】

(1) 简述"苗乡三七"构建产、学、研协同创新的新机制。

(2) 简述三七"无公害"生产的重要借鉴意义。

2. 桐君堂药业有限公司推进中药饮片传承创新和高质量发展

桐君堂始于1385年,于明朝洪武年间由桐君后人富春人氏创建,最初名为"惠民药局",挂"道地药材"青龙匾标志;至清朝康熙年间,改名为桐庐药材会馆;之后几经变更,2005年,以"桐君堂"为商号的桐君堂药业有限公司(以下简称"桐君堂")正式成立。

"北有神农,南有桐君"。桐庐,位于浙江省富春江边一个山明水秀的小县,因中药鼻祖——桐君老人曾在此结庐采药而得名。在这里,桐君中药文化绵延千载;桐君堂,一个以桐君为名的医药品牌家喻户晓。

深厚的中药历史文化底蕴,造就了桐君堂的企业核心文化——传承桐君"悬壶为世人,良药济苍生"的精神,将"做好人,做好事,做好药"做到底。作为一家中药饮片生产企业,桐君堂从药材品质到炮制工艺都精益求精,"未曾期许做多大,只梦国药出精华",或可道出每一个桐君堂人心底最真挚的愿景。

(1) 坚守道地药材品质,破解天麻浸出物之谜

道地药材是优质中药材的代名词,从古至今,医家一直推崇使用"道地药材"。历史上记载的519种道地药材,桐君堂生产和经营的占其中90%以上。

申屠银洪是桐君堂中药团队掌门人、浙江省非物质文化遗产保护名录桐君中药文化传承人。"慈溪麦冬、温县地黄、磐安白术、新会陈皮、东阳白芍、承德黄芩、中宁枸杞……"据申屠银洪介绍,桐君堂的中药全部来自历史记载的道地产区,以及当今具有国家地理标志的原产地。

为从源头保证药材质量,桐君堂采取多种措施:一是坚持原产地直接采购,二是共享种植基地,三是共建种植基地。自2008年起,不仅借助桐庐境内丰富的野生药材资源建立中药种植合作社,更在全国和国内各地联合药农开展结对种植,目前已建有超过23个规范化药材种植基地,基地面积25000余亩,既保证药材货源的充足,更保证了其质量稳定、可控,防止中药材生产过程中农药残留、重金属等常见有害物质的超标。

在全国中药饮片企业中,对中药饮片采取二维码溯源,桐君堂是第一家。在400余种中药精品的包装盒上,桐君堂全部设有二维码身份识别,以进行产品来源和质量追溯。只需扫一扫,每款产品的产地图片、选材、质检报告等信息一目了然。

在桐君堂,要成为一名合格的中药师,掌握药材性味远远不够,必须要有一双分辨药材真伪优劣的火眼金睛。道地药材有其独有的外观,如天麻的鹦哥嘴、肚脐眼、点横纹,板蓝根的金井玉栏,防风的蚯蚓头,赤芍的车轮纹等,这些都是分辨道地药材的重要依据。

桐君堂人对药材品质的要求,可谓一丝不苟。天麻是常用的中药材,然而一度市场上的天麻煎出物含量却全部不符合药典的规定。申屠银洪回忆:"2013年,我们在实际检测过程中发现,采收的天麻其他指标都符合药典规定,只有浸出物含量不合格,低于药典标准。这在当时也是整个天麻产业都存在的问题。"带着疑惑,2013年11月,桐君堂质控人员一行前往天麻主产区——安徽岳西,冒着初雪的严寒,在当地药农的带领下,从原株天麻的采

挖、洗净、蒸透、切片到干燥等过程全程参与，然而天麻浸出物含量仍然不合格，低于药典10%的规定。"到底是药典标准有误，还是我们的检验方法有问题？"质控人员开会研究后决定，从改变天麻初加工方法入手，选择四种新工艺分别比较结果：一是鲜货蒸透后，先烘半干再切片；二是鲜货蒸透后放冷再切；三是鲜货直接切片；四是鲜货蒸透后趁热切片。经过药监部门的权威测定，多次改良后，第四种工艺制出的天麻，浸出物基本达到了12%的标准，终于解决了困扰业界多年的天麻浸出物问题。"这只是桐君堂成千上百个把控源头品质的案例之一"，申屠银洪说。

(2) 古法炮制，手工制作中药饮片

道地药材，地道炮制，中药饮片要达到最佳药效，关键在于炮制。"不及则功效难求，太过则性味反失。"作为饮片加工制作的"灵魂"，古法炮制通过烧、炼、泡、灸等方式，将药材药性完美呈现。"这是老祖宗留给我们的宝贝财富"，申屠银洪说。"现在的中医医院或门诊部使用的药材，大多直接从药厂或公司进货，而很多中药饮片厂炮制不到家，工人大多对中药炮制一知半解。"而桐君堂对中药饮片炮制非常讲究，坚持用古法炮制，如饮片手工净选、切制、炒制、煨制、煅制以及药材传统九蒸九制等，制作中药精品饮片，用精雕细琢甚至近乎苛求的态度，体现着一个良心药企的工匠精神。

2016年，为了让更多的年轻人掌握古法炮制的精髓，桐君堂开设了古法炮制传承班。20多名在桐君堂工作表现优异的年轻人成为首批学员。学员们在班主任申屠银洪的带领下，在桐君老人像前点香烛，行叩拜礼。传承班分为4个小组，每组四五个学员，分别学习手工切制、手工炒制、手工蒸制、丸药制作。

熟地黄"九蒸九晒"的制备工艺。先将生地黄洗净泥沙后，按照一定比例加入黄酒等拌匀，装入容器中，封闭好。待生地黄将黄酒吸尽后，放入木笼中蒸制24小时，然后取出晒干、晾凉。第一蒸后，原来的生地黄的黄色菊花心开始变黑，再蒸一天，取出；再晒一天，如此反复，蒸晒9次，直至"黑如漆、亮如油、甜如蜜、香如怡"，方才大功告成。

(3) 创新发酵工艺，起草行业炮制标准

"工匠精神"不是因循守旧、故步自封，而是将传承与创新有机融合。桐君堂独有的发酵工艺，将传统的发酵工艺与新技术相融合，在降低毒性、提升疗效方面取得了重大突破，相继取得多项国家发明专利。

传统的发酵工艺，其发酵条件完全依赖于自然条件的变化，难以获得稳定的产品品质。桐君堂的发酵工艺，在恒温恒湿的GMP车间内进行，实现了菌种优化，同时避免了外界微生物、空气中有害物质的二次污染。桐君堂生产的桐君堂红曲、百药煎、淡豆豉、六神曲等发酵产品的质控标准，已经成为行业标准。

以经典发酵名药百药煎为例，桐君堂开发出一套快速的菌种筛选方法，从数以亿计的菌种中筛选出性状优良菌种，用于每批次产品的发酵。该菌种专利现已保藏于中国微生物菌种保护中心。根据百药煎发酵微生物生长和产物合成特点，精细控制其发酵温度、湿度等参数，确保产品品质。桐君堂还率先对百药煎中主要功效成分没食子酸进行规定，含量高达35%以上，使其含量明确化，桐君堂因之被确定为《浙江省中药炮制规范》2015版的炮制百药煎标准的唯一起草单位。

"阳光煎药房"是桐君堂的另一创新之举。在近7000平方米的桐君堂阳光煎药服务中心里，先进的煎药设备整齐划一，通过互联网、计算机技术接受电子处方，从生产前的原药材验收，药品炮制时的质量检验，到仓储运输中的有效监控，通过24小时实时动态视频监控，实现"阳光无死角",把好从车间到碗里的每一道质量关口。

桐君堂的中药饮片生产规模,堪称国内饮片企业内的佼佼者。桐君堂建有毒性药材生产线、口服饮片洁净生产线、发酵饮片生产线、普通饮片生产线,以及符合食品安全标准的养生产品生产线,年产值达6亿元。经中国品牌文化影响力专业测评机构的综合评定,2015年,桐君堂药业荣获"中国品牌文化影响力500强""中国品牌文化影响力(行业)十大用户满意品牌"称号。2016年,经中国中药协会中药饮片专委会评定,桐君堂"药祖桐君"牌百药煎荣获"第三届中国中药饮片诚信品牌"。

资料来源:章关春,杨志云.桐君堂:匠心打造精品国药[N].中国中医药报,2017-3-23(5).

【问题与启示】

(1)分析桐君堂打造精品中药饮片的关键要素。

(2)结合本案例,深入学习领悟中共中央、国务院印发的《关于促进中医药传承创新发展的意见》的主要内容。

3. 科技创新培育奇正消痛贴膏藏药优势大品种

【案例内容】

甘肃奇正实业集团有限公司创建于1993年,是以藏医药文化为基础,继承和创新为发展动力,涵盖中藏药、医疗、健康品、文化产业等多领域的集团化公司。"奇正"商标被认定为中国驰名商标。公司的核心产品"消痛贴膏"属国家保密处方,源于藏医经典验方,被列入《国家基本医疗保险药品目录》《国家基本药物目录》。主要功能为活血化瘀,消肿止痛。消痛贴膏研发及产业化成功地探索出一条藏药现代化之路,为传统药物开发,发挥了良好的示范和带动作用。

(1)全方位开展科技创新研究

深入开展安全性研究。外用贴膏的皮肤安全性问题一直是关注的焦点。从2007年开始,公司在对产品进行系统的毒性试验、皮刺刺激、过敏试验研究的基础上,深入探究外用药不良反应的机理,结合透皮专家、皮肤病学专家和骨科临床专家的智慧,公司先后开展了几十项基础和临床研究,并探索消痛贴膏的皮肤不良反应的发生原因,并找到了减小不良反应的解决方案,2014年经国家药品监管部门批准重新修改了产品说明书。

持续开展临床再评价研究。通过消痛贴膏对不同适应证的治疗效果、不同程度疼痛的治疗作用、不同用药方法等方面进行随机对照研究和真实世界研究相结合的临床研究模式,逐步确定出消痛贴膏的最有效适应证、最显著的治疗特点,为指导临床合理用药提供依据。消痛贴膏完成了第一个传统外用膏贴剂的多中心随机双盲安慰剂对照试验,研究发现,消痛贴膏对于中重度的疼痛尤其效果显著,对于退行性病变的慢性炎性疼痛和扭挫伤急性疼痛效果尤佳;对运动损伤人群的研究还发现,消痛贴膏不仅可以改善运动损伤的疼痛,还可以促进损伤肌肉功能的恢复。

率先开展药物经济学研究。甘肃奇正实业集团有限公司率先在国内开展大样本的外用药药物经济学研究,成果发表在《中国药物经济学》杂志上。药物经济学研究对于合理配置医疗资源具有重要的意义,已经成为医生合理用药和医院购进药品的重要参考依据。

积极开展资源可持续性研究。消痛贴膏原料藏药材棘豆的野生半抚育技术研究。通过对棘豆的适生区域调查,确定棘豆的野生半抚育区域,开展种子采集和种苗移栽,建立野生半抚育技术的试验基地,建立优质种质资源圃,布设野生抚育田间试验,提升对原料药材的资源和质量控制水平。

大力开展质量标准提升与生产设备创新研究。建立以化学组分分析和生物效价测定为核心的独一味、镰形棘豆药材及制剂质量评控方法，通过对核心原料药材棘豆等的质量标准研究，最终建立消痛贴膏的特征图谱，作为企业的内控标准，提升成品的质量控制水平。通过自主设计，创新研发全自动湿敷贴生产设备，获授权专利6项，其中"消痛贴膏制造技术集成创新与产业化"获得首届中国民族医药学会科技进步一等奖。

（2）科技创新成果丰硕

消痛贴膏是集藏药验方与现代科技于一体的代表性品种，2002年，"消痛贴膏产品创新及产业化"科技成果获国家科技进步二等奖，拥有22项专利技术。截至2019年，消痛贴膏的研究论文已经发表200余篇，其中SCI论文2篇。2018年荣登中华中医药学会中药大品种科技竞争力民族药排行榜第二名。消痛贴膏先后被中华医学会疼痛学会《下腰痛疼痛专家共识》《退行性膝骨关节病诊疗中国疼痛科专家共识》、中国中药协会《中成药膝骨关节炎临床指南》、中华中医药学会《奇正消痛贴膏临床应用专家共识》、中国民族医药学会《少数民族药临床用药指南》收录，其临床价值及治疗优势被中西医临床专家共同认可。消痛贴膏研发及产业化成功地探索出一条藏药现代化之路，为传统药物开发发挥了良好的示范和带动作用。

（3）科技支撑学术营销

疼痛被认为是"人类第五大生命指征"，也是影响现代人健康生活的主要因素。该公司长期致力于疼痛一体化解决方案的研究和推广，通过对消痛贴膏临床评价研究，进一步明确了消痛贴膏循证医学证据和药物经济学特点，为学术推广奠定了科学基础。该公司通过整合学术营销、品牌营销、文化营销、质量营销等现代营销策略，传播"预防-治疗-康复"的疼痛规范化管理理念，全面提升了奇正消痛品牌的知名度和影响力。由于奇正消痛贴膏具有疗效显著、起效快速、安全性好、性价比高等突出优势，产品深受市场欢迎。2019年，奇正消痛贴膏单品种销售收入突破10亿元；2022年，奇正消痛贴膏单品种销售收入超过15亿元，稳居民族药第一品牌。

资料来源：本案例基础资料由甘肃奇正实业集团有限公司提供。

【问题与启示】

（1）分析奇正消痛贴膏藏药优势大品种的培育路径。

（2）分析科技创新支撑中成药优势大品种的关键作用。

二、思考题

1. 简述中药的特色和优势。
2. 简述中药保护品种的等级划分。
3. 简述二、三级保护野生药材物种的管理措施。
4. 论述实施中药材GAP的重要意义及中药材GAP主要特征。
5. 简述中药材和中药饮片营销的特点。
6. 中药材和中药饮片营销策略包括哪些？

课件　　　　视频讲解

第八章

药品经营环境分析

医药企业总是在一定的环境条件下开展经营活动。环境的不断变化给医药企业创造了新的市场机会，也给医药企业带来了威胁与挑战。市场环境（marketing environment）对医药企业的生存和发展是十分重要的。企业必须切实重视对药品经营环境的分析和研究，制订适应市场环境的经营战略和策略，趋利避害，扬长避短，以实现企业的市场营销目标。通过本章学习，掌握有关药品经营宏观环境和微观环境的主要内容及药品经营环境对企业决策的影响；熟悉药品经营环境分析方法；了解药品经营环境的特点。

第一节 药品经营环境概述

一、药品经营环境的概念及特点

（一）药品经营环境的概念

药品经营环境指与药品经营活动和药品经营企业生存和发展相关的所有内、外部客观因素的总和。医药企业的一切活动都必须适应内、外环境的变化，企业才能快速发展。具体来讲，药品经营环境是指能够影响医药企业经营战略与策略的各种因素和力量。

（二）药品经营环境的特点

药品经营环境较为复杂，具有以下特点。

1. 客观性

药品经营环境是客观存在的，是不以企业意志为转移的，有一定的运行规律和发展趋势。医药企业必须科学分析，积极面对，主动适应，及时准确制订市场经营计划并依据环境变化不断调整，才能使企业立于不败之地。例如，2018年底，我国从国家层面组织开展药品集中带量采购和使用试点工作，改革从北京、上海、天津等11个城市开始（简称"4+7"）扩展到全国，至2022年底已开展七批集中带量采购。药品集中带量采购改革取得了突破性成效，群众负担大为减轻，行业生态得到改善，并助力公立医疗机构改革，提升了药品价格治理现代化水平。同时，药品集中带量采购也对药品经营带来了广泛而深刻的影响。制药企业必须认真研究药品集中带量采购对行业的影响，并及时调整企业经营思路。

2. 动态性

药品经营环境随着时间的推移和社会经济的发展不断变化，是一个动态系统。国家医药政策、医药科技水平、人民的生活水平、消费者的健康观念等都在变化，医药企业需要根据具体的环境来分析，以动态的经营方案应对动态的环境变化。例如，我国医药消费者的消费倾向正在从以治疗为目的，向以治疗、预防、养生、保健等综合追求转变，消费者的消费心理正趋于成熟，这无疑对医药企业的经营行为产生最直接的影响。医药企业要不断地修正和调整自己的经营策略，使企业的市场经营活动主动适应环境的变化，否则将会丧失市场机会。

3. 差异性

不同国家和地区的医药政策、经济社会发展水平、文化风俗等都不尽相同，药品经营环境存在差异性。医药企业在制订经营方案时，要根据具体情况分析。例如，我国的中医药和民族医药，在使用和消费方面存在明显的地域性和文化习俗差异。

4. 关联性

药品经营环境是一个系统。在这个系统中，各个因素都不是孤立的，而是相互渗透、相互制约、相互联系、相互依赖、彼此影响的，其中一个因素的变化，会引起其他几个因素相互变化，形成新的药品经营环境。如经济因素不能脱离政治因素而单独存在。

5. 不可控性

药品经营环境系统复杂多变，其客观性决定了它的不可控性，医药企业只能适应和利用它。药品经营环境对企业有积极的影响，也有消极的影响，医药企业要发挥能动性，趋利避害，调整经营战略和策略，更好地适应环境。例如，2020年初，随着新冠疫情大面积暴发流行，金银花、连翘、柴胡、板蓝根等中药材价格大幅攀升，中药制药企业开始通过建立自己的药源基地来适应这种环境。

二、药品经营环境的分类

药品经营环境是一个复杂的系统工程。一般分为宏观环境和微观环境两个方面。

（一）药品经营宏观环境

药品经营宏观环境指能够对企业构成市场机会和环境威胁、能够影响公司运营和绩效的自然及社会力量的总和，主要包括人口环境、经济环境、自然环境、科技环境、政治和法律环境以及社会和文化环境。宏观环境是医药企业不可控制的因素，企业要科学严谨地调查研究，把不利因素转变为有利条件。医药企业对外部环境要顺应和利用。

（二）药品经营微观环境

药品经营微观环境指与企业紧密相联、直接影响企业经营能力的各种参与者，主要包括企业本身、供应商、市场营销中介、顾客、竞争者以及社会公众。微观环境是影响医药企业和在一定程度上可以改变、转化的因素，医药企业可以通过强化内部管理、建立战略同盟、供应链管理、公共关系管理等方法营造有利于企业发展的微观环境。

三、研究药品经营环境的意义和方法

（一）研究药品经营环境的意义

药品企业的一切经营活动都离不开药品经营环境。药品企业要在激烈的市场竞争中立于不败之地，就必须对药品经营环境做出正确的分析、判断和适应。

1. 研究药品经营环境是企业把握市场机会的需要

药品经营环境的变化最终都会集中地反映在药品市场的需求与供给的关系上。药品企业只有认真分析并掌握经营环境与药品市场供求情况，才能发现和把握药品市场机会，选择正确的目标市场，进行准确的市场定位，采取适当的经营策略。

2. 研究药品经营环境是企业制订经营战略的需要

药品企业的生产经营活动离不开经济社会环境，社会生产力水平、医药政策调整、医药科技的变化趋势、企业管理机制等都会直接或间接地影响着药品企业的战略方向。药品企业制订经营战略和计划，首先要认真调查与分析经营环境，抓住一切有利机会，避开可能的障碍，动态地适应社会经济变化的要求，实现企业生存与发展的目标。

3. 研究药品经营环境是企业制订营销策略的需要

药品的营销策略从本质上讲只能适应和服务于内、外部环境的变化。企业要扬长避短，充分发挥优势，整合内、外部营销资源，构建现代供应链体系，制订与企业资源以及外部环境相适应的营销策略，从而在竞争中取胜。

（二）药品经营环境研究的方法

药品经营环境的分析通常都采用定性分析的方法。常用的分析方法包括专家分析法、机会-威胁对比分析法、组织内部环境分析法及竞争环境分析法。

1. 专家分析法

本方法主要依靠专家的知识和经验，采用专家咨询、座谈会等方法，获得正确的环境分析结果。对专家的选择是专家分析法的关键，是有效开展专家分析的前提。专家的学识、阅历、实践经验以及对特定环境的敏感性和完整的市场信息是其分析咨询的基础。常见的具体方法有个别专家访谈法、专家会议法和德尔菲法等。

2. 机会-威胁对比分析法

本方法是由企业内部经过训练的市场研究人员完成，再传递给决策部门作为决策的依据。研究人员经过广泛的市场调查之后，对收集的数据进行统计分析，依次将通过调查获得的各种市场影响因素的结果，按照一定的规则予以评分，然后编制机会-威胁程度分析表和绘制机会-威胁坐标图。

3. 组织内部环境分析法

本方法主要是分析企业组织内资源、能力和文化状况，包括组织资源分析、组织能力分析、组织文化分析。组织资源分析主要包括对人力资源、财务资源、技术资源、市场资源的分析评价；组织能力分析是对企业的核心竞争能力的评价，主要包括资源能力、生产能力、营销能力、研发能力等评估；组织文化分析主要包括组织文化的内涵、组织文化的结构层次和组织的价值观等分析。

4. 竞争环境分析法

企业竞争环境威胁指任何可能导致企业绩效下降的外部组织或团体。本方法采用迈克尔·波特教授提出的行业结构分析模型，即"五力"模型。它指出了医药企业在竞争环境中面临的五种最常见的威胁，可作为医药企业环境分析的判断与决策依据（图8-1）。

这里所说的"五力"指行业现有的竞争状况、替代产

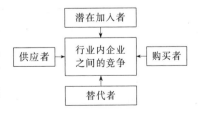

图 8-1 行业竞争的五种基本力量

品的威胁、新进入者的威胁、供应商的议价能力、客户的议价能力。其中，行业内竞争状况包括行业发展阶段、行业的集中程度、产品的差异性、剩余生产能力和退出障碍；替代产品的威胁包括买方对替代产品的态度、替代产品的性价比；新进入者的威胁包括规模经济、资本需求、绝对成本优势、产品差异、分销渠道、政府政策和法律、应对竞争的策略；供应商的议价能力和客户的议价能力包括买卖双方规模的相对大小和集中度、购买者信息的完全程度、产品差异化的程度、产业链纵向一体化的程度。对这五种力量综合加以考虑，医药企业可以判断产业中的整体威胁水平，并借此估计产业中企业的一般绩效。

第二节 药品经营宏观环境分析

药品经营宏观环境指能够对医药企业构成市场机会和环境威胁、能够影响企业运营和绩效的自然及社会力量的总和，主要包括人口环境、经济环境、自然环境、科技环境、政治和法律环境以及社会和文化环境。

一、人口环境

人口是构成药品市场的核心要素。人口的数量直接决定药品市场的潜在容量，人口越多，药品市场规模就越大。人口的年龄结构、地理分布、婚姻状况、出生率、发病率、死亡率、人口密度、人口流动性及文化教育等人口特征，会对药品市场格局产生深刻影响，并直接影响医药企业的市场经营战略和策略。医药企业必须重视对人口环境的研究，密切注视人口特性及其发展趋势，适时调整对策以适应人口环境的发展变化。

（一）人口数量与增长速度

人口作为经济社会发展基础的要素，既是消费的主体，又是生产的主体，通过需求侧、供给侧共同作用于经济社会发展。人口数量是影响基本生活资料需求的一个决定性因素。

截至2022年末，我国人口数量达141175万，是世界人口最多的发展中国家，众多的人口给药品企业带来了市场机会。人口越多，对药品的需求也越高，药品市场容量也就越大。而近些年我国新出生人口规模一直呈下降趋势。国家统计局的数据显示，2022年我国全年出生人口956万人，人口出生率为6.77‰；死亡人口1041万人，人口死亡率为7.37‰；人口自然增长率为-0.60‰。对比2021年数据，2022年我国少出生106万人。从2016年到2022年看，我国每年新出生人口分别为1883万人、1765万人、1523万人、1465万人、1200万人、1062万人和956万人。出生人数和生育率都出现了大幅下滑。

综合来看，短期内，人口负增长对经济影响是温和的；但长远看，人口负增长对经济增长会产生冲击，对经济系统的抗风险能力产生影响，这需要有足够的技术进步、人力资本积累和劳动生产效率提升来应对不利影响。

（二）人口结构

人口结构包括自然构成和社会构成。人口自然构成包括性别比例、年龄结构等；人口社会构成包括民族构成、教育程度、职业构成等。我国在人口结构方面显著的特点是人口老龄化，而且人口老龄化的速度大大高于西方发达国家。国际上一般把65岁以上老人超过社会总人口7%的社会叫做老龄化社会。2023年1月17日，国家统计局公布的人口数据显示，

2022年末，我国65岁及以上人口20978万人，占全国人口的14.9%，65岁及以上人口占全国人口的比例较上年末提高0.7个百分点，显示人口老龄化程度进一步提高，我国已经成为较为典型的老龄化社会。老龄化人口数量的增加，使得药品市场需求结构出现新的变化，老年人用品（如医药保健用品、营养用品）的需求不断增加。

（三）人口地理分布及区间流动

人口地理分布指人口在不同地区的密集程度。药品市场消费需求与人口的地理分布密切相关，一方面人口密度不同，不同的地区药品市场需求量存在差异；另一方面不同地区居民对药品的购买习惯和购买行为也存在差异。此外，城乡居民的药品消费偏好也有很大的差异。2023年1月17日，国家统计局公布的人口数据显示，2022年末，我国人口结构从城乡构成看，城镇常住人口92071万人，比上年末增加646万人；乡村常住人口49104万人，比上年末减少731万人；城镇人口占全国人口比重（城镇化率）为65.22%，比上年末提高0.50个百分点。人口的区间流动也是人口地理分布的显著特点，主要表现为农村人口向城市流动；经商、观光旅游、学习等人口流动加速。城镇化发展加速和城镇化水平提高将扩大药品市场需求，医药企业要高度关注并快速适应城镇化发展新形势。

（四）家庭规模

家庭是药品购买、消费的基本单位。家庭规模包括家庭数量和家庭的人口数（即家庭结构）。无论是家庭数量还是家庭结构都将对药品经营活动产生重大的影响。首先，家庭的数量直接影响到药品市场需求量。其次，家庭结构将直接影响药品消费形态。我国家庭结构变化的主要特征是向小型化发展。在过去很长一段时间内，尤其是在广大农村地区，由于受传统文化习惯的影响和经济发展水平的制约，人们倾向于组成大家庭共同生活。随着我国社会的发展和人民生活水平的提高，现在农村家庭也向小型化发展。在家庭结构小型化的同时，家庭的特征也有一定的变化，即城市中独生子女家庭、丁克家庭、单亲家庭、单身户增加，这些变化都将对药品经营活动产生影响。

（五）人口健康状况

过去，我国传染病和寄生虫病在人群死因中排首位，目前已下降为第九位。从20世纪80年代开始，全国实施了儿童免疫计划。到2000年，全国基本消灭脊髓灰质炎。通过采取以食盐加碘为主的综合性防治措施，碘缺乏症得到了有效控制。大骨节病、克山病的发病人数也在逐年减少。但是，我国仍然存在一些令人担忧的人口健康问题：传染性疾病控制难度加大，包括艾滋病、结核病、肝炎等各类传染病仍然是危害我国国民健康的几大"杀手"；随着人民生活水平的继续提高，患高脂血症、糖尿病、高血压、冠心病等非传染性疾病的人口数量急剧上升。人口疾病谱的变化将直接影响药品结构和企业经营策略。

二、经济环境

对医药企业而言，主要的经济环境因素就是购买力水平，但是购买力水平是一个综合性指标，它是消费者收入水平、消费支出规模和消费结构、消费者储蓄和信贷情况、经济发展水平、经济体制、地区与行业发展状况、城市化程度等一系列经济变量的函数。经济环境的特点及其变化必然会影响医药企业活动的方向、内容以及市场经营方式的选择。下面重点分析主要经济因素。

（一）消费者收入水平的变化

收入因素是构成药品市场的重要因素。药品市场规模的大小取决于消费者的购买力大小，而消费者的购买力取决于其收入的多少。消费者的购买力来自其收入，但消费者并不是把全部收入都用来购买商品，购买力只是收入的一部分。在研究消费者的收入时，应注意以下几点。

1. 国民生产总值

它是衡量一个国家经济实力与购买力的重要指标。从国民生产总值的增长幅度，可以了解一个国家的发展状况和速度。一般来讲，一个国家的国民生产总值增长越快，国家对医药卫生的投入就越大，国民的购买力也就越大。

2. 人均国民收入

这是用国民收入总量除以总人口的比值。这个指标大体能够反映一个国家人民生活水平的高低，也在一定程度上决定商品需求的构成。

3. 个人可支配收入

这是指个人收入中扣除消费者个人缴纳的各种税款和交给政府的非商业性开支后剩余的部分，是可以用于消费支出或储蓄的个人收入，它是实际的购买力。

4. 个人可任意支配收入

这是在个人可支配收入中减去用于维持个人家庭生存必不可少的费用（如房租、水电、食物、燃料、衣着等各项开支）后的剩余部分。这部分收入是消费者需求变化中最活跃的因素。

（二）消费者支出模式和消费结构的变化

1. 消费者支出模式

这与消费者收入有关，随着消费者收入的变化，消费者支出模式会发生相应的变化。经济学家常用恩格尔系数来反映这种变化。食物开支占总消费量的比重越大，恩格尔系数越大，人们的生活水平越低；反之，食物开支所占比重越小，恩格尔系数越小，人们的生活水平越高。除消费者收入外，消费者的支出模式还受到下面两个因素的影响。

（1）家庭生命周期的阶段影响。据调查，没有孩子的年轻人家庭，往往把更多的收入用于购买耐用消费品。有孩子的家庭，则在孩子的娱乐、教育等方面支出较多，而用于购买家庭消费品的支出减少。当孩子长大独立生活后，用于医药保健、旅游、储蓄部分就会增加。

（2）家庭所在地点的影响。住在农村与住在城市的消费者、住在南方与住在北方的消费者，他们的消费支出模式都不尽相同。

2. 消费结构

指消费过程中人们所消费的各种消费资料的构成，即各种消费支出占总支出的比例关系。改革开放以来，我国消费者支出结构发生了很大的变化。随着家庭收入的增加，用于食品的开支占收入的百分比下降，用于住房、教育、旅游、保健等方面的开支占收入的百分比上升。

（三）消费者储蓄和信贷情况的变化

消费者的购买力还要受储蓄和信贷的直接影响。当收入一定时，储蓄越多，现实消费量就越小，但潜在消费量愈大；反之，储蓄越少，现实消费量就越大，但潜在消费量就愈小。

消费者信贷实际上就是消费者提前支取未来的收入，提前消费。信贷消费允许人们购买超过自己现实购买力的商品，从而创造更多的就业机会和更大的市场需求；同时，消费者信贷还是一种经济杠杆，它可以调节积累与消费、供给和需求的矛盾。我国现阶段的信贷消费主要在教育、住房等方面。

三、自然环境

（一）自然资源

自然资源状况直接影响药品企业特别是中药制药企业选址和原材料采购。中药资源的获取对中药制药企业至关重要，据2001年普查资料，我们国家共有12807种中药材，其中动物药有1581种，植物药有11146种，矿物药80种；2011—2020年，国家中医药管理局组织开展了第四次全国中药资源普查，发现新物种79种，其中60%以上的物种具有潜在的药用价值。我国常用的中药有500~600种，其中75%来自野生药材资源。由于中药需求日渐增加，平均每年都会有20%的天然药材短缺。过度无序的开采导致中药材资源紧缺，中药资源产地大面积植被被毁，导致生态环境日益恶化，野生药材资源逐年减少，许多珍稀道地药材物种濒危灭绝，物种和生态系统正在面临退化、消失等威胁。中药制药企业应该树立科学发展观，合理保护和利用中药资源，同时运用中药生物技术开发新型绿色替代品。

（二）地理环境

一个国家或地区的气候、地形和地貌，这些地理特征是医药企业必须考虑的环境因素。我国地域辽阔，地理环境差别较大。例如，云南、贵州、四川三省多山，道路崎岖，交通运输条件、基础设施相对薄弱，企业运输药品的成本较其他平原地区高。我国经济发展不平衡，沿海的东部地区城镇化率和经济发展水平高于中西部地区，药品市场份额大。

四、科技环境

（一）科技对药品行业发展的影响

科技对药品行业的影响主要体现在新技术、新工艺等的应用上，如青霉素、链霉素、胰岛素等药品的诞生。每一种新技术也是一种"创造性破坏因素"，会给某些企业造成环境威胁，甚至会淘汰一批企业，药品企业的管理层应该对企业的技术环境保持着高度的敏感性，及时采用新技术，实现产品升级换代。生物工程科学和技术在药品领域获得应用并已成为未来药品行业超前发展的强大技术支撑。

（二）科技对药品营销模式的影响

数字化、网络化、智能化的信息技术改变了传统实体店购物方式，伴随医药电子商务的兴起，给药品生产企业提供了一个新的销售渠道，帮助企业扩大市场影响力和销售规模。同时，医药电子商务又对企业的传统经营模式提出了严峻的挑战，医药企业要认真面对，主动应对。在国家大力鼓励"互联网+药品流通"的背景下，我国药品网络营销规模呈高速增长趋势，据有关数据报告，在2014—2019六年内我国医药电商市场规模从76.3亿元增至964.3亿元，增长率高达1163.8%，另据米内网的数据，我国实体零售药店同期增长率仅为34.6%，增长速度远低于网络销售药店。

当今世界，科学技术发展迅猛，新产品不断涌现，产品生命周期明显缩短，产品更新换代成为企业的新命题。而电子商务和物流配送将成为企业未来主要的经营方式，药品生产企业与药品流通企业间的原有关系发生重大变化,药品交易方式和流通方式将向更加现代化方向发展。药品经营渠道模式的改变,直接促使企业价格策略随之改变。

五、政治和法律环境

医药企业总是在一定政治、法律环境下运行的,政治和法律是影响医药企业经营活动的重要宏观环境因素。政治因素像是一只无形之手,调节着企业经营活动的方向,法律则为企业经营活动规定行为准则。政治与法律相互联系,共同对药品经营产生影响和作用。

(一)政治环境

政治是建立在一定经济基础上的统治阶级意志的集中体现,主要表现为国家的政体、政党制度、政府的方针、政策和政治局势等所构成的环境。政治环境对医药企业经营活动的影响主要表现为国家所制订的方针政策,如人口政策、税收政策、货币政策、医药产业政策等都会对医药企业经营活动产生影响。医药企业应该根据国家的方针政策,相应地调整自己的经营战略和策略,预见政府的行动,争取政府的优惠条件,把握新政策带来的发展机遇,回避不利因素以取得生产经营的主动权。具体地讲,新医改方案、国家基本药物制度、药品集中招标采购规则、新型农村合作医疗政策(简称"新农合政策")、城市医保政策、药品降价等政策对药品经营会产生深刻的影响。

2022年10月16日,习近平总书记在中国共产党第二十次全国代表大会上的报告中提出,推进健康中国建设。人民健康是民族昌盛和国家强盛的重要标志。把保障人民健康放在优先发展的战略位置,完善人民健康促进政策。优化人口发展战略,建立生育支持政策体系,降低生育、养育、教育成本。实施积极应对人口老龄化国家战略,发展养老事业和养老产业,优化孤寡老人服务,推动实现全体老年人享有基本养老服务。深化医药卫生体制改革,促进医保、医疗、医药协同发展和治理。促进优质医疗资源扩容和区域均衡布局,坚持预防为主,加强重大慢性病健康管理,提高基层防病治病和健康管理能力。深化以公益性为导向的公立医院改革,规范民营医院发展。发展壮大医疗卫生队伍,把工作重点放在农村和社区。重视心理健康和精神卫生。促进中医药传承创新发展。创新医防协同、医防融合机制,健全公共卫生体系,提高重大疫情早发现能力,加强重大疫情防控救治体系和应急能力建设,有效遏制重大传染性疾病传播。深入开展健康中国行动和爱国卫生运动,倡导文明健康生活方式。

上述推进健康中国建设的系列政策措施的实施将全面而深远地影响我国的医药市场需求变化,医药企业要认真研读并深刻领会推进健康中国建设政策内涵,积极主动适应政策变化,在推进健康中国建设实践中抢抓市场机遇,做大做强企业。

(二)法律环境

法律环境主要是指国际法、国际惯例和国家立法机构颁布的各项法律、条例以及国家或地方政府、政府主管部门所发布的各项政策、规定等。它是医药企业经营活动的准则,医药企业只有依法经营,才能受到国家法律的有效保护。近年来,为适应经济体制改革和对外开放的需要,我国制定、修订和颁布了一系列与药品经营有关的法律、法规,如《药品管理法》《疫苗管理法》《中医药法》《专利法》《广告法》《价格法》《产品质量法》《反不正当竞争法》《商标法》等。医药法律、法规是国家及有关政府部门为推动医药行业发展而制订的行为规范与准则。医药企业要研究并熟悉法律环境,这样既能保证自身严格依法管理和经营，也可以运用法律手段保障自身的权益。

六、社会文化环境

社会文化指一个社会的民族特征、价值观念、生活方式、风俗习惯、伦理道德、教育水平、语言文字和社会结构等的总和。人类在某种社会中生活，必然会形成某种特定的文化。社会文化因素通过影响消费者的思想和行为来影响医药企业的市场经营活动。医药企业在从事药品经营活动时，应重视对社会文化的研究，并做出适宜的经营决策。

（一）价值观念

价值观念指人们在长期社会生活中形成的对各种事物的普遍态度和看法。价值观念是社会文化环境的核心，具有高度的连续性，不会轻易改变。不同的文化背景下，人们的价值观念差别很大。消费者对药品的需求和购买行为受其价值观念的影响。例如，中国人重人情、讲关系，这对医药企业市场经营产生广泛的影响，医药企业经营必须根据消费者不同的价值观念制订经营策略。

（二）教育水平

教育水平高低影响消费者心理与消费结构，影响医药企业经营战略和策略的选择。不同的文化修养表现出不同的审美观，购买医药产品时选择原则和方式也不同。一般来讲，教育水平高的地区，消费者选择医药产品更加趋于理性，容易接受新品种。医药企业制订药品经营策略时，应考虑当地的教育水平。

（三）风俗习惯

风俗习惯在饮食、服饰、居住、人际关系等方面，都表现出独特的心理特征、伦理道德、行为方式和生活习惯。不同的国家、不同的民族有不同的风俗习惯，它对消费者的消费偏好、消费模式、消费行为等具有重要影响。了解目标市场消费者的禁忌、习惯和避讳等是医药企业进行市场经营活动的重要前提。研究消费习俗，有利于医药企业的开展市场经营活动，也有利于引导消费者合理用药。

（四）宗教信仰

宗教是影响人们消费行为的重要因素之一，不同的宗教信仰有不同的文化倾向和戒律，从而影响人们的价值观念和行为准则、消费行为。特别是在一些信奉宗教的国家和地区，宗教信仰对药品经营的影响力更大。药品在这些国家或地区推出时，企业要充分了解不同地区、不同民族、不同消费者的宗教信仰以及习俗，提供适合的产品，制订适合的经营策略。否则，会触犯宗教禁忌，失去市场机会，甚至引发公关危机。

第三节 药品经营微观环境分析

药品经营微观环境指与药品经营活动直接联系的对药品经营活动产生一定影响的力量和因素，主要包括医药企业本身、供应商、市场营销中介、顾客、竞争者以及社会公众。医药企业要研究药品经营微观环境，更好地协调与这些相关群体的关系，促进企业市场经营目标的实现。

一、医药企业

现代医药企业开展市场经营活动，必须设立适合企业发展的市场经营部门。医药企业的经营工作需要经营部门各类专职人员通力合作，而更重要的是必须取得企业内部其他部门如高层管理、财务、研发、采购、生产等部门的协调一致的支持。企业的内部组织就形成了企业内部的微观环境。

企业内部环境可分为两个层次：第一层次是高层管理部门。经营部门必须在高层管理部门所规定的职权范围内作出决策，并且所制订的计划在实施前需取得高层领导的批准。第二层次是企业的其他职能部门。企业经营部门的业务活动是和其他的业务活动息息相关的。经营部门在制订和执行经营计划的过程中，必须与企业的其他职能部门相互配合，协调一致，才能取得预期的效果。

二、供应商

供应商是影响医药企业经营直接环境的重要因素之一。供应商指向医药企业及其竞争者提供生产经营活动所需资源的企业或个人。供应商所提供的资源主要包括原材料、辅助材料、包装材料、设备、能源、劳务和资金等。资源供应者对医药企业经营活动的影响主要体现在以下三个方面：其一，供应资源的质量水平将直接影响药品的质量；其二，资源供应的价格变动趋势将直接影响药品的成本；其三，资源供应的稳定性与及时性将直接影响药品的销售量和交货期。医药企业要实施供应商管理，通过资源整合，建立现代供应链，提高企业的竞争力。医药企业在寻找和选择供应商时，应充分考虑供应商的资金、信用等状况，并且要与主要供应商建立长期稳定的合作关系，保证企业生产资源供应的稳定性。医药企业选择供应商时，可以通过招标等形式进行采购，同类资源的供应商至少保持在两家以上，以免当企业与供应商的关系发生变化时，使企业资源供应链断裂。

三、市场营销中介

市场营销中介指为医药企业营销活动提供各种服务的企业或部门的总称。市场营销中介对医药企业营销产生直接的、重要的影响。市场营销中介的主要功能是协助医药企业营销药品，它是医药企业市场营销不可缺少的中间环节。药品营销中介主要包括医药中间商、药品配送企业、营销服务机构、金融机构等。

（一）医药中间商

医药中间商作为生产商与终端消费者间的桥梁，完成药品从生产领域向消费领域的转移。医药中间商可以垫付部分资金帮助生产商完成物流等职能，从而降低生产商的成本；医药中间商可以代替生产企业完成部分营销工作，如促销及售后服务等，为生产企业节省人力、物力、财力；医药中间商能够接触到终端市场，是企业市场信息的主要来源；医药中间商可以利用自身的分销网络，使企业的药品快速进入新市场。药品是特殊产品，医药中间商主要包括药品批发企业、药品零售企业等，他们必须取得药品经营许可证才能从事药品经营。医药企业要选择适合自己营销的中间商，并采取一些措施管理和激励中间商，与中间商建立良好的合作关系。

（二）药品配送企业

药品配送企业主要包括药品仓储企业和运输企业，主要职能包括仓储、运输、装卸、库存控制等要素。药品的特殊性决定了药品配送企业的业务必须符合 GSP 要求，要满足药品储运过程的质量要求。例如，生物制品要全程冷链运输。医药企业要结合自身药品的特点，综合考虑各方面因素，选择最适宜的药品配送企业，在保证药品储运质量的前提下，提高效率，降低成本。

（三）营销服务机构

营销服务机构主要包括市场调研机构、营销策划咨询机构、公关公司、广告公司等。营销服务机构提供的专业服务是医药企业经营活动不可缺少的，它们的主要任务是协助医药企业确定市场定位，进行市场推广，提供专业咨询等。医药企业在选择营销服务机构时，需对他们所提供的服务质量进行评估，比较各服务机构的服务特色、价格，选择最适合自己的合作伙伴。

（四）金融机构

金融机构包括银行、信托企业、保险企业等。金融机构的主要功能是为医药企业经营活动提供融资及保险服务。医药企业的信贷来源、银行的贷款利率、医药保险企业的保费变动都会对医药企业市场营销活动产生一定的影响。医药企业必须与金融机构建立密切的良好的长期合作关系，以保证融资及信贷业务的稳定和医药企业资金运转的畅通，为医药企业的经营活动提供资金保障。

四、竞争者

任何企业不可能独占市场，都会面对各种竞争者。医药企业要成功，必须在满足消费者需要和欲望方面比竞争对手做得更好。竞争者是影响企业经营活动的一种重要力量。医药企业必须加强对竞争者的研究，了解对企业形成威胁的主要竞争对手的经营战略和策略，扬长避短，以获取竞争优势。

五、顾客

顾客是医药企业的经营活动的中心和服务的对象，顾客因素是药品经营最重要的微观环境因素。广义的顾客市场一般包括消费者市场、生产者市场、中间商市场、政府市场和国际市场，如图 8-2 所示。

图 8-2 医药企业顾客市场

对药品市场而言，医药消费者是顾客市场的主体，任何医药企业的药品，只有得到了消费者的认可，才能赢得药品市场，满足消费者需要永远是药品市场经营管理的核心。消费者的需求是医药企业一切活动的出发点和归宿。因此，认真分析消费者需求的特点和变化趋势是医药企业市场经营工作的基础。

六、公众

公众指对医药企业实现目标具有实际或潜在影响的社会团体或个人。医药企业要妥善处理好与公众的关系，遵纪守法，诚信经营，树立良好的企业品牌形象，争取公众对企业的理解和支持。医药企业的公众主要包括以下几类。

（一）政府公众

政府公众主要指与医药企业经营活动有关的各级政府机构部门，如卫生部门、药品监督管理部门、医保部门、工商行政管理部门、物价部门、税务部门等机构。这些政府部门所制订的政策对医药企业的市场经营活动具有直接或潜在影响。医药企业必须要了解政府相关的政策状况以及未来的发展趋势，制订切实可行的经营方案。

（二）媒介公众

媒介公众主要指沟通联系医药企业与外界的传播媒体，主要包括报纸、杂志、网络、广播、电视等传媒。这些传媒有着广泛的社会联系，能直接影响社会对医药企业的认识和评价。医药企业要与这些媒体建立友好关系，发挥其积极作用。

（三）融资公众

融资公众主要指影响医药企业融资能力的各种金融组织和社会集团，主要包括银行、投资企业、证券企业、保险企业等。医药企业要提高自身信誉，协调、处理好与各种融资渠道的关系，实现多元化融资。

（四）群众团体

群众团体主要指与医药企业生产经营活动有关的非政府机构，主要包括消费者组织、环境保护组织、医药行业协会等。医药企业市场经营活动涉及社会各方面的利益，群众团体的意见、建议对企业的营销活动有重要的影响。

（五）地方公众

地方公众主要指医药企业周边社区的居民、团体、官员等。社区是企业的邻里，社区居民良好的口碑能帮助医药企业在社会上树立良好的品牌形象。医药企业要与社区保持良好的关系，为社区的发展做出一定的社会贡献。例如，医药企业如果处理不好对周边环境污染的问题，社区居民的不满意就会对企业产生负面影响。

（六）内部公众

内部公众主要指医药企业内部全体员工，包括企业内部股东、董事会董事、经理层、各部门员工等。企业内部公众良好的态度会影响企业外部的公众，也是塑造企业品牌形象的有效途径之一。企业的经营活动也离不开内部公众的配合，医药企业要处理好与广大员工的关系，调动他们的积极性、主动性和创造性，让他们主动参与和支持企业的市场经营工作。

综上所述，公众对医药企业的态度对其市场经营活动有重要的影响，企业要处理好与公众的关系，争取公众的理解和支持，为企业的市场经营工作营造和谐的环境。

第四节 国家医药政策变化对药品经营的影响

近年来,我国在医药卫生领域推进了一系列卓有成效的改革措施,发布了一系列政策文件,使得医药卫生领域的政策环境发生了深刻的变化,对药品经营产生了深远的影响。

一、主要政策概述

2017年1月24日,国务院办公厅印发《关于进一步改革完善药品生产流通使用政策的若干意见》(国办发〔2017〕13号),提出了一系列完善药品生产、流通、使用领域政策的具体措施。

2019年1月1日,国务院办公厅印发《关于国家组织药品集中采购和使用试点方案的通知》(国办发〔2019〕2号),明确了国家组织药品集中采购的总体思路:"国家组织、联盟采购、平台操作"。

2019年11月29日,国务院深化医药卫生体制改革领导小组印发《关于以药品集中采购和使用为突破口进一步深化医药卫生体制改革若干政策措施的通知》(国医改发〔2019〕3号)明确提出:在总结评估全国范围推进国家组织药品集中采购和使用试点经验做法、进一步完善相关政策措施的基础上,坚持市场机制和政府作用相结合,形成以带量采购、招采合一、质量优先、确保用量、保证回款等为特点的国家组织药品集中采购模式并不断优化。

2021年1月,国务院办公厅印发《关于推动药品集中带量采购工作常态化、制度化开展的意见》(国办发〔2021〕2号)明确提出:坚持以人民为中心的发展思想,完善以市场为主导的药品价格形成机制,发挥医保基金战略性购买作用,推动药品集中带量采购工作常态化制度化开展,健全政府组织、联盟采购、平台操作的工作机制,加快形成全国统一开放的药品集中采购市场,引导药品价格回归合理水平,有力减轻群众用药负担,促进医药行业健康发展,推动公立医疗机构改革,更好保障人民群众病有所医。

上述政策是近年来我国在医药卫生领域改革探索的经验总结和最新成果的集中体现,其中与药品经营相关的主要内容如下:

(一)提高药品质量疗效,促进医药产业结构调整

1. 严格药品上市审评审批

新药审评突出临床价值。仿制药审评严格按照与原研药质量和疗效一致的原则进行。加强临床试验数据核查,严惩数据造假行为。全面公开药品审评审批信息,强化社会监督。

2. 加快推进已上市仿制药质量和疗效一致性评价

对通过一致性评价的药品,及时向社会公布相关信息,并将其纳入与原研药可相互替代药品目录。同品种药品通过一致性评价的生产企业达到3家以上的,在药品集中采购等方面不再选用未通过一致性评价的品种;未超过3家的,优先采购和使用已通过一致性评价的品种。加快按通用名制订医保药品支付标准,尽快形成有利于通过一致性评价仿制药使用的激励机制。

3. 有序推进药品上市许可持有人制度试点

优先对批准上市的新药和通过一致性评价的药品试行上市许可持有人制度,鼓励新药研

发，促进新产品、新技术和已有产能对接。

4. 保障药品有效供应

健全短缺药品、低价药品监测预警和分级应对机制，建立完善短缺药品信息采集、报送、分析、会商制度，动态掌握重点企业生产情况，统筹采取定点生产、药品储备、应急生产、协商调剂等措施确保药品市场供应。采取注册承诺、药价谈判、集中采购、医保支付等综合措施，推动实现专利药品和已过专利期药品在我国上市销售价格不高于原产国或我国周边可比价格，并实施动态管理。

（二）整顿药品流通秩序，推进药品流通体制改革

1. 推动药品流通企业转型升级

打破医药产品市场分割、地方保护，推动药品流通企业跨地区、跨所有制兼并重组，培育大型现代药品流通骨干企业。鼓励中小型药品流通企业专业化经营，推动部分企业向分销配送模式转型。鼓励药品流通企业批发零售一体化经营。推进零售药店分级分类管理，提高零售连锁率。

2. 推行药品购销"两票制"

药品流通企业、医疗机构购销药品要建立信息完备的购销记录，做到票据、账目、货物、货款相一致，随货同行单与药品同行。企业销售药品应按规定开具发票和销售凭证。积极推行药品购销票据管理规范化、电子化。

3. 完善药品采购机制

落实药品分类采购政策，按照公开透明、公平竞争的原则，科学设置评审因素，进一步提高医疗机构在药品集中采购中的参与度。鼓励跨区域和专科医院联合采购。在全面推行医保支付方式改革或已制定医保药品支付标准的地区，允许公立医院在省级药品集中采购平台（省级公共资源交易平台）上联合带量、带预算采购。完善国家药品价格谈判机制，逐步扩大谈判品种范围，做好与医保等政策衔接。

4. 整治药品流通领域突出问题

严厉打击租借证照、虚假交易、伪造记录、非法渠道购销药品、商业贿赂、价格欺诈、价格垄断以及伪造、虚开发票等违法违规行为，依法严肃惩处违法违规企业和医疗机构，严肃追究相关负责人的责任；涉嫌犯罪的，及时移送司法机关处理。药品监管部门要加强对医药代表的管理，建立医药代表登记备案制度，备案信息及时公开。医药代表只能从事学术推广、技术咨询等活动，不得承担药品销售任务，其失信行为记入个人信用记录。

5. 强化价格信息监测

药品监管部门牵头启动建立药品出厂价格信息可追溯机制，建立统一的跨部门价格信息平台，做好与药品集中采购平台（公共资源交易平台）、医保支付审核平台的互联互通，加强与有关税务数据的共享。强化竞争不充分药品的出厂（口岸）价格、实际购销价格监测，对价格变动异常或与同品种价格差异过大的药品，要及时研究分析，必要时开展成本价格专项调查。

6. 推进"互联网＋药品流通"

引导"互联网＋药品流通"规范发展，支持药品流通企业与互联网企业加强合作，推进线上线下融合发展，培育新兴业态。规范零售药店互联网零售服务，推广"网订店取""网订店送"等新型配送方式。鼓励有条件的地区依托现有信息系统，开展药师网上处方审核、合理用药指导等药事服务。

（三）规范医疗和用药行为，改革调整利益驱动机制

1. 促进合理用药

优化调整基本药物目录。公立医院要全面配备、优先使用基本药物。国家卫生健康委员会要组织开展临床用药综合评价工作，探索将评价结果作为药品集中采购、制定临床用药指南的重要参考。扩大临床路径覆盖面。医疗机构要将药品采购使用情况作为院务公开的重要内容，每季度公开药品价格、用量、药占比等信息；落实处方点评、中医药辨证施治等规定，重点监控抗生素、辅助性药品、营养性药品的使用，对不合理用药的处方医生进行公示，并建立约谈制度。

2. 进一步破除以药补医机制

坚持医疗、医保、医药联动，统筹推进取消药品加成、调整医疗服务价格、鼓励到零售药店购药等改革，落实政府投入责任，加快建立公立医院补偿新机制。推进医药分开。医疗机构应按药品通用名开具处方，并主动向患者提供处方。门诊患者可以自主选择在医疗机构或零售药店购药，医疗机构不得限制门诊患者凭处方到零售药店购药。具备条件的可探索将门诊药房从医疗机构剥离。探索医疗机构处方信息、医保结算信息与药品零售消费信息互联互通、实时共享。各级卫生健康委员会等部门要结合实际，合理确定和量化区域医药费用增长幅度，并落实到医疗机构，严格控制医药费用不合理增长。将医药费用控制情况与公立医院财政补助、评先评优、绩效工资核定、院长评聘等挂钩，对达不到控费目标的医院，暂停其等级评审准入、新增床位审批和大型设备配备等资格，视情况核减或取消资金补助、项目安排，并追究医院院长相应的管理责任。

3. 强化医保规范行为和控制费用的作用

充分发挥各类医疗保险对医疗服务行为、医药费用的控制和监督制约作用，逐步将医保对医疗机构的监管延伸到对医务人员医疗服务行为的监管。探索建立医保定点医疗机构信用等级管理和黑名单管理制度。及时修订医保药品目录。加强医保基金预算管理，大力推进医保支付方式改革，全面推行以按病种付费为主，按人头付费、按床日付费等多种付费方式相结合的复合型付费方式，合理确定医保支付标准，促使医疗机构主动规范医疗行为、降低运行成本。

（四）发挥医保基金战略性购买作用，推动药品集中带量采购工作常态化、制度化

一是坚持需求导向，质量优先。根据临床用药需求，结合医保基金和患者承受能力，合理确定集中带量采购药品范围，保障药品质量和供应，满足人民群众基本医疗用药需求。二是坚持市场主导，促进竞争。建立公开透明的市场竞争机制，引导企业以成本和质量为基础开展公平竞争，完善市场发现价格的机制。三是坚持招采合一，量价挂钩。明确采购量，以量换价、确保使用，畅通采购、使用、结算等环节，有效治理药品回扣。四是坚持政策衔接，部门协同。完善药品质量监管、生产供应、流通配送、医疗服务、医保支付、市场监管等配套政策，加强部门联动，注重改革系统集成、协同高效，与药品集中带量采购制度相互支持、相互促进。

二、国家医药政策变化对药品经营的影响

上述政策明确规定了我国改革完善药品生产、流通、使用的系统化政策，其中与药品经

营密切相关的政策措施主要包括"两票制""取消药品加成""分级诊疗""药占比""医药控费""药品集中带量采购"等内容。

（一）"两票制"具体政策及其影响

1. "两票制"具体政策

2017年1月9日，国务院医疗改革办公室办等八部委正式发布《关于在公立医疗机构药品采购中推行"两票制"的实施意见（试行）》（国医改办发〔2016〕4号），明确提出在公立医疗机构药品采购中推行"两票制"是深化医药卫生体制改革、促进医药产业健康发展的重大举措，是规范药品流通秩序、压缩流通环节、降低虚高药价的重要抓手，是净化流通环境、打击"过票洗钱"、强化医药市场监督管理的有效手段，是保障城乡居民用药安全、维护人民健康的必然要求。公立医疗机构药品采购中逐步推行"两票制"，鼓励其他医疗机构药品采购中推行"两票制"。

2. "两票制"的界定

"两票制"是指药品生产企业到流通企业开一次发票，流通企业到医疗机构开一次发票。药品生产企业或科工贸一体化的集团型企业设立的仅销售本企业（集团）药品的全资或控股商业公司（全国仅限1家商业公司）、境外药品国内总代理（全国仅限1家国内总代理）可视同生产企业。药品流通集团型企业内部向全资（控股）子公司或全资（控股）子公司之间调拨药品可不视为一票，但最多允许开一次发票。

3. "两票制"的影响

推行"两票制"将会造成医药行业的大洗牌，药品从生产企业至多经过两家经营企业后就必须向医疗机构销售，导致中间大批量的经营企业的"产业链"因此断裂，同一层级的经营企业之间出现激烈的市场化竞争，药品商业企业的集中度将进一步提高，中小型医药流通企业将面临淘汰，大型医药流通企业将会变得更大。"挂靠""走票"等药品购销中的违法、违规行为将被严厉打击。国家实施"两票制"的主要目的在于降低虚高的药品价格。"两票制"短期影响更多表现的是药品流通企业和药品生产企业的利润降低，长期影响在于整个产业链利润分布格局的改变。

（二）"取消药品加成"具体政策及其影响

1. "取消药品加成"具体政策

2017年4月25日，国务院办公厅发布的《深化医药卫生体制改革2017年重点工作任务》（国办发〔2017〕37号）明确提出，2017年9月底前全面推开公立医院综合改革，所有公立医院全部取消药品加成（中药饮片除外）。协调推进管理体制、医疗价格、人事薪酬、药品流通、医保支付方式等改革。逐步提高医疗服务收入在医院总收入中的比例。通过调整医疗服务价格、加大政府投入、改革支付方式、降低医院运行成本等，建立科学合理的补偿机制。

2. "取消药品加成"的影响

公立医院全部取消药品加成后，对药品市场经营的影响主要表现在三个方面：一是公立医院总体用药量减少，因为取消药品加成后药品不再给医院创造直接利润，辅助用药、营养用药的使用量会受到严格控制，甚至直接停止使用；二是医院门诊药房将逐步从医院分离变为社会药房，为医药分业奠定基础；三是社会药房将总体获益，特别是OTC药品的主渠道将转向零售药店。

(三)"分级诊疗"具体政策及其影响

1. "分级诊疗"具体政策

2015年9月8日,国务院办公厅发布的《国务院办公厅关于推进分级诊疗制度建设的指导意见》(国办发〔2015〕70号)明确提出,确定各级各类医疗机构诊疗服务功能定位。城市三级医院主要提供急危重症和疑难复杂疾病的诊疗服务。城市三级中医医院充分利用中医药技术方法和现代科学技术,提供急危重症和疑难复杂疾病的中医诊疗服务和中医优势病种的中医门诊诊疗服务。城市二级医院主要接收三级医院转诊的急性病恢复期患者、术后恢复期患者及危重症稳定期患者。县级医院主要提供县域内常见病、多发病诊疗,以及急危重症患者抢救和疑难复杂疾病向上转诊服务。基层医疗卫生机构和康复医院、护理院等为诊断明确、病情稳定的慢性病患者、康复期患者、老年病患者、晚期肿瘤患者等提供治疗、康复、护理服务。

2. "分级诊疗"的影响

建立分级诊疗制度,是合理配置医疗资源、促进基本医疗卫生服务均等化的重要举措,是深化医药卫生体制改革、建立中国特色基本医疗卫生制度的重要内容。分级诊疗制度对药品市场经营的影响主要表现在经营渠道建设方面,医药企业必须重视县级医院和基层医疗卫生机构的市场,必须实现药品经营渠道的渠道下沉。另外,医药企业在产品组合、价格定位和促销方式等方面也要充分考虑基层市场的消费能力和用药水平。

(四)"药占比"具体政策及其影响

1. "药占比"具体政策

2016年12月27日,国务院发布的《"十三五"深化医药卫生体制改革规划》明确提出,通过规范诊疗行为、医保控费等降低药品、耗材等费用,严格控制不合理检查检验费用,为调整医疗服务价格腾出空间,并与医疗控费、薪酬制度、医保支付、分级诊疗等措施相衔接。力争到2017年试点城市公立医院药占比(不含中药饮片)总体降到30%左右,百元医疗收入(不含药品收入)中消耗的卫生材料降到20元以下。

2. "药占比"的影响

目前,公立医院药占比(不含中药饮片)基本在40%以上,如果将药占比降低至30%左右,公立医院药品消费总量要减少10%。"药占比"对医药市场的影响主要是对整体市场需求量的控制,受影响大的药品重点是辅助用药、营养用药和部分中成药。

(五)"医保控费"具体政策及其影响

1. "医保控费"具体政策

2017年6月28日,国务院办公厅发布的《国务院办公厅关于进一步深化基本医疗保险支付方式改革的指导意见》(国办发〔2017〕55号)明确提出,进一步加强医保基金预算管理,大力推进医保支付方式改革,全面推行以按病种付费为主,按人头付费、按床日付费等多种付费方式相结合的复合型付费方式,合理确定医保支付标准,将药品耗材、检查化验等由医疗机构收入变为成本,促使医疗机构主动规范医疗行为、降低运行成本。

2. "医保控费"的影响

医保控费的主要目的在于规范医疗机构医疗行为,降低运行成本,其中控制医疗机构的不合理用药是重点内容。推行以按病种付费为主,按人头付费、按床日付费等多种付费方式相结合的复合型付费方式,能够有效控制不合理用药的行为,有利于临床用药规范化、合理化、建立规范、科学用药的合理长效机制。

(六) "药品集中带量采购" 具体政策及其影响

1. "药品集中带量采购" 具体政策

(1) 明确覆盖范围：按照保基本、保临床的原则，重点将基本医保药品目录内用量大、采购金额高的药品纳入采购范围，逐步覆盖国内上市的临床必需、质量可靠的各类药品，做到应采尽采。对通过（含视同通过，下同）仿制药质量和疗效一致性评价（以下简称一致性评价）的药品优先纳入采购范围。符合条件的药品达到一定数量或金额，即启动集中带量采购。积极探索"孤儿药"、短缺药的适宜采购方式，促进供应稳定。已取得集中带量采购范围内药品注册证书的上市许可持有人，在质量标准、生产能力、供应稳定性等方面达到集中带量采购要求的，原则上均可参加。参加集中带量采购的企业应对药品质量和供应保障作出承诺。所有公立医疗机构（含军队医疗机构）均应参加药品集中带量采购。

(2) 合理确定采购量：药品采购量基数根据医疗机构报送的需求量，结合上年度使用量、临床使用状况和医疗技术进步等因素进行核定。约定采购比例根据药品临床使用特征、市场竞争格局和中选企业数量等合理确定，并在保障质量和供应、防范垄断的前提下尽可能提高。约定采购量根据采购量基数和约定采购比例确定，在采购文书中公开。鼓励公立医疗机构对药品实际需求量超出约定采购量以外的部分，优先采购中选产品，也可通过省级药品集中采购平台采购其他价格适宜的挂网品种。

(3) 完善竞争规则：对通过一致性评价的仿制药、原研药和参比制剂不设置质量分组，直接以通用名为竞争单元开展集中带量采购，不得设置保护性或歧视性条款。对一致性评价尚未覆盖的药品品种，要明确采购质量要求，探索建立基于大数据的临床使用综合评价体系，同通用名药品分组原则上不超过2个。按照合理差比价关系，将临床功效类似的同通用名药品同一给药途径的不同剂型、规格、包装及其采购量合并，促进竞争。探索对适应证或功能主治相似的不同通用名药品合并开展集中带量采购。挂网药品通过一致性评价的仿制药数量超过3个的，在确保供应的前提下，集中带量采购不再选用未通过一致性评价的产品。

(4) 优化中选规则：基于现有市场价格确定采购药品最高有效申报价等入围条件。根据市场竞争格局、供应能力确定可中选企业数量，体现规模效应和有效竞争。企业自愿参与、自主报价。通过质量和价格竞争产生中选企业和中选价格。中选结果应体现量价挂钩原则，明确各家中选企业的约定采购量。同通用名药品有多家中选企业的，价格差异应公允合理。根据中选企业数量合理确定采购协议期。

(5) 严格遵守协议：各方应严格遵守法律、法规和协议约定，落实中选结果，依法享有权利、履行义务并承担相应责任。采购协议期满后，应着眼于稳定市场预期、稳定价格水平、稳定临床用药，综合考虑质量可靠、供应稳定、信用优良、临床需求等因素，坚持招采合一、量价挂钩，依法、依规确定供应企业、约定采购量和采购协议期；供求关系和市场格局发生重大变化的，可通过竞价、议价、谈判、询价等方式，产生中选企业、中选价格、约定采购量和采购协议期。

2. "药品集中带量采购" 的影响

药品集中带量采购指以保障药品供应、切实降低药品价格为目标，由国家组织，购买方确定药品采购数量并保证足量采购，药品供应企业通过集中采购平台竞价或议价，最终确定采购价格，达成采购交易，其核心为"以量换价""以价保量"。药品集中带量采购对医药企业药品经营管理的影响主要体现在以下三个方面。

(1) 促进仿制药高质量发展：药品通过仿制药质量和疗效一致性评价成为集中带量采购中标的必要条件，仿制药一致性评价提升了仿制药生产企业的创新研发能力，促使制药企业放弃非核心产品，缩减不必要的产能浪费，专注于核心产品的一致性评价，通过淘汰落后工艺，加大成本控制，集中力量发展优势产品，总体上促进了仿制药高质量发展。

(2) 推动产业结构升级：我国制药企业数量多，行业集中度低，同质化竞争严重。药品集中带量采购的深入推进使得药品市场两极分化，大型制药企业由于技术实力更雄厚，生产工艺更成熟，生产规模大，能够获得较大的市场份额，中小型制药企业竞争力相对较弱，很难在竞争中取胜，将被迫破产或被大型制药企业收购。同时，为适应药品集中带量采购带来的市场变化，部分制药企业开始转型升级，关闭落后的生产线，聚焦核心业务，形成竞争优势，逐渐转型发展成为更具特色的制药企业。

(3) 促进创新药物研发：随着药品集中带量采购工作常态化、制度化开展，仿制药盈利能力大幅下滑，为突破发展困境，制药企业纷纷加快转型步伐，调整发展战略，增强研发实力，组建创新药研发团队，加快研发拥有自主知识产权和市场竞争优势的创新药，培育新的利润增长点。

3. 我国药品集中带量采购取得的成效

药品集中带量采购是我国近年来医药行业领域改革的一项重要举措，该政策的推进实施大幅降低了药品价格，减轻了患者经济负担，提高了医保基金的使用效率，提升了医疗机构的合理用药水平，促进了医药行业的转型升级。

自 2018 年 11 月至 2023 年 5 月，我国组织开展了 8 批药品集中带量采购，药品集中带量采购价格平均降幅在 50% 左右，最高降幅达 98%。例如，在第 5 批次采购中，中选药品规格为 25mg×1 瓶/盒的抗癌药注射用地西他滨，产自正大天晴药业集团南京顺欣制药有限公司，集采后价格为每支 90.8 元，而原挂网采购价格为每支 1820.44 元，降幅达 95.01%；中选药品规格为 20mg×21 片/盒的抗凝药物利伐沙班片，产自上海汇伦江苏药业有限公司，集采后价格为每盒 39.9 元，而原挂网采购价格为每盒 579.6 元，降幅达 93.12%，降价幅度明显，大幅减轻了患者用药经济负担。为更好地保障集中带量采购药品稳定供应，第七批集中带量采购引入"一省双供、双重保障"的方式；第八批集中带量采购采取"一主双备"供应模式，保障普通药品特别是急救用药和短缺药的临床及时供应。前 8 批次药品集中带量采购价格降幅如表 8-1 所示。

表 8-1 各批次药品集中带量采购带量采购对比情况

采购批次	时间	品种数	范围	平均降幅	最高降幅
4+7	2018.12	25	11 个试点城市	52%	96%
4+7 扩围	2019.9	25	25 个扩围省份	59%	98%
第二批	2019.12	33	全国	53%	93%
第三批	2020.7	56	全国	53%	95%
第四批	2020.12	45	全国	52%	96%
第五批	2021.5	62	全国	56%	98%
第六批（胰岛素专项）	2021.11	6	全国	48%	73%

续表

采购批次	时间	品种数	范围	平均降幅	最高降幅
第七批	2022.2	61	全国	48%	98%
第八批	2023.2	40	全国	56%	97%

数据来源：上海阳光医药采购网。

第五节　药品经营环境对决策的影响

医药企业是在市场环境中生存和发展的。医药市场环境的不断变化，可能给企业提供机遇，也可能给企业带来挑战。医药企业必须对市场经营战略和策略进行调整，适应外部环境的变化。

一、药品经营环境的机会与威胁分析

外部环境变化对医药企业产生的影响一般分为三个方面：一是环境变化为企业提供机会；二是环境变化对企业产生威胁；三是环境变化对企业市场经营基本无影响。医药企业必须采取适当的应对措施，抢抓机会，规避威胁。

（一）药品经营环境机会与威胁的含义

1. 药品经营环境机会

环境变化为企业创造市场需求。环境机会可能来源于宏观环境，也可能来源于微观环境。例如，新医改方案的实施使得医药市场容量增加，从而药品市场上出现了许多新的机会。但是环境机会对不同企业是不相等的，同一个环境机会对一些企业可能成为有利的机会，而对另一些企业可能就造成威胁。

2. 药品经营环境威胁

环境变化对企业产生的不利或限制因素。一是环境因素直接威胁着医药企业的市场经营活动，2021年1月，国务院印发《关于推动药品集中带量采购工作常态化、制度化开展的意见》（国办发〔2021〕2号），推动我国药品集中带量采购常态化发展，对部分以仿制药为主的制药企业构成了巨大的压力和威胁；二是医药企业的目标、任务及资源同环境机会相矛盾，如国家基本药物制度的实施，对医药企业的政府公关与成本控制提出了严峻的挑战。企业要调整对策，将"环境威胁"变成"企业机会"。

（二）药品经营环境机会与威胁分析

药品市场环境变化成为医药企业的机会还是威胁，关键要看这种环境变化是否与企业目标、资源及任务等相一致。医药企业要进行环境机会与威胁分析。

1. 机会分析

一是考虑机会给企业带来的潜在利益的大小，二是考虑企业获得成功可能性的大小，并将二者结合分析。如图8-3所示。

Ⅰ区域的市场机会潜在利益和成功可能性都很大，医药企业必须高度重视；Ⅱ和Ⅲ区域的市场机会，医药企业也不容忽视，Ⅱ区域可能性不大，但其潜在市场吸引力较大，如果企

业通过努力获得成功会带来丰厚的收益；Ⅲ区域潜在吸引力较小，但其出现可能性却较大，如果企业获得成功也会带来一定的收益；对Ⅳ区域，要观察其发展变化，依发展变化情况及时采取措施。

2. 威胁分析

一是分析环境威胁对医药企业的影响程度，二是分析环境威胁出现的可能性大小，并将二者结合分析。如图 8-4 所示。

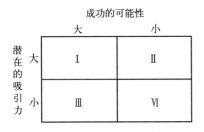

图 8-3 环境机会分析图

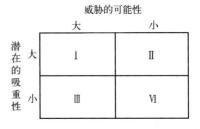

图 8-4 环境威胁分析图

Ⅰ区域的市场环境威胁危害程度高，出现可能性大，医药企业必须高度重视，严密监视和预测其发展变化趋势，及早制订预案，积极应变；Ⅱ和Ⅲ区域的市场环境威胁一旦出现，会给企业带来一定的危害，医药企业不能忽视；对于Ⅳ区域的市场环境威胁，医药企业要观察其发展变化，是否有向其他区域发展变化的可能，防微杜渐。

3. 医药市场综合环境分析

在医药企业面临的实际环境中，单纯的机会环境和威胁环境是很少见的。通常情况下，药品经营环境都是机会与威胁并存、利益与风险同在的综合环境。最常用的分析方法就是威胁与机会分析矩阵。根据医药市场综合环境中机会水平和威胁水平的不同，企业所面临的环境可以分为四种情况。如图 8-5 所示。

图 8-5 中出现的四种不同业务分别是：高环境机会和低环境威胁的业务属理想业务；高环境机会和高环境威胁的业务属冒险业务；低环境机会和低环境威胁的业务属成熟业务；低环境机会和高环境威胁的业务属困难业务。

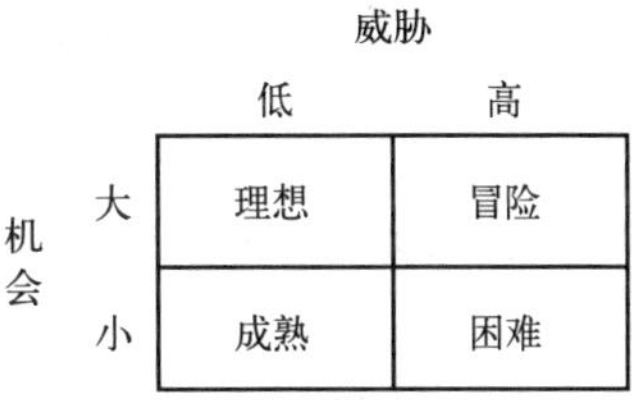

二、药品经营决策

图 8-5 环境威胁与市场机会分析图

医药企业面对市场环境的机会与威胁，通常采取以下两种相应的对策。

（一）利用

当药品市场环境机会潜在利益和成功可能性都很大时，医药企业要大胆决策，抢抓利好机遇，充分调动和整合企业内外的资源，积极扩大产品销售，提高企业核心产品的市场占有率，提高企业的经济效益。例如，2010 年甲型流行性感冒（甲流）在全国流行，石家庄以岭药业股份有限公司抓住这一环境机会，利用循证医学方法在全国范围研究并推广连花清瘟胶囊，"中药连花清瘟治疗流行性感冒研究"项目荣获 2011 年度国家科技进步二等奖，该药进入卫生部《流行性感冒诊断与治疗指南》（2011 年版）。2020 年初，全球爆发新型冠状病毒肺炎，石家庄以岭药业股份有限公司积极主动开展连花清瘟胶囊（颗粒）治疗新型冠状病毒肺炎相关研究。2020年2月，连花清瘟胶囊（颗粒）被列入国家卫生健康委员会《新型冠状病毒肺炎诊疗方案（试行第六版）》；2020年4月，国家药品监督管理局下发的《药品补充申请批件》显示，以岭药业生产的连花清瘟胶囊（颗粒）被批准用于新冠病毒性肺炎轻型、普通型引起的发热、咳嗽、乏力，疗程为7至10天；2020年9月21日，连花清瘟胶囊获得毛里求斯中成药注册批文；目前，连花清温胶囊已在海外13国获得上市许可。

（二）放弃

当药品市场环境机会的潜在吸引力很小。企业获得成功的可能性也小的情况下，企业可以选择"放弃"策略，将有限的资源用到能够给企业带来更大效益的方面。医药企业对环境威胁的分析主要看环境威胁对企业的影响程度和环境威胁出现的概率大小，一般可采用以下三种对策。

1. 对抗策略

也称抗争策略，即通过医药企业自身的努力限制或扭转环境中产生威胁的不利因素。如通过各种方式促使政府通过某种法令或与有关权威组织达成某种协议，努力促使某项政策或协议的形成用以抵消不利因素的影响。

2. 减轻策略

也称削弱策略，即在反抗不能实行或无效时，医药企业调整策略组合，加强对环境的适应，以减轻环境威胁的严重性和危害性。如国家在实行对药品降价政策时，医药企业通过降低成本减轻降价的压力。

3. 转移策略

也称回避策略，指医药企业在无法反抗或减轻的情况下，通过放弃某项业务，避免环境变化对企业全局的威胁。

总之，药品经营环境具有多变性和不可控制性，医药企业要在尊重客观规律的同时，充分发挥适应环境的主观能动性，积极主动地适应环境的变化，在变化中发现机会，转化矛盾，采取有效的对策使企业在激烈竞争中获胜。

案例分析与思考题

一、案例分析题

1. 中美史克（天津）制药有限公司在PPA事件中应对环境威胁策略

【案例内容】

美国一项研究表明，PPA即"苯丙醇胺"有增加患者出血性卒中的危险。2000年11月6日，美国食品与药品管理局（FDA）发出公共健康公告，要求美国生产厂商主动停止销售含PPA的药品。2000年11月15日，中国国家药品监督管理局也发布了《关于暂停使用和销售含苯丙醇胺药品制剂的通知》，在15种被暂停使用和销售的含PPA的药品里，中美史克（天津）制药有限公司（以下简称中美史克公司）生产的"康泰克"和"康得"两种产品就名列其中。其中，"康泰克"在国内抗感冒药市场具有很高的知名度，年销售额6亿多元人民币。面对突如其来的环境变化威胁，中美史克公司委托中国环球公关公司，对公司面临的状况进行了全面而周密的调查研究，评估危机事件的后果，制订了应对环境威胁的危机处理策略。通过一系列应对措施,在 PPA 事件后 289 天,中美史克公司将"新康泰克"产品推向市场,一周内仅在广东省便获得 40 万盒的订单,处理了由 PPA 事件引发的重大危机,保护了品牌,为重返感冒药市场奠定了良好的舆论基础,也赢得了社会效益。

资料来源:华夏医界网 http://www.hxyjw.com.

【问题与启示】

(1) 请结合本案例理解制药企业如何应对市场环境威胁。

(2) 本案例对制药企的重要启示是什么?

2. 广州向云山中一药业有限公司努力为提升生育力提供中医药方案

【案例内容】

中医药治疗不孕不育症已有 2000 多年的悠久历史,特别在治疗卵巢储备功能下降方面,中医药具有独特的优势。广州白云山中一药业有限公司(以下简称白云山中一药业)的滋肾育胎丸是 20 世纪 60 年代初由著名中医妇科专家、广州中医药大学罗元恺教授在寿胎丸(由清末民初名医张锡纯所创立)的基础上制定的组方。滋肾育胎丸的处方由菟丝子、砂仁、熟地黄、人参、桑寄生、阿胶(炒)、首乌、艾叶、巴戟天、白术、党参、鹿角霜、枸杞子等中药组成,补肾健脾,益气培元,养血安胎,强壮身体。用于脾肾两虚、冲任不固所致的滑胎(防治习惯性流产和先兆性流产)。后来该临床验方由白云山中一药业开发为中成药制剂,并于 1983 年上市销售。

2011 年 11 月,我国实施"双独二孩"政策;2013 年 12 月,我国实施"单独二孩"政策;2015 年 10 月,党的十八届五中全会明确提出"全面实施一对夫妇可以生育两个孩子的政策"。2015 年 12 月 27 日,全国人大常委会表决通过了《人口与计划生育法修正案》,2016 年 1 月 1 日起全面实施二孩政策。

随着全面二孩政策的有效实施,"晚育族"群体不断壮大,但是"晚育族"人群因生育能力下降而导致的"不能生"成为很多愿意生育人群的"拦路虎",严重危害患者的身心健康,成为日益严峻的社会问题。白云山中一药业主动响应国家政策,高度关注市场需求,聚焦高龄妇女生育力难题,积极运用现代科学技术对滋肾育胎丸进行持续开发研究。自 2012 年起,白云山中一药业投入 4000 万元,通过顶层设计,从药效、工艺、质量标准、安全性、作用机制、循证医学临床试验等方面开展滋肾育胎丸的系列创新研究。

2012 年,与上海市计划生育科学研究所合作非临床安全性研究,证实该产品在临床剂量使用下是安全的,并在《毒理学研究》(*Toxicology Research*)等国际知名毒理学专业学术期刊发表 SCI 文章 4 篇。

2013 年,启动滋肾育胎丸辅助生殖循证医学研究项目。由中山大学孙逸仙纪念医院杨冬梓教授牵头,美国耶鲁大学张和平教授进行统计指导,全国 19 家医院的生殖中心共同参与,共入组患者 2265 例。研究团队运用国内外公认的临床研究方法,开展滋肾育胎丸在体外受精-胚胎移植治疗中应用的前瞻性、多中心、随机、双盲、安慰剂平行对照临床研究,以评价滋肾育胎丸对新鲜胚胎移植周期妇女妊娠结局活产率的影响。

2022 年,项目研究成果发表于美国妇产科权威学术期刊《产科学与妇科学》(*Obstetrics and Gynecology*)。这是在妇产生殖领域内发表的影响因子最高的有关中成药临床研究的论文,同时也是该杂志刊登的首篇中成药临床研究文章,实现了中药在国际生殖学术领域零的突破。

滋肾育胎丸曾荣获卫生部重大科技成果乙级奖,因其在调经、助孕、安胎方面的确切疗效，被写入《中医妇科学》《中西医结合妇产科学》《中医生殖医学》等 7 部教材及专著，以及《中医妇科常见病诊疗指南》《中成药临床应用指南·妇科疾病分册》等 3 部指南，成为先兆流产、复发性流产、不孕症等疾病的推荐用药。研究成果累计发表 SCI 文章 17 篇，申请 9 项发明专利并已授权 4 项。2020 年 12 月，"罗氏妇科补肾法助孕安胎的应用与推广"荣获中国中西医结合学会科学技术奖一等奖；2021 年 5 月，"罗氏妇科补肾安胎法的研究与推广应用"荣获 2020 年度广东省科学技术奖科技进步奖一等奖。2021 年 9 月，滋肾育胎丸增加"卵巢储备功能下降"功能主治的临床试验申请获国家药品监督管理局批准。

随着全面"二孩"政策的有效实施以及"二孩"经济的不断发展，通过循证医学等科研证据的大力支持，滋肾育胎丸的销售额爆发式增长。据白云山中一药业年报显示，滋肾育胎丸 2015 年销售量为 287 千盒/千瓶，2022 年销售量达到了 8316 千盒/千瓶，增长率为 2796.63%；营业收入从 2015 年的 5558 万元增长至 2022 年的 46881 万元，增长率 743.45%；产品毛利率也大幅增加，从 2015 年的 35.93% 增长至 2022 年的 83.34%。

资料来源：陈海荣. 白云山中一药业努力为提升生育力提供中医药方案［N］. 中国中医药报，2021-06-24（5）.

【问题与启示】

（1）结合本案例思考制药企业如何有效利用政策环境变化带来的机遇。

（2）分析滋肾育胎丸 2015 年以来销售量爆发式增长的原因。

（3）结合本案例分析白云山中一药业如何把企业经济效益、社会责任和国家政策有机结合起来。

二、思考题

1. 简述药品经营环境的特点。
2. 简述研究药品经营环境的意义与方法。
3. 简述药品经营宏观环境分析的主要内容。
4. 简述药品经营微观环境分析的主要内容。
5. 医药企业如何面对药品经营环境所带来的机会和威胁？

课件

视频讲解

第九章

药品市场竞争战略

竞争是市场经济重要而突出的特征,在瞬息万变的市场中,谁能把握市场先机,谁能及时了解竞争对手的动态,谁就能在竞争中掌握主动权。药品企业必须研究潜在和显在的竞争者,掌握竞争者的竞争态势,制定相应的竞争性经营策略,以赢得市场上的成功。通过本章学习,要求掌握不同市场竞争地位的医药企业的经营战略和竞争过程中不同企业所采取的各种方法及特点;熟悉市场竞争者常采用的竞争手段、基本战略;了解药品市场经营过程中竞争战略的概念。

第一节 竞争者分析

一、识别竞争者

在市场经济高度发达的今天,为争夺有限的客户资源,企业在目标市场进行市场经营活动,必须面对竞争。只有正确识别竞争者,才能及时观察和分析竞争者行为,从而做出正确的判断,并制订合理的竞争方案。

(一)竞争者的概念及分类

药品生产经营企业竞争者一般指与本企业生产规模相似、产品或服务相似、价格相似、目标客户相似的企业。按照竞争范围和层次的不同,药品生产经营企业竞争者可以分为狭义竞争者和广义竞争者。狭义药品生产经营企业竞争者指与本企业生产经营相似产品、提供相似服务、面对的目标群体相似、产品价格和经营策略相似的企业。广义的药品生产经营企业竞争者,不仅包括提供相似的产品和服务,面对相似目标客户,还包括与本企业发展战略相似的企业。例如,一家不生产经营感冒药品的制药企业,如果未来计划生产经营感冒药品,那么它就该将生产经营感冒药的企业视为竞争者。

根据不同的视角,竞争者可以按下列方法进行分类。

1. 从生产商角度划分竞争者

企业竞争者可以分为现有竞争者、潜在竞争者和替代竞争者。

现有竞争者指已经生产经营与本企业相似产品或提供相似服务的企业,它可以视为企业的直接竞争者。

潜在竞争者指由于对医药产业前景持乐观态度,欲进入该行业的新企业,对该企业来说，本领域可能是完全陌生的。潜在竞争者若为多元化发展企业，则可以利用行业现有优势和资源更快地进行扩张，但在进入医药领域时可能会出现其优势领域短暂的利润降低和市场份额减少的现象。

替代竞争者指生产出的产品或服务能够替代现有产品或服务的企业，一旦替代竞争者出现，该行业中所有企业都将面临这些厂商的竞争。随着科技水平不断进步，替代竞争者在竞争者中所占的比例也将不断增加。

2. 从市场流通角度划分竞争者

企业竞争者可分为行业竞争者、品牌竞争者、需求竞争者。

行业竞争指处于同一行业的企业之间相互竞争，它们提供的产品无差异或者差异性不大。

品牌竞争者指行业竞争发展到一定阶段后，集中于该行业排名靠前的几家知名企业，企业间产品差异性不大，品牌效应对消费者的购买决策起决定性作用，品牌忠诚度决定消费者是否进行持续购买。品牌竞争将使市场细分更为明显，主要市场份额集中在少数几家知名企业中，后来进入者将面临巨大的进入障碍。感冒药市场就属于典型的品牌竞争，国内有一千多家制药企业生产不同类型的感冒药，占据主要市场份额的只有新康泰克、白加黑、泰诺、感康等几个品牌，消费者对此类品牌认知度、忠诚度均较高。新加入品牌为了获得消费者认可，必须强调产品特色，快速构建品牌影响力。

需求竞争者指能够满足用户共同需求的企业，它们所提供的药品或服务能够替代对方的药品或服务。如很多药品中都含有维生素C成份，当消费者需要补充维生素C时，可以根据自身需求选择其中一种产品，这些药品之间就构成了需求竞争。

3. 从市场地位角度划分竞争者

竞争者可以分为市场领先者、市场挑战者、市场追随者、市场补缺者。

市场领先者是本行业当中占据主要市场份额的企业，这类企业资本雄厚，在市场决策、市场促销、产品研发等领域均处于领先地位，是整个市场的领导者。

市场挑战者是行业中占有第二、第三甚至更低名次的企业，它们实力较强，产品和服务有一定的新颖性，经常攻击市场领先者和其他竞争者，以夺取更多的市场份额。例如在复合维生素市场，"善存"品牌是市场领导者，"21金维他"品牌则是市场挑战者。

市场追随者是在战略上追随市场领先者的一群企业，它们模仿市场领先者的行为，学习并且加以改进，不轻易研发新产品，市场策略也紧跟市场领导者，降低风险，在平稳发展中逐步壮大。

市场补缺者指选择某一较小的细分市场或大公司无意或无暇顾及的细分市场进行专业化经营并以此为经营战略的企业，这类企业凭借专业化优势来提供优质的产品和服务，从而在有限的目标市场上赢得丰厚的利润。

（二）识别竞争者

识别竞争者可以从产品和市场两个角度进行综合分析。从产品方面来看，根据"需求交叉弹性"原理，一种药品价格上涨就会引起另一种具有同种功效的药品的需求变化。与本企业产品具有较强替代性的药品企业可以视为本企业的竞争者。制药企业如果想要在行业中处于优势地位，就必须全面了解本行业或本类产品的产出结构，以确定自己的竞争者的范围。从市场方面来看，竞争者是那些具有相同市场需求或服务于同一目标市场的企业。以满足市场需求的观点来识别医药竞争者范围，可以在更加宽泛的层面上对竞争者和潜在竞争者进行分析。以市场观点分析制药企业竞争者，可以拓宽企业视野，更广泛地看清自己的竞争者和潜在竞争者，从而有利于企业制订长期的发展规划。辨别竞争者的关键是从产业和市场两方面将产品细分与市场细分结合起来综合考虑。

综上所述，制药企业应该从不同的角度识别竞争对手，密切关注竞争者，及时调整市场策略，以取得最终的胜利。

二、判别竞争者的战略和目标

由于竞争者所处的市场地位不同，结合自身的技术优势或服务优势，在竞争过程中采取不同的竞争战略，以赢得市场有利位置。药品生产经营企业只有明确了解竞争者的战略意图，才可能对其作出正确的判断，并由此形成正确的战略决策。竞争者在制定竞争战略时，往往与企业发展导向相关。导向不同，竞争战略不同。一般可按导向将竞争者战略分为产品导向、顾客导向、技术导向、需求导向和多元导向。

内部使用相似或者相同战略的企业统称为战略群体。当药品生产经营企业进入某一战略群体中时，必须首先明确自己的主要竞争者，然后制定相应的竞争战略。企业往往需要根据自身情况，选择进入相应的战略群体。战略群体内部竞争激烈，不同战略群体之间也存在竞争。这是因为不同战略群体的目标客户会有重合，顾客无法分清不同战略群体的企业，同时，许多企业也会通过改变战略进入另一个战略群体当中。

富有活力的竞争者会根据外部环境的变化改变其竞争战略，药品生产经营企业必须时刻关注竞争者的战略，并对竞争策略做出准确的判断。

竞争者的目标往往会随企业战略不同而变化，尽管追逐利润是企业的最终目标，但是利润并不是唯一的目标，在某些情况下，利润也不是企业的首要目标。例如，某药品生产经营企业会采取降价销售或者买赠等方式促销的战略，企业的利润率并不高，此时该企业的竞争战略目标是扩大市场占有率而不是追求利润的最大化。竞争者的目标是一系列目标的总和，可以将竞争者的目标归纳为市场目标、利润目标、发展目标等类型。当我们分析竞争者时，更需要判断当前阶段它的主要目标，该企业目标是否与本企业的主要目标相冲突？当两者当前目标一致时，竞争将更为激烈。药品生产经营企业发现竞争者的目标与自身目标相似时，便可以提前准备，争取主动；如果发现竞争者的目标属于新的细分市场，还可以趁机进入，寻找机遇，获取更多的利润。

三、分析竞争者的优势和劣势

在市场竞争过程中，最终的胜利者并非一定是综合实力最强者，而是在某一细分市场最具优势者。药品生产经营企业应该客观地评估自己的优势和对方的劣势，用自己的长处攻击对方不足，往往胜算更高。许多中小制药企业虽然在整体实力上与较强的竞争者差距较大，但在某些自己更具优势的领域与大企业进行竞争并且取得最终胜利的案例并不少见。

分析竞争者的过程主要分三个阶段：资料搜集阶段、分析评估阶段、定点超越阶段。

（一）资料搜集阶段

资料搜集阶段主要调查竞争对手的生产能力、目标客户、销售情况、资金链、产品市场占有率、成本支出、投资收益情况、组合策略、顾客服务、新产品研发推广情况等。当这些情况汇总后,企业应当对其中反映出的问题进行分析、整理。不同竞争者的优势与劣势各不相同,还可对某一领域进一步细分。例如在针对目标客户的调查分析中,可以进一步调查目标客户的品牌知名度、产品质量、产品价格、售后服务等所占权重。资料搜集可以通过公司年度报表、企业领导人近期的言论、公司最近发表的资料、网络搜索结果、竞争者前雇员的谈话、各类媒体登载的信息等渠道获得。

(二)分析评估阶段

分析评估阶段主要分析竞争对手的各项基本资料,判断其发展过程中优势及劣势。如有多个优势,则按照细分标准进行简单的评分、排序。劣势为本企业重点突破领域,优势为本企业重点模仿领域。

(三)定点超越阶段

定点超越阶段即分析评估阶段总结出的竞争者的优势和劣势,制定出详细的点对点战略。如模仿竞争者最具优势的部分,消化吸收成为自身能力,缩短与对方的差距,最终超越竞争者;而对于竞争者的劣势部分要引以为戒。根据木桶法则,企业的短板往往成为最终决定企业成败的关键,所以要进一步加强自身短板领域的建设,并超越对方。

定点超越阶段是 20 世纪 90 年代西方管理学界提出的一个概念,也是三个阶段中最关键的一步。企业将自己的产品或者服务与最好的企业进行对比,或者与该领域领先者进行对比,寻找差距,通过对比、分析、改进,最终成为最好。定点超越不同于一般意义上的模仿,它属于创造性的模仿,是一种从"me too"发展至"me best"的过程。它可以是产品的超越、管理的超越和战略的超越。任何企业的领先都不会一成不变,竞争是企业不断改革的动力,只有不断超越,企业才能持续进步。

四、判断竞争者的反应模式

当药品生产经营企业面对来自同行的挑战时,其反应受到企业文化、企业领导人决策水平、企业经营理念等方面的影响,大致可以分为四种模式。

(一)从容型

从容型企业对于竞争者的行为没有反应,或者反应不够迅速。此种企业大多具有较多的营销经验,对自身的药品和服务十分自信,企业实力较强,相信消费者的忠诚度。例如国内复合维生素市场较为稳定,几家大牌企业占据主要市场,当新企业进入该领域时,一般不会引发较大市场震荡,市场领先者多表现为从容应对。少部分企业对于市场反应迟钝,有时会表现出假性从容。

(二)选择型

选择型企业只对其中某些竞争行为采取相应反应,对于其他竞争行为无动于衷。如国产维生素品牌民生药业的"21金维他"遭遇华源药业的"世纪新维他"竞争时,由于双方名称包装均有一定的相似之处,被抢夺市场份额的民生药业便开始迅速反击,除了在终端卖场建立专卖区外,还与部分卖场签订了买断协议,不允许其他品牌复合维生素进入该区域销售。不同的企业对于不同的竞争行为反应差别较大,如对于降价策略,多数企业反应激烈,但是对于改进服务、增加广告等策略一般反应缓慢。

(三)强悍型

强悍型企业面对任何竞争行为都会给予激烈迅速的反应。一旦遭到挑战或是感知到威胁的存在，强悍型企业会迅速进行全面反击，这种反击往往具有很大的破坏力，给竞争对手造成较大的损害。中小型药品企业应尽力避免与这种类型的竞争者直接交锋，以免带来毁灭性后果。

（四）随机型

随机型企业对于竞争行为随机采取反应，并没有规律性可言。当面对竞争者的挑战时，随机型企业在特定场合可能采取反击，也可能不采取反击；如果采取反击，竞争对手往往无法预测随机型企业会采取什么措施。

以上四种反应模式并非一成不变，有些企业在不同阶段会表现出不同类型的反应模式。在判断竞争者反应模式时，应该考虑动态性、长期性和持续性。

五、竞争对策

竞争对策是药品生产经营企业面对竞争者的挑战采取的具体措施。药品生产经营企业的竞争对策一般包括以下几种。

（一）进攻策略

采取进攻策略的企业将进攻视为最好的防守，将进攻作为其最主要的竞争策略，在发现市场机会后，会不断主动进攻，先发制人；在日常经营中会不断推出新产品，采用新技术；在竞争过程中会不断变换策略，争取市场竞争的主动权。

（二）防守策略

采取防守策略的企业一般不急于进攻，早期主要跟随和模仿，采用与竞争者相似战略，伺机而动。这类企业有时过于谨慎，会失去一些市场先机。

（三）攻守策略

攻守策略集合上述两种策略的特点，攻守兼顾。药品生产经营企业在面对竞争者的挑战时不总是采取进攻性或是防守性竞争策略，有些企业根据自身的优势与劣势，采取组合型竞争策略，即在优势领域积极进攻，在劣势领域积极防守。

（四）退出策略

当经济环境不断恶化，行业出现较大波动，或者企业出于各种需要撤出该市场时，多使用此种战略。退出市场可以是暂时的，也可能是战略转移至相关市场，或者彻底撤出该市场。

药品生产经营企业在面对竞争对手挑战时，要根据竞争者的强弱、竞争者的地理位置以及竞争者的表现优劣综合分析，选择正确的竞争策略。

六、制定药品市场竞争战略

习近平总书记在中国共产党第二十次全国代表大会上的报告中提出："必须坚持系统观念。万事万物是相互联系、相互依存的。只有用普遍联系的、全面系统的、发展变化的观点观察事物，才能把握事物发展规律。我国是一个发展中大国，仍处于社会主义初级阶段，正在经历广泛而深刻的社会变革，推进改革发展、调整利益关系往往牵一发而动全身。我们要善于通过历史看现实、透过现象看本质，把握好全局和局部、当前和长远、宏观和微观、主要矛盾和次要矛盾、特殊和一般的关系，不断提高战略思维、历史思维、辩证思维、系统思维、创新思维、法治思维、底线思维能力，为前瞻性思考、全局性谋划、整体性推进党和国家各项事业提供科学思想方法。"

上述重要论述对制药企业制订药品市场竞争战略能够提供强大的理论指导和科学思想方法，我们必须深刻领会，深入贯彻落实，把握好全局和局部、当前和长远、宏观和微观、主要矛盾和次要矛盾、特殊和一般的关系，制定适合自身的竞争战略。

战略是一个组织长期的发展方向和范围，通过在不断变化的环境中调整资源配置而使组织取得竞争优势，从而实现利益相关方的期望。战略是药品生产经营企业为赢得持久的竞争优势而做出的事关全局的重大筹划和谋略。药品市场竞争战略是指药品生产经营企业在战略管理理论的指导下，分析医药行业市场的特点和规律及企业自身的资源和能力，识别外部环境中的威胁和机会及组织内的优势和劣势，进一步指导企业选择并实施正确的经营战略，赢得竞争优势，达到企业使命和目标。药品生产经营企业制定药品市场竞争战略包括以下几个方面的内容。

（一）战略思想

战略思想是指导企业制定与实施竞争战略的观念和思维方式，是指导企业进行竞争战略决策的行动准则。竞争战略思想应符合企业战略思想的要求，要体现系统优化理念和资源整合理念，要有指导性、前瞻性和可行性。

（二）战略目标

竞争战略目标是关系企业发展方向、企业市场竞争成败的重大问题。在企业总体战略目标的指导下，确定竞争战略目标。竞争战略目标的主要内容包括销售额、市场占有率、利润率、品牌知名度等。

（三）战略行动

竞争战略行动是根据竞争战略目标行为准则，选择适当的竞争战略重点、战略阶段和战略模式，即解决什么是企业竞争战略重点，处在不同竞争阶段的企业应该采取什么样的竞争战略模式等问题。

（四）战略阶段

由于竞争战略具有长期性和相对稳定性，竞争战略目标的实现需要经过若干个阶段，而每一个阶段又有其特定的竞争战略任务，通过完成各个阶段的竞争战略任务，才能最终实现其总目标。

（五）战略任务

竞争战略任务指在不同的战略阶段为实现竞争战略目标，药品生产经营企业应采取的必要措施和需要完成的重点工作。竞争战略任务主要包括：企业应该提供什么样的产品或服务，如何制定产品或服务的价格，通过什么样的渠道将产品或服务传递给消费者，采取什么样的促销措施。这些具体措施应该与竞争对手相区别，且具有相对优势，这样才可能在竞争中取胜。

药品生产经营企业制定竞争战略要从全局高度进行总体设计，战略目标、战略行动、战略重点、战略任务均要针对重要竞争对手，并有应对竞争对手竞争模式变化的战略考虑。企业应当根据自身能力制定与所处竞争地位相符合的战略，并密切关注竞争者的变化，适时调整战略，保证战略的有效性，从而在市场竞争中取得优势地位。

第二节 药品市场基本竞争战略

竞争战略属于企业经营单位战略范畴，是指企业正确地分析和界定企业在竞争中的地位后形成的战略。基本竞争战略是指无论在什么行业或什么企业都可以采用的通用的竞争性战略。基本竞争战略主要包括成本领先战略、差异化战略和聚焦战略。

药品生产经营企业应根据自身优势、市场特征和竞争对手的特点，制定针对性强的药品市场竞争战略，以在激烈的药品市场竞争中获得优势地位。

一、成本领先战略

成本领先战略又称为低成本战略，该战略将低成本作为主要的竞争手段，目的是使本企业的成本比竞争对手更低，以保证市场竞争中的优势地位。一个企业想要降低成本，并在竞争中处于优势地位，一般通过增加产量、改进设计、节约材料、降低人工成本、提高物流效率等途径来实现。药品生产经营企业的成本领先战略，不只是降低成本，还需要改变成本发生的基本条件。增加利润只是企业低成本战略达到的初级目标，高级目标是让企业在竞争中保持优势。

成本领先战略成功的关键在于药品生产经营企业能长期坚持实施该竞争战略，并具备实施该战略的资源。药品生产经营企业往往重视制造成本，而忽略运营成本。需要特别注意的是，医药行业与其他行业存在一定差异，单纯以成本领先战略并不一定能获取市场竞争中的优势地位。这是因为消费者关注药品价格的同时，更加关注药品的质量。如果企业为降低成本，忽视药品质量，不仅不会让企业在激烈的市场竞争中胜出，还可能被市场淘汰。药品生产经营发展的历史证明，发生药品质量安全事故会迫使一些知名企业直接退出药品市场。采取低成本战略的药品生产经营企业应该重点关注流通成本的降低。现阶段我国药品流通成本较高，可以降低的空间较大，如果企业能采取有效措施降低药品流通成本，对其低成本战略的实现会很有帮助。

随着药品集中带量采购常态化开展，如何通过控制成本提高自身竞争力成为制药企业考虑的核心。集中采购中标的制药企业通常会给一个或多个省份同时提供药品，药品需求量大，企业能够获得大额的生产订单。企业可以通过扩大产业规模、改进生产工艺、使用新型设备等方式来控制生产成本，以"薄利多销"的方式，巩固或提升企业的市场竞争力。

二、差异化战略

在竞争过程中，并非所有企业都适合成本领先战略，如果行业内一家企业已经将成本领先战略做到极致，跟随者则很难进一步降低成本。对于药品生产经营企业而言，通过创新实施差异化战略是更好的选择。

差异化战略指药品生产经营企业为消费者提供差异化的产品或者服务，与其他企业相比，其产品或服务具有独特性，又称差别化战略。当顾客面对差异性较大的产品或服务时，替换成本高，价格敏感度相对较低。对于竞争对手而言，差异化竞争战略不易被模仿，也不构成对竞争者的直接威胁，遭受激烈对抗的可能性也较低。

药品生产经营企业的差异化战略可以体现在技术、工艺、外观、品牌、定位、营销模式等多方面，可以采用的差异化竞争战略主要包括产品差异化、服务差异化、形象差异化、营销渠道差异化等多种形式。

（一）产品差异化

产品差异化是差异化战略的核心。药品生产经营企业要实现产品差异化，就必须增加研究开发投入、创新产品，并通过整合营销传播，使消费者相信产品存在差异，进而产生一定的偏好。如感冒药"白加黑"在推广过程中，充分利用自身与其他品牌药品的颜色差异，让消费者迅速记住了该产品。

（二）服务差异化

服务差异化就是药品生产经营企业围绕药品营销，提供特色化、专业化的服务，并通过差异化的服务活动，构建企业的核心竞争力。如为顾客提供良好的售前咨询、售后拜访等增值服务，使企业与顾客之间形成良好的互动。目前部分制药企业开展的学术营销活动，实质上是围绕临床合理用药开展的差异化药学服务。

（三）形象差异化

形象差异化是指企业产品的核心部分与竞争对手的产品类似的情况下，通过塑造不同的产品形象获得差别优势。塑造的形象包括产品的颜色、名称、标识、标语、环境、活动等。如哈药集团三精制药股份有限公司生产的三精牌葡萄糖酸钙口服液，就是利用最简单、最有效的蓝瓶包装，创造了鲜明的形象差异化，塑造了企业品牌形象，迎合了消费者的偏好。

（四）营销渠道差异化

营销渠道差异化就是药品生产经营企业通过构建营销渠道差异化来提高竞争力。营销渠道差异化要重点考虑渠道的覆盖面、专业化和绩效。如扬子江药业集团公司在全国建立了强大的营销渠道网络，直接控制医院终端，形成了核心竞争力。

差异化战略也包含一系列的风险。例如，当成本领先战略的竞争对手大幅度压低产品价格，部分顾客会放弃差异性，选择物美价廉的产品；当用户使用时间较长后，往往会忽略产品的差异性；部分药品企业并不能完全理解差异化竞争战略的精髓，狭隘地认为差异化仅是在产品层面上力求差异，实际上差异化有多种实现路径。

三、聚焦战略

聚焦战略又被称为集中化战略，是指企业将经营战略集中于一个特定的目标市场上，为特定的消费者提供特殊的产品和服务，力争在局部市场上取得竞争优势。这种战略的目的在于企业集中资源和优势，用更高的专业化模式，更高效地为某一特定细分市场服务，从而超越竞争对手，形成企业自身的核心竞争力。

聚焦战略的核心是选择企业目标市场。选择目标市场的关键在于细分市场，根据细分市场的结果，衡量企业与竞争者之间的差距，然后选择并确定企业目标市场。聚焦战略确定的目标市场要满足两方面的要求：一是目标市场足以容纳企业的生产能力；二是企业能够在该目标市场充分发挥优势。

采用聚焦战略的药品生产经营企业，只在某一特定细分市场与竞争对手展开竞争，而不在其他细分市场参与竞争。由于其面对的消费者和市场环境较为单一，所以能够更好地了解消费者，适应该市场的各种需求，推出更好的产品与服务。中小型制药企业的资源有限，更加适合采用聚焦战略，可以专注于某一领域，集中所有的资源专业化生产，逐步实现规模经营。

聚焦战略与成本领先战略、差异化战略相比，成本领先战略、差异化战略主要面对全行业，而聚焦战略只是围绕某一个特定行业或市场。当然，药品生产经营企业一旦选定某一特定市场，也可以采用成本领先战略或者差异化战略。

总之，不同的竞争战略对于企业的要求各异。成本领先战略要求企业具有持续的投资能力和良好的融资能力，产品易于制造，企业的成本控制能力强。差异化战略要求企业引进或培养高技术人才，不断提升企业的创新能力和市场营销能力；差异化战略可以为独特的产品创造需求、收取溢价，带来更高的收入和赢利能力。聚焦战略则要求企业专注于具体的目标市场，全方位地实现专业化生产经营。只有选择适合本企业的最佳战略才能成功。药品生产经营企业可以根据不同的市场营销环境，灵活选择竞争战略，打造企业的核心竞争力。

第三节 药品生产经营企业公司层战略

公司层战略也称组织总战略或主战略，是组织高层管理部门为实现组织目标而为整个组织制订的方向和计划，是一个组织的整体战略总纲，是组织最高管理层指导和控制组织的一切行为的最高行动纲领。药品生产经营企业公司层战略主要包括一体化战略、多元化战略和战略联盟。

一、一体化战略

（一）一体化战略的概念

一体化（integration）战略又称纵向一体化战略。企业纵向一体化的程度可以简单地理解为在企业边界内企业完成价值链上的环节数。所谓价值链，是指实现从原材料到生产或服务可销售给最终消费者这一过程的一系列活动。与纵向一体化程度低的企业相比，纵向一体化程度高的企业在它的边界内完成价值链上的环节更多。

纵向一体化包括前向一体化和后向一体化。前向一体化是使公司更接近最终客户的纵向一体化，后向一体化是使企业更接近原材料供应商的纵向体化。在针对某一特定业务活动制定纵向一体化决策时，企业可以选择非纵向一体化、某种程度的纵向一体化或完全的纵向一体化。

例如，在药品集中带量采购常态化的驱动下，制药企业用于市场推广的费用将会逐渐压缩，原料药成本占制剂生产成本的比重进一步提升，制剂生产企业的渠道、品牌等优势弱化，药品的定价权将逐渐从销售端转向生产端，原料药企业的生产与成本优势放大，原料药企业的延伸产业链优势更为明显。

（二）一体化战略创造价值的方法

纵向一体化创造价值的方法有三种：第一，通过减少因企业进行交易专用性投资而发生的买方或卖方的机会主义威胁。交易专用性投资是指在现有交易里的价值明显大于在其他交易中的价值的任何投资。第二，纵向一体化可以使企业利用其有价值的、稀缺的和难以模仿的资源和能力，企业应该对其拥有这些优势的活动实施纵向一体化。第三，在不确定性很低的情况下，纵向一体化才具有价值。在不确定性很高的情况下，纵向一体可能使企业陷入难以扭转的被动局面。

（三）一体化战略的稀缺性

有价值的纵向一体化战略有助于企业获得持续竞争优势，这取决于这些战略的稀缺性和难以模仿性。纵向一体化战略的稀缺性表现在两个方面：一是当大多数竞争企业不进行纵向一体化时，企业进行纵向一体化；二是当大多数竞争企业进行纵向一体化时，企业就不必进行纵向一体化。

二、多元化战略

（一）多元化战略的概念

多元化战略是指企业同时在多个行业或多个市场里经营。若企业同时在多个行业里经营，我们就说它采用的是产品多元化战略；若企业同时在多个地域市场经营，我们就说它采用的是地域市场多元化战略；当企业同时在多个行业以及多个地域市场经营时，即同时采用上述两类多元化战略时，我们就说它采用的是产品市场多元化战略。

企业的前向一体化或后向一体化行为都会涉及新产品、新业务的引入或者在一个新的地域市场里拓展业务。这就是说，企业在采取纵向一体化战略时也有可能意味着它正在采取多元化战略。

（二）多元化战略具有经济价值的条件

企业实施多元化战略时必须具备以下前提条件：

1. 企业主业做好，拥有核心竞争力

主营业务是企业利润的主要源泉和生存基础，企业应该在做大、做强主营业务的基础之上逐步多元化。同时，多元化作为一种发展战略的选择，必须有利于提升企业核心竞争力。

2. 企业财务状况和管理能力良好

资金支持是企业实施多元化战略的基础，一个处于财务危机的企业不可能实施多元化，而正在实施的多元化也可能由于资金链断裂导致失败。企业只有在较好的财力保障下才可以实施多元化。企业必须具有管理多元化经营战略的能力。

3. 企业主业生命周期分析

企业实施多元化需要结合原主业所处的生命周期位置进行考虑，若原主业还未到达成熟期，仍有较大的上升空间，则没有必要急于实施多元化。若原主业进入了成熟期或衰退期，已取得了较大的优势和市场占有率或已进入规模不经济状态则可以考虑实施多元化战略。

4. 企业外部资源符合多元化战略基本条件

多元化战略需要全面考察宏观经济环境、文化环境、资源环境、经济和产业政策、市场情况等条件是否适合企业实施多元化战略。

近年来，不少制药企业实施多元化战略。如云南白药集团生产牙膏，进军日化行业；天津天士力集团除了制药以外，还生产保健品、白酒、茶饮料和水等。制药企业在涉足保健食品方面存在优势，一些中药制药企业进入保健品行业后可以实现设备共用、消费者人群重叠、功效与品牌价值延伸等。这些因素客观上促进了制药企业跨界扩张的冲动。

制药企业应该更加专注于主营业务的发展。企业进行多元化战略的前提是做好自己的主营业务，在保证主营业务不受影响的前提下，经过精心地调查和研究，规划正确的多元化战略。实施多元化战略，必须保证多元化业务与主营业务存在一定程度的关联性。

三、战略联盟

（一）战略联盟的概念

战略联盟可定义为两个或两个以上相互独立的组织一起合作开发、生产或者销售产品或服务。战略联盟可以分成三种类型，即非股权联盟、股权联盟和合资。战略联盟没有强制性，更缺乏可控性，利益纠纷或者竞争态势变化可能导致战略联盟失败。

医药行业的战略联盟就是产业链上的相关企业，通过战略联盟的形式整合到一起，以期提高战略联盟成员在产业链上的参与度和获利能力，从而最终提升战略联盟成员的自身核心竞争力。

（二）战略联盟的作用

战略联盟是药品生产经营企业进行产业链整合、优化资源配置的重要模式。从现在的医药行业政策和竞争格局来看，医药行业的战略联盟有利于企业的生存和发展。在医药行业的战略联盟中，企业之间可以进行内部资源的整合和互补，缩短产业链，发挥协同优势，从而形成利益共同体，共同应对风险。药品生产经营企业组建战略联盟可以获得以下竞争优势：

1. 提升企业的竞争力

借助与联盟内企业的合作，相互传递技术，加快新药研究与开发的进程，获取本企业缺乏的信息和知识，并带来不同企业文化的协同创造效应。战略联盟有利于企业开辟新市场，降低成本，提高经济效益，具有更强的竞争力。

2. 分担风险并获得规模经济

通过建立战略联盟，扩大信息传递的密度与速度以避免单个企业在研究开发中的盲目性和资源浪费，从而降低风险。建立战略联盟是实现规模经营并产生范围经济效果的重要途径。

3. 防止竞争过度

为避免丧失企业的未来竞争地位，避免在诸如竞争、成本及贸易等方面引发纠纷，企业间通过建立战略联盟，加强合作，共同维护竞争秩序。

对药品生产经营企业来说，战略联盟适合产业链非关键点的整合。企业需明确自身在战略联盟中的地位和作用，若拿自己的核心竞争力参与联盟，可能会损害企业自身的利益。

第四节 不同竞争地位药品企业的竞争战略

在同一目标市场中，各企业实力不同，所占市场份额不同，在竞争中所处的地位也各不相同，根据市场竞争地位，可将它们分为市场领先者、市场挑战者、市场跟随者和市场补缺者。企业应当根据自身市场地位的不同，制定不同的竞争战略。

一、药品市场领先者战略

药品市场领先者指药品在市场中占有率最高的企业，通常认为它的促销强度、价格变动、分销渠道、新药研发等在行业内都处于引领地位。市场领先者为了保住自己的市场霸主地位，可采取扩大市场需求、保护市场占有率、提高市场占有率三种战略来不断提高市场占有率。

（一）扩大市场需求总量

当一个行业市场需求总量扩大时，受益最大的是处于领先地位的企业，因此其扩大需求总量的动力最强。一般来说，市场领先者可从以下 3 个方面扩大市场需求总量。

1. 开发新用户

每类药品总有其吸引新购买者的潜力。顾客也许根本不知道有这类药品，或者因为其价格、性能等因素而拒绝使用该药品。当市场在一定时期内相对稳定时，想要提高市场需求总量就需要开发新用户。例如，山东东阿阿胶股份有限公司是阿胶产业市场的领先者，为了扩大阿胶市场的需求总量，宣传男士也需要补血，并推出适合男士用的阿胶，成功开发了新用户。

2. 开辟新用途

开辟新用途也是扩大市场需求总量的方法，如阿司匹林从诞生至今，其治疗范围已经从最初的解热镇痛延伸至心血管领域，使用人数大幅增加。

3. 增加使用量

增加使用量同样能够扩大市场需求总量，如洗发水制造商宣传每日洗发，牙膏制造商将牙膏管口扩大并宣传每天要刷三次牙，都是增加产品使用量，扩大市场需求总量。当然，药品有严格的使用剂量，增加使用量要慎重，必须有科学依据，并获得国家药品监督管理部门的批准。

（二）保护市场占有率

市场领先者在想方设法扩大市场总需求时，还要时刻提防挑战者的威胁，注意保护自己的现有市场。保护市场占有率的战略可以分为以下 6 种。

1. 阵地防御

阵地防御最基本的观念是在企业的现有市场建立防御体系，以防备竞争者的进攻。这是一种静态的、保守的防御策略。简单地防守产品的现有市场地位是营销近视的表现，难以适应瞬息万变的竞争市场。

2. 侧翼防御

侧翼防御的核心是加强市场薄弱环节的防御以防备竞争者的进攻。侧翼防御的基本方法是增加市场投入，建立更加坚固的侧翼阵地，以有效地防守薄弱市场领域，阻挡竞争者的进攻。

3. 以攻为守

以攻为守的核心是采用先发制人的手段，在竞争者向自己进攻之前，提前发动攻势。以攻为守是建设性的防御措施。对市场领先者而言，进攻就是最好的防御，即不断创新，掌握主动，抓住竞争对手的弱点主动出击，持续提升自己的竞争能力。

4. 反攻防御

当市场领先者面临竞争对手的进攻，如大幅削价、大力促销、产品改进或销售区被入侵时，市场领先者应主动反击，或正面回击进攻者，或向侧翼包抄进攻者。反击防御也可以采取"围魏救赵"的策略，即当市场领先者的领域受到攻击时，一个有效的反攻是侵入攻击者的主要市场区域，迫使其撤回其营销力量以保卫原来的市场。

5. 运动防御

运动防御也叫机动防御，它要求市场领先者不但要积极防守现有市场，还要将其市场扩展到可作为未来防御和进攻中心的新领域。扩展到新领域的方法主要有市场拓展和市场多元化策略。如某些制药企业在激烈的市场竞争中，迅速进入保健品、化妆品等行业。运动防御策略应遵循两个基本原则：目标原则（追求一个清晰明确和可达成的目标）和密集原则（把市场营销力量集中在竞争对手的弱点上）。

6. 收缩防御

任何企业的资源都是有限的，资源过于分散会导致薄弱环节增多。如果市场领先者的某些领域被竞争者蚕食，有效的策略应是有计划收缩（战略撤退）。有计划收缩不是放弃市场，而是放弃较弱的领域，把力量重新分配到较强的领域中，即加强核心市场或核心产品的防御，强化核心竞争力。

（三）提高市场占有率

1. 创新营销模式

创新营销模式是提高市场占有率广泛使用的手段，药品生产经营企业可以通过创新业务模式，进一步提高市场占有率。

2. 提高药学服务水平

提高药学服务水平能够提高品牌的知名度和客户忠诚度，从而吸引新客户，留住老客户，进一步提高市场占有率。

3. 增加营销费用

营销费用包括推销员费用、广告费用、促销费用等。增加营销费用实质是加大促销力度，进一步刺激消费，提高市场占有率。

4. 谨慎地使用价格战

降价是提高市场占有率最简单也是最常用的手段，降价可以吸引更多的消费者。但是，价格战是把"双刃剑"，在提高市场占有率的同时，往往会降低企业利润。价格战容易引起竞争者的联合反击。

总之，提高市场占有率可以扩大企业的规模，产生规模效应，降低成本，从而获得更多利润。在提高市场占有率时，需要考虑企业自身生产经营成本，不能仅仅为了获取更多市场份额而盲目扩张。药品市场营销要采取营销组合战略，花最少的费用，获取最大的收益。另外，还要注意反垄断法的限制，否则会在一些国家受到政府干预。

二、药品市场挑战者战略

药品市场挑战者在制定战略时，首先确定战略目标和挑战对象，然后选择合适的挑战策略。挑战者的战略目标一般为提高自身市场份额，削减对方市场份额。挑战对象可以是市场领先者，也可以是与自己规模相同的药品生产经营企业，或者是规模较小的企业。当选择挑战市场领先者时，企业的目标可能是夺取市场份额；当攻击较小规模的企业时，企业的目标则是将较小企业逐出市场。在选择挑战战略时，企业应该把竞争优势集中在关键点上，以取得决定性的胜利。药品市场挑战者主要有正面进攻、侧翼进攻、包围进攻、迂回进攻、游击进攻等五种战略。

（一）正面进攻

正面进攻指挑战者集中全部力量争夺竞争对手的核心市场。这是较为传统的一种竞争战略，是处于挑战地位的药品生产经营企业有足够的实力且不甘于目前的市场地位，向市场领先者挑战时所采用的进攻方式。在开展正面进攻前，需要对双方实力和可能产生的后果进行评估，同时要确保企业拥有绝对的竞争优势，一般投入市场竞争力量至少为 3∶1，否则正面进攻就等于自杀行动。药品生产经营企业不能将所有资源全部投入，要留有余地。

（二）侧翼进攻

侧翼进攻指挑战者集中优势力量攻击竞争对手的薄弱市场。采用侧翼进攻时，药品生产经营企业需要快速反应，并强化自身核心竞争力。侧翼进攻对那些拥有资源少于竞争对手的挑战者具有较大的吸引力。如果企业不能用实力压倒竞争对手，就可以采用避实就虚的策略来出奇制胜。

（三）包围进攻

包围进攻是一种全方位的大规模进攻。当挑战者拥有较强的资源优势时，就可以采用这种方法。药品生产经营企业需要向市场提供比竞争对手质量更好、价格更优的产品和服务。包围进攻必须具备一定的前提条件，就是进攻者比对手具有资源优势，能够完成和足够快地取得竞争胜利。

（四）迂回进攻

迂回进攻指避免与竞争对手正面进攻，在对方没有防备的市场领域全力进攻。药品生产经营企业实施这种战略的常见方法有：开发新产品以满足未被竞争对手满足的市场；采取多样化战略，经营无关联产品；用现有产品打入新的市场；引进新技术以取代现有产品等。

（五）游击进攻

游击进攻适用于一些规模较小、力量较弱的药品企业，一般没有固定的攻击范围和攻击对象。游击进攻常用的方法包括有选择地降价和密集地促销等。通过长期持续的游击进攻，最终获得较稳固的市场地位。

三、药品市场跟随者战略

市场跟随者也必须确定明确的战略。市场跟随者必须知道如何保持现有的顾客和如何争取新顾客。市场跟随者要避免与市场领先者正面冲突，却无法回避成为市场挑战者攻击的主要目标。因此，市场跟随者要努力营造自己的特色与优势，保持较低的成本和较高产品质量及服务。市场跟随者的战略有紧密跟随、有距离跟随、有选择跟随、投机跟随等四种形式。

（一）紧密跟随

紧密跟随，即"仿制者"，指药品生产经营企业在所有方面，包括产品、价格、渠道、促销等全部模仿市场领先者，完全没有创新的战略，但品牌名稍有区别。

（二）有距离跟随

有距离跟随，即"模仿者"，指药品生产经营企业在主要方面，如目标市场、产品创新、价格水平、分销渠道等方面追随市场领先者，但仍与市场领先者保持若干差异。

（三）有选择跟随

有选择跟随，即"改变者"，指药品生产经营企业接受领先者的产品，并改变或改进其产品。改变者可以选择不同的市场销售产品,以避免与领先者的直接冲突。通过创新,许多改变者成长为将来的挑战者。

(四)投机跟随

投机跟随,即"投机者",仿冒领先者的产品和包装,在非公开渠道上销售或卖给名誉不好的经销商。其实质是冒充其他企业的品牌,对知名品牌是一种巨大威胁,俗称"假冒伪劣产品",这种跟随者,要承担极大的法律风险,必须严格打击和清除。

总之,在市场竞争中,市场领先者往往因其市场地位和份额而获利丰厚,但市场追随者也常常有事半功倍的机会。在新技术、新产品的研发方面,往往是市场领先者投入最大,如果不能及时获得回报,反而会出现经营困难,常常是为后来者铺平了道路,为他人做嫁衣。如果跟随者的模仿跟进能力强,可以实现后来者居上。

四、药品市场补缺者战略

市场补缺者也被称为市场利基者,即"有获取利益的基础",指选择某一小的细分市场或大公司无意或无暇顾及的细分市场进行专业化经营并以此为经营战略的企业。理想的利基市场应具备以下主要特征:市场具有足够的规模,企业能够盈利;市场具备持续发展的潜力;市场较小、差异性大,较大的竞争者无暇或无意顾及;企业能够提供特色产品和服务;企业整体实力足以抵挡较大的竞争者进入。如治疗罕见病的药品市场,由于这个市场患者总量很小,大型药品企业不感兴趣而放弃,药品市场补缺者可以此细分市场为目标,提供相应的产品或服务。

市场补缺者的战略核心是创造专业化优势。药品生产经营企业选择一种扬长避短的专业化模式,其主要实现途径有以下几个方面:最终用户专业化;纵向专业化;顾客专业化;地理位置专业化;产品或产品线专业化;客户订单专业化;质量-价格专业化;服务项目专业化;营销渠道专业化等。

在市场竞争日益激烈的今天,无论企业大小,市场补缺者战略已经成为普遍认可的一种生存选择。持之以恒地创造补缺市场、专注补缺市场、保护补缺市场、拓展补缺市场,正是无数"隐形冠军"药品生产经营企业持续成长并基业长青的根本法则。

市场补缺者战略的主要风险是市场补缺点可能会消失或遭到攻击。市场补缺者一般实力较弱,可选择两个以上细分市场进行开发,这样可以分散风险,同时有利于不断创造新的补缺市场。

案例分析与思考题

一、案例分析题

1. 云南白药集团股份有限公司的差异化竞争战略

【案例内容】

云南白药集团股份有限公司(以下简称云南白药集团)是中华老字号中最具有创新力的代表企业。该公司的核心产品云南白药是一种历史悠久的止血产品,问世百年来,其神奇的疗效在民间享有很高的品牌知名度。当强生公司邦迪牌创可贴进入中国市场后,云南白药集团旗下最具知名度的产品白药散剂的销量受到了巨大冲击。由于创可贴使用方便,价格便宜，很快便被众多消费者当作轻微创伤出血治疗时的首选。云南白药集团管理层在对创可贴进行详细分析后，发现了其中的一个关键问题，即在消费者心目中，创可贴只是一块胶布，不是药。胶布对于伤口治疗效果有限，而如果将药物和胶布联合起来，与现有产品相比，呈现明显的差异化，会获得消费者的认可。于是，云南白药集团与德国一家历史悠久的创可贴制造商合作，将对方在材料技术上的优势与自己的药品优势相结合，生产带有药物的创可贴。这样云南白药集团避开了与邦迪牌创可贴的正面冲突。云南白药集团将这种药物加胶布的新产品投放市场后，获得较理想的市场份额。邦迪牌创可贴面对云南白药集团的紧逼，也积极寻找对策。强生公司开发了一系列新产品，如防水创可贴、弹性创可贴等，产品投放到市场后很受欢迎。云南白药集团迅速反击，针对防水创可贴防水不透气的特点，迅速研发出防水透气创可贴。邦迪创可贴又利用奥运会合作伙伴的身份，利用差异化战略，推出了奥运卡通创可贴，云南白药集团不甘落后，也推出了自己的卡通创可贴。甚至进一步细分市场，生产出女性创可贴和儿童创可贴。其中儿童创可贴上画有可爱的卡通造型，女性创可贴上还能散发出香味。随后，云南白药集团又在销售终端、广告促销等方面进行改进，最终云南白药集团取得了国内创可贴市场占有率第一的辉煌成绩。云南白药集团的差异化战略，还进一步延伸到日用品领域，它将药物与牙膏融合，生产出"云南白药牙膏"。由于其防止牙龈出血的功能性定位准确，与其他产品差异化明显，迅速占领了功能性牙膏的高端市场。这种将传统药物与现代日用品相结合的做法，将原先在医院药店销售的产品投放进超市、商场。消费群体和市场充分扩大，改变了传统药物的消费模式，也为企业赢得了极大收益。

资料来源：郭育妮，饶佳宁．云南白药品牌差异化战略及对传统企业的启示［J］．现代商贸工业，2017（13）：58-61．

【问题与启示】

请结合本案例理解差异化战略在营销过程中的作用。

2. 以剂型特色优势创造差异化的竞争策略

【案例内容】

各种藿香正气产品同宗同源，都来源于宋朝《太平惠民和剂局方》的藿香正气散。随着制药技术的发展，藿香正气品类相继出现了蜜丸、水丸、胶囊、软胶囊、滴丸等剂型，市场竞争异常激烈。

藿香正气类药品解暑防暑功能深入人心，是众所周知的降暑良药。国家药品监督管理局核发批准文号多达400多个，正常生产的厂家多达100多家，各大品牌发挥各自优势竞相争抢市场，其中以太极集团有限公司的藿香正气液率先进行品牌化运作，成为全国性领导品牌；天士力医药集团股份有限公司、神威药业集团有限公司等企业依靠产品剂型优势和利润空间，抢占部分区域市场。

面临如此竞争局面，神威药业集团有限公司的藿香正气软胶囊如何破局？这需要找准产品核心价值，与竞争者形成差异化的竞争优势。一方面，要与中低端的藿香正气水形成区隔，脱离低价格区间；另一方面，要与太极集团有限公司的藿香正气液及天士力医药集团股份有限公司的藿香正气滴丸形成区别，在中高价位保持产品品牌差异性和特色优势。

上海桑迪营销咨询集团公司对防暑、降暑消费行为调研发现：其一，消费者对于藿香的认知以"防暑、解暑"的功能为主，但对治疗"胃肠不适"和"水土不服"认知还处于模糊状态；其二，由于受价格和认知的影响，不同人群对剂型选择偏好差异较大，老年群体多数为习惯性购买水剂、合剂、片剂、丸剂等剂型产品，而中青年消费者因快速便捷的现代生活方式，偏向于口服液软胶囊、滴丸等剂型，更关注"药效强、是否含有酒精、口感如何、携带是否方便"等因素，大多数中青年消费者都期望在"口感、便携性、药效"等方面有所升级。

太极集团有限公司的藿香正气液从几年前开始品牌运作，将"液"与"水"进行区隔，以明星代言人的方式宣传"无酒精、无糖、口感好"的卖点，占据防暑、降暑药品市场的绝对份额；2016年尝试性对胃肠型感冒的适应证细分市场的挖掘，诉求"呕吐、腹胀、腹痛"症状；2017年则针对泰国旅游市场，延伸"水土不服"的诉求。虽然藿香正气液不断拓展新适应证，但万变不离其宗，依旧以"液"的剂型优势和"不含酒精，每天两支"的核心广告词进行品牌传播。

天士力医药集团股份有限公司的藿香正气滴丸则从工艺角度出发，通过"好藿香，滴出来"的广告语突出滴丸独家剂型的差异，选择与大中型连锁店战略合作，通过终端首推，抢占一定的市场份额。

神威药业集团有限公司对藿香正气软胶囊进行深入研究，深挖品类机会。藿香正气软胶囊同样具有"浓度高、不挥发、无酒精"的剂型特点，且有效成分含量高、药效强，标示性成份"厚朴酚"含量是藿香正气液的4倍，是滴丸的2倍；"陈皮苷"含量是藿香正气液的12倍，滴丸的2倍；承接着"药效好、不苦口、易携带、无酒精、浓度高"的消费者利益点。

经过反复求证，神威药业集团有限公司最终确定以剂型区隔来对藿香正气软胶囊进行差异化定位，将"好藿香"与"软胶囊"紧密关联，创意广告语"神威好藿香，浓缩软胶囊"，将软胶囊剂型特点转化为消费者买点。

神威药业集团有限公司藿香正气软胶囊通过"神威好藿香，浓缩软胶囊"的差异化产品定位，打造软胶囊卡通形象，突出软胶囊剂型优势，与藿香正气液、藿香正气滴丸形成三分天下的格局。

资料来源：张继明．标杆［M］．北京：光明日报出版社，2018．

【问题与启示】
1. 结合本案例分析藿香正气产品的差异化竞争策略。
2. 结合本案例学习如何挖掘产品的"卖点"。

二、思考题

1. 如何正确识别竞争者？
2. 怎样根据竞争者的优势和劣势制定竞争战略？
3. 药品市场基本竞争战略有哪几种？各有什么特点？
4. 药品生产经营企业竞争地位可分为哪几种？
5. 不同竞争地位的企业在竞争过程中应该采用何种战略？
6. 简述药品市场补缺者战略的基本实现途径。

课件　　　视频讲解

第十章 药品市场细分与市场定位

现代医药企业面对的顾客是一个复杂多变的群体，其消费心理、购买习惯、收入水平和所处的地理和文化环境等存在较大的差别，不同顾客对药品的需求和消费行为有很大的差异性。任何规模的医药企业，都无法满足整体医药市场的全部需求。医药企业要在市场调研的基础上，进行市场细分（segmenting）、目标市场选择（targeting）与市场定位（positioning），这是企业营销战略的三要素，也被称为 STP 营销战略。本章主要介绍药品经营市场细分、目标市场选择和市场定位的概念、方法、过程、步骤和重要意义。

第一节 药品市场细分

一、药品市场细分的概念和意义

（一）药品市场细分的概念

药品市场细分（pharmic market segmentation）指药品生产经营企业在市场调研与预测的基础上，依据消费者或用户需要与欲望、购买行为和购买习惯等方面的明显差异性，将一个总体药品市场划分为若干个具有共同特征的"子市场"的过程。每个"子市场"由在一个市场上有可识别的相同的购买欲望、购买能力、地理位置、购买态度和购买习惯的消费者群所组成。

市场细分的概念是由美国市场学家温德尔·史密斯于 1956 年提出来的。市场细分产生的背景是随着社会生产力水平的发展和生产规模的扩大，企业之间的竞争日益激烈，产品的品种和规格越来越多；同时人们的收入水平不断提高，消费者的需求日益多样化，这些都给大众化营销造成了较大的困难，从而导致了市场细分概念的提出。市场细分既是市场营销学中的一个重要理论原则，又是一项十分有价值的营销实践技术。市场细分概念一经提出，就受到企业界和学术界的高度重视并被广泛采用。

（二）药品市场细分的意义

药品市场细分是药品市场经营活动的关键环节，在药品市场经营活动中具有基础性的地位和作用。

1. 有利于医药企业发掘新的市场机会

通过医药市场细分，企业可以对每一个细分市场的购买潜力、满足程度、竞争情况等进行分析研究，可以了解不同的消费群体需求的差异性，发现尚未满足和没有被充分满足的市场需求，并根据竞争者的经营战略和策略分析市场未被充分满足的程度，切割出适合于本企业发展的细分市场，企业根据自身的资源和目标市场的特点，制订差异化的经营策略，占领目标市场。市场细分对中小型医药企业尤为重要。由于中小型医药企业的资源能力相对有限，通过市场细分可以选择一些大企业不愿顾及、市场需求量较小的细分市场，集中力量满足该特定目标市场的需求，在某一局部市场形成相对的竞争优势，求得生存和发展。

2. 有利于选择并确定目标市场

企业资源的限制和有效的市场竞争是市场细分的动因。任何一个医药企业的人力、物力、财力都是有限的，不可能以所有的产品来满足市场全部的需求。在日益激烈的药品市场竞争中，医药企业应树立市场细分观念，针对消费者或用户需要的不同，运用市场细分原则，对医药市场进行深入研究和细分，选择并确定企业有优势、市场有潜力、竞争不激烈的目标市场，使消费者的需求得到真正的满足。

3. 有利于企业制订差异化的营销方案

通过市场细分，企业能够更准确地了解目标市场的需求信息和变化趋势，如市场需要什么样的医药产品，消费者或用户能够并愿意付出的价格，最佳的医药产品销售渠道，最佳的促销策略组合等。医药企业在全面客观地掌握目标市场需求信息的基础上，就可以整合企业内外的营销资源，制订差异化的、可操作性强的营销方案。

市场细分的作用越来越受到医药企业的重视。但是，市场细分并非分得越细越好。市场细分的最大问题是有可能增大市场经营成本和费用，药品经营市场细分必须适度把握，合理细分。

二、药品市场细分的原则

对医药企业而言，并非所有的细分市场都有意义。在具体市场经营实践中，企业应遵循市场细分的基本原则，对医药市场进行成功、有效的细分。

（一）可区分性原则

可区分性原则是指在不同的子市场之间，在概念上可清楚地加以区分。可区分性主要表现为细分市场之间的异质性和细分市场内的同质性。细分市场之间的异质性指不同细分市场中消费者的需求应具有明显的差异性，对同一组合方案，不同细分市场会有不同的反应。细分市场内的同质性指在同一细分市场中消费者或用户的需求应是相同或相似的，对同一组合方案，同一细分市场会有相同或相似的反应。

（二）可衡量性原则

可衡量性原则指应依据购买力的数据资料，能够比较准确地测量和推算市场细分后的医药市场，即细分出来的药品经营市场不仅范围明确，而且对其市场容量大小也能大致做出衡量，否则不能作为制订市场经营方案的依据，市场细分也就失去了意义。比如，在我国OTC药品市场上，在重视产品质量的情况下，有多少人更注重价格，有多少人更重视品牌；再如，治疗感冒的OTC药品市场，市场容量大约是多少。

（三）可进入性原则

可进入性原则指市场细分后的医药市场企业能够而且有优势进入。企业应有能满足细分市场的相应人力、物力、财力资源；企业的产品、价格、渠道、促销等组合策略能够在该市场上发挥作用，对消费者或用户产生积极的影响。

（四）可盈利性原则

可盈利性原则指市场细分后的医药市场应有足够的需求容量而且有一定的发展潜力，其规模足以使企业获利。医药企业在进行市场细分时，必须考虑细分市场中消费者的数量、购买能力和购买产品的频率。如果细分市场容量太小，成本大，获利小，就不值得去细分。

三、药品市场细分的依据

市场细分的依据也称市场细分变量。市场细分变量是影响消费者或用户需求差异性的因素。由于影响药品消费者市场与药品组织市场需求的因素不同，市场细分的变量也不一样。市场细分常用变量的相关内容及示例如表10-1所示。

表10-1 市场细分常用变量的相关内容及示例

市场	变量		示例
药品消费者市场	地理因素	地理位置：国家、地区；东部、中部与西部；城市市场和农村市场
		地理环境：炎热潮湿、寒冷干燥
		人口密度：稠密、稀疏
	人口因素	年龄：老年人、成人和儿童
		性别：男、女
		收入：高、中、低
		家庭生命周期：婚姻状况、孩子情况
	心理因素	社会阶层：国家与社会管理者阶层、经理人员阶层、私营企业主阶层、专业技术人员阶层、办事人员阶层、个体工商户阶层、商业服务业员工阶层、产业工人阶层、农业劳动者阶层和城乡无业失业半失业者阶层
		生活方式：朴素型、时尚型
		个性：理智型、情绪型和意志型
	行为因素	购买状态：毫无了解、已经了解、准备购买、已经购买
		购买动机：安全有效、经济实惠、购买方便、品牌偏爱
		购买频率：经常购买、不常购买
		购买习惯：医院、药店、医药电商
		购买偏好：价格、服务、广告、品牌、分销渠道
药品组织市场	用户特点	生产者、中间商、终端、政府
	用户规模	大、中、小、微
	用户的地理位置	国家、地区、城市、农村

（一）药品消费者市场细分的依据

消费者需求的差异性是市场细分的基础。消费者市场的细分依据主要有地理因素、人口因素、心理因素和行为因素等四类。

1. 地理因素

按照消费者所处的地理位置、自然环境等来细分市场是一种传统的、常用的划分市场的方法。

（1）地理位置因素：在药品市场中，以地理位置因素为依据细分市场，主要用于营销管理方面，针对不同的地理区域划分若干片区，设立若干大区或办事处，便于市场管理或协调。由于中国地域辽阔，东部、中部与西部地区间经济、社会发展不平衡，城乡差别较大，消费者对药品的需求差别较大，如城市市场和农村市场对药品的品种、价格的敏感性就有很大差别。

（2）地理环境因素：由于气候、环境等因素的影响，不同地理环境中人群的疾病具有地域性特征，对药品的需求也有一定的差别。如我国东南部地区炎热潮湿，而北部地区气候寒冷干燥。药品是特殊商品，简单地以地理特征区分药品市场，不一定能真实地反映消费者的需求共性与差异，在选择目标市场时，还需结合其他细分变量进行综合考虑。

（3）人口密度：人口密度与市场规模有着直接的联系，这一变量对 OTC 药品经营企业的市场细分很有意义。

2. 人口因素

人口因素指按照人口统计变量因素（包括年龄、性别、收入、职业、教育水平、家庭规模、家庭所处生命周期阶段、宗教、种族、国籍等）来细分消费者市场。人口因素是细分消费者市场的重要变量，因为人口变量比其他变量容易衡量，有关数据相对容易获取。消费者对药品的需求和使用频率，与人口因素有着密切的关系。

（1）年龄因素：不同年龄层次的人群，对药品有不同的需求。根据消费者的年龄因素，可将药品市场细分成若干个各具特色的市场，如老年人药品市场、成人药品市场和儿童药品市场等。

（2）性别因素：由于生理特点不同，不同性别的人群对药品的需求也有所不同。在医药市场中，女性对医药产品的需求、偏好以及购买行为有着明显的差异性和特点。如女性比较偏好减肥药品、美容产品和化妆品，如乌鸡白凤丸、太太口服液这类产品通常都是针对女性消费者的需求设计的。

（3）收入因素：购买力因素是细分市场的一种重要变量。收入水平决定人们的购买力，影响人们的用药结构、用药习惯和消费观念。高收入阶层的消费水平较高，选择药品时较多考虑品牌和质量，接受新药和特效药的观念较强，而低收入阶层选择药品时则更多地考虑价格因素。

（4）家庭生命周期因素：家庭生命周期显示了一个家庭生活的变化过程，家庭生命周期实际包含了婚姻状况和子女情况两方面。不同家庭生命周期阶段消费者的身体状况和经济负担不同，对药品的需求也有差异。

人口因素还包括家庭规模、文化程度、民族等多种变量，这些变量在不同角度、不同层面、不同程度上影响着药品市场需求。

3. 心理因素

心理因素指按照消费者的社会阶层、生活方式、个性等心理变量来细分消费者市场。随着社会经济的发展变化，消费者的心理因素对其购买行为的影响越来越大，药品企业必须予以高度关注。

（1）社会阶层因素：社会阶层指社会的某一集合，在集合内的人、家庭或团体通常具有相似的价值观、生活态度与方式、兴趣爱好与行为规范。社会阶层是影响消费者购买行为的因素，不同社会阶层的需求是不同的。医药企业可以针对不同的社会阶层的需求设计营销组合方案，占领目标市场。

（2）生活方式因素：生活方式指一个人或群体对工作、生活、消费和娱乐活动的特定习惯和方式。人们的生活方式不同，对药品的需求与偏好就有差异。生活朴素型的消费者更看重性价比，时尚的消费者追求品牌和包装。医药企业应关注不同购买者的生活方式，善于细分出某些追求相同生活方式的购买者，为他们专门设计更好满足其需求的方案。

（3）个性因素：个性指一个人比较稳定的心理倾向与心理特征，它会导致一个人对其所处环境做出相对一致和持续不断的反应。消费者的个性和价值观不同，所追求的药品就有明显的差别。如个性自信的消费者通常愿意做新的尝试，容易接受新药。

4. 行为因素

消费者由于经济状况、风俗习惯、消费心理的差异，购买行为也就有一定的差异，可以根据消费者的购买行为进行市场细分。

（1）购买状态：指消费者对某种药品或某个品牌的药品所处的认识阶段。医药企业对于处于不同购买状态的消费者可以进行细分，采取不同的策略组合。如对产品毫无了解的消费者，必须增加广告频率或加强人员促销以引起他们的关注，提高消费者对产品的认知度；对已经了解产品的消费者，要突出传播产品带给他们的核心利益；对于准备购买者，要突出传播产品销售地点和服务项目；对已经购买产品的消费者，要提醒再次购买，提高消费者对某种产品的使用率和对品牌的忠诚度。

（2）购买动机：指消费者购买商品的目的。医药企业可以根据安全有效、经济实惠、购买方便、对产品偏爱的程度等消费者的购买动机进行市场细分，便于发展和强调产品特色。

（3）购买频率：消费者对药品的使用数量和购买频率，也可以作为细分市场的变量。经常购买且大量使用某种药品的人数，可能在市场总人数中所占比重很小，但他们购买的药品数量比重却很大。在现代市场营销中，顾客关系管理就是通过提高顾客价值和满意度来建立并维持有利可图的顾客关系的整个过程。顾客关系管理的实质就是通过数据库营销、数据挖掘和直复营销，提高顾客的购买频率和忠诚度。

（4）购买习惯：消费者购买药品往往在购买地点和时间上有不同的习惯。消费者购买药品的时间主要取决于对产品的需求，购买药品的地点一般是就近购买。如消费者购买 OTC 药品，一般选择离家较近的药店购买。

（5）购买偏好：指消费者对药品的价格、服务、广告等的敏感程度以及对品牌、分销渠道的信任程度。医药企业应根据消费者不同的购买偏好，从品牌设计、产品包装、价格策略、促销方法等各方面满足消费者的需求与偏好。

（二）药品组织市场细分的依据

药品组织市场与药品消费者市场有很大的区别，组织市场属于团体性购买，组织市场有数量少、购买量大、重复购买、专业采购等特点，主要细分依据如下所述：

1. 用户特点

用户特点决定其需求的差异性，可以作为药品组织市场细分的依据。根据用户特点的不同，我国的药品组织市场可分为生产者市场、中间商市场、终端市场以及政府市场等。例如，社会药房和医院药房都属于终端市场，但是社会药房和医院药房的药品结构与用药结构差异较大，药品经营模式不尽相同。按用户特点细分药品市场，能更加突出目标市场的特色和个性，容易分析研究用户的内在需求，设计个性化的营销方案。

2. 用户规模

用户规模是组织市场细分的重要标准。用户的生产或经营规模决定了其购买力大小，大用户虽然数量少，但其生产和经营规模大，购买的数量和金额多。小用户数量多，但用户分散面广，购买数量和金额较少。医药企业应针对大、中、小、微用户的特点，分别采用不同的策略。

3. 用户的地理位置

按用户的地理位置来细分市场，方法简单，便于细分。任何一个国家或地区，由于自然资源、气候条件、社会环境、历史文化等方面的原因,将地理位置划分为若干地区,各地区的经济、社会发展水平是有区别的。医药企业可以把一个地区的目标用户作为一个整体考虑来设计组合策略,这样可以降低企业的营销费用,提高经济效益。

四、市场细分的方法和步骤

(一)市场细分的方法

1. 单一变量细分法

该方法指选择一个适当的细分依据对市场进行细分的方法。这种市场细分法通常用于对药品市场需求状况进行简单摸底,或对某些特殊药品市场进行细分。

2. 多变量综合细分法

该方法指根据影响消费者或用户需求的两种或两种以上的因素进行市场细分。比如针对糖尿病药物市场,可按年龄及病情程度将市场细分为青年患者的轻、中、重度糖尿病,中年患者的轻、中、重度糖尿病,老年患者的轻、中、重度糖尿病等九个细分市场。

3. 系列变量细分法

该方法指按照影响消费者或用户需求的诸多因素并结合企业经营的特点,由粗到细地进行市场细分。这种方法可使目标市场更加明确而具体,有利于企业更好地制订相应的市场经营策略。

(二)市场细分的步骤

药品市场细分的程序包括七个步骤,如图10-1所示。

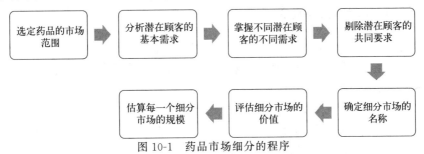

图 10-1 药品市场细分的程序

1. 选定药品的市场范围

即在企业战略目标和主要任务的指导下,对市场环境充分调研分析之后,结合企业的自身实际,从市场需求出发选定一个可能的产品市场范围。选择目标市场范围既是企业经营成功的关键,又是一项复杂的任务。

2. 分析潜在顾客的基本需求

通过市场调研和预测,了解潜在消费者或用户对药品质量、价格等方面的基本要求,为市场细分提供可靠依据。

3. 掌握不同潜在顾客的不同需求

对于药品的基本要求,不同顾客的侧重点可能会有差异。比如,有的顾客侧重于产品的疗效,有的顾客侧重于产品的安全性。通过这种差异性比较,不同顾客群体的基本需求被识别出来,初步形成若干消费需求相同或相近的细分市场。

4. 剔除潜在顾客的共同要求

对初步形成的若干个细分市场之间的共同需求加以剔除,以他们之间需求的差异性作为细分市场的基础，筛选出最能发挥企业优势的细分市场。

5. 确定细分市场的名称

根据潜在顾客基本需求的差异特征，将其划分为不同的群体或子市场，并给每一个子市场命名。细分市场命名要富于创造性和个性，善于创造新颖的概念，能抓住潜在顾客的心理。

6. 评估细分市场的价值

分析、考察、评估每一个细分市场的需求与购买行为特点，在此基础上对每一个细分市场进行再细分或重新合并。医药企业必须避免过多的、毫无意义的药品细分市场。

7. 估算每一个细分市场的规模

运用市场调研与预测工具，估计每一个细分市场的顾客数量、购买频率、每次平均的购买数量等指标，分析判断细分市场上竞争产品状况及发展趋势，估算出每一个细分市场的规模和盈利情况，为企业选择目标市场奠定基础。

第二节 药品目标市场选择

市场细分是目标市场选择的前提和基础。市场细分的根本目的在于发现市场机会，即从一系列细分市场中，选择出最适合企业经营的市场。企业选出并决定为营销对象的那些消费者或用户群就是企业的目标市场。企业的一切市场经营活动都是围绕目标市场进行的。

一、药品目标市场的概念

药品目标市场（pharmic target market）指医药企业在市场细分的基础上，依据企业资源和经营条件，结合细分市场的市场规模和发展潜力，所选定的、准备以相应的药品或服务去满足其需求的那一个或几个细分市场。

医药企业通过市场细分去发现潜在消费者或用户的需求，这种需求就是市场机会。但是并非所有的市场机会都会为企业所利用，医药企业面对众多的市场机会，必须加以选择。首先，企业的资源是有限的，任何一个医药企业都不能独立满足整个药品市场的需求；其次，并非所有的药品细分市场对某个医药企业都有吸引力，必须是能发挥企业优势、具有发展潜力的细分市场才能作为企业的目标市场；再次，选择目标市场必须与企业资源、战略目标相匹配，否则同时满足各个细分市场的需求，将造成企业资源分散和浪费，从而导致企业经济效益下降。

二、评估药品目标市场

为了正确选择和确定药品目标市场，需要对各细分市场进行评估。

（一）评估药品目标市场的需求潜量

医药企业进入某一细分市场当然期望能够盈利，如果市场规模过小或者趋于萎缩状态，企业进入后很可能难以获得发展。医药企业首先要进行药品市场需求潜量分析，即潜在细分市场是否具有适当的规模和发展潜力。药品市场规模不是越大越好，而是要适当。这里的"适当"是相对于医药企业实力而言的。虽然大市场意味着销售量大，也更容易获得规模效益，但是规模大的细分市场通常竞争激烈，需要投入大量的资源，中小型医药企业难以承受。判断市场的潜力需要企业综合考虑行业及相关的经济、技术、政治、社会等环境因素并具有敏锐的市场洞察力。

(二) 评估药品目标市场的吸引力

一个具有适度规模和良好潜力的医药细分市场,如果存在所需的原材料被一家企业所垄断;或者退出壁垒很高;或者竞争者很容易进入等问题,这个细分市场对医药企业的吸引力会大打折扣。因此,对药品细分市场的评估除了考虑其规模和发展潜力外,还要对其吸引力做出评价。迈克尔·波特的"五力模型"理论认为,有5种力量决定整个市场或其中任何一个细分市场的内在吸引力。这五种力量是:同行业竞争者、潜在的新加入竞争者、替代产品、购买者和供应商。企业在市场上一般都会受到这五种力量的威胁。药品细分市场的吸引力分析就是对这5种威胁企业长期赢利的主要因素进行综合分析和评估,从而选择有足够的市场容量、有充分发展潜力、没有被竞争企业控制或竞争还不激烈的市场。如果要进入该细分市场,企业需要有压倒竞争者的优势,否则就不应该进入该细分市场。

(三) 评估药品目标市场的机会

分析医药企业所拥有的资源条件和战略目标是否能够与细分市场的需求相匹配。首先,目标市场的选择应服从于企业的长期目标。企业的任何活动都必须与企业的战略目标保持一致,如果某一细分市场的选择虽然能给企业带来短期的利益,但不利于企业长期目标的实现或者偏离了企业的既定发展战略,则企业一定要慎重。其次,市场可能很有吸引力,但企业不具备在该细分市场获得成功所需要的资源和能力。比如,关键原材料难以获得,企业的生产、研发、营销和管理能力不足等,这时企业贸然进入可能会导致失败。再次,即使企业具备相应的资源和能力,但同竞争对手相比没有优势,也很难在竞争中取胜。只有企业内部的相对优势与目标市场上未被很好满足的消费需求相匹配,医药企业才能与目标市场相对接。总之,对市场机会的分析要综合考虑细分市场、企业自身和竞争对手三个方面的要素。

(四) 评估药品目标市场的获利状况

分析药品细分市场能给企业带来多少利润。企业经营的目的最终要落实到利润上,只有实现利润,企业才能生存和发展。药品目标市场应能够使企业获得预期的或合理的利润。

三、药品目标市场选择策略

医药企业选择目标市场的主要策略有三种,即无差异性营销策略、差异性营销策略和集中性营销策略。

(一) 无差异性营销策略

无差异性营销策略(standardized marketing strategy)指把整体药品市场看作一个大的目标市场。无差异营销策略着眼于消费者或用户在需求上的共性,不对市场进行细分,用统一的营销组合来面对所有的购买者。无差异性营销策略用单一的产品、标准的规格、统一的价格、相同的包装和商标、一致的促销来面向所有的顾客,吸引尽可能多的人来购买。无差异性营销策略如图10-2所示。

图10-2 无差异性营销策略

无差异性营销策略的最大的优点在于成本低，经济性好。首先，不对市场进行细分，可以节省营销调研、市场分析等方面的费用；其次，单一的产品可以取得较大规模生产带来的成本方面的优势，也可节省产品设计及研发费用；再次，统一的营销组合可大大节省渠道、促销方面的费用。但是随着药品市场竞争的激烈和消费者需求的日益多样化，市场对药品的安全性、有效性、稳定性、经济性的要求更高，大多数药品的无差异性营销策略很难取得成功。首先，医药消费者或用户的需求客观上千差万别并不断发生变化，一种产品长期为所有消费者或用户所接受非常罕见。其次，当众多医药企业都采用这一战略时，市场竞争异常激烈，而在一些小的细分市场上消费者需求却得不到满足，这对企业和消费者都是不利的。再次，无差异性营销策略容易受到竞争企业的攻击。当其他医药企业针对不同细分市场提供更有特色的产品和服务时，采用无差异营销策略的企业可能会无法有效地予以反击。

（二）差异性营销策略

差异性营销策略（differentiated marketing strategy）指将整体药品市场划分为若干细分市场，然后根据企业的资源与竞争优势从中选择一个或多个细分市场作为自己的目标市场，并为每个选定的细分市场制订不同的市场营销组合方案，分别开展针对性的营销活动，力争销售量最大化。对药品市场来说，针对同一种疾病，医药企业推出不同品种、不同剂型、不同规格的药品并采用不同的方式来促销，就是采取差异性营销策略。双鹤药业把胃病市场细分为"胃寒市场"和"胃热市场"，针对"胃寒市场"推出温胃舒颗粒（胶囊），针对"胃热市场"推出养胃舒颗粒（胶囊）。差异性营销策略如图 10-3 所示。

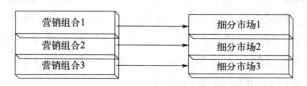

图 10-3　差异性营销策略

与无差异性营销策略相比，差异性营销策略一方面可以更好地满足消费者或用户的差异化需求，提高整体销量；另一方面，由于企业在多个细分市场上开展营销，一定程度上可以降低投资风险和经营风险。但是，实行差异性营销策略的药品企业会增加生产和营销方面的成本，导致企业的资源分散在多个领域，企业内部甚至会出现彼此争夺资源的现象。

（三）集中性营销策略

集中性营销策略（concentrated marketing strategy）又称密集性营销策略。集中性营销策略不是以整个市场也不是以多个细分市场作为目标市场，而是选择一个或少数几个细分市场，通过专业化的生产和销售更好地满足部分目标顾客的需求。采取集中性营销策略的企业不是四处出击，而是重点突破，追求的不是在较大的药品市场上占有较小的份额，而是在较小的药品市场范围内占有较大的份额。集中性营销策略如图 10-4 所示。

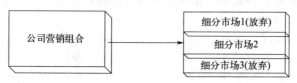

图 10-4　集中性营销策略

集中性营销策略尤其适合中小型医药企业。受资金、规模、能力等因素的制约，一些中小型医药企业可能无法在整个市场或多个细分市场上与大企业竞争，但如果集中优势资源在大企业尚未顾及或尚未建立绝对优势的某个细分市场进行竞争，成功的可能性更大。但是，集中性营销策略将资源集中于一个或少数几个细分市场，在提高企业成功率的同时也带来两个弊端：其一，市场容量相对较小，企业的长远发展可能会受到限制；其二，一旦强大的竞争对手介入、目标消费群购买力下降或兴趣转移、替代品出现等都会给企业带来极大威胁。

四、影响药品目标市场选择的因素

上述三种目标市场策略各有利弊，医药企业应综合考虑企业、产品和市场等多方面因素予以确定。

（一）企业综合能力

医药企业应综合考虑企业的研发、生产、营销、财务、管理等方面的能力。如果企业规模较大，生产及经营能力较强，资金雄厚，则可采用无差异性或差异性营销策略；反之，企业规模小、实力弱的中小型企业宜采用集中性营销策略。

（二）医药产品的特性

医药产品的特性不同，应采取的营销策略也不尽相同。对于同质性医药产品（如化学原料药），虽然产品存在质量差别，但这些差别并不明显，只要价格适宜，消费者或用户一般无特别的选择，可以采用无差异性营销策略。对于异质性医药产品（如中成药），如药品的品种、剂型、品牌等对其疗效影响较大，价格也有显著差别，消费者对产品的质量、价格、品牌等选择性强，通常要比较后再购买，这类医药产品更适合于采用差异性或集中性营销策略。

（三）药品市场的特性

如果消费者或用户对药品的需求与偏好较为接近，购买数量和使用频率大致相同，对销售渠道或促销方式的变化并不敏感，市场的同质性就高，就可以采用无差异性营销策略；如果消费者或用户对产品的需求与偏好相差较大，市场的同质性就低，则适宜采用差异性或集中性营销策略。

（四）药品所处生命周期的阶段

药品所处生命周期的阶段不同，采用的策略也有所不同。产品处于投入期和成长期，市场上竞争不激烈，通常采用无差异性营销策略。当产品进入成熟期或衰退期，市场竞争激烈，消费者或用户需求的差异性就显现出来，必须采用差异性或集中性营销战略，才能延长成熟期，维持和扩大销售量。

（五）竞争者的目标市场策略

如果主要竞争者采用无差异性营销策略，为了避免直接、正面的对抗性竞争，企业可以采用差异性或集中性营销策略；如果竞争对手采用差异性营销策略，为了在竞争中获得优势，企业需要在更深层次细分市场的基础上，采用更高层次的差异性营销战略或集中性营销战略。

总之，选择适合于自身企业的目标市场经营策略，是一项复杂的、动态的、实践性较强的工作。医药企业要通过调研、分析和预测，综合考虑企业内部环境、行业宏观环境以及竞争者的情况，掌握市场变化趋势，扬长避短，突出特色，选择恰当的、灵活的目标市场策略。

第三节　药品市场定位

定位是市场营销的灵魂。随着众多药品品牌的不断涌现，药品市场竞争日益激烈，消费者在越来越多的产品、品牌和企业面前已显得无所适从。医药企业必须通过市场定位，使自己的企业、品牌、产品与众不同，进而在消费者或用户心目中占有一定的位置。

一、药品市场定位的概念和作用

（一）药品市场定位的概念

药品市场定位（pharmaceutical market positioning）指医药企业为自己的产品或服务创立鲜明的有别于竞争者的特色和个性，并通过实施有效的营销组合，从而在目标顾客心目中占有一个独特的、有价值的位置的过程。

医药市场定位的核心就是要塑造本企业产品与竞争者产品相区别的特色，也就是要使本企业的产品"差异化"。医药产品实现"差异化"的途径很多，可以是产品实体的差异化（如药品的成份、晶型、剂型、规格、辅料等方面），也可以是价格、渠道、促销、服务上的差异化（如某些医药企业采用互联网销售OTC药品就是渠道的差异化）。

对于医药新产品，企业应该尽量明确、细化、锁定目标顾客群，确定精准的市场定位；对于已上市的有多家企业生产经营的药品，由于市场竞争激烈，企业应创造新的产品"差异点"。如哈药集团三精制药股份有限公司生产的三精牌"葡萄糖酸钙口服液"，就是利用最简单、最有效的"蓝瓶的"包装，用蓝瓶暗示高科技、高纯净度、强功效等利益点，创造了鲜明的差异化，塑造了企业品牌形象，迎合了消费者的偏好，维持并扩大市场份额。

（二）药品市场定位的作用

市场定位是关系到企业生存和发展的大事。被誉为"现代营销学之父"的菲利普·科特勒博士说过，"面对竞争激烈的市场，一个公司必须努力寻找能使它的产品产生差异化的特定方法，以赢得竞争优势。"市场定位的根本目的是为了使企业形成自己鲜明的特色，提炼出相对竞争优势，创造出"鹤立鸡群"的市场效果。

1. 市场定位有利于医药企业找准自己的"生态位"

医药企业根据竞争者或其产品在市场上所处的位置，针对消费者或用户对产品某种特征、属性等的重视程度，从而使本企业或本企业品牌及产品在市场上确定适当的位置，找准自己的"生态位"，形成"错位经营"。例如，武汉健民药业集团股份有限公司定位于中成药小儿用药市场，美国强生公司专注于婴幼儿药品的研制和开发。

2. 市场定位有利于医药企业彰显自己的特色

医药企业通过市场定位，强有力地塑造出本企业或本企业产品与众不同的、鲜明的形象，并把这种形象生动地传递给顾客。例如，辅仁药业集团有限公司将自身定位于做中国最大的非专利药的供应商。

3. 市场定位有利于医药企业优化资源配置

资源总是稀缺的，医药企业通过定位可以将有限的经营资源集中于优势产品或目标市场，形成聚焦，创造局部竞争优势。例如，浙江康恩贝制药股份有限公司的前列康普乐安片定位于前列腺疾病的"小市场"。

二、药品市场定位的层次

药品市场定位分为产品定位、品牌定位和企业定位三个层次。这三个层次相互制约、相互影响、相互促进。本章内容以产品定位为重点，兼顾品牌定位和企业定位。

（一）产品定位

产品定位的重点是让某个具体的医药产品给消费者或用户留下深刻印象。产品定位是所有定位的基础和依托。顾客想要获得某种利益，最终都是通过产品体现的。如果产品本身所承载的内容无法得到顾客的认可，其他的定位就无从谈起。医药企业应该独具匠心，围绕其产品的整体概念做足文章，使医药产品取得强有力的市场地位，占据并使之深深植入顾客的心中，成为他们的特定感觉和印象。

（二）品牌定位

品牌定位是以产品定位为基础，通过产品定位来实现，但是品牌已逐渐成为企业的一种无形资产，可以与产品相对脱离而单独显示其价值，甚至于品牌的价值比实物产品的价值还要高得多。基于品牌与产品的关系，医药企业可以对同一类产品使用不同品牌，不同品牌有不同的定位；医药企业也可以对各种不同的产品使用同一品牌，从而使多种产品具有相同的品牌形象。关于品牌定位在其他章节详细讨论。

（三）企业定位

企业定位处于定位阶梯的最高层，旨在公众中树立美好的企业形象，给企业带来长期的经济效益和社会效益。企业定位的内容和范围广泛。一个良好的企业形象和较高的社会地位不仅应得到消费者认可，而且还应得到与企业有关的所有人员和机构认可，包括供应商、销售商、投资者（股东）、政府、新闻媒体、有关专家等。

三、药品市场定位的原则

为了保证药品市场定位的有效性，医药企业应遵循以下原则。

（一）重要性原则

药品的定位必须突出重点，体现能够引起消费者或用户关注的特色和个性。如消费者购买药品一般比较关注疗效与价格，"定位点"应集中在独特的疗效与适当的价格上。

（二）独特性原则

药品的定位应是与众不同的、区别于竞争对手的、不易被竞争对手模仿的产品。

（三）可传达性原则

药品的定位应易于传递给顾客，并被顾客正确理解。如可以通过广告等促销手段让消费者或用户正确理解。

（四）可接近性原则

药品的定位要考虑顾客的购买能力，如果企业只关注产品的特色而导致成本过高，超过消费者的支付能力，那么定位也是无效的。

(五)可盈利性原则

药品的定位要能使企业获取预期的利润，否则市场定位对企业来说是没有意义的。

四、药品市场定位的方法

(一)产品属性(特征)定位

产品属性(特征)定位是回归产品本质，结合产品本身固有的特色找出真正的利益点，强调产品区别于同类产品的某一特性，而不是用统一的模式去套用所有的产品。如某一种感冒药，如果不含抑制中枢神经系统的药物成分，就可以作为特性而定位。

(二)产品利益定位

产品利益定位是强调产品给消费者带来的利益。购买药品所追求的核心利益是疗效。如感冒药"白加黑"，强调"白天服白片不瞌睡，晚上服黑片睡得香"，服用感冒药可以对日常生活不产生影响，这一与众不同的利益特点。

(三)产品质量和价格定位

产品质量和价格定位强调质量和价格与众不同。在消费者心目中，价格与质量一般是一致的。例如控释、缓释和靶向制剂，由于工艺的改进和技术的提高，药品的生物利用度更高，药效作用好，给消费者带来很大方便，即使价格稍高，消费者也可以接受。具有自主知识产权的药品、自主品牌药品、进口药品常常采用此种策略，并被广大消费者所接受。如北京同仁堂的中成药，是中华老字号品牌，药品价格较高。又如华北制药集团有限责任公司的"青霉素V钾片"内控质量指标超过《中国药典》和《英国药典》的质量指标，率先在国内通过万例免皮试试验，获政府免皮试批文，其临床不良反应发生率低于美国、德国公司的进口产品。

(四)产品用途定位

产品用途定位指根据其适应证来突出自身的特色。例如吗丁啉在推向中国市场初期，定位于止呕吐药，销售并不理想，后来定位于治疗消化不良的药物，并创造了"胃动力"的概念，销售大获成功。用途定位既可强调产品的特殊用途，也可强调产品的新用途。如阿司匹林是传统的解热镇痛药，后来发现它具有抗血栓形成的新用途，就可定位为预防心脑血管疾病药物。对于药品而言，"包治百病"的定位是极其错误的，因为消费者知道，"包治百病"就是什么病都治不了。

(五)产品使用者定位

产品使用者定位就是由产品的使用者对产品的看法确定产品的形象。如太太口服液就定位于已婚中年妇女市场。又如内蒙古亿利集团的亿利甘草良咽，通过翔实的市场调研，准确地切入到一个全新的烟民市场，定位于"吸烟引起的喉部不适"，曾经一度进入同类产品销量的前5名，年销售额超过1亿元。

(六)产品竞争者定位

产品竞争者定位是指针对竞争产品，定位于与竞争者不直接有关的属性或利益，暗示自己的产品与竞争者的产品具有不同的属性或利益。如冠心丹参滴丸针对复方丹参滴丸的定位，宣传其"不含冰片"。

(七)产品品种(品类)定位

产品品种(品类)定位强调产品品种(品类)的归属。如新康泰克的定位,强调新康泰克与康泰克具有相似的作用,并用一个"新"字表达了不含"PPA"的信息。又如脑白金定位于礼品市场,强调其归属于礼品类。

(八)组合定位

组合定位就是综合运用上述多种方法来给产品定位。消费者或用户所关注的属性往往不是单一的,医药企业可将以上的多种因素结合起来,使顾客感觉该药品具有多重特性和多种功能。如"新盖中盖"的定位:含钙量高(质量定位);一天一片,方便(附加利益定位);效果不错(核心利益定位);还实惠(价格定位)。

在此我们着重讨论一下。

由于中成药和西药的营销有着显著的区别,中成药的产品定位和"卖点"提炼方法:我国已上市的中成药品种繁多,市场竞争激烈。对特定的中成药进行精准的市场定位,在此基础上提炼出独特的"卖点",有利于提升产品的临床价值和塑造产品品牌,从而大幅提高产品的销量。

中成药产品定位的核心就是塑造产品与竞争产品相区别的独特个性,也就是塑造产品"差异化"的亮点。这种"差异化"是多方面的,既可以是药品实体的差异化,如药品的成分、疗效、剂型、剂量等方面;也可以是服务、价格、渠道、形象上的差异化。中成药的历史、来源、功能主治等都是其定位的依据,常用定位策略主要有四种。

一是根据产品特殊属性定位。这种定位方法突出药品的某些与众不同的特殊属性。例如,奇正藏药消痛贴膏突出"藏药"属性。

二是使用者定位。这种定位方法突出特殊的客户群体,例如。太太口服液就是典型的使用者定位。

三是患者利益定位。患者购买药品所追求的核心利益是健康,但同时也有附加利益。例如,金嗓子喉片突出产品保护嗓子;丁桂儿脐贴强调不打针不吃药,方便儿童使用。

四是质量和价格定位。质量和价格是消费者最关注的两个因素。例如,马应龙麝香痔疮栓强调价格实惠,北京同仁堂的六味地黄丸则从药品的质量来进行定位。

产品定位以后,就要提炼它的卖点。卖点必须言简意赅,让患者记得住。中成药"卖点"提炼方法主要有以下四种。

一是从药品的疗效直接提炼卖点。药品是特殊商品,药品的疗效直接影响它的临床价值,这也是患者最为关心的要素。例如,连花清瘟胶囊的卖点就是六个字"治感冒,抗流感",鲜明地表达了产品的功能主治和疗效。

二是从药品的历史渊源提炼卖点。中药品种很多来自经典名方,历史悠久。例如,古汉养生精的配方来源于长沙马王堆出土的西汉《养生方》,据此提炼出产品的卖点为:"二千年养生之道",言简意赅,定位清晰准确,容易刺激老年患者的购买欲望。

三是从药品的使用属性提炼卖点。中药品种大多是复方制剂,由两味或多味药组成,口感会成为患者关注的焦点,尤其是儿童药。口感的优良直接影响产品的销量,金振口服液卖点为五个字:"甜甜的,止咳"。

四是从产品的社会属性提炼卖点。以目标消费者的需求、感受、期望值为出发点,表达药品所能提供的情感价值。如东阿阿胶的卖点:"熬东阿阿胶,尽儿女孝心"。有品牌名,有孝心，有动感，促使购买的驱动力很强。

五是从产品的原料提炼卖点。中成药的质量和疗效与其生产原料的质量有密切关系。例如，河南宛西制药的六味地黄丸从其原料优势提炼卖点："药材好，药才好"。

五、药品市场定位的程序和步骤

药品市场定位的程序和步骤分为三个阶段，即识别产品的差异化特征、确定产品的差异化特征、传播产品的差异化特征。

（一）识别产品的差异化特征

根据著名竞争战略专家迈克尔·波特的观点，企业的竞争优势通常表现在成本优势和差异化优势两个方面。成本优势使企业能够以比竞争者低廉的价格销售相同质量的产品，或以相同的价格水平销售更高质量水平的产品。差异化优势则是指企业在质量、功能、品种、规格、外观、服务等方面具有比竞争者更好地满足顾客需求的能力。市场定位的基础就是差异化，定位的过程实际上就是基于顾客导向的差异化竞争优势识别和形成的过程。

为了形成差异化的竞争优势，医药企业首先必须进行市场调研，切实了解目标市场需求特点及这些需求被满足的程度。一个医药企业能否比竞争者更深入、更全面地了解顾客，是能否取得竞争优势、实现差异化的关键。另外，医药企业还必须了解竞争对手的优势与劣势以及在顾客心目中的位置。通过对顾客需求的认知、对竞争对手的判断及对自身能力的把握，结合药品的特征，初步确定一些有可能作为定位的差异化特征的备选方案。

（二）确定产品的差异化特征

确定产品的差异化特征指企业通过判断顾客对药品的功效、剂型、质量、价格、稳定性、安全性、使用方法、包装设计等要素变量的重视程度，并与主要竞争者的产品定位进行比较，经综合权衡后确定药品独特的、差异化的核心属性，即确定产品的"卖点"。一般而言，每一种药品应确定一个核心"卖点"，并坚持这一独特的销售主张，并使它成为这一类药品的"第一名"。（购买者趋向于熟记"第一名"）。单一性的定位未必总是最佳选择。如果有两家以上的公司定位于同样的属性，单一性的定位策略就失去了竞争力。双重定位甚至三重定位也是有可能的。比如修正药业"斯达舒"药品的定位："胃痛、胃酸、胃胀，请用斯达舒"，就是三重定位，在市场上得到了消费者的认可。但是"卖点"数量必须适度，否则会适得其反。

（三）传播产品的差异化特征

传播产品的差异化特征就是将确定的差异化优势让目标受众了解和感知的过程。一是让顾客知道、了解定位的意图；二是让顾客理解并接受定位点，从而留下印象，形成记忆。为了准确、有效地传播产品的定位观念，首先应将定位的基本思想加以描述，主要明确产品的类别及与其他产品的区别；其次，要将理性的定位诉求转化成能够让顾客理解并产生共鸣的心理价值，以引发受众的购买欲望和行为；最后，要确定传播的渠道及具体的传播方式，把产品个性与形象传达给顾客。

六、药品市场定位策略

药品市场定位策略可以从产品的实体特征、消费者的心理需求和竞争者的产品对比中表现出来，使产品在消费者心中的差异化形象得以体现。常用的市场定位策略主要有迎头定位、避强定位、重新定位等。

（一）迎头定位策略

迎头定位指医药企业根据自身的实力，与市场上实力强劲的竞争对手进行正面竞争，使自己的产品进入与主要竞争对手相同的目标市场，争夺同样的顾客。如果与竞争对手实力相当，企业又能赋予产品以新的特色和创意时，可称为匹敌策略；如果企业实力强大，产品比竞争者具有明显优势，有把握争取多数消费者，称为取代策略。迎头定位策略能够激励企业奋发上进，一旦成功就会取得巨大的市场优势。但是，迎头定位策略有时会产生较大风险，企业必须知己知彼，尤其应清醒估计自己的实力。

（二）避强定位策略

避强定位指医药企业力图避免与目标市场上的竞争者直接对抗，通过对市场和现有产品的认真分析，发现消费者实际需求未被很好满足的部分及市场缝隙，以填补市场空白，使自己产品的某些特征或属性与竞争对手有显著的区别，并利用差异化的营销组合去开拓新的市场。避强定位策略的优点是能够迅速地在市场上站稳脚跟，并能在消费者或用户心目中迅速树立起一种形象。由于这种定位方式市场风险较少，成功率较高，为多数企业所采用。

（三）重新定位策略

如果医药企业对产品的定位不准，或者竞争者推出和本企业同类的替代性新产品，或者消费者的需求转移和疾病谱的转变导致消费者形成新的需求，从而使企业的药品不再处于最佳的位置，这时候就应考虑重新定位，即"二次定位"。重新定位旨在摆脱困境，重新获得活力与增长，制订重新定位策略时要考虑定位成本和预期效益。

总之，医药市场消费需求日趋多样化，医药企业要不断研究分析动态的市场情况，正确预测消费者需求趋势，不断修正产品的市场定位和制订合适的营销组合计划。

七、药品市场定位误区

常见的市场定位误区有定位过低、定位过窄、定位过高、定位混乱等。

（一）定位过低

定位过低指定位不足，企业没有准确把握顾客最感兴趣的定位点，顾客感受不到企业的产品究竟有何特别之处，没有在顾客心目中树立清晰的形象。

（二）定位过窄

定位过窄指定位过于狭隘，过分强调了某一药品的某一方面的特性，限制了顾客对该产品其他方面属性的了解。定位过窄的结果是产品本身可以适应更多的消费者，但传递给消费者的产品形象太狭窄，使消费者对药品了解不全面，部分消费者的需要得不到真正的满足。

（三）定位过高

定位过高是指定位过度，医药企业使用过分的宣传，或者为顾客提供过度的许诺，而企业产品的性能、属性及企业的服务质量与其定位不相符，反而使顾客难以置信。

（四）定位混乱

定位混乱指给消费者一个杂乱无章的医药企业或产品形象。由于主题太多或定位变换太频繁，使得目标顾客对产品、品牌或者企业的形象认识模糊不清，无所适从。

案例分析与思考题

一、案例分析题

1. 健民药业集团股份有限公司企业发展战略定位和产品的市场定位

【案例内容】

健民药业集团股份有限公司（以下简称"健民集团"）始创于明崇祯十年（1637年），原名"叶开泰"，享有"初清三杰""中国四大药号"的美誉。1953年，叶开泰号制药部分被改造为"武汉市健民制药厂"，2004年健民集团在上海证券交易所上市。健民集团为中华老字号企业，拥有"健民""龙牡""叶开泰"三大商标品牌，综合实力跻身全国医药企业百强之列，并设立有企业博士后科研工作站和儿童药物研究院。

龙牡壮骨颗粒是健民集团的"钻石单品"，具有强筋壮骨、和胃健脾的功效，适用于小儿食欲不振、发育迟缓、夜惊多汗等症的治疗。龙牡壮骨颗粒安全有效且可长期服用，获得了消费者的高度认可及行业多项殊荣。1994年，龙牡壮骨颗粒被评为国家首批"一级中药保护品种"（目前获得"国家一级中药保护品种"称号的仅有龙牡壮骨颗粒、片仔癀、云南白药等5个品种），是入围产品中唯一的儿童药；2007年，"龙牡"被认定为"中国驰名商标"；2015年，龙牡壮骨颗粒被国家卫生和计划生育委员会列为"中药儿童用药示范品种"。龙牡壮骨颗粒上市35年来，健民集团联合医疗机构和科研院所对其共进行了4775例循证医学研究，得到了儿科专家和权威教科书的认可。中国工程院院士、原北京儿童医院院长胡亚美指出："龙牡壮骨颗粒是中西药结合，它不只是有钙，有维生素D，而且调节脾胃，让钙很好地吸收进去，对于提高儿童的健康水平起着重要作用。"龙牡壮骨颗粒上市30多年来，创造了累积销售300亿袋，健康三代人的奇迹。

（1）健民药业集团的企业发展战略定位

2019年起，健民集团重新调整企业发展战略定位，围绕着"纵横战略"——大健康战略、研发战略、品牌战略、创新战略，聚焦儿科药，重新确立龙牡壮骨颗粒的核心产品地位，致力于将"龙牡"打造为儿童健康管理第一品牌，建成全国中成药小儿用药生产基地。

（2）龙牡壮骨颗粒的市场定位

2015年，龙牡壮骨颗粒首次更换包装，将其定位为儿童中药调理脾胃促吸收，西药补钙和维生素的中西医结合产品，开发"龙龙"和"牡牡"两个分别代表男孩、女孩的卡通形象，并且适当进行提价。

2019年，龙牡壮骨颗粒再次更换包装，产品进一步定位为一款既能调理脾胃，又能补充钙和维生素D的产品，补钙同时促进钙吸收。新包装产品进行了高科技浓缩、香橙味口感、冲水少（30ml达到最佳溶解状态）三大革新。公司以产品价值回归为核心，以龙牡壮骨颗粒为载体，通过产品重新定位、产品包装更新升级，再次进行提价。

在中国城市实体药店终端，龙牡壮骨颗粒占儿科补充营养剂用药市场的九成以上份额。2018—2020年的销售额增速分别为16.44%、14.54%、20.75%。

资料来源：仲芩.稳中求变，品质再升级！"龙牡"引领儿童健脾补钙新浪潮［N］.医药经济报，2020-08-20（14）.

【问题与启示】
(1) 分析龙牡壮骨颗粒的市场定位的方法和特色。
(2) 请结合本案例说明市场定位的目的和价值。

2. 主要品牌感冒药的市场定位

【案例内容】

目前我国4000多家制药企业中,有1000多家在生产不同种类的感冒药。因此,感冒药市场是药品竞争最为激烈的领域之一,市场竞争呈现"诸侯争霸""风起云涌"的局面。由于感冒药的特殊性,竞争的市场终端集中在医院和药店,市场竞争的主要手段是广告拉动。调查显示,占据感冒药市场绝大部分市场份额的是感康、新康泰克、泰诺、白加黑、日夜百服宁、连花清瘟胶囊等几个大品牌,而且这几个品牌都有其独特的、差异化的利益点:感康含有对病毒有一定抵抗作用的金刚烷胺,厂家提出"抗病毒,治感冒"理念以区别于其他同类产品;新康泰克大胆承诺"12小时缓解感冒症状",以独特的缓释技术、药效持续时间长为其诉求;泰诺则强调30分钟快速起效的概念——"快速消除感冒症状";白加黑和日夜百服宁另辟蹊径,采取日夜分开的给药方法,倡导白天"不嗜睡"功能;连花清瘟胶囊强调中药的广谱抗病毒作用。每个品牌都选择了一个独特卖点。新入市的感冒药要与这些品牌竞争,必须找到更加独特的"卖点"。

资料来源:罗臻,刘永忠.医药市场营销学[M].2版.北京:清华大学出版社,2019.

【问题与启示】
(1) 请结合本案例理解医药产品市场定位的方法。
(2) 你还能找出几个不同市场定位的感冒药吗?

3. 儿童装江中健胃消食片的细分市场策略

江中药业股份有限公司在对儿童助消化药市场进行全面研究分析后,决定采取市场细分策略,推出儿童装江中牌健胃消食片。公司在确定实施儿童助消化药细分市场方案后,就开始调动一切资源来制造细分品类的差异,并让消费者充分地感受到产品的"差异化"特征,打造了一个独立的品类市场。一是在产品方面,儿童装江中健胃消食片完全针对儿童需求进行设计,片型采用0.5g(成人为0.8g),在规格和容量上更适合于儿童;药片上还画有"动物"卡通图案,口味上则是采用儿童最喜爱的酸甜味道,同时在包装上显眼处标有儿童漫画头像以凸显其儿童药品的定位。这些改进使儿童装健胃消食片从各方面都能更好地满足儿童的需求,并不断提示家长这是儿童专用产品。二是在渠道方面,将儿童装江中健胃消食片尽量陈列在江中健胃消食片旁边;在条件允许的情况下,同时在儿童药品专柜进行陈列。三是在价格方面,为了更全面地覆盖儿童助消化药市场,避免价格成为购买的障碍,将零售价格定为6元,与江中健胃消食片基本持平。四是在促销方面,为广告传播提供了充裕的资金,全力抢占儿童助消化药的心智资源;其广告语"孩子不吃饭,请用江中牌健胃消食片",告知消费者儿童装江中健胃消食片是"专给儿童用的,解决孩子不吃饭问题"的,从而吸引目标消费群不断尝试和购买,使儿童装江中健胃消食片成为消费者心目中该品类的第一品牌。儿童装江中健胃消食片上市后销量快速增长,3年后年销售额达3.5亿元,5年后年销售额达5亿元。

资料来源:罗臻,刘永忠.医药市场营销学[M].2版.北京:清华大学出版

社，2019.

【问题与启示】

（1）请结合本案例学习理解药品市场细分的重要意义和市场价值。

（2）本案例的市场细分依据什么标准？

二、思考题

1. 药品消费者市场细分的依据有哪些？
2. 什么是药品目标市场？简述影响药品目标市场选择的因素。
3. 如何评估药品目标市场？
4. 什么是药品市场定位？简述药品市场定位的原则。
5. 论述药品市场定位的方法。
6. 简述药品市场定位的程序和步骤。

课件　　　　　　　视频讲解

第十一章 药品营销策略

习近平总书记在中国共产党第二十次全国代表大会上的报告中提出:"构建全国统一大市场,深化要素市场化改革,建设高标准市场体系。完善产权保护、市场准入、公平竞争、社会信用等市场经济基础制度,优化营商环境。"随着社会的发展和市场环境的复杂变化,药品市场竞争日益激烈,如何创新营销策略,打造更为有效的药品营销组合成了制药企业亟待解决的问题。本章重点介绍产品、价格、渠道、促销等药品营销策略。

第一节 产品策略

一、产品的整体概念

现代市场营销学中的"产品整体概念",指向市场提供的能够满足人们某种需要的一切东西,包括各种有形物品或无形服务的形式,如实物、劳务、场所、服务等。

在产品的整体概念中,产品由五个层次组成:即核心产品(core product)、形式产品(tangible product)、期望产品(expected product)、附加产品(augment product)和潜在产品(potential product)。如图11-1所示。

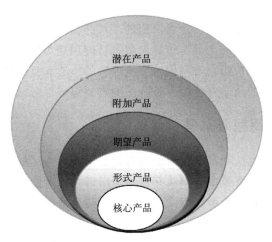

图 11-1 产品的整体概念示意图

（一）核心产品

对药品而言，核心产品是能够满足消费者预防、治疗、诊断疾病和有目的地调节人的生理机能等基本功能和效用的产品。核心产品说明了药品的本质，医药企业营销人员的任务就是将安全、有效、稳定的药品提供给目标顾客，保证消费者的核心需求得到满足。核心产品是满足消费者需要最基本的层次，是带给顾客的实际利益。

（二）形式产品

对药品而言，形式产品一般由质量、规格、剂型、商标和品牌、包装及药品说明书等几部分组成。形式产品展示的是药品的外部特征，它能满足同类消费者的各种不同需求。如药品的不同剂型和不同规格就是药品功能形式的主要体现，能够满足消费者的各种不同用药需求，药品质量、商标、包装等显示出药品的质量水平和品牌层次。

（三）期望产品

对药品而言，期望产品指消费者在购买该药品时期望得到的与药品密切相关的一整套属性的产品。在药品营销中，不同的消费者可能对药品的要求各不相同，药品应尽量满足消费者的个性化消费需求。如消费者对药品的疗效和安全性等方面的期望值就是期望产品。提供期望产品是顾客满意的前提。

（四）附加产品

附加产品也称延伸产品，指产品的各种附加利益的总和。对药品而言，附加产品主要指伴随药品使用的医药服务，其核心内容是指导消费者合理用药。附加产品的概念来源于消费者对产品深层次的需求，在药品市场营销实践活动中，给消费者提供药学专业服务等附加利益，已经成为竞争的重要手段。

（五）潜在产品

潜在产品指在附加产品层次之外的能满足消费者潜在需求的产品，它向消费者展示了产品的未来发展前景。在高新科技迅猛发展的时代，有许多潜在需求和利益还没有被消费者认识到，医药企业需要通过引导和支持更好地满足顾客的潜在需求。

产品的整体概念是建立在"需求＝产品"这一等式基础上的，其内涵和外延都是以消费者的需求为标准的，也体现了以消费者为中心的现代营销理念。也就是说，衡量一个产品的价值，是由顾客决定的，而不是由生产者决定的。对药品而言，疗效是药品的核心产品，质量、剂型、规格、包装等为形式产品，指导消费者合理用药等服务是附加产品。通过对药品的整体概念的认识，可以使医药企业明确顾客所追求的核心利益是健康需求，药品的疗效是关键，以合理用药为中心的药学专业服务是药品的重要组成部分。

二、药品的生命周期及其营销策略

任何一种产品的销售地位和利润获取能力都是处于相对变动的过程中的，随着时间的推移和市场环境的变化，有最终被市场淘汰并被迫退出市场的可能。在市场营销学中，把产品从开始设计、开发、上市直到被市场淘汰为止所经历的全部历程，称作产品的生命周期。

（一）药品生命周期的概念

药品生命周期指药品从研究开发、进入市场到最后被市场淘汰所经历的过程。根据药品市场营销特点，药品生命周期可划分为开发期、导入期、成长期、成熟期、衰退期等五个阶段。药品生命周期大多数呈现 S 形,如图 11-2 所示。

在每个阶段,药品的销售量和利润都不同,企业采取的营销策略也各异。药品是特殊商品,其生命周期与其他产品的生命周期不尽相同。专利药品都有一个相对较长的生命周期,而很多保健食品则较短。开发药品新的用途可以延长产品的生命周期。如维生素 C、阿司匹林、六味地黄丸等药品的生命周期长盛不衰,是因为不断发现其具有治疗和保健的新用途。

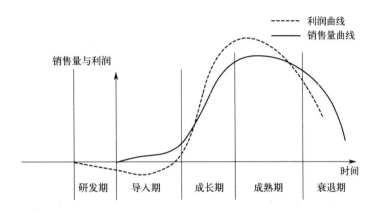

图 11-2　产品的生命周期曲线示意图

(二)药品生命周期各阶段的特点及营销策略

1. 研发期的特点与营销策略

(1) 研发期的特点　药品的开发期包括临床前研究和临床阶段两个阶段。药品开发期具有周期长、投入高、风险高等特点。这一阶段只有投入,销售和利润为零。

(2) 研发期的营销策略　这一阶段的营销策略主要是加大投入,加快产品研发进程,根据国家药品注册等有关政策进行新产品的商业前景分析预测。

2. 导入期的特点与营销策略

1) 导入期的特点　药品的导入期指新药等产品获得国家药品监督管理部门的批准,正式上市的最初销售阶段。这一阶段的特点如下所述:

一是医生和患者等消费者对新药缺乏了解,产品销售量小,且增长缓慢;

二是新药进入医院和药店的速度较慢,尚未建立最理想的渠道网络;

三是促销费用大,生产批量小,产品成本高,产品盈利少甚至亏损;

四是竞争对手少,企业承担的市场风险大。

2) 导入期的营销策略　企业营销的重点在于"快""短"和"准",应使新药尽快地被消费者所接受,缩短产品进入市场的时间,迅速占领市场,促使其向着成长期过渡,看准市场机会,确定适宜的新产品价格。这一阶段的常用策略如下所述。

(1) 产品策略:医药企业应根据市场反馈信息,加强内部管理,提高产品质量,降低生产和管理成本,努力保证新药质量安全、有效、稳定。

(2) 渠道策略:医药企业应根据新药特点,加快建设营销网络,选择销售同类产品有经验的中间商,使产品尽快进入医院等终端市场。

(3) 价格和促销策略:医药企业常用以下四种策略,具体见表 11-1。

表 11-1　产品导入期价格和促销策略

促销费用	产品定价策略	
	高	低
高	快速-掠取策略	快速-渗透策略
低	缓慢-掠取策略	缓慢-渗透策略

① 快速-掠取策略：即高价高促销策略。企业以高价配合大规模的促销活动将新产品投放市场。其目的是让消费者尽快地了解产品，先声夺人，快速打开销路，占领市场，在竞争者还没有反应之前，收回投资，并获得较高利润。实施这一策略须具备的条件：该药品的功效独特且具有较强的市场潜力；产品市场需求弹性小，消费者愿意出高价购买；市场上有较大的需求潜力；产品的技术含量高，不容易仿制，而且市场上缺少其替代的药品。

② 缓慢-掠取策略：即高价低促销策略。企业为了尽早收回投资，以高价格推出新产品，但是为了降低销售成本，只是适度地采用一些促销策略，减少支出，获得更高利润。实施这一策略须具备的条件：该药品市场容量小，市场竞争不太激烈；产品市场知晓率高，消费者愿意出高价购买；药品很难仿制，潜在的竞争者较少。

③ 快速-渗透策略：即低价高促销策略。企业以低价格推出新产品，使尽可能多的消费者购买，从而获得更高的市场份额。实施这一策略须具备的条件：该药品市场容量大，大多数消费者对产品的价格敏感；产品易仿制，潜在竞争激烈；产品的单位成本随着销售增加而降低。

④ 缓慢-渗透策略：即低价低促销策略。企业以低价格和低促销费用推出新产品，吸引消费者迅速地接受该产品，低促销可以节省费用，降低成本，弥补低价造成的低利润或亏损。实施这一策略须具备的条件：该药品的市场容量大；消费者对该药品的价格敏感；存在潜在的竞争者。

3. 成长期的特点与营销策略

（1）成长期的特点　成长期指新药经过推介上市销售，通过促销努力，逐渐被市场所接受，转入批量生产和扩大销售阶段。这一阶段的特点如下：

一是消费者对于该药品已经比较熟悉，销售量迅速增长；

二是该药品质量稳定，建立了比较理想的渠道网络；

三是该药品生产规模扩大，单位成本下降，利润显著增长；

四是对竞争者有较大的吸引力。

（2）成长期的营销策略　这一阶段的营销策略主要是突出"好"，进一步强化药品的市场地位，尽可能地提高销售增长率，扩大市场占有率。这一阶段的常用策略如下所述。

① 产品策略：医药企业根据消费者的需求和其他市场信息，开发出新剂型、新规格、新包装，满足不同消费需求，并建立完善的产品质量保证体系，进一步提高产品质量；实施品牌策略，提高企业和产品的知名度和美誉度，为成熟期的销售奠定基础。

② 价格策略：在批量生产、降低成本的基础上，根据市场竞争情况，选择适当时机对价格进行适当的调整，以争取更多的消费者，且防止潜在竞争者的介入。

③ 渠道策略：巩固原有市场，开辟新的营销渠道，进入新市场，扩大产品的市场覆盖面。

④ 促销策略：企业要继续进行大量的促销工作，促销的重点由原来的产品介绍，改变为树立企业和产品形象，创立品牌，稳定老顾客，争取新顾客。

4. 成熟期的特点与营销策略

(1) 成熟期的特点　成熟期指药品经过成长期，销量增长速度明显减缓，达到顶峰后转入缓慢下降的阶段。在成熟期阶段，药品销售和利润的增长达到顶峰后速度逐渐放缓，销量达到最大，利润平缓或略有下降。这一阶段的特点如下：

一是该药品市场趋于饱和，销售量和利润均达到最高，并有下降趋势；

二是同类药品和替代品不断进入市场，市场竞争激烈；

三是潜在消费者减少，老顾客的重复购买增多。

(2) 成熟期的营销策略　企业营销策略的重点是突出"改"，要采用各种营销策略，努力延长药品生命周期，具体策略如下所述：

① 市场改良：开发新的细分市场，寻求新的药品消费群体；重新为药品定位，或创造开发药品新用途，进一步开发市场的广度和深度。

② 产品改良：通过药品的工艺、剂型、规格、包装等的改变，进一步增加药品的安全性、有效性、稳定性，满足不同消费者的不同需求，从而扩大销量，延长成熟期。

③ 营销组合改良：通过对产品、渠道、价格、促销等策略进行深度整合，赢得更多顾客，延长产品生命周期。

5. 衰退期的特点与营销策略

1) 衰退期的特点　衰退期指药品经过成熟期，被同类新产品所替代，销量急剧下降的阶段。这一时期产品的销售量和利润急剧下降，最终因无利可图而退出市场。这一阶段的特点如下所述：

一是该药品的销量由缓慢下降变为急速下降；

二是同类新产品不断出现，消费者对该产品的兴趣发生转移；

三是该药品价格降到最低水平，企业无利可图，被迫退出市场。

2) 衰退期的营销策略　企业营销策略的重点在于"转"，积极推出新药，根据市场需求情况，保持适度的生产量以维持局部市场占有率，并做好撤退的准备。具体策略如下所述。

(1) 集中策略：企业把人力、财力、物力等营销资源集中在最有利的细分市场、最有效的销售渠道上，由于经营规模缩小，企业从该市场上仍然可以获取一定的利润。

(2) 维持策略：即保持原有的细分市场，沿用过去的营销策略将销量维持在一定水平上，适当地减少生产量，有计划地撤出，适应新老产品的交替，为新药上市创造有利条件。

(3) 转移策略：企业把目标市场从这一地区转移到另一地区，从一个国家转移到另一个国家。美国等发达国家的专利药物在专利保护快到期时常常采取这一策略。

(4) 放弃策略：当产品进入衰退期的时候已无利可图，医药企业应该果断停止生产，致力于新产品的开发。企业对进入衰退期的产品是完全放弃，还是转让放弃，要慎重考虑，妥善处理，力争将企业损失降到最低。

（三）药品其他类型的生命周期

从实际情况上看，并不是所有的药品都呈现 S 形的生命周期曲线。营销专家研究了 750 多种处方药，发现药品生命周期曲线还存在其他特殊形式。

1. 驼峰形药品生命周期曲线

这是一种是典型的循环-再循环型。即药品进入衰退期后，由于后期建立了新的营销组合，使销售量和利润再一次大幅度提高，形成驼峰式曲线如图 11-3(a) 所示，进一步延长药品的生命周期。如杭州民生药业集团公司的"21金维他",通过整合营销传播策略,其缩小的销量又有大幅度提升。此外,通过开发新市场也可以延长药品的生命周期。当某药品在某一地区进入衰退期后,进入未开发地区可延长产品的生命周期。这是外资企业进入中国市场最为常用的手段。如治疗高血压的第一代 ACEI 类药物(即血管紧张素转化酶抑制剂)巯甲丙脯酸在国外已经走向成熟期,市场开始萎缩,利润正在下降,该公司将产品打入中国等未开发的市场,从而给产品带来了第二次生命。

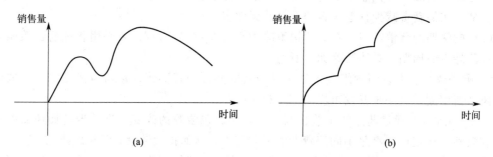

图 11-3 其他类型的产品生命周期曲线
(a) 驼峰式产品生命周期曲线;(b) 扇形产品生命周期曲线

2. 扇形药品生命周期曲线

在药品销售过程中,由于不断发现新的功能或者应用价值,使其生命周期不断延长,形成了扇形生命周期曲线如图 11-3(b) 所示。如德国拜耳公司的阿司匹林,1899 年开始作为解热镇痛药问世,后来科研人员研究发现,阿司匹林可以预防心脑血管疾病、老年性卒中和老年痴呆、结(直)肠癌,增强机体免疫力,抗衰老等,这些研究发现不断延长了阿司匹林的生命周期。

三、药品组合策略

医药企业为了满足目标市场的需求、扩大市场必须生产或者经营多种药品。企业必须根据自身资源和核心能力状况、确定最佳药品组合。

(一)药品组合及其相关概念

1. 药品产品项目、药品产品线、药品组合

(1) 药品产品项目:药品产品线中生产的不同品种、剂型、规格、质量和价格的特定药品是构成产品线的基本元素。医药企业产品目录表上列出的每一个药品都是一个产品项目,如甘肃陇神戎发药业股份有限公司的元胡止痛滴丸。

(2) 药品产品线:也称药品系列或者药品大类,指在功能上、结构上或剂型上密切相关的、能够满足同类需求的一类药品。每条药品产品线包含若干个药品产品项目。

(3) 药品组合:指一个医药企业所生产或经营的全部药品产品项目和药品产品线的有机组合及量的比例关系。医药企业的产品线和产品项目如何组合,要分析产品的宽度、长度、深度和关联度,要与企业的目标市场的需求和市场营销策略相匹配。

2. 药品组合的要素

(1) 药品组合的宽度(又称广度):指医药企业药品组合中包含的药品产品线的数量。

药品产品线越多,企业药品组合越宽,反之则越窄。药品组合的宽度能够反映一个企业市场服务的范围和承担风险的能力。如广州白云山制药股份有限公司有化学药、中成药、原料药和医疗器械四大类品种。

(2)药品组合的长度:指医药企业药品组合中各条药品产品线所包含药品项目的总和。如广州白云山制药股份有限公司生产化学药品有片剂、颗粒剂、胶囊剂、口服液、软膏剂等13条生产线,而中成药有片剂、丸剂等8条生产线。

(3)药品组合的深度:指每一条药品产品线上所包含药品项目的多少,表示某类药品中产品开发的深度。一条线上药品品种越多,深度越大。如广州白云山制药股份有限公司的化学药品的片剂生产线上有111个品种,胶囊剂有31个品种。

(4)药品组合的关联度:指一个医药企业的各条产品线之间在最终用途、生产条件、销售渠道以及其他方面相互关联的程度。如广州白云山制药股份有限公司的头孢类产品中,有头孢克肟分散片等7种片剂,头孢克肟颗粒等4种颗粒产品,头孢克肟胶囊等7种胶囊制剂,注射用头孢拉定等13种注射剂,原料药有头孢克肟等13个品种。

(二)药品组合策略

药品组合策略指企业根据市场的需求和自己的经营目标,对药品组合的宽度、广度、深度和关联度进行的优化组合策略。企业在优化产品组合策略时,应该根据市场需求、企业资源、市场竞争状况等因素,进行科学分析和综合权衡,确定合理的产品结构,并随着市场因素的变化,适时地调整和不断优化,实现企业价值最大化。

1. 常见产品组合策略

(1)全面化组合策略:指医药企业着眼于所有细分市场,提供细分市场所需的一切产品和服务。

广义的全面化组合策略不受产品关联度制约,如美国强生公司的产品覆盖面非常广泛,涉及药品、医疗器材、诊断试剂、成人和婴儿洗护产品等。狭义的全面化组合策略产品组合关联度很强,如美国辉瑞制药公司的产品组合主要在心血管、内分泌、中枢神经、关节炎、抗感染、泌尿男科、眼科和抗肿瘤等治疗领域,代表产品有立普妥、络活喜、西乐葆、万艾可等。

(2)市场专门化组合策略:指医药企业向某个专业市场(某类顾客)提供所需要的各种药品的产品组合策略。此种策略强调产品组合的宽度和关联度,其深度较浅。

(3)产品专门化组合策略:指医药企业专注于某一类药品的生产经营,并将其推销给各类顾客的产品组合策略。此种策略强调产品组合的深度和关联度,其宽度较小。

(4)有限产品组合策略:指医药企业根据自己专长集中生产经营有限的甚至是单一的产品线,以适应有限的或者单一的消费者需求的产品组合策略。

(5)特殊专业性产品组合策略:指医药企业根据某些顾客的特殊需要专门生产经营某一种特殊产品的组合策略。

(6)单一产品组合策略:指医药企业凭借自身特殊的资源,独霸某一药品市场的产品组合策略。如医药企业凭借其拥有自主知识产权的专利产品,排斥竞争者的涉足。

2. 调整产品组合策略

(1)扩大药品组合策略:指扩大药品组合的宽度、增加药品组合的深度、拓展药品组合的广度,在原产品组合中增加一条或者几条产品线,扩大生产经营范围,实现多元化经营。

（2）缩减药品组合策略：指缩小药品组合的宽度、深度，即减少产品线和产品项目，减少药品品种，缩小经营范围。缩减药品组合策略的核心是集中精力发展优势品种，提高经济效益。

（3）药品差异化策略：指采取与主要竞争对手产品特色不同的策略，改进产品结构，增加药品新功能、规格，以期望增强企业的竞争优势，从而为企业创造更多利润。

（4）药品延伸策略：指部分或者全部改变企业原有药品产品线的市场定位。延伸策略分为三种：一是向下延伸，即高端药品向中低端药品的延伸；二是向上延伸，即原来处于中低端的医药企业，在原有产品线内增加高端药品项目；三是双向延伸，即原来是中端药品，分别向上和向下延伸，一方面增加高端药品品种，另一方面增加低端药品。产品延伸策略的目的是扩大市场阵地，以赢得更多的顾客群。

总之，药品市场是不断发展和变化的，医药企业要定期对产品组合进行分析、评估和调整，实施动态的产品组合策略，力求使企业的产品组合最优化。

四、药品包装策略

包装是药品的重要组成部分，体现产品的外在质量，是消费者选择购买药品的重要依据。精美的药品包装具有美化产品、促销产品、刺激消费等作用，优化、美化药品包装是医药企业市场营销的重要策略。

（一）药品包装概述

1. 产品包装的概念

产品包装指保护产品质量和便于流通的容器或包扎物。包装的作用是多方面的，产品包装的基本功能是便于运输、陈列、销售和消费。包装是产品实体的一个重要组成部分，一般包括内包装、中包装和外包装三种。

产品包装是产品流通和消费过程中不可缺少的基本条件。大多数商品只有经过包装，才能有效地保护产品不损耗、不变质，便于流通和消费，实现产品的价值和使用价值。

2. 药品包装的特殊要求

药品是特殊商品，国家对药品包装也有更为严格的特殊要求。《药品管理法》规定："药品包装必须适合药品质量的要求，方便储存运输和医疗使用。发运中药材必须有包装。在每件包装上必须注明品名、产地、日期、调出单位，并附有质量合格的标识。""药品包装必须按照规定印有或者贴有标签并附有说明书。"

药品包装分内包装与外包装两类。药品内包装指直接与药品接触的包装（如安瓿、输液袋、片剂和胶囊的铝箔包装等），能保证药品在生产、运输、储存及使用过程中的质量，并便于指导消费者正确使用。药品内包装材料、容器的更改，应根据所选用的药品包装容器的材质，做稳定性试验，考察药品包装容器的相容性。药品外包装指内包装以外的包装，按由里向外分为中包装和大包装。外包装应根据药品的特性选用不易破损的包装，以保证药品在运输、贮藏、使用过程中的质量完好。

（二）药品包装的作用

1. 保证药品质量

药品是特殊商品，其质量与人的生命健康息息相关，选择符合药用要求的包装，保证药品质量,具有更加突出的意义。药品的包装质量要与其质量要求相匹配。良好的包装可以使得药品的质量在整个流通中不发生改变,药品使用价值得以实现。

2. 便于药品储运

药品从出厂到使用者的手中,要经过多次运输和储存环节,在储运过程中会遇到震动、挤压、碰撞、日晒、雨淋等情况,必须有良好的包装,才能使药品免受其害。另外,部分药品可能对光、热等敏感,部分药品有毒、腐蚀、挥发、易燃、易爆,这些都需要合适的包装便于储存、携带和使用,必须选用适合的包装材料。

3. 指导药品的合理使用

药品包装上都附有文字说明,具体介绍产品性能和注意事项,可以起到便于使用和指导消费的作用。随着包装材料与包装技术的发展,药品包装呈多样化,如剂量化包装,方便患者使用,亦适合于药房发售药品;如旅行保健药盒,内装风油精、去痛片、黄连素等常用药;如冠心病急救药盒,内装硝酸甘油片、速效救心丸、麝香保心丸等;包装容器采用拉环式、嵌钮式易开罐、拉链式包装盒、喷射式包装容器等,方便医疗使用。

4. 促进药品的销售

药品包装的科学化、现代化程度,一定程度上有助于显示产品的质量、生产水平,能给人一种信任感、安全感,有助于营销宣传。独具个性、精致美观的包装可以增强商品的美感,刺激消费者的购买欲望,起无声推销员的作用。据英国市场调查公司调查,一般到超市购物的妇女,受包装装潢的吸引,在现场购买的东西通常超过计划购买数量的45%。包装的功能还体现在可增强产品的吸引力,促进产品销售,尤其是OTC药品,包装显得更为重要。

5. 增加药品的价值

良好的药品包装能够提升药品的市场竞争力,提高产品的附加值。相反,一个优质的产品没有优秀的包装相匹配,产品的市场竞争力就会被削弱,降低其价值。同时,合理的包装可以减少产品的损耗,降低运输、储运成本,提高销售环节中的效率,从而增加产品的价值。如我国名贵药材人参,过去用木箱包装,售价低、销路差,后改用精致的小包装,售价平均提高30%,销量大增。

(三)药品包装的设计要求

药品包装设计是一项技术性很强的工作,既要符合在一定的条件下保持产品质量的要求,又要美观、经济、实用。具体要求如下所述:

1. 特色鲜明

药品包装必须能准确地传递产品信息,造型美观大方,图案生动形象,尽量避免雷同,图案形状要有差异化,体现产品特色,使人赏心悦目。

2. 与药品质量价格水平相匹配

药品包装要与其价值相符,如一些贵重药品(人参、鹿茸等)的包装要烘托出其高贵特征;一些百年老店生产的药品的包装应与众不同。

3. 与药品的性质相符合

药品的剂型有多种形式,其性质千差万别,有的可以常温保存,有的需要低温保存,有的需要避光，有的需要防潮，在包装上应采取相应措施保证药品质量。特殊管理的药品及危险品，包装上应有国家规定的标识。

4. 方便使用

药品包装的性状、结构、大小等应为运输、储存、携带和使用提供方便。如非处方药品的包装要便于使用、携带和储存。

5. 美观大方

药品包装设计应美观大方，形象生动，能够增加消费者的信任，并指导消费者使用。药品的性能和使用方法需要用文字表达，应有针对性的说明，如药品的适应证、功能主治、用法用量、禁忌证、注意事项、不良反应等。

6. 尊重消费者的宗教信仰与风俗习惯

药品包装所采用的色彩、图案要符合目标消费者的心理要求，尊重其宗教信仰、风俗习惯。不同地区的消费者对同一图案和色彩的含义有不同的理解，甚至是完全相反。如白色，日本人视之为喜庆色，而中国人视之为丧葬色；埃及人喜欢绿色，忌用蓝色；法国人最讨厌墨绿色，最偏爱蓝色。

7. 符合有关法律规定

我国《药品管理法》及其相关法律、法规对药品的包装作了具体规定。直接接触药品的包装材料和容器，必须符合药用要求，符合保障人体健康、安全的标准，并由药品监督管理部门在审批药品的同时一并审批。药品包装必须符合国家标准、专业标准或地方、企业标准的规定。药品包装必须按照规定印有或者贴有标签，不得夹带其他任何介绍或者宣传产品、企业的文字、音像及其他资料。凡在中国境内销售、使用的药品，其包装、标签及说明书所用文字必须以中文为主并使用国家语言文字工作委员会公布的规范化汉字。药品包装提供药品信息的标志及文字说明，字迹应清晰易辨，标识清楚醒目，不得有印字脱落或粘贴不牢等现象，并不得用粘贴、剪切的方式进行修改或补充。药品生产企业生产供上市销售的最小包装必须附有说明书。

（四）药品包装的策略

1. 类似包装策略

类似包装策略就是医药企业对其生产的各种药品，在包装外形上采用大致相同的图案、式样、近似的色彩、相同的包装材料和相同的造型，便于顾客识别出本企业产品。类似包装策略具有促销的作用，节省包装的设计、制作费用，但对于品种差异大、质量水平悬殊的药品则不宜采用此策略。

2. 组合包装策略

组合包装策略又称系列包装策略，指按照不同地区消费者的消费习惯，将相关联的产品配套包装，方便消费者购买使用，也可扩大药品的销售。如瓶装口服液包装物内配套饮用刻度杯等。

3. 再用包装策略

再用包装策略指包装内的药品使用完后，包装物可以继续其他方面的用途。这种包装策略可刺激消费者的购买欲望，而且包装物的重复使用也可起到宣传促销该药品的作用。如盆装的九芝堂驴胶补血颗粒，精美的盆可以反复使用。再用包装策略在保健品包装中较多采用，药品包装很少使用。

4. 附赠包装策略

附赠包装策略就是在商品包装物上或包装内附赠其他物品。这种策略使消费者感到有意外的收获，能够刺激消费者的购买兴趣，还能激发消费者重复购买。附赠包装策略在保健品包装中较多采用，药品包装不能使用。

5. 等级包装策略

等级包装策略就是按照药品的档次来决定产品的包装，即高档药品采用精美的包装，以突出其优质优价的形象，低档药品则采用简单包装，以突出其经济实惠的形象；或者按照消费者购买目的不同对同一药品采用不同的包装。等级包装策略一般在贵重的中药材、保健品等产品中较多采用，在治疗性药品包装中很少使用。

6. 绿色包装策略

随着消费者环保意识的增强，绿色环保成为社会发展的主题，伴随着绿色产业、绿色消费而出现的绿色营销逐渐成为医药企业营销的主流。在包装设计时体现绿色包装策略的理念，容易赢得消费者认同。如用纸质包装替代塑料袋装。

7. 分量式包装策略

分量式包装策略即根据不同消费需求或不同营销策略，对药品采取不同包装规格策略。如兰州太宝制药有限公司生产的浓缩丸系列产品，有96粒/盒包装的，也有192粒/盒包装的，分别适用不同消费者或不同市场终端。

8. 礼品式包装策略

礼品式包装策略指包装华丽，富有色彩，其目的在于提升产品档次和增添礼品气氛，满足人们交往、礼仪之需要，借物寓情，以情达意。如兰州佛慈制药股份有限公司推出的六味地黄丸礼品包装，满足了礼品市场需求，很受消费者欢迎。礼品式包装策略在滋补药品、营养品、保健品包装中较多采用，在治疗性药品包装中较少使用。

9. 改变包装策略

改变包装策略即改变和放弃原有的药品包装，改用新的包装。药品包装上的改进，与药品本身的改进一样，力争实现差异化，对产品销售有重要意义。由于包装材料、包装技术不断更新，消费者的偏好不断变化，采用新的包装可以重新激起人们的购买欲。另外，当医药企业的某种药品在市场上出现同类产品时，就应该注意改进包装设计，推陈出新，给人带来一种新鲜感。

第二节 药品价格策略

价格是企业营销组合中十分敏感的因素，也是企业促进销售、获取利润的重要营销手段。企业为了实现经营战略目标，要根据产品特点、市场需求和竞争情况，采取灵活多变的定价策略，使价格与市场营销组合中的其他因素更好地结合，从而促进和扩大销售，提高企业的整体效益。药品是与人的生命健康息息相关的特殊商品，药品价格关系到制药企业、药品经营企业、医疗机构和患者等多方的利益。因此，药品的定价策略具有一定的特殊性。

一、影响药品定价的因素

（一）药品价格的构成要素

药品价格主要由定价成本、国家税金及企业利润等方面构成。药品定价成本指价格主管部门制定价格所依据的合理成本，是医药企业生产或者经营同种药品的社会平均合理支出费用，主要由制造成本和期间费用构成。

1. 制造成本

在市场经济条件下，药品的价格水平由生产成本决定其最低限。成本是制定药品价格的关键因素。医药企业要使简单再生产顺利进行，药品的价格就必须至少等于生产经营成本。医药企业生产成本是医药企业生产过程中所支出的全部生产费用，是从已经消耗的生产资料的价值和生产者所耗费的劳动的价值转化而来，包括原料、辅料、包装材料、燃料动力、直接工资、制造费用和其他直接支出。

2. 期间费用

期间费用也称为流通费用，指商品流通过程中所支出的各种费用。期间费用是不能直接归属于某个特定产品成本的费用。药品的期间费用包括促进费用、销售机构费用、市场费用、医学费用、储运费用等。计入定价成本的期间费用按照价格主管部门的规定进行核算。制造成本加期间费用等于完全成本，也叫总成本，包括固定成本和变动成本。

3. 国家税金

国家税金指国家按规定的税率征收取得的财政收入。企业必须遵守国家税法义务缴纳税金。依照中国现行税法，国家税金按其与药品价格的关系分为以下两大类：一类是价外税，也称直接税，指直接向纳税人征收的税；另一类是价格转嫁税，也称间接税，指间接向纳税人征收的税。

4. 企业利润

企业利润指企业在一定时期内生产经营的财务成果，包括营业利润、投资收益和营业外收支净额。影响企业利润的因素主要有四个：产品的价格、产品的单位变动成本、产品的销售量、产品的固定成本。其中任何一个因素的变动都会引起企业利润的变动，甚至会使一个企业由盈变亏，也会使一个企业扭亏为盈。

（二）影响药品价格的因素

药品的价格形成及变动是比较复杂的，除了价值这个形成价格的基础因素外，还受其他多方面因素的影响和制约。

1. 市场需求

成本是制定药品价格的底线，而市场需求则是药品的上限。经济学上把商品的需求量对该商品价格变动反应的敏感程度称之为需求价格弹性。市场需求主要受人口、购买力和购买动机三方面因素的影响。购买力是顾客的支付能力，受收入和物价水平的制约；购买动机反映消费者对药品的需求程度。医药企业应根据消费者对药品的需求强度来选择价格。

2. 市场竞争

成本因素和需求因素决定了价格的下限和上限，然而在上、下限之间确定具体价格时，很大程度上要考虑市场的竞争状况。竞争性定价在当今市场上越来越普遍，价格战也越打越激烈。在缺乏竞争的情况下，医药企业可以依照消费者对价格变化的敏感性来预期价格变化的效果，然而由于有了竞争，对手的反应甚至可完全破坏企业的价格预期，因此，市场竞争是影响药品价格制定的一个非常重要的因素。

3. 国家价格政策

政府除了通过宏观控制货币发行、财政收支、信贷、积累与消费的关系影响价格的总水平外，还对有关国计民生的重要产品规定了企业的定价权限。我国采取政府定价、指导价和市场调节相结合的药品价格政策，抑制药价虚高，减少社会药费负担，同时又保证企业合理盈利，促进医药行业健康发展。随着我国医疗体制改革的不断深化，国家的药品价格政策也会做相应的调整。

4. 消费心理

对于任何一种商品，人们在消费过程中会因个人条件和环境等的不同而产生不同的消费心理，体现在对待商品价格的态度上就是所谓的价格心理。若药品定价高于消费者的心理期望值，则很难被消费者接受。研究分析消费者对药品价格的反应和心理预期是医药企业价格策略中的重要环节。消费者的药品价格心理，一般分为自尊心理、实惠心理、信誉心理、对比心理等。

5. 企业内部因素

医药企业内部的主要影响因素有三个：一是药品的疗效价值。药品的疗效价值在于其预防、治疗和诊断疾病的实际效果，是决定药品价格最基本的因素。二是药品的研发费用。创新药物研发时间长、成本高、风险大，制药企业收回投资的压力最终将体现在新药的上市价格上。三是高额的促销费用。这是药品领域的一个显著特点，也是造成药品价格持续上涨的主要因素之一。

二、药品定价的目标

定价目标指企业在对其生产或经营的产品制定价格时有意识地要求达到的目的。医药企业依据它来选择定价方法和制定价格策略。企业的定价目标既要服从于营销总目标，又要与其他营销目标相协调。医药企业的定价目标主要有以下几种。

（一）追求利润最大化

获利是企业生存和发展的必要条件，许多医药企业将利润最大化作为自己的经营目标，并以此来制定药品的价格。最大利润目标要求药品价格要尽可能的高些。但是，追求最大利润并不意味着要制定过高的价格。企业的盈利是全部收入扣除全部成本费用之后的余额，盈利的多少不仅取决于价格的高低，还取决于合理的价格所形成的需求数量的增加和销售规模的扩大。另外，企业最大利润应当从企业的总收益来计算，不能仅以短期收益来衡量，也不能仅看每个单项产品的核算。医药企业可以突出个别产品的定价，充分占领市场、创造名牌、树立企业形象，从而带动企业其他药品的销售。

（二）保持或扩大市场占有率

市场占有率是医药企业经营管理水平和竞争能力的综合表现，提高市场占有率有利于增强企业控制市场的能力，从而保证产品的销路，还可以提高企业控制价格水平的能力，从而使企业获得较高的利润。市场占有率与利润的相关性很强，从长期来看，较高的市场占有率必然带来高利润。以保持或扩大市场占有率为定价目标，要求医药企业在制定药品价格时以是否有利于维持或扩大本企业或本药品的市场占有率为依据。医药企业应根据自身的生产经营能力、营销组合的配套安排、市场需求状况、竞争态势等方面的情况做出价格水平的决策。这种定价目标要充分考虑企业的经济实力、药品对价格敏感的程度、产品的单位成本、竞争对手的情况以及政策和法律的限制等因素。

（三）应付或防止市场竞争

医药企业在遇到同行的价格竞争时的应付对策：通常的做法是竞争能力弱者多采取略低于强者的价格策略；竞争能力强或在某些方面具有优于同行的特点时，可采取高于对手的价格策略；竞争能力与对手不相上下时，可以采用与竞争者相同的价格策略。如果竞争实力强而采取低于市场价格或成本价格出售药品，就是倾销行为。倾销行为是一种不正当的竞争手段，有些情况下可能要承担相应的法律责任。

（四）树立和改善企业形象

良好的社会形象是企业的无形资产和宝贵财富。通常为了树立良好的企业形象，医药企业在定价中需要考虑三个方面的因素：一是本企业的价格水平能否被目标消费者所接受，是否同他们期望的价格水平相接近，是否有利于企业整体策略的有效实施；二是本企业药品的价格是否使人感到质价相称，独具特色；三是本企业定价目标是否符合国家宏观经济发展目标，是否严格遵从了社会和职业道德规范。

（五）稳定产品价格

稳定的价格通常是大多数企业获得一定目标收益的必要条件，市场价格越稳定，经营风险也就越小。其实质是通过本企业产品的定价来稳定整个市场中该产品的价格，避免不必要的价格波动。按这种目标定价，可以使市场价格在一个较长的时期内相对稳定，减少企业之间因价格竞争而带来的损失。稳定价格通常由拥有较高的市场占有率、具有较强竞争力和影响力的领导者先制定一个价格，其他医药企业的价格则与之保持一定的距离或比例关系。对领导者来说，稳定价格策略是一种稳妥的价格保护政策。

（六）实现预期投资收益目标

实现预期投资收益目标是以回收投资为定价目标。这种定价目标的优点是可以保证医药企业既定目标利润的实现，缺点是只从卖方的利益出发，没有考虑竞争因素和市场需求的情况。一般适用于市场占有率较高或具有垄断性质的医药企业。

总之，医药企业无论采用何种定价目标，都是以企业当时所处的国内外市场环境条件、国家相关产业政策和法律规范为依托，依据医药企业的营销战略和营销策略组合，灵活地确定适合的定价目标。

三、药品的定价方法

理想的药品价格是既受消费者欢迎又能使企业实现经营目标的价格。成本因素、需求因素与竞争因素是影响药品定价的最主要因素，医药企业通过考虑这三种因素的一个或几个因素来确定产品价格。药品定价方法分为成本导向定价法、需求导向定价法和竞争导向定价法三大基本类型。

（一）成本导向定价法

成本导向定价法指企业以生产经营药品过程中所产生的成本为定价基础的定价方法。按照成本定价的性质不同，又可分为以下几种。

1. 成本加成定价法

成本加成定价法是应用最普遍的一种方法，是以单位药品成本加上固定的百分率，即为该商品的出售价格。其计算公式为

$$单位产品价格 = 单位产品成本 \times (1 + 加成率)$$

加成率即预期利润与产品总成本的百分比。

采用成本加成定价法，一要准确核算成本，二要确定恰当的利润率。这种方法的优点是简化了定价程序，简单易行，企业能够获得合理利润。其缺点是按照习惯比例加成定价，盲目性很大，忽视了竞争状况与需求的弹性，难以确保企业实现利润最大化。

2. 损益平衡定价法

损益平衡定价法也称收支平衡定价法、量本利分析法、保本点定价法，是运用盈亏平衡的原理确定价格的一种方法。这种方法是在假定企业生产的药品全部可销的条件下，决定保证企业既不亏损也不盈利时的产品最低价格水平，是在分析企业未来的生产数量、成本、价格及收益之间关系的基础上，合理确定药品销售价格的定价方法。损益平衡价格就是企业的保本价格。其计算公式为

$$损益平衡价格 = \frac{固定成本}{损失平衡销售量} + 单位变动成本$$

损益平衡价格若把企业的利润目标考虑进去，单位药品售价就等于损益平衡价格加上预期利润。

$$产品售价 = \frac{固定成本 + 预期利润}{销售数量} + 单位变动成本$$

损益平衡定价法的优点是企业可以在较大的范围内灵活掌握价格水平，并且运用较简便。但这种定价法的前提条件是企业生产的药品能全部销售出去。医药企业应通过力求在保本点以上定价或扩大销售来取得盈利。这种方法侧重于企业总成本费用的补偿，对于有多条产品线和多种产品项目的企业尤为重要。

3. 预期投资收益率定价法

预期投资收益率定价法也称为投资报酬定价法、投资回收定价法，是制药企业普遍采用的一种定价方法。该方法的操作过程是医药企业预先根据投资回收期的长短，在单位总成本、产量等指标的基础上，考虑企业的投资所能获得的投资报酬率来制定价格。这个价格不仅包括投资回收期内单位药品应分摊的投资额，也包括单位药品的成本费用。公式为

$$药品价格（单价） = \frac{总生产成本 + 总投资额 \times 投资收益率}{产品量}$$

如果医药企业对成本和预测的销售量都计算得较准确，采用这种方法确定的价格能实现预期的投资收益，且计算非常简单。但是，销售量要受到市场需求、竞争状况等诸多因素的影响，企业还应考虑销售量达不到产量的状况。采用此定价方法的条件是医药企业的药品具有较大的市场垄断性或在市场上处于领导者地位，其价格不易引起消费者的反感。

4. 目标收益定价法

目标收益定价法也称为固定报酬定价法，是根据医药企业的总成本和估计的总销售量，确定一个目标收益率，作为定价的标准。这种方法的实质是将利润作为药品成本的一部分来看待，此时的成本和利润是预期的，因此也可称作目标成本或目标价格。其计算公式为

$$药品价格（单价）=\frac{总生产成本+目标收益}{产品量}$$

目标收益定价法是生产者追求长期利润的定价方法，一般适合于经济实力雄厚且有发展前途的生产者和产品，特别适用于新产品的定价。

总之，成本导向定价法简单易行，但是这种定价导向存在很明显的缺陷。因为在大多数行业中，要在产品价格确定之前确定产品单位成本是不可能的，原因就在于随着产品销量的变化，单位成本也会随之变化。从发展趋势来看，绝大多数企业都放弃了单纯的成本导向定价法，而转变为需求导向定价法和竞争导向定价法，基于竞争和消费者心理的定价策略越来越受到重视。

（二）需求导向定价法

需求导向定价法又称顾客导向定价法、市场导向定价法，指医药企业在定价时以消费者对药品价值的理解和需求强度为依据。需求导向定价法一般是以该药品的历史价格为基础，根据市场需求变化情况，在一定的幅度内变动价格，以至同一药品可以按两种或两种以上价格销售。需求导向定价法具体可采用以下方法。

1. 销售价格倒推法

销售价格倒推法是依据消费者能够接受药品的最终销售价格，反向推算出中间商的批发价和生产企业的出厂价格的定价方法。反向定价法被分销渠道中的批发商和零售商广泛采用。该方法的特点是价格能反映市场需求情况，有利于加强与中间商的良好关系，保证中间商的正常利润，使产品迅速向市场渗透，并可根据市场供求情况及竞争状况及时调整，定价比较灵活。

采用销售价格倒推法的关键在于正确测定市场的期望价格或可接受的价格，既要与消费对象的支付能力大体相适应，又要与同类药品的市场价格水平大体相适应。测定市场期望价格的基本方法有主观评估法、客观评估法、试销评估法等。

2. 需求差异定价法

需求差异定价法指药品价格的确定以需求为依据，首先强调适应消费者需求的不同特性，而将成本补偿放在次要的地位。这种定价方法，对同一商品在同一市场上制定两个或两个以上的价格，或使不同商品价格之间的差额大于其成本之间的差额，这些不同的价格体现的是不同市场对该产品需求的迫切程度的差异。其好处是可以使医药企业定价最大限度地符合市场需求，促进药品销售，有利于企业获取最佳的经济效益。这种定价法主要有以下几种形式。

（1）以不同消费者为基础的差别定价，如同一药品，根据医院终端和药店终端制定不同的两种价格，一般医院销售价格略高。

（2）以不同产品包装规格为基础的差别定价，如同等质量的药品，包装规格小的可定价略高。

（3）以不同地理位置为基础的差别定价，如同一药品，在不同国家和地区的售价不同，

主要考虑当地购买力水平。

(4) 以不同时间为基础的差别定价，主要适用于中药材定价。

实行需求差异定价法的条件是：药品市场能够根据需求强度的不同进行细分；细分后的药品市场在一定时期内相对独立，互不干扰；对于医药企业来说，实行不同价格的总收入要高于同一价格的收入；高价市场中不能有低价竞争者；价格差异适度，不会引起消费者的反感。

（三）竞争导向定价法

竞争导向定价法指以药品市场上竞争对手的价格为依据，随市场竞争状况的变化来确定和调整药品价格的定价法。这种方法具有在价格上排斥对手，扩大市场占有率的优点。一般可分为以下几种形式。

1. 随行就市定价法

随行就市定价法又称为流行水准定价，指与本行业同类药品的价格水平保持一致的定价方法。适用这种定价法的药品，一般需求弹性小，供求基本平衡，市场竞争较充分，且市场上已经形成了一种行业价格，医药企业轻易不会偏离这个通行价格，除非它有很强的竞争力和营销策略。

采用这种方法的优点是可以避免挑起价格战，与同行业和平共处，减少市场风险，同时可以补偿平均成本，获得适度利润，易为消费者所接受。因此，这是一种较为保守的定价法，尤其被中小企业普遍采用。

2. 竞争价格定价法

竞争价格定价法指根据本企业药品的实际情况及与对手的产品差异状况来确定价格的方法。这是一种主动竞争的定价法。一般为实力雄厚、产品独具特色的医药企业所采用。这种方法通常将企业估算价格与市场上竞争者的价格进行比较，分为高于竞争者定价、等于竞争者定价、低于竞争者定价三个价格层次。

3. 投标定价法

投标定价法指在投标交易中，投标方根据招标方的规定和要求进行报价的方法。这也是我国医疗机构普遍实行集中招标采购药品以来医药企业必须采用的定价方法。

投标定价法一般有密封投标和公开投标两种形式。公开投标有公证人参加监视，广泛邀请各方有条件的投标者报价，公开成交。密封投标的方式则由招标人自行选定中标者，投标的价格主要以竞争者可能的递标价格为转移。递价低的竞争者，可增加中标机会，但不可低于边际成本，否则就不能保证适当利益。而标价过高，中标机会又会太小。由于各企业密封投标，中标概率难以估计，医药企业在报价时，既要考虑实现企业目标利润，又要结合竞争状况考核中标概率。最佳报价应是为目标利润与中标概率两者之间的最佳组合。

企业经常通过计算期望利润的办法来确定投标价格。期望利润即某一投标价格所能取得的利润与估计中标的可能性的乘积，期望利润最大的投标价格，即为企业最佳的投标报价。2018年11月，上海联合采购办公室印发《4＋7城市药品集中采购文件》，选择以北京、天津、上海、重庆和沈阳、大连、厦门、广州、深圳、成都、西安11个城市（简称"4＋7"城市）作为试点，对通过一致性评价的药品纳入国家集中招标采购，这实质上就是典型的投标定价法。

四、药品定价策略

药品定价策略指医药企业为实现定价目标,在特定的营销环境下采取的定价方针和价格竞争方式。针对不同的消费心理、营销条件、营销方式、销售数量而灵活调整产品价格,并有机地结合市场营销组合中的其他因素,是确保药品定价目标实现的重要手段。药品定价策略主要有以下几种类型。

(一)折扣与折让策略

折扣和折让是降价的特殊形式,指在原定产品价格基础上给予购买者一定的价格优惠以吸引其购买的一种价格策略。这里主要介绍与药品相关的几种折扣和折让形式。

1. 现金折扣

现金折扣是对迅速支付账款的购买者的价格优惠,也叫付款期折扣。这种策略有助于增加企业的变现能力,减少坏账损失。采用现金折扣一般要考虑折扣比例、给予折扣的时间限制和付清全部货款的期限三个因素。实行现金折扣的关键是合理确定折扣率,一般来说,折扣率不能高于企业由于加速资金周转所增加的盈利,但要稍高于同期银行存款利率。

2. 数量折扣

数量折扣是对购买药品数量大的顾客给予价格优惠。其目的是鼓励顾客大量购买,从而降低企业在生产、销售、储运、财务等环节中的成本费用。这种折扣策略可以刺激顾客在固定的地方订货与购买,培养顾客的购买忠诚度。数量折扣的实质是将大量购买时所节约费用的一部分返还给购买者,其关键在于合理确定给予折扣的起点、档次及每个档次的折扣率。数量折扣又可分为累计数量折扣和非累计数量折扣两类。

3. 贸易折扣

贸易折扣又称功能折扣、同业折扣或中间商折扣等,是根据中间商担负的不同功能及对企业贡献的大小来给予不同的折扣优待。其目的在于鼓励中间商大批量订货,扩大销售,争取顾客,与制药企业建立长期、稳定、良好的合作关系。贸易折扣的多少依据中间商在工作中承担风险的大小而定。贸易折扣的具体做法有两种:一种是先确定药品的零售价格,然后再按照不同的比例对不同的中间商倒算折扣率;另一种是先确定药品的出厂价,然后再按不同的差价率顺序相加,依次制订出各种批发价和零售价。

4. 季节折扣

季节折扣是对在淡季购买药品的购买者的价格优惠。由于有些药品的生产是连续的,而其消费却具有明显的季节性,采用这种策略可以鼓励客户早进货、早购买,减轻企业的仓储压力,加速资金周转,促进企业均衡生产,充分发挥生产和销售潜力,避免因季节需求变化所带来的市场风险。如中药材的销售就可以采用这一策略。

5. 促销折让

促销折让是企业对药品进行广告宣传、布置专用橱窗等促销活动的中间商给予减价或津贴,作为对其开展促销活动的报酬,以鼓励中间商积极宣传促销本企业的药品。这种策略特别适合于新药的导入期,其实质是企业为开拓药品市场而支付的费用。

(二)差异定价策略

差异定价是企业对同一药品制定两种或多种价格以适应顾客、地点、时间等方面的差异,但这种差异并不反映成本比例差异。差异定价主要有以下几种形式。

1. 顾客细分定价

顾客细分定价指企业按照不同的价格把同一种药品卖给不同的顾客。例如,对老客户和新客户、长期客户和短期客户、城市客户和农村客户、国内客户和国外客户等,分别采用不同的价格。

2. 产品包装定价

产品包装定价指企业对不同包装式样或档次的药品定不同的价格。产品包装定价对于它们各自的成本是不成比例的。多用于中药材和保健品等产品。

3. 渠道定价

渠道定价指企业对经不同渠道出售的同一药品制定不同的价格。如制药企业给批发商、零售商和用户的药品价格往往不同。

4. 地点定价

地点定价指对处于不同地点的同一药品制定不同的价格。这种定价策略目的是调节客户对不同地点的需求和偏好,平衡市场供求。

5. 时间定价

时间定价指企业对于不同季节、不同时期甚至不同钟点的药品分别制定不同的价格。如中药材的期货交易就是时间定价。

差异定价可以满足顾客的不同需要,能够为企业谋取更多的利润。但是,实行差别定价必须具备一定的条件,否则,不仅达不到差别定价的目的,甚至会产生副作用。这些条件包括:市场能够细分;企业实行差别定价的额外收入要高于实行这一策略的额外成本;低价市场的药品无法向高价市场转移;在高价市场上,竞争者无法与企业进行价格竞争;差别定价的形式合法。

(三)心理定价策略

心理定价策略是企业针对消费者在购买药品过程中的心理状态来确定产品价格的一种策略。这是一种非理性的定价策略,但在现代市场经济中,往往可以激发和强化消费者的购买欲望。针对消费者不同的需求心理,可采用以下几种定价策略。

1. 尾数定价

尾数定价又称"非整数定价"或"奇数定价",是企业利用消费者求廉、求实的心理,把药品价格定为奇数或有零头,以促使顾客购买,这种定价方法多用于价格低廉的药品。心理学研究表明,价格尾数的微小差别,能够明显影响消费者的购买行为。一般来说,价格较低的药品采取零头结尾,常用的尾数为"8"和"9",给消费者以便宜感,同时因标价精确给人以信赖感而易于扩大销售。有时候尾数的选择完全是出于满足消费者的某种风俗和偏好,如日本的消费者对"4"忌讳、欧美国家的消费者对"13"忌讳,我国的消费者则喜欢为"6""8"和"9"的尾数。

2. 整数定价

整数定价与尾数定价策略相反,企业有意将产品价格定为整数,以显示产品具有一定质量。整数定价是针对消费者的求名、求方便心理,将药品价格有意定为以"0"结尾的整数。心理学研究表明,消费者往往倾向于以价论质,而将药品的价格定为整数,使商品显得高档,正好迎合了消费者的这种心理。整数定价一般多用于价格较贵的药品。

当然，医药企业的定价策略还要以优质优价、质价相符为基础，过分看重心理定价，流于一种纯粹的数字游戏，只能哗众取宠一时，从长远来看，却于事无补。

3. 声望定价

声望定价是企业利用消费者仰慕名牌的心理来制定药品的价格，把价格定成整数或高价。消费者通常依据价格的高低来衡量药品的质量。对于药品而言，声望定价主要适用于名牌药品、贵细药品、高价值药品。采用声望定价策略时应注意：第一，要确保药品质量上乘；第二，严格掌握声望定价与同类普通药品价格的差价；第三，不能只靠已有的声望维持高价，要不断提高质量。

4. 习惯定价

习惯定价策略又称固定策略和便利策略，是对市场上销售多年，已形成固定价格的药品执行既定价格的一种惯例。习惯定价策略主要用于质量稳定、需求大、替代品较多的常用药品，如青霉素、六味地黄丸等。对这类药品，企业制定价格时应尽量顺应消费者的习惯价格，不能轻易改变，否则会引起消费者的不满，导致购买的转移。

5. 最小单位定价

最小单位定价策略是通过较小单位标价，让人感觉较为便宜，容易接受，从而促进销售的定价策略。例如，某种名贵中药材标价每10克6元会比标价每千克600元更容易让消费者接受。

（四）地理定价策略

地理定价策略是一种根据药品销售地理位置不同而规定差别价格的策略。根据这种定价方法，价格是由货物成本加上调整后的运费构成的。其具体形式如下所述。

1. 产地交货价

产地交货价在国际贸易术语中称为离岸价格或船上交货价格（free on board，FOB），指企业在制定药品价格时，只考虑药品装上运输工具之前（即交货之前）的费用，其他一切费用（如交货后的运费及保险费等）一律由买方负担的一种定价策略。这种定价策略定出的价格较低，对于距离产地较远的买主是不利的，而对于距离产地较近的买主或有运输优势的买主来说比较容易接受。

2. 目的地交货价

目的地交货价在国际贸易术语中称为到岸价格或成本加运费和保险费价格（cost insurance and freight，CIF）。采用这种策略时，是卖主出于竞争需要或为了使消费者更满意而由自己负担货物到达目的地之前的运输、保险和搬运等费用。虽然手续较繁琐，卖方承担的费用和风险较大，但有利于扩大药品销售额。

3. 运费补贴价

运费补贴价是为弥补产地交货价格策略的不足，减轻买方的运杂费、保险费等负担，由卖方补贴其部分或全部运费，其实质是运费折让。为了争夺远距离的潜在消费者，医药企业必须通过采取运费补贴价格来扩大市场销售区域。该策略有利于减轻边远地区顾客的运费负担，使企业保持市场占有率，并不断开拓新市场。

4. 统一运货价

统一运货价是不分买方距离的远近，一律实行统一价格，统一送货，一切运输、保险费用都由卖方承担的定价策略。这种策略如同邮政部门的邮票价格，平信寄到全国各处均付同等邮资，又称"邮票定价法"。其优点是扩大了卖主的竞争区域；统一价格易赢得消费者的好感；大大简化了计价工作。该策略适用于体积小、重量轻、运费低或运费占成本比例较小的药品。

5. 分区运送价

分区运送价也称区域价格，是在既定地区内向所有买主收取包括运费在内的同一价格，卖主支付实际运费，价格中的运费是该区平均运费。依据距离远近，不同地区价格不同。各地区间价格虽然不同，但同一地区内所有的客户都支付同一价格。实行这种办法，处于同一价格区域内的顾客得不到来自卖方的价格优惠；而处于两个价格区域交界地的顾客之间得承受不同的价格负担。它适用于交货费用在价格中所占比重大的大体积药品。

（五）促销定价策略

在某些情况下，医药企业为促进销售会暂时性地将其药品价格定在价目表的价格以下，有时甚至低于成本，这种价格就叫促销价格。促销定价策略主要有如下几种形式。

1. 招徕定价

招徕定价是医药企业利用顾客求廉的心理，故意将一些顾客熟悉的、有代表性的药品的价格定得很低，以此来吸引顾客。如零售药店可应用这种策略，将一些常用的感冒药、维生素等低价销售，招徕更多的顾客，建立自己的顾客群。但是这些被降价的药品的供货商可能不愿意看到自己的品牌成为牺牲品。这种定价策略有可能会损害品牌药品形象，而且会遭到其他零售商的不满或抵制。

2. 特殊定价

特殊定价是医药企业在特定的时间可以制定特定的价格来吸引顾客。如有些零售药店在搞"爱眼日""爱耳日""爱牙日"等纪念活动时，配合一定的主题宣传教育的同时，对相应的专科用药制定临时性的优惠价格等。

3. 心理折扣

心理折扣定价策略是企业在销售初期故意给药品制定较高的价格，然后大幅度降价出售。采取这种方式，不得违反有关法律、法规，如不得虚增原价等。这种策略多用于中药材等产品的销售。

（六）药品生命周期不同阶段价格策略

这是一种根据药品在生命周期不同阶段的不同特点，采用不同定价方法的策略。

1. 导入期定价策略

导入期是新药进入市场的初期。其特点是新药研发成本高，促销费用大，而销售数量少。针对这些特点，企业可采取三种策略：一是高价策略。即高价投放新药，售价大大高于成本，力求短期内收回成本并迅速获利。二是低价策略。即低价投放新药，使药品在市场上广泛渗透，从而提高市场份额，然后再随市场份额的提高调整价格，实现盈利目标。三是中价策略。即价格水平适中，同时兼顾厂商、中间商及消费者利益，使各方面满意。导入期的总原则是努力取得市场占有率。

2. 成长期定价策略

成长期是新药在市场上打开销路的阶段。进入成长期以后，药品销售量迅速增加，成本不断下降，质量逐步提高，市场竞争者较少。针对这一阶段的特点，可通过规模效益，适度降价来吸引消费者。成长期的总原则是努力扩大市场占有率。

3. 成熟期定价策略

成熟期是药品在市场上普及并达到饱和的阶段。特点是销售量趋于平稳，企业利润稳定，市场竞争更为激烈。企业必须根据市场条件的变化实行竞争价格策略。成熟期的总原则是力争巩固市场占有率。

4. 衰退期定价策略

衰退期是药品在市场上逐渐被淘汰的阶段。其特点是药品销售量急剧下降，替代品出现，消费者兴趣转移，竞争者抛价销售，企业利润降到最低。针对其特点，可驱逐价格或维持价格策略。衰退期总的原则是力争维持局面，实现新老产品顺利交替，尽量减少企业损失。

五、我国药品定价政策的改革

根据国家医药卫生体制改革的总体要求，国家发展改革委员会、国家卫生和计划生育委员会、人力资源和社会保障部、工业和信息化部、财政部、商务部、食品药品监管总局制定了《推进药品价格改革的意见》，自2015年6月1日起开始实施。其主要内容如下所述：

（一）总体要求

建立以市场为主导的药品价格形成机制，最大限度地减少政府对药品价格的直接干预。坚持放管结合，强化价格、医保、招标采购等政策的衔接，充分发挥市场机制作用，同步强化医药费用和价格行为综合监管，有效规范药品市场价格行为，促进药品市场价格保持合理水平。

（二）改革药品价格形成机制

除麻醉药品和第一类精神药品外，取消药品政府定价，完善药品采购机制，发挥医保控费作用，药品实际交易价格主要由市场竞争形成。

1. 医保基金支付的药品，由医保部门会同有关部门拟定医保药品支付标准制定的程序、依据、方法等规则，探索建立引导药品价格合理形成的机制。
2. 专利药品、独家生产药品，建立公开透明、多方参与的谈判机制形成价格。
3. 医保目录外的血液制品、国家统一采购的预防免疫药品、国家免费艾滋病抗病毒治疗药品和避孕药具，通过招标采购或谈判形成价格。
4. 麻醉药品和第一类精神药品，仍暂时实行最高出厂价格和最高零售价格管理。
5. 其他药品，由生产经营者依据生产经营成本和市场供求情况，自主制定价格。

（三）强化医药费用和价格行为综合监管

推进药品价格改革必须发挥政府、市场"两只手"作用，建立科学合理的价格形成机制。取消药品政府定价后，要充分借鉴国际经验，做好与药品采购、医保支付等改革政策的衔接，强化医药费用和价格行为综合监管。按照"统筹考虑、稳步推进"的要求，重点从以下四个方面加强监管，促进建立正常的市场竞争机制，引导药品价格合理形成。

1. 完善药品采购机制

卫生和计划生育部门要按照规范公立医院和基层医疗卫生机构药品采购的相关要求和措

施，坚持药品集中采购方向，根据药品特性和市场竞争情况，实行分类采购，促进市场竞争，合理确定药品采购价格。要调动医疗机构、药品生产经营企业、医保经办机构等多方参与积极性，引导各类市场主体有序竞争。

2. 强化医保控费作用

医保部门要会同有关部门，在调查药品实际市场交易价格基础上，综合考虑医保基金和患者承受能力等因素制定医保药品支付标准。在新的医保药品支付标准制定公布前，医保基金暂按现行政策支付。做好医保、招标采购政策的衔接配合，促进医疗机构和零售药店主动降低采购价格。定点医疗机构和药店应向医保、价格等部门提交药品实际采购价格、零售价格以及采购数量等信息。同步推进医保支付方式改革，建立医疗机构合理用药、合理诊疗的内在激励机制，减轻患者费用负担。

3. 强化医疗行为监管

卫生和计划生育委员会部门要建立科学合理的考核奖惩制度，加强医疗机构诊疗行为管理，控制不合理使用药品医疗器械以及过度检查和诊疗的行为，强化医药费用控制。要逐步公开医疗机构诊疗门（急）诊次均费用、住院床日费用、检查检验收入占比等指标，并纳入医疗机构目标管理责任制和绩效考核目标。加快药品供应保障信息平台建设，促进价格信息公开。

4. 强化价格行为监管

价格主管部门要通过制定药品价格行为规则，指导生产经营者遵循公平、合法和诚实信用的原则合理制定价格，规范药品市场价格行为，保护患者合法权益。要健全药品价格监测体系，探索建立跨部门统一的信息平台，掌握真实交易价格数据，重点做好竞争不充分药品出厂（口岸）价格、实际购销价格的监测和信息发布工作，对价格变动频繁、变动幅度较大，或者与国际价格、同类品种价格以及不同地区间价格存在较大差异的药品，要及时研究分析，必要时开展成本价格专项调查。要充分发挥 12358 全国价格举报管理信息系统的作用，建立全方位、多层次的价格监督机制，正面引导市场价格秩序。对价格欺诈、价格串通和垄断行为，依法严肃查处。此外，有关部门要认真履行监管职责，加强对药品生产、流通、使用的全过程监管，切实保障药品质量和用药安全。

（四）加强组织实施

1. 强化组织领导

各地区、各有关部门要充分认识推进药品价格改革的重要性和紧迫性，进一步统一思想，加强领导，周密部署。各地要制定具体实施细则，细化政策措施，确保改革取得实效。各有关部门要强化协作配合，加强对地方改革工作的督促指导，确保改革扎实有序推进。

2. 建立评估机制

药品价格改革与群众切身利益密切相关，政策性强、涉及面广。各地要建立药品价格改革评估机制，加强对改革的跟踪评估，及时总结经验、完善政策。要密切关注改革后药品价格和医药费用变化情况，对改革中出现的新问题要及时研究提出解决的政策措施。

3. 加强宣传引导

各地要通过多种方式，做好宣传解释工作，向广大群众解释清楚药品价格改革的意义、内容和预期目标,及时回应社会关注的热点问题,争取社会各界的理解支持,凝聚各方共识,形成改革合力,确保改革顺利推进。

第三节 药品营销渠道策略

渠道策略既是医药企业的经营特色,又是其市场营销组合中的一个重要策略。药品只有通过一定的渠道,才能在合适的时间、地点,以合适的价格供应给消费者,克服生产者与消费者之间存在的时空距离,进而实现企业的市场营销目标。分销渠道既是营销通道,也是感触市场的"神经末梢"。了解分销渠道的类型,合理选择渠道合作伙伴,加强渠道的管理工作,是医药企业进行市场营销的核心环节,也是实现企业营销目标的关键。

一、药品分销渠道的概念及特点

(一)药品分销渠道的概念

分销渠道指促使某种产品或服务能顺利地经由市场交换,转移给消费者(用户)消费使用的一整套相互依存的组织。其成员包括产品(服务)从生产者向消费者转移过程中,取得这种产品或服务的所有权或帮助所有权转移的所有组织和个人。因此,分销渠道包括经销商(取得所有权)和代理商(帮助转移所有权),以及处于渠道起点和终点的生产者、中间商和最终消费者或用户,但不包括供应商和辅助商。

根据医药行业的特点,药品分销渠道指在药品或服务从医药企业向消费者转移过程中,取得药品(服务)的所有权或帮助所有权转移的所有组织和个人,如医药批发公司、零售药店、医药代理商等。

(二)药品分销渠道的特点

药品涉及公众健康,是一种特殊的商品,受到政府部门的严格管制,对其分销市场的运作和分销渠道建设有更严的要求,与普通商品分销渠道有着很大的区别。

1. 药品分销渠道成员受到政府部门严格的管制

根据相关法律、法规的规定,医药经营者(渠道企业)除需要营业执照、药品经营许可证和 GSP 证书外,还需要有与经营药品相适应的经营场所、设备设施、质量管理机构、人员、规章制度。开办医药经营企业需要较复杂的审批程序和大量的投资,企业经营行为亦受到政府严格的管制。如药品的销售必须按照 GSP 规范进行,处方药必须凭医师处方在执业药师的指导下方能调配和销售。

2. 药品分销渠道进入壁垒高

由于受政府严格的管制,药品分销渠道进入程序复杂,门槛较高,进入者需要较强的资金实力、较好的人才储备和经营管理能力。此外,不同类型的药品还需要在相对应的特殊渠道中经营,而这些特殊渠道并不是对社会开放的。如普通疫苗需要在预防控制体系中经营,而该体系未向社会开放。

3. 药品分销渠道选择自由度较低

由于准入条件和经营过程的限制,药品分销渠道选择空间非常有限。一些特殊药品(主要指麻醉药品、精神药品、医疗用毒性药品和放射性药品)需要由药监部门指定的机构来经营，这些渠道成员一般具有垄断经营该类药品的能力。

二、药品分销渠道的功能及作用

（一）药品分销渠道的功能

医药分销渠道对药品从生产者转移到消费者所必须完成的工作加以组织，并实现药品的时间、空间转换。作为连接医药企业与消费者的分销渠道，应当发挥以下基本功能：

1. 信息收集与传递功能

信息传递是双向的，渠道成员既要在各自的位置上把企业、产品等信息传递给目标市场，又要有意识地发现、收集消费者及下一级渠道成员对药品的需求反馈，使医药企业按照市场需求来生产药品。渠道成员高效的信息沟通可使医药企业宣传的推力与市场宣传的拉力达到良好结合。

2. 实现资金流动功能

主要包括三个方面：①货款以各种形式从消费者流向医药企业，渠道成员使付款形式更加灵活多样；②渠道成员为医药企业缓解企业的资金压力；③渠道成员凭借自己的实力和信用进行融资，实质上扩大了药品流通的资金来源，便于药品更有效地分销。

3. 服务功能

分销渠道连接产销，代表医药企业发挥售前、售中和售后服务功能。特别是专业性极强的药品，分销渠道成员有大量的医药方面的专业人员，可以代替医药企业为消费者提供及时、可靠的药学服务。如许多医院药房、药店都在开展药学服务工作。

4. 物流功能

药品分销渠道实际承担了药品的运输和储备功能。

（二）药品渠道的作用

药品渠道是连接生产和消费的桥梁和纽带，其主要作用表现在以下几个方面：

1. 调节药品供需矛盾

药品分销渠道主要是调节生产与消费之间在药品数量、品种、规格、剂型、时间及空间上的矛盾。要解决这些矛盾，就需要中间商的参与，通过运输、仓储等活动对各种药品进行分散销售。

2. 减少交易次数，节省流通费用

在药品流通过程中，由于中间商的参与，可以降低药品交易的次数。

如图 11-4 所示，假设现有 5 家医药生产企业，将药品销售给 5 家药品终端零售商，若没有批发商的参与，则要发生 25 次交易才能完成所有交易任务；若在药品流通的过程中设立批发商，则总交易次数会降低，由 25 次降为 10 次。每次交易都会产生一定的交易费用，减少交易次数有利于降低交易费用，药品分销渠道的设立有利于降低药品交易费用。但值得注意的是，如果分销渠道层级过多，则会增加药品交易成本。

三、药品分销渠道设计与建设

（一）影响药品分销渠道设计与选择的因素

1. 药品生产企业产品组合对分销渠道的影响

医药企业产品组合四个因素（宽度、长度、泽度和关联度）对药品分销渠道有着显著影

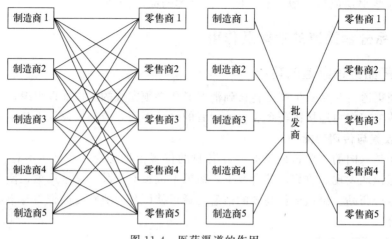

图 11-4 医药渠道的作用

响。如果医药生产企业的产品组合方式是多系列型，产品品种比较多，需广泛接触用户，其药品分销渠道适宜采用短渠道与宽渠道相结合的分销网络。如果药品生产企业的产品组合方式是产品系列专业型，只生产某一类产品，并且产品品种较多，产品组合比较深，其分销渠道宜采用宽渠道网络。如果医药企业产品组合方式是市场专业型，是向某个专业市场（某类消费者）提供所需要的产品，那么其分销渠道宜采用窄渠道网络。

此外，不同种类的药品有不同的分销渠道。例如，疫苗产品的分销必须通过疾病预防控制体系来完成。特殊管理药品的分销则受到政府严格的管制，有资格分销的渠道很少且多处于渠道垄断地位，医药企业分销渠道自主选择性较差。

2. 药品生命周期对分销渠道的影响

在导入阶段，药品刚刚进入市场，市场对产品了解较少，需要迅速拓展市场，分销渠道宜采用宽渠道进行选择性分销，也可以选择有新产品销售经验的分销渠道进行分销。在成长阶段，药品的销售量上升，利润上升很快，竞争对手急剧增加，应当扩大市场份额，采用宽渠道进行密集广泛分销。在成熟阶段，同类产品不断进入市场，竞争更加激烈，市场基本饱和，应当继续拓宽渠道，采用宽渠道和密集型渠道，进行更密集广泛的分销。在衰退阶段，药品销售下降，价格下降，利润降低，应当再次进行选择性分销，减少渠道数量，取消微利渠道和亏损渠道，采用低成本渠道或者将产品卖断给其他公司分销。

3. 医药生产企业自身实力对分销渠道的影响

如果医药企业实力比较雄厚，管理能力比较强，那么它对渠道的控制能力就比较强，宜采用宽渠道、长渠道。如果医药企业实力比较弱，管理能力比较差，那么它对渠道的控制能力就比较差，宜采用窄渠道、短渠道。医药企业的实力还体现在企业和产品的信誉和品牌上。如果药品生产企业产品信誉和品牌优势明显，宜采用宽、多渠道进行密集型销售；如果产品信誉和品牌一般，可以采用直销或者选择性分销渠道进行分销。具有良好的品牌效应的企业，其分销渠道成员的选择也会偏重于与之匹配的分销商和零售终端。

4. 医药生产企业自身发展战略对分销渠道的影响

企业的声誉、规模、管理能力、资金实力及战略等也影响分销渠道的选择和设计。对于声誉较好、管理能力及资金实力都比较强的大企业，在选择分销渠道时会以短渠道或直接渠道为主;而对于知名度较低、资金有限的中小企业,宜选择以长渠道或间接渠道为主的方法,主要依赖于分销渠道的力量来分销产品。

5. 药品分销商对分销渠道的影响

药品分销商对于药品分销渠道至关重要,它直接影响药品分销渠道长度,可以从药品分销商选择的自由度、药品分销商的规模、药品分销商的分销成本、药品分销商对用户服务的质量四个方面来分析分销商对于渠道的选择的重要性。

(1) 药品分销商选择的自由度　分销商选择自由度指在选定的市场区域内可供选择的分销商数量的多少。如果不能找到合适的药品分销商,那么企业只能自己建立分销机构,采用直接渠道;如果能够找到合适的药品分销商,则由药品分销商的层次来决定渠道的长度。

(2) 药品分销商的规模　一般来说,规模大的药品分销商,购货比较多,宜采用直接渠道,直接送货。规模小的药品分销商,由于购货比较少,如果采用直接渠道,直接送货,利润很小,甚至会小于运输成本,造成亏损,宜采用间接渠道。

(3) 药品分销商的分销成本　如果药品分销商的分销成本比较高,采用长渠道会出现微利或者亏损的状况,宜采用短渠道;如果药品分销商的分销成本比较低,在保证利润的情况下,可以采用长渠道。

(4) 药品分销商对用户的服务质量　如果药品分销商对用户服务质量比较低,采用长渠道,医药企业对终端销售难以控制,对用户的服务难以保证,宜采用短渠道;如果药品分销商对用户服务质量高,可以采用长渠道。

(二) 药品分销渠道设计与建设

1. 药品分销渠道设计的概念

药品分销渠道设计指对关系医药企业生存与发展的基本分销模式、目标与管理原则的决策。其基本要求是:适应市场环境的变化,以最低总成本传递药品,以获得最大限度的顾客满意。

2. 药品分销渠道设计原则

(1) 畅通高效的原则　这是渠道设计的首要原则。任何正确的渠道决策都应符合经济高效的要求。药品的流通时间、流通速度、流通费用是衡量分销效率的重要指标。畅通的分销渠道应以消费者需求为导向,将药品尽快地通过最短的路线,以尽可能优惠的价格送达消费者方便购买的地点。畅通高效的分销渠道模式,不仅要让消费者在适当的时间、地点以合理的价格买到满意的药品,而且应努力提高企业的分销效率,争取降低分销费用,以尽可能低的分销成本,获得最大的经济效益。

(2) 覆盖适度的原则　医药企业在设计分销渠道模式时,仅仅考虑加快速度、降低费用是不够的,还应考虑药品能否销售出去,是否有较高的市场占有率,是否足以覆盖目标市场。不能一味强调降低分销成本,这样可能会导致销售量下降、市场覆盖率不足的问题。成本的降低应是规模效应和速度效应的平衡。在分销渠道模式的选择中,也应避免扩张过度、分布范围过宽过广,以免造成沟通和服务的困难,导致无法控制和管理目标市场。

(3) 稳定可控的原则　医药企业的分销渠道模式一经确定,便需花费相当大的人力、物力、财力去建立和巩固,整个过程往往复杂而缓慢。企业一般轻易不会更换渠道成员,更不会随意转换渠道模式。只有保持渠道的相对稳定,才能进一步提高渠道的效益。畅通有序、覆盖适度是分销渠道稳定的基础。由于影响分销渠道的各个因素总是在不断变化，一些原来固有的分销渠道难免会出现许多问题，这就需要分销渠道具有一定的调整功能，以适应市场的新情况、新变化，保持渠道的适应力和生命力。调整时应综合考虑各个因素的协调，使渠道始终都在可控制的范围内保持基本的稳定状态。

（4）协调平衡的原则 医药企业在设计选择、管理分销渠道时，不能只追求自身的效益最大化而忽略其他渠道成员的利益，应合理分配各个成员间的利益。渠道成员之间的合作、冲突、竞争的关系，要求渠道的领导者对此有一定的控制能力，有效地引导渠道成员充分合作，鼓励渠道成员之间进行有益的竞争，减少冲突发生的可能性，解决矛盾，确保总体目标的实现。

（5）发挥优势的原则 医药企业在设计分销渠道模式时为了取得在竞争中的优势地位，要注意发挥自己各个方面的优势，将分销渠道模式的设计与企业的产品策略、价格策略、促销策略结合起来，增强营销组合的整体优势。

3. 药品分销渠道设计理念

（1）整合理念 医药企业应树立整合营销观念，最大限度地实现顾客价值，并实施有效的整合营销策略。在渠道的设计中，要充分考虑消费者的方便购买，了解不同类型消费者的购买方式偏好和服务要求，合理设置销售网点，并通过渠道中各成员的成本整合、技术整合、服务整合、渠道整合、网络整合与战略整合，为消费者提供实实在在的便利。

（2）服务理念 服务已经成为企业市场营销中的一个重要因素，企业通过服务来满足消费者的需求，促使消费者对企业的产品感到满意，从而帮助企业的营销活动达到预期目标。药品的服务大多由分销渠道提供，包括售前的消费者教育、售中的药品运送、售后的投诉与建议，这些一般都要由分销渠道来承担。医药企业的渠道设计必须强调服务理念，不断提高渠道成员的服务质量，为消费者提供全面的服务。

4. 药品分销渠道设计与构建的逆向创新

（1）药品分销渠道的逆向模式

成功构建药品营销网络的关键是以满足消费者的需要为前提，并正确地处理医药企业与分销商的关系。在这种思想指导下，分销渠道的逆向模式应运而生。药品分销渠道的逆向模式即根据药品的消费需求、消费行为和产品特性选择零售终端，充分考虑终端的特性和利益，并根据分销商财力、信誉、能力和与零售终端的关系，进一步向上选择分销商，直至与医药企业有直接业务联系的分销商，将整条渠道纳入企业的营销体系，通过加强各环节的协作达到企业的战略意图。由于药品的特殊性，药品的销售有严格的控制与规定，尤其是处方药依然主要以医院为主渠道，这种逆向分销渠道模式的构建显得困难重重。但是对于非处方药而言，其分销渠道市场化程度高，渠道模式也日趋多样化，逆向分销渠道构建模式不失为许多医药企业的一种不错的选择。事实上，许多医药企业在分销渠道的设计与构建中已经有了逆向模式的雏形。

（2）渠道正向模式和逆向模式的区别

逆向模式是以系统化的经销商甄选标准和过程化的控制模式为基础，以协作、双赢、沟通为基点来加强对渠道的控制力，达到为消费者创造价值的目的。简单地说，这种渠道模式就是"弱化一级分销商，加强二级分销商，决胜终端零售商"，医药企业一方面通过对一级分销商、二级分销商、零售商等环节的服务与监控，使药品能够及时、准确地通过各环节到达零售终端，提高产品的知晓度，引起消费者的注意；另一方面，通过加强销售终端的管理，激发消费者购买欲望。逆向模式是更适应市场的一种渠道创新模式，与传统模式在渠道目的、性质等方面都有所区别，详见表 11-2。

表 11-2 分销渠道正向模式和逆向模式的对比

项　目	正 向 模 式	逆 向 模 式
渠道目的	短期利益	长期利益
渠道性质	交易型	关系型
渠道重心	前端	末端
渠道控制	逐级控制	全员控制
厂家态度	消极被动	积极主动
终端覆盖	盲目覆盖	有效覆盖
终端作用	企业产品售卖点	企业形象宣传点

(3) 药品分销渠道逆向模式的合理性

与正向模式相比，药品分销渠道逆向模式在理念与操作上都有所不同，其优势也就显而易见。从理论和实践两方面看，逆向模式的合理性体现在它的目标性、战略性和协同性上。

一是药品分销渠道逆向模式真正体现了营销活动"顾客满意"的目标。现代营销思想要求经营者更多地从消费者的角度考虑营销策略的选择，把企业利润最大化建立在消费者利益最大化基础之上。渠道所体现的消费者利益就是获得药品的方便性和经济性，即"买得到，买得起"。随着现代商业的发展，消费者获得商品时间和空间的自由度和选择度加大，消费者行为也发生了转变，医药企业为使其产品能被消费者买得到，首先应考虑消费者行为特性，选择合适的销售形式并加强对终端的管理和控制，以方便购买；其次，药品价格的形成不仅取决于生产该产品的单位成本，而且取决于流通成本的高低；不仅取决于医药企业的产品整体效用，也取决于因分销商的声誉、实力和分布密度所带来的市场份额的大小。合理的渠道选择和严格控制可以提高渠道效率，节省流通成本。相较于传统渠道模式，逆向模式在以上两点都有更多优势，真正体现了"顾客满意"营销目标。

二是药品分销渠道逆向模式有利于实施品牌战略。过去，医药企业在树立品牌的过程中，主要依赖于广告的拉动作用，往往忽视渠道的推动作用，通过广告"轰炸"出来的品牌只能形成较高知名度，而品牌的美誉度则主要是依靠企业和分销商孜孜不倦的努力加以塑造的。药品分销渠道逆向模式，其品牌形象更易于得到强化支持。通过逆向选择建立起来的渠道将渠道成员统统纳入医药企业的营销体系，分销商成为其实施品牌战略不可或缺的成员，医药企业的品牌意识更易贯彻于整个分销渠道，品牌形象能更准确地传递给消费者。

三是药品分销渠道逆向模式有利于发挥渠道成员的协同作用。药品分销渠道逆向模式通过医药企业与经销商一体化经营，实现对分销渠道的集团控制，使药品分销商形成一个有机整体，渠道成员为实现整体目标而共同努力，追求双赢，达到"1＋1＞2"的效果。在分销渠道逆向模式中，医药企业与分销商共同进行促销，共享市场调查、竞争形式和消费动向。医药企业为分销商提供人力、物力、管理和方法等方面的支持，以确保分销商与其共同进步、共同成长；同时，分销商为厂家提供市场信息反馈、竞争对手信息，使医药企业适时而动，快速、准确地做出营销策略的调整。

（4）药品分销渠道逆向模式的设计思路

一是在一定区域市场中按零售点分布情况划分若干个片区，在每一片区选取终端零售点（分销商），并配备业务人员协助分销商工作，促进终端销售工作的深入和细化。

二是将经营重心下移，加强与批发商和零售商的联系。医药企业和批发商直接联系，同时派人员加强终端维护和推销工作，依据零售点调研所掌握的信息对零售点进行分级管理。

三是强化医药企业对分销商的服务。帮助分销商拓展市场，服务其下属的零售点，加强终端销售力量。

四是与分销商结成"利益共同体"，达成双赢，一致对外。双方签订协议，明确责任与权利，利益同享，风险共担。

四、药品分销渠道管理

药品分销渠道的管理决策在整个营销组合策略中占有重要地位，医药企业必须给予足够的重视。药品分销渠道的管理内容包括渠道成员的选择、激励、评估和调整。

（一）选择渠道成员

一个优秀的药品分销渠道成员应具备以下条件：①具有符合国家规定的药品经营资格和条件；②具有良好的商业信誉，能够快速准确地将药品推向目标市场，提高药品的市场占有率；③能够与医药企业开展良好的合作；④具有良好的市场推广能力和市场管理能力。

渠道成员的选择是一个双向互动过程，医药企业吸引分销商的关键在于药品的优劣、销售获利能力的大小。医药企业只有搞好生产经营管理，提高产品质量，扩大企业与产品在市场上的影响力，以增加对分销商的吸引力，才有可能选择优秀的分销商。在选择渠道成员时需要收集以下信息，以对备选渠道成员的情况进行评估。

1. 基础资料

团体资料 即客户的最基本资料，主要包括客户的名称、地址、电话、隶属关系、经营管理人员、法人代表及单位等级、经营药品所必需的证照是否齐全等。

个人资料 即客户法人及合伙人的姓名、年龄、籍贯、性格、兴趣、爱好、学历、职称、职务、业务专长、科研成果、社交团体、家庭成员、相互关系、有特别意义的日期等。

2. 经营特征

经营特征主要指备选渠道成员的服务区域、营销网络、营销能力、发展潜力、经营理念、经营方向、企业规模、经营体制、权力分配等经营方面的内容。

3. 业务状况

业务状况主要指备选渠道成员之间以往的经营业绩、同类产品的营销情况、市场占有率、管理者及业务人员的素质、与其他竞争者的关系、与本医药企业合作的意愿等。

4. 交易情况

交易情况主要指备选渠道成员的营销活动现状、存在问题、保持和扩大产品市场占有率的可能性及优劣势、未来的变化及对策、企业形象、声誉、信用状况、交易条件等。其中特别需要着重考察的是其资信状况，如该备选渠道成员的应收款数量、回款期限、会计事务所审计报告、银行信誉等级等。

（二）激励渠道成员

药品分销渠道成员选定之后，需对其进行日常监督与激励，使之不断提高经营业绩。医药企业应本着互利互助的原则，对经营业绩好的渠道成员应及时予以奖励，以争取建立长期合作的关系。

1. 药品分销渠道成员的心理与需求分析

研究药品分销渠道成员心理与需求是医药企业采取激励措施的前提。主要从以下四个方面把握药品分销渠道成员的行为与心理。

（1）药品分销渠道成员是一个独立、平等的经营者。医药企业需要充分尊重和理解分销渠道成员，正视彼此之间的相互依存关系。药品分销渠道成员需要依靠医药企业的商誉和产品获得生存发展机会，而医药企业也要依赖药品分销渠道成员才能在市场营销中获得有利地位。这种相互的同盟关系要求双方在相互尊重和理解的前提下，友好协商解决一切问题。

（2）药品分销渠道成员最关心的是销售药品给其带来的经济利益。在经济利益的驱动下，药品分销渠道成员会倾向于承销营销难度低、利润高的品种，而不愿意承担营销难度大、利润低的产品的营销工作。药品分销渠道成员首先是客户利益的代表，其次才是医药企业的营销代理人。因此，生产企业只有不断为其提供品质优良、营销前景向好的药品，药品分销渠道成员的"忠诚度"和"营销热情"才有可能得到保持。

（3）药品分销渠道成员通常会经销多个企业的多种药品。药品分销渠道成员与医药企业的关系不可能像独家经销那样紧密，也不可能将每一个企业的每一种产品都作为主打产品去精心运作。医药企业与药品分销渠道成员的合作强度，往往于取决于药品的获利能力。

（4）药品分销渠道成员在与医药企业的合作过程中也会受到人际关系影响。如果产品相同、市场相同、各生产者提供的条件也相差无几，则人际关系的好坏就会影响药品分销渠道成员与医药企业的合作关系。因此医药企业需要与合作者保持良好的人际关系。

2. 常用的激励措施

医药生产者对中间商的激励措施很多，常用的有以下几种。

（1）根据市场需要及时向药品分销渠道成员提供适销对路的药品，并协助其做好相应的药品市场开发工作。通常 OTC 药品需要做大众促销工作，处方药品生产企业通常需派专业营销人员做医院推广工作。

（2）制订合理的药品价格与折扣政策。合适的药品价格不仅有助于市场营销，而且会使药品分销渠道成员获得合理的利润。医药企业在制定价格时要充分考虑企业成本与药品分销渠道成员的利润。同时根据实际营销业绩，给予药品分销渠道成员适当的价格折扣（通常有累计折扣和数量折扣两种）是鼓励其积极营销本企业产品的有效手段。

（3）设立合理的奖惩制度，鼓励药品分销渠道成员多销货、早回款。通常做法是当药品分销渠道成员销售药品累计到一定数量后（可以按一月计算，也可按一年统计）给予它一定数量的返利；或是当经销商及早回款时也给予一定数量的返利。相反，当中间商没有达到合同约定的销售量或不按期回款时，则给予一定的惩罚。

（4）可通过医药企业负担广告费用，或者与药品分销渠道成员合作广告等形式，扩大企业和药品的知名度，以促进市场销售。对于处方药品生产企业而言，在能力允许的情况下可自行负责医院推广工作，或者由药品分销渠道成员负责医院的推广工作，但相关费用由医药企业来承担的方式来激励。

（5）医药企业可提供技术指导、宣传资料、举办药品展示会、指导商品陈列、帮助零售商培训营销人员或邀请药品分销渠道成员派员参加业务培训等工作，来支持其开展业务活动，提高专业水平，改善经营管理，促进药品的销售。

（6）医药企业可以通过建立规范的客户管理制度，对原本分散的客户资源进行科学的动态管理，协助营销人员及时了解药品分销渠道成员的实际需要，通过良好的沟通建立相互信任、相互理解的业务伙伴关系。

（三）评估渠道成员

医药企业可以通过对药品分销渠道成员已销售药品的数量，药品库存状态，售前、售中、售后的服务及回款情况等的调查，来评估其履行合同的情况。对药品分销渠道成员的考查和评估，目的是及时采取相应的监督、控制与激励措施，保证营销活动顺利而有效地进行。医药企业对现有药品分销渠道成员的情况进行评估，需要开展以下几个方面的工作。

1. 药品分销渠道成员构成分析

通过对一定时期内企业全部或某个区域的药品营销、回款情况统计分析，将药品分销渠道成员分为不同类别，确定不同渠道成员的重要程度，以利企业或营销人员在日后营销工作中保证将优势资源投向重点渠道成员。

2. 重要药品分销渠道成员与本公司的交易业绩分析

医药企业应随时掌握各药品分销渠道成员的月交易额或年交易额及回款额，计算出各重要药品分销渠道成员占本公司总营销额的比重，通过对比其实绩与计划要求，查找原因，以采取相应措施保持企业总体营销的稳定增长。

3. 药品分销渠道成员合作意愿评估

医药企业应加强对药品分销渠道成员的合作意愿进行评估，特别是营销策略即将或已经发生重大变化的时候。药品分销渠道成员合作意愿会直接影响其对药品投入的强度，也直接关系到产品的营销效果。

4. 药品分销渠道成员发展潜力评估

医药企业不仅要重视药品分销渠道成员的现有实力，更要重视其发展潜力，客观评估分销渠道成员的实力有利于医药企业的长远发展。

（四）调整渠道成员

医药企业营销工作者不仅要做好分销渠道的建立与运行管理工作，而且还需要根据实际情况对分销渠道成员进行适时的调整。特别是当市场环境发生变化、企业营销策略进行重大调整时，调整分销渠道成员的数量和结构显得尤其必要。药品分销渠道成员调整的主要策略如下所述：

1. 增减渠道成员

增减渠道成员，即保持原有渠道模式不变，只是增加或减少个别渠道成员。这时需要认真权衡增加或减少中间商所能带来的影响。在淘汰药品分销渠道成员时，应先通过分销渠道成员的审计和评估，找出绩效较差的，决定是继续合作，还是终止合作。在进行分销渠道调整之前，医药企业应该先分析造成分销渠道成员绩效较差的原因，然后根据分析结果提出有针对性的整改建议，帮助渠道成员提高绩效。对于合作意愿不强、努力不够或者拒不改变的渠道成员应该予以坚决淘汰。

2. 增减渠道环节

增减渠道环节，即原有基本分销渠道类型不变，根据需要适当增减渠道环节。如在原有市场区域内增加或取消代理商这一层。一般情况下，需对通过增减渠道环节可能带来的影响进行比较，然后再决定如何调整。

3. 对原有渠道进行彻底调整

因经营理念、商业模式的变化等原因，有时医药企业需要对药品分销渠道进行彻底的革新，打破原有分销渠道网络。这种变革是对原有药品分销渠道的全面放弃，是对未来分销渠道的重新设计和构建。

第四节　药品促销策略

在现代药品市场营销策略中，医药企业不仅要开发适销对路的创新产品、制订合适的产品价格、构建高效的药品营销渠道，同时还要采取有效的促销策略，医药企业要综合运用人员促销、广告、销售促进、公共关系等现代促销工具，全方位进行医药营销信息沟通，营造营销氛围，从而促进药品销售。

一、药品促销的基本概念

（一）药品促销的概念与作用

1. 药品促销的概念

促销的实质是营销者与购买者之间的信息沟通。

药品促销（drug promotion）指将医药企业及其产品的有关信息通过各种方式传递给目标市场，以更好地推动和满足消费者的需求并最终促成其购买行为的一系列活动的总称。药品促销活动应和医药企业的其他营销活动相互配合、相互协调，利用多种营销工具共同积极推动企业与现实或潜在的顾客之间的信息沟通，把企业信息、产品信息和服务信息高效率地传递给消费者、中间商和医师等受众，在传播过程中树立良好的企业和产品形象，激发市场需求，扩大产品销售，实现良好的经济效益和社会效益。

2. 药品促销的作用

药品促销在整个药品市场营销活动中扮演着极其重要的角色。在市场经济条件下，无论是跨国制药公司、国有制药企业还是民营制药企业，无论制药企业的规模如何，都越来越离不开促销工具的运用，如药品消费者和临床医师也习惯于依据促销活动的信息来购买药品或做出临床用药决策。具体来说，药品促销有如下几种作用：

（1）实现企业与外界的良好信息沟通。促销活动起着沟通医药企业、中间商和消费者的信息桥梁作用，它是联系医药企业与营销外部环境的重要沟通工具。通过行之有效的促销活动，企业信息、药品信息、服务信息可被现实或潜在顾客充分了解；通过促销活动，医药企业可以获得第一手的反馈信息，准确了解和追踪市场需求，从而及时调整药品研发和营销策略。

（2）激发药品市场需求。医药企业首次向市场推广某种新产品时，往往通过促销激发消费者的需求，帮助顾客认识新产品，有目的地告知潜在顾客新产品的性质、用途、使用方法以及购买的渠道。在药品生命周期的导入期，通过介绍新产品，强调新产品的优点，刺激消费者对新产品的需求。医药企业在新产品上市之初，更要不遗余力地运用促销工具向广大临床医师、药品批发商、零售商和最终消费者进行促销，使其产生兴趣，进而刺激并创造需求。

（3）树立良好的品牌形象。当前药品市场营销工作的重心越来越多地围绕品牌策略进行，而塑造和提升品牌形象离不开促销工具的运用。以客户为中心，适当地选择促销传播工具，连续不断地进行品牌宣传，提高产品知名度，可以达到事半功倍的效果。在市场竞争日益激烈的情况下，我国医药企业面临着竞争对手众多、产品同质化严重等问题，企业可以通过促销确立或传递本企业品牌的认知度、产品特征、企业形象，把自己的产品与竞争品牌区分开来，以便在细分市场中取得成功。

（二）药品促销基本形式

药品促销组合（drug promotion combination），指医药企业综合运用人员推销、销售促进、广告和公共关系四种促销手段向组织和个人进行信息传播的活动。根据信息传递媒介的不同，促销可以分为人员促销和非人员促销。人员促销就是人员推销，非人员促销包括销售促进、广告和公共关系。

1. 人员推销（personnel selling）

人员推销指企业向目标市场派出销售人员，拜访顾客，介绍产品知识，宣传企业形象，面对面地与顾客直接进行交流，说服顾客购买本企业产品的促销方式。人员推销的优点是信息传播的反馈迅速，双向沟通，通过和顾客肢体、眼神、口头语言的交流，营销人员能对顾客的需求做出迅速反应，及时调整对策；可以与顾客培养感情，建立深厚友谊，树立良好的企业形象和产品的良好信誉；还可以兼做提供服务、收集情报、市场调查、销售产品、回收货款等工作。与广告等其他促销手段相比，人员推销的缺点在于成本较高，是一种昂贵的促销手段。

2. 广告（advertising）

广告指企业支付一定的费用，通过电视、广播、互联网、报纸、杂志、期刊、户外建筑物及运输工具等大众媒体，把产品、服务及企业介绍给目标顾客的促销方式。广告作为一种非人际传播方式，其特点是能够同时向大量受众传递大量的信息，效率高、速度快，是营销活动中最为人所熟知的一种促销手段。广告促销主要特点包括：公众性好，特别适用于OTC药品的营销信息传播；表现性好，形象化、艺术性的信息传播，使消费者易于接受；广告的渗透性好，多次重复同一信息，信息渗透性极强；具有非人格性，是一种单向的信息沟通方式。广告的缺点在于其信息反馈的速度很慢，短时间内难以衡量其对销售量的影响。另外，在黄金时段的电视节目中插播广告，需要大量的资金投入。

3. 销售促进（sales promotion）

销售促进又称营业推广，是企业向销售人员、中间商和消费者提供额外价值或激励的营销活动，目的是迅速刺激销售。销售促进具有短期性、时效性和不定期性的特点，它通常表现为折价销售、有奖销售、销售竞赛、免费试用、附带赠送礼物、奖券等促销方式，在短期内可使企业促销工作的成效立竿见影，销售量大幅度增长。其缺点在于只能配合其他促销手段使用，不能单独使用，也不能长期使用，否则会造成受众对产品质量的怀疑，引起产品和企业声誉的下降。

4. 公共关系（public relationship）

公共关系指企业以非付款的方式通过第三者在报刊、电台、电视、会议、信函等传播媒体上发表有关医药企业的报道，以促进人们对企业及其产品产生好感的行为，是为建立并维护与公众之间的良好关系而采取的一系列传播计划和控制措施。如采取召开新闻发布会、提供新闻稿、提供特写照片等新闻形式，或采取参与公共事务、赞助特殊事件等社会公益活动的形式。由于通过中立的第三方发布消息，消费者很少怀疑信息的真实性，公共关系传播的可信度很高。公共关系活动花费的成本低廉，是最省钱的促销工具之一。但由于大众媒介不受企业控制，负面的新闻报道对企业不利甚至会带来灾难性的后果。

二、药品人员促销策略

药品是一种特殊的商品，其消费模式与普通商品不一样，具有典型的代理消费特征，即临床医生的处方和专业技术人员的推荐对消费者的购买行为产生决定性影响，因此，药品的人员促销对象主要是药品零售企业和医疗机构中的专业技术人员。发挥人员促销作用的是医药企业的营销人员，也被称为医药信息沟通员。

（一）人员促销的概念和特点

1. 人员促销的概念

人员促销指医药企业派出推销人员直接与顾客接触、洽谈、宣传产品、处理异议，以达到促进销售目的的沟通协调过程。在人员促销活动中，促销人员、促销对象、促销品（药品）是三个基本要素，前两者是促销活动的主体，药品是促销活动的客体。

2. 人员促销的特点

（1）需求满足的动力性。一方面，促销人员为满足自己多方面的需求而去从事促销活动，并从促销的成功及顾客需求的满足中获得自己需求的满足；另一方面，客户为满足自己的需求而向促销方寻找能满足需求的内容、方式。

（2）信息传递的双向性。在人员促销过程中，一方面，促销人员将药品的相关信息，如所在企业的情况、药品的成分、生产工艺、原材料的选择、疗效、适应证、使用方法等传递给医疗机构的医生或者药店的店员，便于他们开出处方或指导患者用药；另一方面，促销人员又将顾客对药品的相关要求反馈给医药企业，为医药企业制订战略规划和营销策略提供依据。

（3）处理问题的灵活性。在人员促销过程中，促销人员与顾客面对面交流，通过仔细的观察，可适时地了解顾客的需求，掌握顾客的疑问和异议，并及时有针对性地做出处理。这样可以更好地抓住有利时机促成交易。

（4）关系建立的效益性。促销人员与医疗机构的医生和药店的店员直接见面，长期接触，可使双方建立友谊。医药企业营销人员和消费者可以在较好的感情基础之上进行互动，易于使消费者对该医药企业的产品和促销人员产生好感，促进销售活动的开展。

（二）人员促销的作用

1. 发现市场

通过人员促销可以寻找与发现潜在市场。潜在市场是医药企业拓展市场的空间，是药品市场营销活动的重点工作。因此，医药促销人员在促销活动中必须时刻留心对潜在市场的发现,并研究潜在市场。

2. 开拓市场

医药促销人员只有开拓与进入目标市场,才能把潜在市场变为现实市场,把市场机会变为医药企业的盈利机会。开拓目标市场包括举办公关活动、制订并实施药品在该市场的销售网络计划等。

3. 传递信息

医药促销人员是市场与医药企业信息传递的桥梁。医药促销人员要向医生或药店店员传递药品及生产企业的相关信息,同时又要向医药企业传递药品供求信息,使企业按需生产。

4. 开展活动

通过医药促销人员进行具体的促销业务,如寻找顾客、约见洽谈、处理异议、促使成交、办理交易手续、催缴回收货款等。另外,医药促销人员通过有效引导,可以促使医生和药店店员优先推荐其销售的药品。

5. 提供服务

医药促销人员通过提供全面、优质的药学服务,影响医生及药店店员优先使用和推荐本企业的产品。另外,医药促销人员还可以提供更加广泛的服务,建立良好的人际关系,宣传医药企业的真诚和信誉。

6. 树立形象

医药促销人员担负着树立医药企业、产品形象的使命。对医疗机构及零售药店来说,药品促销人员就是医药企业的代表,其一言一行都代表着制药企业的形象。良好的企业形象关系到企业、产品能否赢得顾客的信任和好感,进而带来销售效益。医药促销人员应该在顾客面前展示本企业文化,建立良好的信誉,不断提高企业的知名度与美誉度。

(三)促销人员的工作策略

促销人员的工作策略是其促销成功的重要保证,主要包括语言策略、演示策略和营造需求环境策略等。

1. 语言策略

(1) 试探性策略:促销人员在不了解客户需要的情况下,事先准备好要说的话,对客户进行试探,同时密切注意对方的反应,然后根据反应对药品进行说明或宣传。运用试探性策略的关键是要引起客户的积极反应,激发客户的购买欲望。

(2) 针对性策略:采取针对性策略的前提是促销人员事先基本了解客户的某些方面的需要,然后有针对性地进行"说服",要根据客户的需求状况和心理状况有效地设计好促销措施和语言,做到言辞恳切,实事求是,有目的地宣传、展示和介绍药品。运用针对性策略的关键是促使客户产生强烈的共鸣,促成交易。

(3) 引导性策略:促销人员运用激起客户某种欲望的说服方法,唤起他的潜在需求,从而引导药品购买行为。运用引导性策略的关键是促销人员有较高的语言技巧和艺术,能够引发客户产生某方面的需求,然后抓住时机,向客户说明所促销的产品正好能满足他们的需要,从而达成交易。

2. 演示策略

(1) 对比演示:将两个或两个以上具有可比性的同类药品放在一起进行综合分析比较,

让医生或店员进行对比考察。通过客观的药品实验数据，理性地与其他产品进行比较、分析，往往能得到客户的认同，也易于达成交易。

(2) 工具演示：指用图画、图片、模型和照片等做道具，将一些不便携带的药品向客户演示介绍的方法。

3. 营造需求环境策略

(1) 开展学术推广。医药促销人员开展学术推广在药品信息的传播中有着至关重要的作用。药品的学术推广表现形式为科室会议和各类学术会议。通过开展学术推广能与目标医生、药店店员进行有效的沟通，将药品的安全性、有效性、稳定性等学术信息传递给医师、药店店员，以达到推广销售产品的目的。

(2) 开展医药科普教育活动。合法开展医药科普知识教育是药品推广的有效途径。通过专家讲座，向包括医生在内的公众传播健康知识，能在客户和患者心目中树立医药企业和产品的良好形象。例如，诺和诺德制药有限公司与中国政府合作的"中国糖尿病管理工作项目"等科普知识教育活动，对医生、护士以及患者进行糖尿病防治教育。经过多年的推广，"诺和关怀"已经成为糖尿病患者教育和服务的第一品牌，与诺和诺德的糖尿病产品品牌互相促进，相得益彰。

(3) 利用医药专业媒体营造气氛。医药专业媒体具有学术性、针对性和公信力强的特点，其主要读者是医药卫生专业技术人员和医疗管理人员，对医生、药师等目标客户群体影响较大。医药企业可以与学术机构和临床医师合作，开展产品学术研究，在医药企业杂志、报纸和网络等媒体上发表学术性论文，从深度和广度上为促销人员促销药品做好舆论铺垫和学术宣传，提高学术推广的水平。

（四）促销人员的管理

1. 促销人员的选择

促销人员的选择是医药企业市场营销获得成功的关键，因此，医药企业需要认真挑选合适的促销人员。

(1) 全面考察促销人员的综合素质。促销人员要具备如前所述的基本素质、心理素质、知识素养、能力素质等。合格的促销人员应具有一定的药品知识、医学知识、药学知识、市场知识；具有较高的医学或药学学历，良好的修养和风度；具有较强的应变能力和沟通能力；具有较强的观察力、理解力、创造力、想象力和判断力；具有相应的药事法律、法规知识。

(2) 促销人员的来源。医药企业招聘促销人员有两种途径：一是企业内部招聘。医药企业可以通过内部招聘的形式，选拔一些素质高的、能力强的、热爱促销工作的员工从事促销工作。二是企业外部招聘。主要包括招聘医药相关专业的应届毕业生和向社会招聘。前者具备相关医药知识，可塑性强，但缺乏工作经验；后者虽然工作经验相对丰富，但可塑造性差，管理难度大。

(3) 促销人员选择的步骤。通常采用面试和笔试相结合的方法，基本步骤为：填写申请表、学历与经历调查、初步面试、测验、正式面试、确定录用对象、体格检查、正式录用等程序。

2. 促销人员的培训

对于录用的促销人员，即使是具有一定经验的促销人员也必须经过培训后方能上岗，使他们了解企业文化、产品知识、营销战略和市场策略。

3. 促销人员的考核

为了对促销人员进行有效的管理，同时也作为分配报酬的依据，医药企业需要定期或不定期对促销人员的销售业绩进行考核。

（1）促销报告考核：销售报告分两类：一是促销人员的工作计划；二是促销人员的工作情况报告制度。从销售报告中，销售管理部门或销售经理能及时掌握促销人员的工作情况，了解市场动态，以便更好地开展促销活动。

（2）促销活动指标考核：主要包括访问率、销售量、销售任务完成率、访问成功率、增加的客户数目等。这些指标主要考核促销人员工作的业绩以及工作的积极性和开拓性。

4. 促销人员的激励

组织中的任何成员都需要激励，医药促销人员更加需要激励，因此，对医药促销人员的激励工作十分必要。常用的激励方法有以下几种。

（1）物质激励：一般可以采用底薪加提成的方式进行激励，即促销人员需要完成一定的任务指标，才能拿到底薪，超出最低指标可以拿到销售业绩提成。底薪与提成如何搭配应根据促销人员能力大小及承担风险的大小进行调整，对能力较低、承担风险较小的促销人员给予较高的底薪及较低的提成；对能力较强及承担风险大的促销人员，可以给予较低的底薪和较高的提成，以激励其更加努力地工作。此种激励方式有利于促销人员获得必要的报酬，也有利于激励他们提高促销业绩。

（2）精神激励：除了物质激励促销人员之外，还有非物质激励即精神奖励，如口头表扬、晋升、赋予更大的责任与权力、赠送礼物、提供培训机会等方式。此种激励是一种辅助激励措施，成本不高，灵活运用会起到较好的激励效果。

（3）多重激励：根据具体情况的不同，对于促销人员进行多重激励，即物质激励、精神激励、股票期权激励等措施相结合的激励方法。此种奖励方法能满足不同人员的偏好，可极大地调动促销人员的积极性。

（4）特别激励：除以上正常奖励外，可根据促销人员不同时期的不同表现给予特别奖励，如奖励某一个季度、某一年度的促销冠军，给予一部分奖金并授予冠军奖杯。

三、药品广告促销策略

广告宣传是医药企业普遍重视和广泛采用的促销方式。近年来，我国药品广告数量有了很大的增长，广告的内容、形式、表现手法等也日趋丰富，对消费者的心理、观念和行为都产生了重要的影响。

（一）药品广告概述

1. 药品广告的定义

药品广告指医药企业承担一定的费用，通过适当的媒介向目标市场传播医药企业及产品有关信息的传播活动。

药品广告的定义包括以下内涵：①药品广告是一种付费传播；②药品广告是通过媒体传播药品信息的非人际传播；③药品广告的对象是目标市场；④药品广告的目的是传播医药企业及产品有关信息，促进消费者购买行为的发生。

2. 药品广告的作用

(1) 传递医药新产品信息。医药新产品指市场上首次销售的产品,介绍新产品的广告又称通知广告。医药新产品上市之初,以发布广告的形式介绍情况,告知医生或消费者新产品的利益点和创新点,有效激发消费者的购买欲望。

(2) 创立企业和产品品牌。在客户心目中树立品牌形象是药品广告的另一重要作用。这类广告的目的是使顾客对本企业品牌产生信任、偏好,并且持续购买,也称为说服广告。在法律允许的范围内,医药企业可以通过与竞争产品相比较来突出本企业产品所具有的优势,最终引导顾客转向本企业的品牌。

(3) 提醒顾客持续关注本企业的产品。有一些广告在公众面前出现的频率很高,其主要目的是提醒顾客注意本企业的产品,唤起顾客的需求,让顾客记住这个产品,以刺激顾客对产品或服务的重复购买行为。如"脑白金"的广告。

(4) 表现顾客对产品的肯定态度。"满意的顾客就是最好的广告",一些药品广告旨在表现顾客对产品使用后的满意度,目的是说服顾客相信他们做出的购买决策是正确的,从而影响潜在顾客对产品的态度。

3. 药品广告的原则

(1) 真实性。真实性是医药广告的生命。医药广告的内容要真实,必须以药品说明书的内容为基础,并符合《药品广告审查办法》的要求。

(2) 针对性。医药广告要根据不同的广告对象来决定广告的内容与形式,选择适合的传播媒体。

(3) 简明性。简短、清晰地说明品牌的特色和个性是药品广告设计的客观要求,应突出宣传目标顾客最重视的产品属性或购买该种产品的主要关注点。广告越简单,其穿透力越强。

(4) 艺术性。广告是一种艺术。医药广告设计理念、传播内容、表现形式要新颖,要有艺术感,要用美感打动消费者。

(5) 文化性。医药广告必须符合社会文化、思想道德的客观要求,符合目标市场的文化习俗。

(二) 药品广告的目标

广告的目标是指企业借助广告活动所要达到的目的。广告的目标往往来自于企业的整体营销战略。一般而言,医药企业会根据产品生命周期的不同阶段来确定不同的广告目标。

1. 提高医药企业和药品知名度

当医药企业创立初期或药品处于导入期时,企业通常会选择以提高医药企业和产品知名度为目标的通知性广告,向目标市场介绍本企业的情况及药品的质量、特性、功效等,以激起消费者的初次购买欲望,激发初步需求。

2. 促进顾客需求偏好的形成

当产品处于生命周期的成长期和成熟前期时,为维持自身的地位以抵御竞争者的威胁,企业就需要投放带有竞争性质的广告。这类广告目标旨在建立选择性需求,促进目标购买者从选择竞争对手的品牌产品转向选择本企业的品牌产品。

3. 维持顾客的"惯性"需求与购买

当产品进入成熟后期时,销售量达到顶峰,销售增长速度趋缓,市场基本上已达到饱和状态,品牌的知名度和美誉度达到了稳定的水平,品牌已拥有了一个稳定的消费群体。此时的广告目标是要维持和巩固消费者对产品的忠诚度,不断提醒顾客,产生一种"惯性"需求。

(三)药品广告的媒体选择

药品广告媒体是实现药品信息沟通的工具和手段。广告媒体选择的核心就是寻找最佳传递路线,以求广告在目标市场范围内达到所期望的影响力。选择好广告媒体,充分发挥各类广告媒体的作用,可以取得最佳的传播效果和经济效益。

1. 药品广告媒体的类型和特点

随着现代信息科学技术的发展,可供医药企业选择的广告媒体的类型很多。目前常见的广告媒体主要有报纸、杂志、广播、电视、户外媒体、直邮广告、互联网、移动终端等。广告媒体类型不同,其承载信息的表现形式、信息传递的数量、信息传递的时间和空间以及接受信息的对象都有所不同。为了使企业和产品的信息能够以最合适的途径传播给目标市场,达到最好的广告传递效果,医药企业应比较各媒体的优缺点(表11-3),结合自己企业和产品的特点,扬长避短,充分利用不同广告媒体的优点,寻求成本效益比最佳的沟通路线。主流广告媒体优、缺点如表11-3所示。

表11-3 主流广告媒体优、缺点

媒体	优点	缺点
报纸	弹性大、及时,对区域市场的覆盖率高,易被接受和被信任	时效短,转阅读者少
杂志	可选择适当的地区和对象,可靠且有名气,时效长,读者多	广告购买前置时间长,有些发行量是无效的
广播	大量使用,可选择适当的地区和对象,成本低	仅有音响效果,不如电视吸引人
电视	视、听、动作紧密结合且引人注意,送达率高	绝对成本高,展露瞬间即逝,对观众无选择性
直接邮寄	沟通对象已经过选择,而且媒体形式灵活	成本比较高,容易造成滥寄的现象
户外	比较灵活,展露重复性强,成本低,竞争少	不能选择对象,影响力受到局限等
互联网	覆盖范围广,费用低廉,迅捷,互动性强	效果评估困难,创意受局限,易被过滤

2. 药品广告媒体策略

(1)"多媒体"策略,即针对特定目标市场,在一段时间内,同时选用多种广告媒体,利用各种媒体的特性进行互补组合,造成宏大的宣传声势,使得目标顾客与广告接触机会增多,容易引起消费者关注。如"脑白金"的宣传就"软硬"兼施,既在报纸上做广告,也利用电视媒体。这种策略一般耗资巨大,适合实力比较雄厚的医药企业采用。

(2)变换媒体策略,即定期交换或交替使用不同媒体进行广告宣传。仅仅使用一种媒体,容易漏掉一部分顾客。因为即使同一类型的顾客,经常接触的媒体也存在差别。医药企业若能以大致相同的广告费用,选择某种媒体为主,交替使用其他几种媒体进行广告宣传,也可以扩大广告的覆盖面。这种策略比较适用于实力有限的中小医药企业。

3. 药品广告媒体选择的特殊性

2007年,国家工商行政管理总局和国家食品药品监督管理局联合发布的《药品广告审查发布标准》明确规定，处方药只可以在卫生部和国家食品药品监督管理局共同指定的医学、药学专业刊物上发布广告，而不得在大众传播媒介发布广告或者以其他方式进行以公众为对象的广告宣传，而且不得以赠送医学、药学专业刊物等形式向公众发布处方药广告。不允许在未成年人出版物和广播电视频道、节目、栏目上发布药品广告。因此，医药企业要根据产品类别合理选择广告媒体，一方面可以充分利用专业媒体针对性更强的优势宣传处方药，另一方面可以通过大众媒体宣传非处方药，树立良好的企业品牌形象。

（四）药品广告设计

为了达到理想的信息宣传和传播效果，药品广告设计人员在进行广告创意时，必须充分考虑消费者的心理需求和对信息的接纳程度，使医药企业和药品信息给消费者留下深刻的印象。

1. 选择药品广告主题

医药企业必须首先明白什么样的广告信息才能引起消费者的注意并使之产生共鸣。药品广告设计的核心是要突出广告的基本主题。常用的广告主题选择策略有 USP 策略、品牌形象策略、感性诉求策略三种。

（1）USP 策略。USP（unique selling proposition）策略是罗瑟·瑞夫斯（Rosser Reeves）在 20 世纪 50 年代提出的一种广告构思策略，强调产品的"独特销售主张"。在药品市场上具有相同功能的产品很多时，广告必须强调差异性。USP 策略就是给消费者一个明确的利益点。这个利益点是该产品独具的、其他竞争对手不具备的或在广告中未曾表现过的。如"康泰克"的"治感冒 30 分钟起效，不含 PPA"就是通过强调快速和安全展现产品的特色。通常在下列情况，使用 USP 策略比较合适：①在新产品、新功能出现时，将这一信息告知目标受众；②药品的功能特色在较长时间内难以被模仿；③药品专业化程度高，企业实力雄厚，产品在消费者心目中有良好的信誉，消费者相信只有该产品才具有某一特性。

（2）品牌形象策略。一般来说，单纯的产品广告着眼于销量的提高，作用是短期的，而品牌形象广告不仅可以提升销量，而且为今后产品线的延伸和新产品的推出做好准备，作用是长期的。例如许多大型医药企业往往产品种类繁多，在广告中不可能对其产品逐一介绍，品牌形象传播也就成为必然之选。品牌形象宣传的另一个好处在于可以影响医生，使医生们对该品牌产生好感。同时，品牌形象宣传也能够吸引合作伙伴，促成交易。

（3）感性诉求策略。广告的诉求主题是对本产品最具有竞争力的利益进行提炼和挖掘后得出的，通常广告诉求可以分为理性诉求和感性诉求。理性诉求是直接向消费者说明该产品的特性或使用该产品带来的利益，比如"胃痛、胃酸、胃胀，请用'斯达舒'"，直接说明了产品的功效，直观且理性。而感性诉求不是要告诉消费者产品的特性，而是通过激发消费者的情绪或情感，使消费者对产品产生好感。因为"以情动人"的药品广告往往比单纯宣传产品功效的广告更容易吸引人，通过情感纽带更有可能真正建立起消费者的品牌忠诚度。

2. 药品广告设计的特殊性

广告监管部门对药品广告的信息内容和发布作出了严格的规定，因而设计药品广告还需要注意法律、法规和社会道德规范对药品广告的限制。《药品管理法》规定：药品广告的内容必须真实、合法，以国务院药品监督管理部门批准的说明书为准，不得含有虚假的内容。《药品广告审查发布标准》也规定：药品广告中有关药品功能疗效的宣传应当科学准确，不得含有不科学的表示功效的断言或者保证；不得直接或间接怂恿任意、过量地购买和使用药品，并具体规定了不得含有的内容，如免费治疗、免费赠送、有奖销售或含有评比、排序、推荐、获奖等综合性评价内容；不得含有利用医疗机构或者专家、医生、患者的名义和形象做证明的内容；不得涉及公共信息、公共事件或与公共利益相关联的内容；不得以儿童为诉求对象，不得以儿童名义介绍药品等。

四、药品产品销售促进

（一）药品销售促进的概念

药品销售促进指医药企业为了刺激市场需求而采取的能够迅速产生激励作用的促销活动。它能在很短的时间内促进消费者的购买行为，又称为营业推广。药品销售促进是一种用于特定时期、特定任务的特种推销模式，介于企业人员促销和广告促销之间，是一种补充促销模式，需与其他几种促销形式共同使用，才能取得理想的销售效果。

（二）药品销售促进方法

1. 针对消费者的销售促进方法

针对消费者的销售促进以 OTC 类药品为主，此类药品一般在市场中容易找到多种替代品，市场竞争异常激烈，对销售促进手段的运用提出较高的要求。销售促进过程中可采用各类促销手段，提高消费者的现场购买兴趣，达到促进销售的目的。通过针对消费者的销售促进，可以起到扩大消费群体，提高产品销量，抑制竞争对手等作用。常用的促销方式有折价促销、免费赠送、累计兑换等。

2. 对中间商的销售促进方法

针对中间商进行的销售促进的主要对象是药品公司、零售药店和医疗机构等，促销的药品可以是处方药，也可以是 OTC 药品。通过销售促进可以增强中间商对于某产品的信心，鼓励他们增加购货量，积极参与促销。常用的促销方式有经销折扣、免费赠品、回款返利、合作广告、人员推广、销售培训、销售竞赛等。

（三）药品销售促进实施

医药企业在制订销售促进策略时，除了确定具体的销售促进目标，选择合适的销售促进形式外，还要制订具体的销售促进方案，例如激励的规模、对象、期限、途径和总预算等内容。药品销售促进实施主要包括以下六部分。

1. 激励规模

激励规模应该选择合适的范围，如果规模过大，可能造成成本过高，企业负担加重，营销成本提高；反之，如果规模过小，则难以让消费者了解，影响力弱，无法达到预期效果。所以企业在确定激励规模时，应先进行销售促进的成本/效益分析。

2. 激励对象

激励对象应该选择长期顾客，或者具有潜在可能成为长期顾客的消费者。短期顾客则需要适度限制。如部分药品零售店采用会员卡积分制，购买药品换取积分，根据累计积分可兑换取礼品，并定期推出会员活动，吸引长期顾客。

3. 激励途径

激励途径指消费者通过何种方式获得相应奖励，例如产品奖券可以直接放在药品包装内，也可直接邮寄给消费者。制订激励途径时，医药企业应当根据自身情况，选择合适的激励措施。

4. 激励时限

医药企业销售促进活动应该在合适的时间推出，不宜时间过短或过长，对于竞争激烈、产品差异化不大的季节性药品，应当选择在销售淡季进行促销。激励时限过长，或让消费者对产品品质产生不信任感，企业成本也将增加；激励时限过短，消费者尚处于观望期，来不及购买产品或者没有听说此类活动，活动便已经结束。

5. 经费预算

根据销售促进需要的花费，计算总促销费用，也可根据企业当年总促销费用，按照一定比例进行支付。

医药企业制订好销售促进方案后，可以在适当地区小规模预试，对促进方案的效果进行评估和调整。同时，在销售促进实施过程中，医药企业应当随时关注市场环境变化，对于出现的各种问题应及时解决，以便对促销活动进行有效的控制。

五、药品公共关系策略

药品公共关系属于企业公共关系范畴，主要服务于医药企业生产经营活动。近年来，许多医药企业因产品质量问题，公共关系危机不断显现，严重影响产品的销售和企业形象。因此，医药企业越来越重视公共关系策略。

（一）药品公共关系概念

药品公共关系指医药企业为营造有利于自身生存和发展的社会环境，针对目标公众，运用有效的传播手段，开展双向沟通交流的战略性管理活动。药品公共关系主要由公共关系主体、客体和传播媒体三部分组成。药品公共关系的主体通常是医药企业和独立公共关系机构；药品公共关系的客体通常由内部公众和外部公众组成，内部公众指企业员工，外部公众则包括药品消费者及其家属、医务人员、媒介公众、政府公众、社区公众等。传播媒体则是联结主体与客体的纽带。医药企业通过有效的公共关系活动，向公众提供优质的药品，妥善处理各种矛盾，树立和维护医药企业在公众中的良好形象。

（二）药品公共关系的特点

药品公共关系与商品关系、私人关系不同，具有自身的特点，主要包括以下几个方面。

1. 公共性

药品公共关系是组织与公众的关系，是具有更高层次和水平的社会公共关系。

2. 稳定性

药品公共关系是长期可持续存在的，医药企业不仅谋求眼前利益，更要考虑长远利益。药品公共关系的维持和发展，需要有计划的、连续的、持久的构建。

3. 关联性

药品公共关系的建立不是随意的、随机的，而是具有明确的目标。药品企业与公众一般具有直接或者间接的联系。

4. 发展性

药品公共关系的状态是随着环境的改变而不断发展变化的。医药企业与公众是合作互助的关系,并随着环境变化而发展变化。

(三)药品公共关系的作用

构建良好的公共关系对于药品企业的发展十分重要,有效的公共关系也是企业促销的重要手段。药品公共关系的作用主要表现为两个方面,即对内部的作用和对外部的作用。

1. 对内部的作用

主要包括:强化内部沟通,协调内部关系;强化团队意识,凝聚企业竞争力;创造和谐的工作环境。

2. 对外部的作用

主要包括:树立企业良好形象,促进产品销售;协调社会关系,化解危机;增进社会效益。

(四)药品公共关系应遵循的原则

1. 坚持诚实守信原则

药品公共关系活动应该以诚实守信为第一原则。医药企业在公共关系中,应在全面、客观地掌握事实的基础上,向公众实事求是地传递信息,真诚地对待公众。医药企业在公共活动中要言而有信,这是塑造企业良好公共形象的关键。

2. 坚持促进公众健康原则

药品公共关系活动应该以促进公众健康为出发点和落脚点。医药企业在公关活动中应该牢固树立公众健康第一的思想,以促进公众健康为第一要务。医药企业在公关活动中应以促进公众健康为使命,从而谋求经济效益和社会效益双丰收。

3. 坚持互利互惠原则

药品公共关系活动应该充分考虑企业与公众的利益,在互惠互利的基础上寻求企业与公众的双赢。医药企业如果一味追求自身利益,必然会损害相关公众的利益,影响企业公共关系,进而损害企业长期利益;而如果医药企业只追求公众利益,以损害自身利益为代价,则这种公关活动无法持续开展。

4. 坚持塑造形象原则

良好的企业形象是医药企业的无价之宝和无形资产。药品公共关系活动应以塑造良好的企业形象为目的,视企业良好形象为重要资源。良好的企业形象能给社会公众留下令人信赖的形象,公众会以各种方式回报企业;良好的企业形象能给员工以团结、负责任、富于人文关怀的印象,员工会以主人翁的姿态进行工作,从而提高工作效率。

5. 坚持社会公德原则

开展药品公共关系活动时,只有遵守社会公德,才能获得感情回报,才能与公众建立良好的关系。药品公共关系的最终目标是为了获取更多的利益,但见利忘义是违反道德规范的,药品公共关系活动必须在利与义之间保持适度的平衡,最好是义利双收。

(五)药品公共关系工作程序

1. 公共关系调研

药品公共关系调研是公关活动的起点,是一项基础性工作,主要是了解企业目前的公共关系现状，分析其发展趋势和存在的问题，并形成改善公共关系的措施和工作思路。

2. 公共关系策划

药品公共关系策划是构建和提升药品公共关系工作的关键，是对公共关系活动计划和方案的设计、制订，是公共关系实施的指南，是在调研基础上的公共关系活动具体化。

3. 公共关系实施

药品公共关系实施指公关活动的具体执行过程。良好的公共关系执行力是医药企业公共关系成功最为核心的要素。

4. 公共关系评估

对药品公关工作的成效评估，是改进药品公关活动必不可少的一步。主要是对公关活动的每一个步骤、每一个具体事件进行客观的评估，寻找工作中存在的问题，为改进公关工作提供参考意见。

案例分析与思考题

一、案例分析题

1. 麝香保心丸产品创新营销策略

【案例内容】

上海和黄药业有限公司基于经典古方创新研制了治疗冠心病的麝香保心丸，并利用现代科学技术对其进行深入系统的研究，揭示了产品的科技内涵，扩大了临床应用。其主要创新点在于：创新研制了复方中药"麝香保心丸"。本方源于经典古方"苏合香丸"，按照君臣佐使的组方原理和芳香温通治则，根据药理、药效及临床试验创新组方，并采用独特的微粒丸制剂工艺研制而成，为芳香温通类治疗冠心病、心绞痛的代表药物，其组方配比及工艺被定为国家秘密技术；首次建立了基于整合化学物质组学的整体系统生物学及网络生物学研究体系，用于麝香保心丸的现代研究，揭示了其治疗冠心病、心绞痛的药效物质基础和作用机制，阐释了复方配伍规律；首次证实了麝香保心丸长期用药具有改善血管内皮功能、良好的临床耐受性与安全性及可减少各类心血管事件发生，为麝香保心丸长期用药提供了临床证据。围绕麝香保心丸的创新研究，发表论文104篇，其中SCI收录14篇，论文被他引678次；出版专著6部；作为芳香温通的代表药物被列入《实用内科学》。麝香保心丸在中药微粒丸制剂产业规模中列全国第一，2011年销售额超过6亿元，上市后累计销售收入超30亿元。作为国家基本药物、国家医保甲类品种，已在全国8034家医院安全应用，累计惠及冠心病患者1亿人次，成为全国知名的中药大品种，对推动我国中医药现代化做出积极贡献。上海和黄药业有限公司多年来一直对经典中药麝香保心丸进行持续的创新研究，从2001年至今先后开展多项科研专题，累计发表论文400余篇。2011年"随机、双盲、多中心、安慰剂平行对照评估麝香保心丸治疗慢性稳定性冠心病的临床转归的临床研究"（循证医学）全面展开，全国100家三甲医院共同参与，对2700例患者进行临床观察，预期获得麝香保心丸治疗慢性稳定性冠心病患者疗效、安全性、远期心血管事件影响的科学评价。使麝香保心丸安全性、有效性的评价建立在强大的临床研究证据基础上。

2019年1月8日，中共中央、国务院在北京人民大会堂隆重举行2018年度国家科学技术奖励大会。由海军军医大学（原第二军医大学）张卫东教授作为第一完成人，海军军医大学、上海和黄药业有限公司及复旦大学附属华山医院等单位实施并完成推广的"基于整体观的中药方剂现代研究关键技术的建立及其应用"项目荣获 2018 年度国家科学技术进步奖二等奖。本获奖项目以麝香保心丸等中药方剂的物质基础、作用机制、临床循证研究以及生产全链条控制作为主要研究内容，发展了多种中药方剂研究的关键技术，对推动中药产业发展具有重要借鉴意义。

资料来源：施海明. 麝香保心丸中药方剂研究荣获"国家科学技术进步奖"[N]. 医药经济报，2019-1-14（F03）.

【问题与启示】

（1）麝香保心丸传承创新体现了哪些临床价值？

（2）简述麝香保心丸对推动中成药传承创新发展的重要借鉴意义。

2. 东阿阿胶产品品类管理和文化体验营销

【案例内容】

2006 年，东阿阿胶股份有限公司（以下简称"东阿阿胶"）面临发展瓶颈：业务多而分散；核心产品阿胶价格低，严重背离了价值，主流高端人群不消费，品类边缘化；养驴经济效益低，驴皮资源短缺，阿胶产业不可持续。为了突破发展瓶颈，东阿阿胶制定了"单焦点、多品牌"的发展战略。首先是聚焦阿胶品类，强化主业竞争优势。其次是打造多品牌，做大阿胶品类：东阿阿胶从"补血"重新定位为"滋补国宝"，启动价值回归，在滋补市场开创高端顾客，带动阿胶品类回归主流；复方阿胶浆定位"气血双补"，开创气血保健市场；阿胶糕定位"吃出来的美丽"开创美颜零食市场。多年来，东阿阿胶公司一直在执行和共同深化这个品类管理策略，公司的市值从 2005 年底的 22 亿，上升到了 2017 年 4 月初的 426 亿。

东阿阿胶将实物产品和文化产品一同经营，营销上则由文化营销向营销文化转型。东阿阿胶在深入挖掘阿胶历史文化方面做了大量细致的工作，从服用阿胶的演变史、疗效演变史、阿胶垄断史、阿胶滋补养生史四条主线入手，理出阿胶方剂谱、阿胶族谱、中医理论谱、医家传承谱、本草谱、工艺商业谱、消费文化谱七条文化谱系；梳理 3200 多个阿胶药方，200 多个膏方和食疗方。按 1300 多年前唐朝"贵妃养颜膏"和 700 多年前元曲研制"真颜阿胶糕"，恢复失传百年的"九朝贡胶"炼制技艺，并且连续十年举办冬至阿胶滋补节，创作演出阿胶史诗音乐剧《水火之恋》。实施影视植入，在《甄嬛传》《女医明妃传》《如懿传》《那年花开月正圆》等影视作品植入东阿阿胶元素，实现产品价值传播；开展高端、健康类节目合作，参与《本草中国》《千年国医》《养生堂》等节目，深化高端滋补养生价值。东阿阿胶投资兴建中国阿胶博物馆，向社会弘扬阿胶文化。在开展阿胶中医药文化科普教育活动中，东阿阿胶在"隐去品牌推品类"的理念下，拍摄阿胶宣传教育片、编写科普文章、古代医案选编等阿胶科普书籍。

东阿阿胶坚持推进品类管理和文化体验营销工程，引领阿胶回归滋补上品价值，定位高端滋补客户群，通过滋补养生体验，提升品牌认知和顾客终身价值。东阿阿胶已成为中国滋补养生第一品牌，中国 OTC 市场最大单品；复方阿胶浆成为 OTC 药店补益类份额最大产品、连锁药店贡献率最大的产品。截至 2017 年，东阿阿胶连续 8 年被评为最具发展力上市公司，7 次荣获"国家质量金奖"；3 次荣获山东省科技进步一等奖，拥有 3 枚中国驰名商标，2 个国家秘密技术产品；东阿阿胶品牌价值 371.34 亿元，10 次入选中国 500 最具价值品牌排行榜，2017年总排名187位，阿胶行业排名第一。

资料来源：张继明. 标杆：年度医药大健康品牌获奖案例［M］. 北京：光明日报出版社，2018.

【问题与启示】

1. 请结合本案例理解品类管理的巨大价值。
2. 结合本案例分析东阿阿胶文化营销策略。

二、思考题

1. 什么是药品营销策略组合？
2. 简述药品的生命周期及其营销策略。
3. 影响药品定价的主要因素是什么？药品的定价方法包括哪些类型？
4. 如何有效进行药品分销渠道管理？
5. 药品促销手段有哪些？影响促销组合选择的因素有哪些？

课件　　　　　视频讲解

第十二章

药品品牌经营策略

2014年5月10日，习近平总书记在河南考察时提出"推动中国制造向中国创造转变、中国速度向中国质量转变、中国产品向中国品牌转变"。"三个转变"为推动我国产业结构转型升级、打造中国品牌指明了方向。

品牌是企业核心竞争力的物化和商品化的表现，也是企业最持久、最独特的竞争能力。与跨国制药企业相比，品牌竞争力是目前我国制药企业最缺乏的能力。随着中国药品市场竞争的国际化，品牌培育已成为我国制药企业市场营销的重要内容。尤其是在药品高度同质化和国家限制药品商品名使用的环境下，品牌营销的作用更加突出。制药企业要树立品牌意识，确立品牌战略，培育品牌影响力。

第一节 品牌概述

一、品牌的概念与组成

（一）品牌的概念

美国市场营销协会对品牌的定义为："品牌（brand）是一种名称、术语、标记、符号或设计，或是它们的组合运用，其目的是借以辨认某个销售者或某群销售者的产品及服务，并使之与竞争对手的产品或服务区别开来。其中，这些创造品牌的名称、术语、标记、符号或设计或它们的组合称为品牌元素。"

世界著名营销学大师菲利普·科特勒在其著作中描述："品牌就是一个名字、称谓、符号或设计，或是上述的总和，其目的是使自己的产品或服务有别于竞争者。"

上述品牌的定义包含的内容为：①品牌是一种名称、术语、标记、符号或设计，或是它们的组合运用；②品牌能够把不同生产者或经销商的产品或服务区别开来，便于消费者识别和购买；③品牌是一种质量、信誉的承诺和保证；④品牌是一种特殊资产，能给拥有者带来利益和价值，其价值的源泉来自于消费者心智中形成的关于其企业或产品的印象。

（二）品牌的整体含义

品牌实质是企业对消费者关于产品或服务的特征和利益的承诺，其整体含义有以下六个方面。

1. 品牌属性

品牌能让人们联想到某种属性，即该品牌的产品区别于其他品牌产品的最本质特征，主要包括产品的质量、性能、价格等基本内涵。例如，"佛慈"品牌让人们联想到浓缩丸中成药。

2. 品牌利益

消费者购买药品时购买的不是属性而是利益，属性需要转化为功能性或情感性的利益，才能被消费者接受。药品带给消费者的核心利益是疗效和安全。

3. 品牌价值

品牌的价值是组织或个人通过长期积累在消费者心目中形成的信赖和利益的表现。例如，有400多年历史的"陈李济"品牌体现了创始人"同心济世"企业经营理念，在消费者心目中形成的信赖给企业带来了丰厚价值。

4. 品牌文化

品牌的底蕴是文化，是物质形态与文化形态的有机结合。例如，"同仁堂"品牌蕴含着历史悠久的"国药国粹"中医药文化内涵。

5. 品牌个性

品牌必须反映一定的个性，不同的品牌具有不同的个性。

6. 品牌用户

品牌暗示着购买或使用药品的消费者类型。例如，"太太口服液"让人联想到一个已婚年轻女性的形象。

以上品牌内涵的六个方面并不是并列平行的关系。品牌最核心的含义是价值、文化和个性，它们是品牌的基础，体现不同品牌间本质差异。医药企业设计品牌应以价值为核心，建立品牌文化，塑造品牌个性，体现品牌特色。

（三）品牌的组成

品牌一般是由品牌名称、品牌标志、商标三部分组成。

1. 品牌名称

品牌名称是品牌中可以用语言称呼的部分。如"三九""江中"等。

2. 品牌标志

品牌标志是品牌中可以用视觉识别的部分，通常表现为某种符号、图案、色彩、设计。例如，河南宛西制药股份有限公司的"仲景"牌六味地黄丸标签上的张仲景头像；四川太极集团的急支糖浆标签上的"太极"图案。

3. 商标

商标是一种法定的标志，表示拥有者对品牌拥有的专有权，并从法律上禁止他人使用。根据我国法律规定，人用药品必须使用注册商标，否则不得在市场上销售。注册商标一般用"R"或"注"表示，非注册商标则不受法律保护。品牌和商标是两个相近的概念，两者既有联系，又有一定的区别。

二、品牌的作用

在现代市场营销中，品牌的作用日益突出。结合药品特点，品牌的作用主要表现在以下几个方面：

（一）品牌代表产品的质量

品牌能够体现药品的质量和特色，有利于企业对药品进行营销管理，也便于购买者识别。知名品牌会占领消费者的心智，牢固地定位于消费者心目中。一提到到某品牌，消费者就能联想到这一品牌产品的质量和特色。例如，一提到阿胶产品，人们马上就想到"东阿阿胶"品牌的阿胶。

（二）品牌有利于企业市场营销

品牌有助于企业的市场营销，是医药企业开拓市场的利器。品牌一旦形成一定的知名度和美誉度后，就会形成消费者品牌忠诚，医药企业就可利用品牌优势扩大市场销售。品牌也有自己独特的风格，有利于医药企业进行市场细分和市场定位，更好地满足消费者需求的个性差异。

（三）品牌有利于监督企业的产品质量

品牌有利于监督和保证医药企业的产品质量。品牌的建立需要企业日积月累的努力，生产者不能不关心品牌的声誉。医药企业为了巩固品牌已有的市场地位，必须加强生产经营管理，提高产品质量水平。品牌是医药企业对产品质量进行自我监督的一种重要手段。

（四）品牌有利于企业抵御竞争者

品牌是医药企业保持竞争优势的一种手段，品牌忠诚是竞争者通过模仿难以达到的，为其他医药企业进入构筑了壁垒。品牌还可以通过注册得到法律保护，防止他人模仿、抄袭或假冒，从而使医药企业的正当权益得到维护。当产品市场趋向成熟，市场份额相对稳定时，品牌忠诚度是抵御同行竞争者进攻的最有力的武器。

（五）品牌有利于企业推广新产品

品牌是医药企业和消费者沟通的最有效的载体之一，是企业巨大的无形资产。医药企业如在原有品牌的产品线中增加新产品，则比较容易被消费者接受。医药企业可以利用品牌积累的无形资产，不断开发并成功推出新产品，扩大经营规模，提升企业的竞争力。

（六）品牌有利于企业积累无形资产

品牌是企业的商标、标志、产品质量、企业文化、社会责任等方面的综合体现，是企业的重要竞争力。品牌的价值不仅体现在企业的市场份额和销售额上，还体现在消费者对企业的信任和忠诚度上。品牌是企业的无形资产，对企业的长期发展和竞争优势具有重要意义。品牌的收益能力取决于品牌所标示的产品各项指标的市场领先度、国际化倾向程度、品牌收益的稳定性等。例如，2023年5月9日，第七届中国上市公司品牌价值榜发布，国药控股股份有限公司凭借卓越的市场表现，以品牌价值1935亿元人民币位列总榜TOP22和活力榜TOP25，持续保持中国上市医药企业品牌价值的领军者地位。

第二节　药品品牌经营策略

药品品牌经营策略是药品市场营销决策的重要组成部分。在市场营销活动中，医药企业要根据市场实际情况、药品的特点和企业自身的资源状况等因素，制订相应的品牌策略。

一、品牌化策略

品牌化策略指医药企业是否对自己的产品使用品牌营销的策略。品牌化策略包括无品牌策略和使用品牌策略。

（一）无品牌策略

无品牌策略即医药企业对自己的药品不使用品牌。这种情况在医药企业很少见，因为我国法律规定药品必须使用注册商标，也就是说药品必须使用品牌。目前只有部分未经加工的中药材原料采取无品牌策略。无品牌营销可以节省宣传费用，降低成本，以低廉的价格吸引低收入的消费者。另外，某些出口的药品采用无品牌策略，采用中性包装形式，其目的是为了适应国外市场的特殊情况，为转口销售、避免某些外国政府限制等。例如，我国东北产的部分人参以无品牌包装出口到韩国，韩国再把从中国进口的人参冠以"高丽参"的品牌重新包装，以数倍的价格在国际市场上销售。

（二）使用品牌策略

使用品牌策略即医药企业对自己的药品使用品牌，并精心塑造企业和产品品牌形象。随着市场经济的发展和全球化浪潮的冲击，使用品牌策略是大势所趋。创造一个品牌需要付出高昂的成本和不懈的努力。使用品牌策略的优点在于：有利于医药企业细分市场和市场营销定位，便于实施差异化营销；有利于保护药品特色，防止他人假冒；有利于建立稳定的顾客群，培育品牌忠诚的消费者，使企业的销售保持稳定和增长。因此，优秀的医药企业不仅要向消费者提供好产品，更要培育知名品牌。使用品牌策略的主要弊端是增加了产品营销费用。

二、品牌归属策略

品牌归属策略就是品牌归谁所有和由谁管理的决策。品牌归属策略包括制造商品牌策略、经销商品牌策略、混合品牌策略。品牌归属策略本质上是生产企业与经销商之间实力的较量，制药企业在进行品牌归属决策时，要结合企业和市场的具体情况，充分考虑生产企业与经销商的实力对比，客观科学地做出正确决策。

（一）制造商品牌策略

制造商品牌也称生产者品牌，即药品生产企业使用自己的品牌。目前，我国绝大多数的药品生产企业的产品都是使用生产企业品牌，这种品牌策略更有利于树立企业的品牌形象，体现企业的经营特色与优势。

（二）中间商品牌策略

中间商品牌也称经销商品牌，即中间商向药品生产企业大量购进药品或加工订货，产品使用中间商的品牌。这种品牌策略有利于中小型制药企业的产品销售，也有利于药品连锁企业打造自己的经营品牌，增加对供货商产品质量和产品价格的控制力。例如，国内大型药品连锁企业——海王星辰连锁药店有限公司在药品零售领域要求药品生产商贴牌生产药品，产品使用海王集团自有的商标，这些贴牌生产的药品的质量由海王集团严格把关，控制进入渠道，并且只能在海王星辰连锁药店有限公司内销售。

（三）混合品牌策略

混合品牌也称制造商和经销商共存品牌，即药品生产企业将自己的一部分产品使用企业自己的品牌，另一部分产品使用中间商的品牌。混合品牌策略既保持本企业品牌特色，又通过使用中间商品牌扩大了产品销路，一般多见于中小型药品生产企业。

三、品牌统分策略

品牌统分策略就是医药企业对所生产的不同品种、规格的产品使用一个统一品牌，还是分别使用不同品牌作出决策。品牌统分策略包括个别品牌策略、统一品牌策略、分类品牌策略和个别品牌加企业名称策略四种。

（一）个别品牌策略

个别品牌策略即企业对每一种产品使用不同的品牌。个别品牌策略在药品行业很少使用，多见于日化行业。例如，宝洁公司生产的每一种产品，都有自己的品牌，如洗涤剂有"象牙雪""碧浪""汰渍"等品牌，分别表现出不同的质量和特色。这种策略的优点是不会因为个别产品的失败或信誉下降，而影响企业的声誉和其他产品的销售。此外，这种策略也有利于企业对各个产品品牌进行市场定位，从而占领不同的细分市场。这种策略的缺点是品牌运营和维护费用较高，企业投入分散，不利于企业打造整体品牌，而且对企业管理品牌的能力要求较高。

（二）统一品牌策略

统一品牌策略即企业生产的所有产品共同使用一个品牌。使用统一品牌策略的企业必须具备两个条件：一是已有品牌具有一定的市场基础和品牌美誉度；二是所有产品具有相同或相近的质量水平和产品特色，如果差别较大，容易混淆品牌形象。药品行业多采取统一品牌策略，例如，三九集团所生产的各种药品都统一采用"999"的品牌。统一品牌策略的优点是有利于企业推出新产品，节省品牌的广告费。这种品牌策略的缺点是使用统一品牌的任何一种产品质量发生问题，都会使整个企业的信誉受到不利影响，因此，使用统一品牌策略的企业必须对所有产品的质量严格控制。

（三）分类品牌策略

分类品牌策略即企业所生产的各大类产品分别使用不同品牌。例如，兰州佛慈制药股份有限公司生产的产品，用于国际市场销售的采用"岷山"品牌，用于国内市场销售的采用"佛慈"或"宝炉"品牌。分类品牌策略的优点在于企业可根据产品大类或市场类别进行差异化营销管理。

（四）个别品牌加企业名称策略

个别品牌加企业名称策略即在每一种个别品牌前冠以企业名称。个别品牌加企业名称策略的优点是可利用企业的声誉推出新产品，从而节省促销费用，又可以使每种产品、每个品牌保持自己的特点和相对独立性，使产品更富个性化。例如，江中药业股份有限公司的产品品牌有"江中草珊瑚含片""江中健胃消食片""江中痔康片"等。

四、品牌延伸策略

品牌延伸策略就是企业利用已具有市场影响力的成功品牌来推出新产品或改良产品。随着市场经济的深入发展，品牌延伸策略广泛运用。品牌延伸策略的优点是知名品牌能使新产品容易被市场接受，有益于降低新产品的市场导入费用；另外，如果品牌延伸获得成功，还可进一步扩大核心品牌的影响和企业声誉。品牌延伸策略也有明显的缺点和风险：一是如果将著名品牌延伸使用到与其品类、形象、特征不相吻合、不相接近的产品领域，则可能有损原品牌形象；二是如果原产品与品牌扩展产品之间在资源、技术、市场等方面不存在关联性或不具有互补性，则推出的新产品可能难以被消费者接受；三是如果将高品质形象的品牌扩展使用到低档次产品上，也会损害品牌价值，甚至会使消费者产生反感。如果品牌延伸滥用，就产生了"品牌稀释"效应。医药企业运用品牌延伸策略，要遵循关联性和系统性的原则，从经营战略的高度上来考虑，进行可行性论证，设计和实施系统化的品牌延伸方案。

五、品牌再定位策略

品牌再定位策略就是企业全部或局部调整或改变品牌在市场上的最初定位。品牌再定位的原因很多，也许品牌在市场上的最初定位是适宜的，但是到后来客户的喜好和需求发生了变化，需要重新定位；也许是品牌在市场上最初定位就不合适，需要重新定位等。品牌的重新定位一般需要与产品改进相结合，才能实现再定位的预期目标。

六、品牌特许策略

品牌特许策略就是通过特许协议，品牌拥有者允许其他机构使用自己的品牌，并收取一定的特许费用。特许接受方承担所有的产品生产、市场销售和广告促销责任。运用此策略可以使品牌拥有企业获得额外的收入、降低企业成本等。品牌特许策略一般多见于药品连锁经营企业。

综上所述，品牌策略是现代医药企业市场营销的一项重要内容。品牌策略的选择和运用取决于医药企业的资源整合能力、产品状况、竞争对手情况、目标市场的特点等因素。企业要统筹资源，综合平衡，系统决策，优选最佳品牌策略方案。

第三节 药品品牌管理

一、药品品牌设计与培育

（一）药品品牌设计

一个优秀的药品品牌源于精心设计。品牌的名称和标志是品牌设计的核心。一般来讲，品牌设计与商标设计密切相关，应遵循以下原则。

1. 简单易记

品牌设计一定要简单，不能太复杂。一个好的品牌设计，要简单醒目，便于消费者记忆，使人过目不忘。例如，南方制药厂的"999"。

2. 新颖独特

品牌设计一定要新颖，不能太庸俗。雷同是品牌设计的大忌。品牌设计既要有鲜明的特色，又要具有艺术性，应力求构思新颖，造型美观，易于识别。例如，"朴雪""护彤"等。

3. 音意联想

品牌名称要简短，容易发音，利于传播。一般认为，品牌名称应以不超过 3 个字为好。品牌名称的读音和字义要让消费者产生积极的、健康的联想，有利于引导其购买，例如，吴太集团的"感康"。

4. 符合风俗

品牌名称、图案、符号和颜色要符合国内外目标市场的习俗，尊重当地的传统文化和民族风俗习惯，避免触犯禁忌，从而使消费者乐于接受药品品牌。

5. 符合法律

药品品牌设计必须严格遵守法律的有关规定。要维护社会和消费者的利益，维护药品行业平等竞争的秩序。

（二）品牌的培育

品牌名称和品牌标识物是品牌的物质载体，培育品牌核心即有序地逐步提升品牌的精确度、知名度、美誉度、忠诚度。

1. 做好品牌定位，提高品牌的精确度

医药企业要根据自己的战略定位和目标消费群体的特点，充分挖掘和提炼企业文化和产品内涵，形成独特的品牌文化和核心价值观；企业要通过导入企业形象识别系统，塑造品牌外在形象，把抽象的品牌理念进行物化，使品牌图案、标准色等外在形象具有独特性、持久性和易识别等特点，充分表达品牌的核心理念，使品牌具有个性，彰显特色，体现差异化，并贯彻落实在企业的整个生产、经营活动中，在消费者心目中占据独特的、有价值的位置。

2. 做好品牌传播，扩大品牌的知名度

品牌知名度是评价品牌社会影响力大小的指标，指某品牌被公众知晓、了解的程度，它表明品牌为多少消费者所知晓，反映的是顾客关系的广度。医药企业要通过商业广告、新闻事件、学术推广、销售促进等营销传播活动，提高企业和产品在消费者心目中的影响力，扩大品牌的知名度。品牌传播最重要的方式是广告，广告是提高品牌知名度、塑造品牌形象和个性的常用工具，广告成功的关键在于策划和创意的差异化以及艺术表现手段是否出色。

3. 塑造品牌形象，提升品牌的美誉度

品牌美誉度指某品牌获得公众信任、支持和赞誉的程度。如果说品牌知名度是一个量的指标，那么品牌美誉度就是一个质的指标，它反映某品牌社会影响的好坏。品牌的美誉度越高，口碑效应就越明显，品牌的资产价值也就越高。品牌美誉度包括公众美誉度、社会美誉度和行业美誉度三个方面。医药企业要通过承担社会责任、进行健康教育、向特殊群体捐赠药品等公关活动，在公众心目中树立独具特色的良好形象，赢得公众的信任，提升品牌的美誉度。例如，诺和诺德制药有限公司与中国政府合作的"中国糖尿病管理工作项目"等科普知识教育活动，对医师、护士及患者进行糖尿病防治知识教育。经过多年的推广，"诺和关怀"已成为糖尿病患者教育和服务的第一品牌，与诺和诺德的糖尿病产品品牌互相促进，相得益彰。另外，品牌美誉度的资产价值体现在人们的口碑效应上，人际传播也是提升药品品牌美誉度的重要途径。特别是处方药的品牌传播中，销售代表与医生之间的人际传播，对于处方药的品牌传播十分重要。

4. 提高产品质量，培育品牌的忠诚度

品牌忠诚度是顾客对品牌情感的量度，反映出一个顾客对一个品牌重复购买的可能程

度，是企业重要的竞争优势。按品牌忠诚度把消费者分为无忠诚度者、习惯购买者、满意购买者、情感购买者和忠诚购买者。质量是一切成功品牌的基础，药品的消费具有特殊性，质量关系人的生命与健康，疗效和安全是消费者的根本需求，药品生产企业要永远把产品质量放在首位，严格执行GMP，实施全面质量管理，构建科学的质量保证体系，用质量培育消费者对品牌的忠诚度。

二、药品品牌管理与维护

一个优秀的药品品牌不仅需要努力建设和培育，而且需要精心管理和维护，不断增加品牌对消费者的吸引力和感召力，使品牌资产给企业带来持续的附加利益。

（一）品牌战略定位差异化

在产品高度同质化的药品市场环境下，医药企业要选择差异化的品牌定位策略，通过一系列有价值的创新和创造，与竞争者的品牌定位形成显著的、系统的、动态的差异，获得差异化的品牌竞争优势。医药企业实施差异化的品牌定位，就有可能重建市场和产业边界，开启巨大的潜在市场需求。根据药品的特点，药品品牌定位差异化可以通过药品的质量、包装、规格、用途、用户、价格、渠道等方面的创新，建立与众不同的品牌定位。差异化的品牌必须具有独特的利益点。例如，全国生产六味地黄丸的企业有800多家，其中有北京同仁堂和兰州佛慈制药股份有限公司这样的名牌企业，但河南宛西制药厂生产的"仲景"牌六味地黄丸，以其独有的中药材GAP基地的原料来区分同类产品，形成自身独特的产品品牌差异，创造出了"药材好，药才好"的利益诉求点，实现了年销售4亿元的业绩。

（二）品牌运营管理系统化

品牌运营是涉及企业研发、生产、营销、财务、供应、物流等各方面工作的一项系统工程，医药企业要整合企业内、外资源，使之转化为企业的品牌优势。在具体运营过程中，要抓好两个"整合"：一是整合企业外部资源，要引入现代物流管理理念和技术，以发展供应链管理为模式，建立与上、下游企业紧密的合作关系，把药品生产、流通和市场终端结合在一起，形成利益共同体，从而提高企业的市场控制能力和品牌形象；二是企业内部资源整合，医药企业要根据GSP要求进行整体方案设计，从原辅料的购进、储存到成品的生产、运输、销售的各环节进行业务流程的整合与再造，提高产品质量，降低产品成本，夯实品牌所依赖的物质基础。

（三）品牌核心产品集中化

品牌的载体是产品，药品品牌的价值和给企业带来的附加值最终必须通过药品的销售来实现，所以医药企业要对产品实施集中化的品类管理，坚持"有所为，有所不为"的方针，集中优势，将企业的人力、物力、财力聚焦在有市场优势的大品种上。对企业的核心大品种进行产品改良和市场改良，采用有效的营销组合策略，提高产品的质量层次和市场占有率，形成核心产品的市场优势，从而形成产品品牌优势。

（四）品牌终端维护精细化

药品营销终端指药品从生产者向最终消费者转移过程中经过的最后一个环节，是联系药品生产经营者和最终消费者的纽带，是药品品牌维护的关键环节。医药企业要实现营销终端管理精细化，对目标市场进行精细化开发与管理。要根据药品特点，有针对性地开展对医院、药店等终端的促销活动。对处方药,要重点针对医院终端,通过举办高水平的学术会议、开展以人员推广、药品专业报刊广告宣传等促销活动,提升服务水平,与医生有效沟通,满足医生深层次的需求,充分发挥医生在品牌传播和维护方面的核心作用;对非处方药,要重点针对药店终端,开展以营业推广为主的销售促进活动,通过对店员的培训、宣传和联谊等活动,与店员建立合作关系,发挥店员对品牌传播和维护的关键作用。企业也可利用大众媒体进行广告宣传,直接面向消费者传播品牌,提高品牌对消费者的影响力。

(五)品牌管理团队专业化

长期以来,由于受计划经济思想的影响,医药企业重视技术和管理人才队伍建设,忽视品牌营销队伍建设。在新形势下,医药企业要转变观念,从战略的高度看待品牌管理人才队伍建设的重要性和必要性。要通过引进品牌专业管理人才和对现有营销人员进行专业知识培训等途径,建立一支既有药品专业知识背景,又有品牌营销实践技巧;既有敬业精神,又有品牌管理能力的专业化品牌管理与维护团队。同时,企业要充分利用社会营销人才资源,以聘请高级品牌管理顾问等方式,建立品牌管理与维护的高层次参谋智囊团队。

案例分析与思考题

一、案例分析题

1. 扬子江药业集团有限公司以高质量打造大品牌

【案例内容】

"高质量"始终是扬子江药业集团有限公司(以下简称"扬子江药业")制胜市场、赢得口碑的法宝。药品质量是企业的核心竞争力。多年来,扬子江药业始终秉承"求索进取、护佑众生"的企业理念,坚持把"每一粒药做到极致",严把药品研发、采购、生产、放行、储存、售后六道关口,建立了一整套高于法定标准的企业内控标准。目前集团已有20多个产品质量达到欧美药典标准,4个车间通过了欧盟 GMP 认证。扬子江药业在生产、科研、质量管理第一线成立了100多个质量管理(quality control,QC)小组,常年开展质量提升、工艺革新和技术攻关活动。2016年12月12日,中国品牌价值评价信息再次发布,扬子江药业以953分的品牌强度和228.42亿元的品牌价值强势上榜,获得中国生物医药类品牌强度、品牌价值双料冠军。这些"第一"和"唯一",成为企业综合实力提升、发挥品牌引领作用的有力见证。

"质量月"是扬子江药业延续近30年的品牌活动,QC 小组成为培育"扬子江工匠"的摇篮。120多个 QC 小组常年活跃在集团各条战线,累计开展各类 QC 课题1000多个,荣获医药行业 QC 成果一等奖总数17连冠,还斩获24项国际 QC 金奖。2018年,扬子江药业集团从全国参评的325家制造企业中脱颖而出,荣获中国质量奖提名奖。2021年3月4日,2021年欧洲质量管理基金会"EFQM 全球奖"(原欧洲质量奖)评选揭晓,扬子江药业获得新版欧洲质量奖,为"中国制造"赢得世界赞誉。

资料来源:顾介铸. 扬子江药业高质量发展动能澎湃 [N]. 中国中医药报,2021-06-24(5).

【问题与启示】

（1）请结合本案例理解质量在品牌建设中核心作用。

（2）请结合本案例思考品牌价值。

2. 石家庄以岭药业股份有限公司坚持科技创新塑造知名品牌

石家庄以岭药业股份有限公司（以下简称"以岭药业"）由中国工程院院士吴以岭创建，以岭药业作为中国品牌价值100强企业，30余年来积极推动企业不断发展壮大，形成了"从医到药到健康"的产业发展格局。以岭药业的品牌创建之路是坚持科技创新培育知名品牌的典型代表，也是集企业品牌、企业家品牌、产品品牌为一体的典型代表。

坚持传承精华、守正创新。在中医发展史上首次系统构建了络病理论体系，是近百年来中医理论最大的创新，也是络病发展史上的第四个里程碑。在络病理论指导下，研发了连花清瘟胶囊、通心络胶囊、参松养心胶囊等一批专利新药，荣获国家科技进步一等奖等六项国家科技大奖，是荣获国家科技进步奖最多的中药企业。

坚持推动中医药高质量发展。以岭药业将中医药现代化和高质量发展作为企业发展的必由之路，探索创立了"理论-临床-科研-产业-教学"五位一体的运营模式、"理论＋临床＋新药＋实验＋循证"的创新转化模式、"公司＋基地＋农户"的中药材发展模式，建立了符合国际标准的三级质量管理体系，推动企业走上了高质量发展的轨道。

坚持推进中医药走向世界。以岭药业积极开展"一带一路"国家中医药经贸文化交流，举办、参与近百场远程学术交流会议，在欧洲、美国、加拿大成立了络病学会，丰富了世界医学文化，成为中医药走向世界的重要标志。疗效是中医药走向世界的"敲门砖"，临床循证医学研究证据是中医药走向世界、提高国际影响力的必由之路。以岭药业自2008年以来，共开展了30余项循证医学研究，均采用了大范围、多样本、随机、双盲、对照的方法来检验药物疗效和安全性。连花清瘟胶囊、通心络胶囊、参松养心胶囊等是以岭药业研发的创新中药，凭借显著的疗效已进入全球50余个国家和地区，获得国际医学界肯定和民众认可，成为初具国际影响力的中医药品牌。

2023年5月11日，由新华通讯社、浙江省人民政府、中国品牌建设促进会、中国资产评估协会联合主办的"2023中国品牌价值信息发布暨中国品牌建设高峰论坛"，在"2023世界品牌莫干山大会"期间隆重举行，以岭药业凭借日益凸显的品牌价值位列医药健康行业排行榜第九。

该高峰论坛上发布了"品牌建设领跑者"榜单。该榜单是根据《品牌建设领跑者》标准，围绕品牌管理、品牌强度、品牌价值、品牌传播和品牌可持续发展五个维度，经过资料审核、专家评审、现场评审和评价委员会审定。以岭连花清瘟入选首批"品牌建设领跑者"工程，成为医药行业唯一入选品牌。

资料来源：https：//www.bbdk.cn/shenghuo/2023zhonggouq.html。

【问题与启示】

（1）请结合本案例理解科技创新在品牌建设中的重要作用。

（2）分析以岭药业"企业品牌、企业家品牌、产品品牌"三位一体的创建模式。

3. 甘肃陇神戎发药业股份有限公司以核心产品塑造企业品牌

【案例内容】

甘肃陇神戎发药业股份有限公司是一家集新药研发、中药加工和生产经营为一体的制药企业。该公司拥有元胡止痛滴丸、斯娜格药膜、酸枣仁油滴丸、麻杏止咳胶囊、七味温阳胶囊五个全国独家保护品种。其中，元胡止痛滴丸疗效确切，价格适宜，连续被收入《国家基本医疗保险、工伤保险和生育保险药品目录》和《国家基本药物目录》。2007 年，该公司实施集中化的品类管理，将营销资源聚焦于特色优势品种元胡止痛滴丸，通过创新营销模式，全力打造核心大品种，实现了元胡止痛滴丸销售额和市场覆盖面的快速增长。经过 10 年的品牌营销，元胡止痛滴丸的市场网络遍布全国 30 个省市的基层医疗机构，经销商 500 余户，终端医院 10000 余家，年销售额由 2006 年的 373 万元快速增长到 2016 年的 2.2 亿元，成功地培育出了核心大产品，公司于 2016 年 9 月 13 日在深圳证券交易所创业板上市。多年来，元胡止痛滴丸凭借其品牌影响力，年销售额持续稳定在 2 亿元以上，2022 年销售额达 2.8 亿元。

甘肃陇神戎发药业股份有限公司对注册商标"陇神"提出了"商标行为与经营行为统一、商标信誉与企业信誉统一、商标优势与企业优势统一的'三统一'"的发展战略，通过元胡止痛滴丸大品种的带动，切实提高了"陇神"商标的知名度和美誉度，使企业的经济效益和社会效益有了显著提高，企业得到了长足发展。"陇神"商标已经在行业、社会和广大消费者心目中具有良好的信誉和知名度。为加强"陇神"商标管理与维护，公司成立了商标管理领导小组，使商标和品牌的管理与维护专业化、制度化、长效化。多年来，"陇神"商标产品通过不同渠道、不同载体在全国范围持续有效宣传，使"陇神"商标享有很高的知名度，"元胡止痛滴丸"先后荣获"甘肃名牌产品"称号，"陇神"商标荣获"甘肃省著名商标"称号，"陇神"品牌已成为"陇神"产品打开市场的一把金钥匙。

资料来源：本案例基础资料由甘肃陇神戎发药业股份有限公司提供。

【问题与启示】

请结合本案例学习培育核心产品对塑造知名品牌的重要作用。

思考题

1. 简述品牌的概念、组成和作用。
2. 简述品牌的整体含义。
3. 论述药品品牌营销策略。
4. 简述品牌设计原则。
5. 简述药品品牌培育方法。
6. 简述药品品牌管理与维护内容。

课件

视频讲解

参考文献

[1] 习近平. 习近平著作选读:第一卷 [M]. 北京:人民出版社,2023.
[2] 杨世民. 药事管理学 [M]. 6版. 北京:人民卫生出版社,2016.
[3] 张立明,罗臻. 药事管理学 [M]. 2版. 北京:清华大学出版社,2021.
[4] 田侃,吕雄文. 药事管理学 [M]. 2版. 北京:中国医药科技出版社,2021.
[5] 陈玉文. 医药市场营销学 [M]. 北京:人民卫生出版社,2016.
[6] 罗臻,刘永忠. 医药市场营销学 [M]. 2版. 北京:清华大学出版社,2018.
[7] 谈俊华,李诗珍,陈莉. 市场营销学 [M]. 3版. 北京:清华大学出版社,2022.
[8] 苏勇,史健勇,陈莉,何智美. 品牌管理 [M]. 2版. 北京:机械工业出版社,2021.
[9] 王浩,刘小东. 医药新零售 [M]. 北京:电子工业出版社,2021.
[10] 菲利普·科特勒,凯文·莱恩·凯勒,亚历山大·切尔内夫. 营销管理 [M]. 陆雄文,等,译. 16版. 北京:中信出版集团股份有限公司,2022.
[11] 魏利军,王立峰,王海盛. 跨国药企成功启示录 [M]. 北京:中国医药科技出版社,2022.
[12] 魏利军,王海盛 [M]. 仿制药企兴衰启示录 [M]. 北京:中国医药科技出版社,2023.
[13] 张继明. 新六力营销 [M]. 上海:复旦大学出版社,2023.
[14] 张继明. 标杆 [M]. 北京:光明日报出版社,2018.
[15] 罗臻. 甘肃中医药产业创新发展战略与路径研究 [M]. 北京:清华大学出版社,2019.
[16] 尹义法. 产品研发项目管理 [M]. 北京:机械工业出版社,2022.
[17] 闻晓光. 赢在迭代创新:中国改良型新药活力探源 [M]. 北京:中国医药科技出版社,2023.
[18] 赵军宁,王海南. 转化中医学:中药复方新药创制转化思路与方法 [M]. 北京:人民卫生出版社,2021.

课件

视频讲解